南梁革命根据地史

欧阳坚 主编

中共党史出版社

图书在版编目（CIP）数据

南梁革命根据地史 / 欧阳坚主编 . -- 北京 : 中共党史出版社 , 2019.9（2019.11 重印）
ISBN 978-7-5098-5362-7

Ⅰ . ①南… Ⅱ . ①欧… Ⅲ . ①陕甘宁抗日根据地—史料 Ⅳ . ① K269.506

中国版本图书馆 CIP 数据核字 (2019) 第 193225 号

出版发行：中共党史出版社
责任编辑：王鸽子
复　　审：姚建萍
终　　审：汪晓军
责任校对：申宁
责任印制：谷智宇
责任监制：贺冬英
社　　址：北京市海淀区芙蓉里南街 6 号院 1 号楼
邮　　编：100080
网　　址：www.dscbs.com
经　　销：新华书店
印　　刷：北京盛通印刷股份有限公司
开　　本：170mm × 240mm　1/16
字　　数：335 千字
印　　张：27.75　8 面前插
印　　数：2051—5065 册
版　　次：2019 年 9 月第 1 版
印　　次：2019 年 11 月第 2 次印刷

ISBN 978-7-5098-5362-7
定　　价：110.00 元（精装）

此书如有印制质量问题，请与中共党史出版社出版业务部联系
电话：010-82517197

《南梁革命根据地史》编委会

刘志丹　南梁革命根据地主要创始人

谢子长　南梁革命根据地主要创始人

习仲勋　南梁革命根据地主要创始人

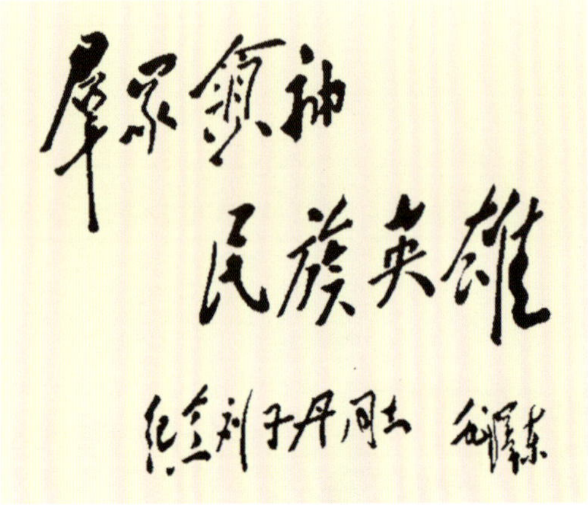

毛泽东为刘志丹题词

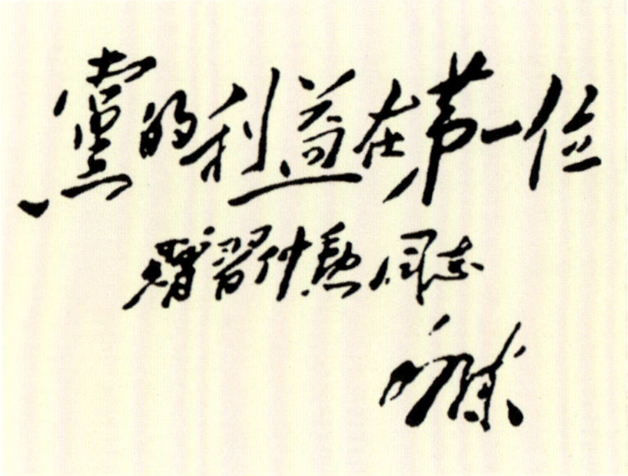

毛泽东为习仲勋题词

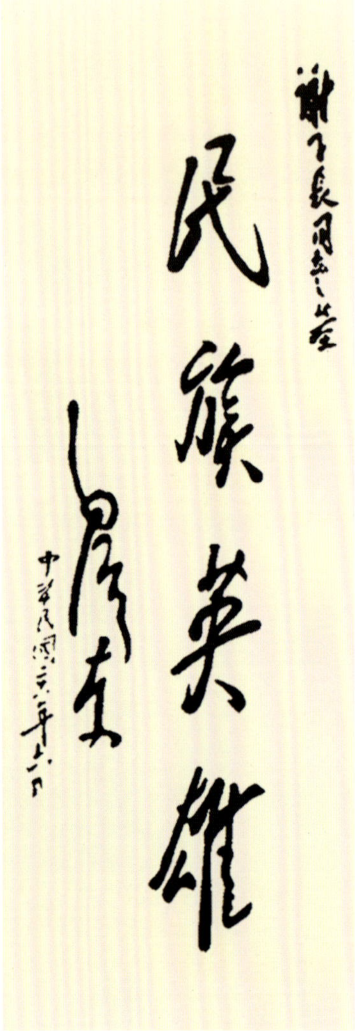

毛泽东为谢子长题词

太白起义旧址

寺村塬革命委员会成立大会旧址

薛家寨陕甘边区党政机关驻地旧址

转角镇红二十六军成立旧址

陕甘边区苏维埃政府旧址，匾额为习仲勋题写

寨子湾陕甘边区苏维埃政府旧址

南梁革命纪念馆全景

南梁革命纪念馆牌坊门

寄语

南梁，是位于陕、甘两省交界的梢山之中的一个小村镇，也是一个不因岁月流逝而褪色的红色地名。

土地革命战争时期，以刘志丹、谢子长、习仲勋等为代表的中国共产党人，以南梁为中心创建了拥有20多个县级红色政权的陕甘边革命根据地，建立了陕甘边区苏维埃政府，并铸就了伟大的南梁精神。从此，南梁红旗不倒，丰碑不朽，精神永辉。

这块根据地在中国革命史上所做出的重要贡献，在于它在斗争中发展壮大为陕甘革命根据地，成为土地革命战争后期全国硕果仅存的革命根据地；党中央和中央红军长征在这里落脚后，根据地又扩大为陕甘宁革命根据地，继而转变为陕甘宁边区，成为中国共产党领导中国革命走向胜利的大本营。2009年，习近平同志明确指出："南梁为红军长征提供了落脚点，为红军北上抗日提供了出发点，这片热土孕育了革命，为中国革命做出了历史性的贡献。"

《南梁革命根据地史》的编写贯彻了习近平同志"南梁的革命历史一定要好好研究"的重要指示精神。书中通过对以南梁为中心的革命根据地历史进行深入研究，展示了南梁革命根据地发展的光辉历程，总结了丰富的历史经验，为缅怀革命先辈的丰功伟绩，大力传承和弘扬南梁精神提供了重要参考，体现了党史研究在坚定革命信念，坚守革命理想，不忘初心，牢记使命，坚定不移地走新时代中国特色社会主义道路的过程中发挥的精神激励和资政育人的作用。当年革命先辈所创建的南梁辉煌和伟业，所形成的南梁精神，在新时代仍然是宝贵的精神财富。

我们期待《南梁革命根据地史》的出版能使广大党员和干部群众，特别是青少年认识到革命的艰辛，创业的艰难，牢记中国共产党人所建立的不朽功勋，从中吸取宝贵的革命精神。也希望此书的出版，能为深化南梁革命根据地史研究提供有益的参考，能为更好地传承和弘扬南梁精神发挥积极的作用。

林 铎

2019 年 4 月

前言

南梁，曾是一个不起眼的地名，但近代史上这里发生的故事却是惊天地、泣鬼神的。南梁的有名源于一块红色根据地的创建。

土地革命战争时期，在中国的南方，以毛泽东等为代表的中国共产党人始终高举中国革命的旗帜，把马克思主义基本原理同中国革命的具体实践相结合，以井冈山革命根据地为开篇，开辟了一条符合中国国情的“农村包围城市、武装夺取政权”的革命道路，随之，十多块革命根据地在大江南北相继创建。在中国的西北，以刘志丹、谢子长、习仲勋为代表的共产党人，坚持走毛泽东工农武装割据的道路，吸取在甘肃正宁寺村塬、陕西耀县照金创建革命根据地受挫的经验教训，最终在桥山山脉中段，成功创建了以南梁为中心的陕甘边革命根据地。1934 年 11 月 7 日，在南梁建立了以习仲勋任主席的陕甘边区苏维埃政府。从此，南梁红旗不倒，成为中国北方最耀眼的一颗星辰，挺起了中国革命的脊梁。

以南梁为中心的陕甘边革命根据地建立后，从巩固和发展根据地的实际出发，颁布实施了著名的“十大政策”，大力发展政治、经济、军事、文化、教育和各项社会事业，使根据地各项建设事业得到了迅速发展，根据地辖 20 多个县级苏维埃政权，人口数十万。嗣后，在数次反“围剿”斗争中，陕甘边根据地与陕北根据地连成片，发展成为拥有 30 多个县、百万人口的陕甘革命根据地，也成为土地革命战争后期全国“硕果仅存”的革命根据地，为长征中的党中央和各路红军提供了落脚点。

党中央到达陕甘革命根据地后，将这块红色圣土作为领导中国革命的大本营，先东征，再西征，使这块红色区域扩大成陕甘宁革命根据地，并制定了在全国建立抗日民族统一战线的新方针，全民族抗战开始后，这里又成为八路军三大主力奔赴抗日前线的出发点。在陕甘宁边区成立之前，这块红色热土已拥有陕北、陕甘、陕甘宁3个苏维埃省治，神府、关中、陕北东地区3个苏维埃区治，以及辖40余个县治，其中在豫海建立了回民自治县。这块红色区域处于土地革命战争向抗日战争转变的重要节点上，承上启下、承前启后，为中国革命的胜利作出了历史性、决定性的贡献。

在以南梁革命根据地为基础发展形成的陕甘宁革命根据地的历史过程中，尽管根据地前后的名称有所变化，但不同的称谓均为党史上中共中央及有关组织所认可和使用，清楚展示了当时的地域、隶属关系和领导机构。本书为简洁、明了起见，统一使用了“南梁革命根据地”的概念，并将书名定为《南梁革命根据地史》。这一称谓，将以南梁为中心的一系列根据地的历史发展串联了起来，进一步突出了南梁的中心地位和贡献，并据此提炼概括了催人奋进、垂裕后昆的南梁精神。这与党史上通用的陕甘边根据地、陕北根据地、陕甘根据地或西北根据地并不冲突。

以“面向群众、坚守信念、顾全大局、求实开拓”为主要内涵的南梁精神，集中体现了党的性质和宗旨，深刻反映了中国共产党人的崇高品格和思想情操，与井冈山精神、长征精神同为延安精神的重要源头，是我们党革命精神谱系和中华民族精神的重要组成部分，是推进中国特色社会主义事业的强大精神支柱和力量源泉。

深入研究南梁革命根据地在创建过程中的成功与失败、经验与教训、特点与规律，对于总结党创建革命根据地的历史经验、推进中国特色社会主义建设事业、走好新的长征路，提供了历史借鉴，有着重要的意义。由于种种原因，很长一段时间，对这块革命根据地历史的研究和宣传很少。改革开放以来，特别是近些年，全国史学工作者尤其是甘肃、陕西的广大史学工作者，开始对南梁革命根据地史进行研究，也有一些成果涌现，但是缺乏一本专著的支撑，这与它的历史地位和贡献极不相称。因此，对南梁革命根据地和南梁精神的研究还需要不断深化。这不仅是在这里斗争生活过的老一辈无产阶级革命家的心愿，也是广大史学工作者的责任。

曾任陕甘边区苏维埃政府主席的习仲勋为华池县题词："发扬南梁精神，再展华池宏图。"曾任陕甘边区特委书记的张秀山为南梁革命纪念馆题词："创建南梁革命根据地的英雄业绩和革命精神永放光芒！先烈们永垂不朽。"2009年6月，时任中共中央政治局常委、中央书记处书记、国家副主席习近平在视察南梁时指出，"南梁为红军长征提供了落脚点，为红军北上抗日提供了出发点，这片热土孕育了革命，为中国革命做出了历史性的贡献"，"对南梁的革命历史一定要好好研究"，"大力传承南梁精神，使其发扬光大"。这些愿望和指示，也为党务工作者、史学工作者指明了方向。

甘肃省委对南梁革命根据地历史和南梁精神的研究非常重视。2018年10月，省委书记林铎批示指出，"南梁精神，这是我们党革命精神和中华民族精神的重要组成部分，是老一辈无产阶级革命家留给我们的宝贵精神财富。"省委副书记、省长唐仁健也批示指出，南梁精神是"传家宝"，"是强大的精神支柱和力量源泉"。省委副书记孙伟也对深化南梁革命根据地历史研究提出了要求。2018年，甘肃省政协牵头，陕西省、宁夏自治区政协参与，组织相关党史研究的专家学者，系统开展南梁精神传承和弘扬专题研究。编写《南梁革命根据地史》是其中的重点课题。

《南梁革命根据地史》书稿的编写，坚持以党的两个历史决议为指导，坚持马克思主义唯物史观，坚持秉笔直书、实事求是的原则。本书共分为7章，第1章至第6章为基本史实部分，从创建南梁革命根据地的艰辛探索，至南梁革命据地的创建和南梁政府的成立；从南梁革命根据地反"围剿"斗争的胜利，至根据地成为红军长征的落脚点与八路军奔赴抗日前线的出发点，勾画出了一幅南梁革命根据地波澜壮阔的历史画卷。第 7 章为理论分析部分，论述了南梁革命根据地“两点一存”的历史地位，概括了南梁精神的主要内涵、红色基因和思想养分。

全书有四个突出亮点：一是立意新颖，视角独特高远。首次以南梁革命根据地为研究主题，并把对其的研究放在中国共产党领导中国革命的大格局中，以全新的视角对根据地的创建和发展历程进行全方位的研究。二是史料翔实，全面系统。以翔实的史料，全面系统地展现了 1927 年至 1937 年十年间南梁革命根据地创建、发展的辉煌历程和历史功绩。三是定位准确，评价客观公允。对一些重大的历史事件进行客观公允的评价，以还原历史的真实面貌，同时注重党史写人民，反映人民群众在南梁革命根据地建设中的主体地位。四是史论结合，通俗易懂。论从史出、夹叙夹议、纵横结合、表述直白，是本书的鲜明特点。书稿既重视史实的挖掘和展现，更注重通过历史表象的研究，总结好南梁革命根据地丰富的历史经验，挖掘好南梁精神的丰富内涵，为今天新时代的建设和发展提供有益的启示。

历史是最好的教科书。我们期待《南梁革命根据地史》的出版，能使广大党员、干部群众，特别是青少年从中认识到缔造革命事业的艰辛，牢记中国共产党人用鲜血和生命为人民翻身求解放所建立的不朽功勋，从革命先辈身上吸取宝贵的精神财富，进一步传承、弘扬南梁精神。

希望本书的出版，能为深化南梁革命历史的研究提供有益的参考，能对传承和弘扬南梁精神起到学术和理论支撑的作用，推动南梁故事家喻户晓，让南梁精神永放光芒！

编委会

2019 年 4 月

目录

第一章

创建南梁革命根据地的艰辛探索

南梁地处陕甘边界的桥山山脉中段地区，民国时期，地域偏僻，地广人稀，当地经济社会发展极为缓慢，人民大众饱受封建地主剥削压迫，生活极端贫困。

五四运动爆发后，马克思主义迅速传播，受其影响，陕甘两省一批初具共产主义思想的先进分子迅速成长起来。他们在刘志丹、谢子长、习仲勋为代表的中国共产党人的领导下，以百折不回的精神开展革命斗争，积极探索符合陕甘边区革命斗争实际的正确道路，终于在“梢林”中创建了南梁革命根据地，成为陕甘边区人民解放斗争的旗帜。

南梁革命根据地的创建，是马克思主义中国化在北方地区的经典之作。根据地创建的“陕甘模式”，是中国共产党人探索中国革命道路的重要组成部分，为党提供了来自陕甘地区的智慧和经验，在中国革命斗争历史上具有极其重要的地位。

第一节　马克思主义在陕甘的传播与中共组织的创建

一、五四运动对陕甘地区的影响

1919 年，伟大的五四运动在北京爆发后，唤醒了陕甘地区青年学子的民族意识，他们中的先进分子把国家的命运和自己的前途命运紧密相联，开始与民众结合，探索救国救民的道路，这就为陕甘地区大革命风暴的到来，特别是为陕甘边、陕北革命根据地的创建作了铺垫。

五四运动爆发后，陕西、甘肃的先进知识分子积极参加五四爱国运动。在五四运动中，旅京求学的陕西籍学生魏野畴、刘天章、李子洲、王尚德、杨明轩、刘含初等[①]，以及甘肃籍学生张一悟、丁益三、张亚衡、王和生、王自治等数十人[②]，在革命先驱陈独秀、李大钊等人的影响下，参加了火烧赵家楼曹汝霖住宅和痛打张宗祥的斗争，杨明轩、刘天章、刘含初、王自治、王和生等先后被捕入狱。

---

① 中共陕西省委党史研究室:《中国共产党陕西历史》第一卷，陕西出版集团、陕西人民出版社 2009 年版，第 21 页。

② 中共甘肃省委党史研究室:《中国共产党甘肃历史》第一卷，中共党史出版社 2009 年版，第 14 页。

在五四爱国运动中，北京、西安、兰州等地求学的陕北、陇东、关中籍爱国青年奋起响应，高擎五四运动火把，踊跃加入革命的洪流。他们通过邮寄书信和革命刊物的方式，将《共产党宣言》《马克思主义学说》《唯物史观》《每周评论》《新青年》等进步书刊传递到陕甘大地，积极向家乡的学校和亲友通报运动发展的信息，呼吁他们声援学生的爱国运动。

学生的爱国运动在抵制日货方面表现尤为突出。他们印发传单，广为散发，倡议："各凭良心，抵制日货；鼓吹商人，勿购买日货。"[①] 为表示拒用日货的决心，学生率先将自己的东洋瓷碗、茶缸、脸盆、牙粉、牙刷、雨伞、小儿玩具等交出，当众毁弃；有的学生将家中的日制凉席等物带到学校烧毁。陕西、甘肃的一些学生中还出现了互相监督、拒用日货的组织。

五四运动爆发后，在榆林中学任教的杜斌丞大力提倡新思想新文化，使闭塞的陕北黄土高原开始有了新的变化。他向学生作了关于五四运动内容和意义的报告，并支持学生组织讲演团，分组到街头宣传，到商店检查日货。

五四运动点燃了陕甘人民的爱国热情，促使了新思想、新文化、新观念和马克思主义的广泛传播，提高了陕甘人民特别是具有初步共产主义思想的知识分子的觉悟，促进了马克思列宁主义和陕甘地区工人运动的结合，为中国共产党地方组织在陕甘地区的成立奠定了阶级上、思想上和干部上的基础。

二、马克思主义在陕甘地区的早期传播

1921 年，中国共产党成立后，在陕甘边界地区，马克思主义

---

① 《在陈树藩压制下的西安五四运动》，政协陕西省委员会文史资料研究委员会编：《陕西文史资料》第九辑，陕西人民出版社 1981 年版。

以及五四运动的新文化、新思想逐步得到较为广泛和深入的传播。1921 年 10 月，旅京陕西籍学生创办《共进》杂志，翌年 10 月，创建共进杂志社，主要发起人为陕西早期共产党员刘天章、李子洲、魏野畴等。《共进》刊登了大量宣传新文化、新思想的文章，还多次刊登中共中央机关刊物《向导》和《新青年》等报刊的广告目录，并转载了中共领导人陈独秀的文章。这些报刊与陕西籍学生创办的刊物，对推动马克思主义在陕西广泛深入传播起了极其重要的作用。

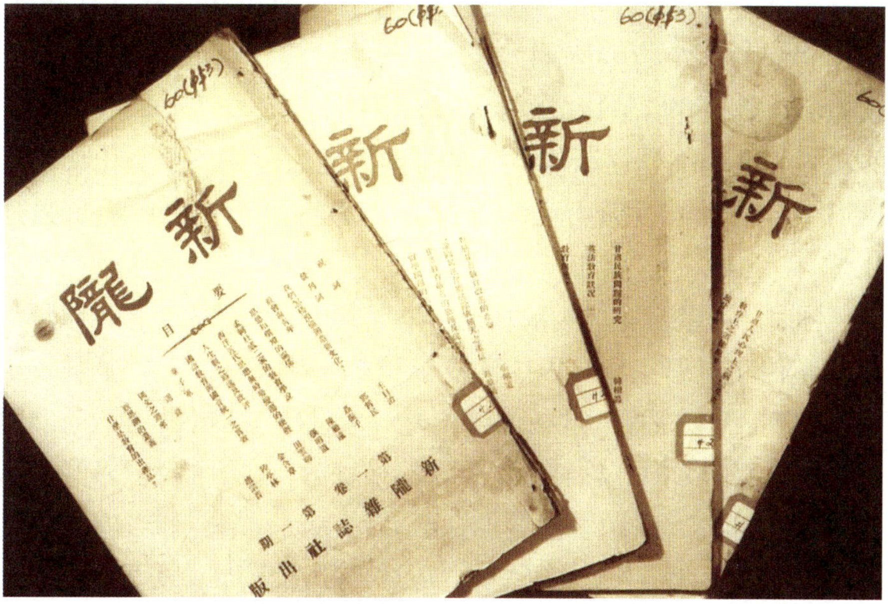

1920年3月，由部分旅京甘肃籍学生创办的《新陇》月刊

一些在北京、上海等地的陕甘籍学生，通过各种渠道将先进思想文化介绍到家乡。先后创办《秦铎》《新时代》《新鲜》《新潮》《秦钟》《促进》《新陇》等杂志，宣传俄国十月革命，宣传新文化、新思想，论述社会主义的强大生命力，在陕甘边进步人士中撒下了革命的种子。1920 年初，甘肃旅京学生发起了一场节衣缩食的运动，集体筹集资金，一面向家乡人民购寄进步书刊，一面创办刊

物，宣传新文化新思想。

期间，陕甘的地方报刊也开始介绍马克思主义。辛亥革命后兰州书商牛载坤创办“正本书社”，销售《新青年》等进步书刊。属于靖国军势力范围的渭北一带陆续出版的《启明日报》《正义日报》等报纸倾向进步，“阐发革命理论，介绍中外学说，对社会主义思想尤多为宣传”。[①] 在西安地区由《长安日报》改版的《西北日报》，从 1919 年 9 月到 1920 年 10 月，连续数十次刊登比较全面地介绍马克思主义学说及苏俄国内形势的文章。由陕西省参议会议员田芝芳创办的《鼓昕日报》，从 1920 年 7 月创刊到 1921 年 4 月停刊，连续刊登了介绍俄国社会主义运动历史的文章。这些报刊的创立和文章的登载，开启了马克思主义在陕甘的传播。

各种进步书刊逐渐传入陕甘地区，成为封建思想文化禁锢下陕甘青年学生的主要精神食粮，在广大青年学生中产生了强烈反响。

同时，一些后来成为陕甘地区早期共产党人的志士，以课堂为阵地宣传马克思主义。1921 年夏，魏野畴从北京高等师范学校毕业回到陕西，先后在华县私立咸林中学、陕北榆林中学任教，和西北著名教育家、时任榆林中学校长的杜斌丞一起给学生讲解马克思主义革命理论，组织学生参加社会政治活动，培养和影响了潘自力、刘志丹、谢子长、王子宜、曹力如等一批较早接受马克思主义的青年，这些人后来都成长为陕甘地区党和红军的骨干。1923 年夏，李子洲从北京大学毕业回到陕西，翌年秋出任绥德省立第四师范学校校长。在李大钊帮助支持下，他先后聘请王懋廷、杨明轩等教师任教，在师生及当地群众中传播马克思列宁主义，播撒革命火种。受李子洲等人的教育引导，白明善、马文瑞、贾拓夫、张达志、霍维德等一大批进步青年走上革命道路，成为创建陕甘边革命

① 中共陕西省委党史研究室编：《陕西靖国军》，陕西人民出版社 1987 年版，第 468 页。

根据地的骨干力量。

1925 年初，在榆林中学就读的刘志丹（刘景桂）、杨尔瑛、刘景向等加入中国共产党，同年秋天，中共榆林支部成立，刘志丹等为负责人。在刘志丹等人倡导下，青年学生的革命活动普遍开展起来。1926 年 1 月，共青团富平特支在立诚学校成立，5 月，习仲勋加入了共青团，他在党、团组织的领导下，以澎湃的革命激情参与了散发传单、上街宣传演讲等革命活动。

在甘肃，经后来成为共产党员的张一悟、张亚衡、胡廷珍、王孝锡等人的积极宣传，马克思主义在陇原大地的传播开始与工人阶级的斗争实践相结合。1922 年底，张一悟、张亚衡从武昌高师毕业后返回兰州，先后在省立一中、兰州女子师范学校任国文、历史教员，利用讲台积极宣传马克思主义和十月社会主义革命。在北京朝阳大学学习的胡廷珍，回乡探亲时总是随身携带宣传马克思主义的书刊分赠亲友和同学。在兰州，他先后结识并联络 60 多名爱国青年，通过聚会等方式研究探讨俄国十月革命的经验，宣传中国共产党的政治主张，勉励大家努力学习马克思主义，勇敢地向封建势力和反动军阀作斗争。经过这些早期共产党员的努力，50 余种介绍马克思主义、介绍俄国十月革命和社会主义思想的进步书籍相继传入甘肃。1925 年中共甘肃特别支部成立后，创办《民声周刊》《醒社周刊》等刊物。在兰州国语讲习所上学的王孝锡、在平凉二中上学的任鼎昌、王彦圣等，定期将这些刊物带到宁县、庆阳等县，深入文化机关、学校及乡村，广泛宣传马克思主义思想，鼓舞民众斗志。马克思主义不仅在青年学生中普遍传播，而且在社会上引起很大反响，为劳苦大众反抗剥削与压迫指明了方向。

马克思主义在陕甘地区的广泛传播，给陕甘地区带来了前所未有的勃勃生机，为中国共产党组织在陕甘地区的建立奠定了坚实的基础。

三、中共陕甘组织的建立

1924 年 6 月，陕西地区第一个团支部——社会主义青年团赤水支部干事会成立。至 1926 年 6 月，榆林、绥德、清涧等 23 县已成立团支部 3 个，特别支部 5 个，有团员 70 余名。[①] 在团组织逐步建立的基础上，中共陕甘边组织相继建立，先后建立了中共西安特别支部、中共西安地委、中共绥德、渭南地委和临潼、三原、富平、泾阳、旬邑、兴平、延安等特支。

1927 年 2 月，中共陕甘区委在西安成立，负责领导陕西、甘肃党的工作。至 6 月底，中共陕甘区委共辖 7 个地执委、4 个部委和直属的 4 个支部、17 个特别支部，共有党员 2177 名，分布在陕西的 33 个县（市）和甘肃的 4 个县（市）[②]。1927 年 7 月初，中共陕西省委在西安秘密成立。原中共渭南、绥德、延安、三原、榆林地委分别改为县委。

在甘肃，按照中共北方区委指示，1925 年 12 月，张一悟、宣侠父、钱崝泉等在兰州召开会议，宣布中国共产党甘肃特别支部正式成立，张一悟任支部书记。这是中国共产党在甘肃建立的第一个党组织。1927 年国共合作破裂前，甘肃已经建立 4 个支部，其中，中共兰州特别支部有党员约 30 多人；中共平凉特别支部有党员 8 人；中共导河（临夏）特别支部有党员 4 人；中共宁夏特别支部有党员 7 人。1927 年 8 月，从西安回到甘肃宁县的王孝锡，与共产党员王彦圣、王之经、任鼎昌等人会合，在宁县太昌镇创建了甘肃第一个农村党组织——中共邠（陕西彬县）宁（甘肃宁县）支部，在组织党员与当地土豪列强开展斗争的同时，王孝锡还以行医为掩护，深入陕甘 10 多个县的农村走访调查，撰写了《农村各阶级社

---

① 任学岭：《陕甘革命根据地史》，人民出版社 2013 年版，第 18 页。

② 中共陕西省委党史研究室：《中国共产党陕西历史》第一卷，陕西出版集团、陕西人民出版社 2009 年版，第 60 页。

会的分析》《解决中国问题的草案》等几篇卓有远见的调查报告，为后来的陕甘边革命根据地有效地开展土地革命工作提供了参考。

各地党组织的成立，使生活在水深火热之中的陕甘边区广大人民群众看到了摆脱苦难生活的希望。

陕甘地区各地党组织相继成立后，遵照中央和省委的指示，从事兵运斗争，组织工农暴动，拉起队伍干革命，以革命的武装反对反革命的武装，把陕甘地区的革命斗争推向了高潮。

第二节　大革命时期南梁地区的社会状况

一、社会经济发展落后

南梁革命根据地创建前，陕甘边界地区社会发展缓慢，经济落后，生态脆弱，一遇天旱，赤地千里，饿殍遍野，十室九空，满目疮痍。加之封建地主和贪官污吏的欺压盘剥，土地兼并严重。地处陕甘边中心区域的陇东，农村土地兼并尤为突出。占人口不到 10%的地主、富农霸占着绝大部分的土地和生产资料，90%以上的农民无地或缺少耕地。庆阳、华池一带的土地，绝大部分被号称庆阳城“八大家”的富豪霸占。大地主李子良一家占地 7 万余亩，牲畜 1000 多头，每年收租达四五千石（每石约 400 斤），从庆阳到定边沿途农民大都是他家的佃户。华池南梁地区的白马庙川，下至荔园堡，上至北崖根，约 10 公里，共有土地 4500 亩，50 户人家，庆阳县大地主李子良、李弟等占土地 3000 亩，本地地主李文藻占地 1300 亩，仅有农民 2 户，15 口人，占地 200 亩，其余 47 户农民，287 口人却无任何土地。[①] 华池县林镇庙村 102 户人家，有土地 9730 亩，地主占地 4000 余亩，有 54 户、230 人无地

① 庆阳地区志编纂委员会编:《庆阳地区志》第一卷，兰州大学出版社 1998 年版，第 803 页。

可种。南梁、林镇一带有土地2.6万亩，被地主占去1.8万亩。大量的土地兼并，使不少自耕农也沦为佃户，人民群众的生活极为贫苦。

当年在陕甘边一带就流传这样的民谣，描述着劳苦大众的生存惨状：

农民身上三把刀：
租子重、利钱高、苛捐杂税受不了。
眼前只有三条路：
逃荒、寻死、坐监牢。[①]

吃的草籽野沙米，
穿的破烂老羊皮，
白天穿、黑夜盖，
天阴下雨毛朝外。
湿了有心晒一晒，
身上无衣不等待。

地主阶级在利用地租剥削农民的同时，还以雇工、高利贷等多种手段盘剥农民，不少自耕农沦为佃农，许多农民被逼得家破人亡，妻离子散。国民党官府还不断地向农民摊派多如牛毛的苛捐杂税，官府乡绅相互勾结，高摊浮收，敲诈勒索，广大人民不堪其苦。军阀部队此离彼到，摊粮派款，军事费用直接转嫁到人民身上，更加重了人民的负担。更有甚者，官吏拷打了百姓，还要百姓缴纳“手棍费”。当时在甘肃陇东一带流传着这样一首歌谣：

① 何载：《红旗漫卷西北高原——缅怀习仲勋在西北》，中共党史出版社2013年版，第6—7页。

鬼门关，几道坎，
一道更比一道难，
官府打人常有理，
百姓挨打还出钱。①

二、民众深受阶级压迫

辛亥革命后，北洋军阀加剧了对陕甘地区广大民众的政治压迫和经济掠夺。在陆建章、陈树藩、刘镇华等督陕及赵惟熙、张广建等主甘期间，反动军阀政治上压制革命势力，经济上横征暴敛。陕甘边区为不同军阀轮流控制，他们巧立名目，增加税收，进行大肆掠夺和盘剥，广大民众深受其害。1926 年秋，国民军联军进军陕甘后，西安、兰州等主要城市为国民军联军所掌握，但陕甘各地军阀势力依旧存在，且逐渐呈现膨胀态势。其中，井岳秀部占据陕北，独霸一方；谭世麟部与陈珪璋部混战陇东；十七路军杨虎城部占据关中；此外还有陇西鲁大昌部、甘肃河西及青海地区马步芳、马步青部等，都在极力扩大自己的势力范围。

大革命期间，虽然冯玉祥部国民军控制陕甘大部分地区，但依然是军阀割据、各霸一方格局。号称陇东王的张兆钾盘踞在庆阳、平凉两地，企图固守独立王国。1926 年 4 月至 1927 年 6 月，国民军与张兆钾部在陇东地区对峙旷日持久，镇原、宁县等广大区域受害最为严重，诸多市镇村庄被溃军劫掠一空。随着张兆钾及其残部败退，北洋军阀在陇东的统治结束。1928 年 10 月，蒋介石出任国民政府主席，国家政权为国民党所独揽。1929 年甘肃正式分省，分为甘肃、宁夏、青海三省。但陕甘边新旧军阀连年混战，民众深受其害。1932 年，陇东军阀陈珪璋在兰州被诱杀，陇东遂为杨虎

① 郭文奎主编:《庆阳史话》，甘肃人民出版社 2004 年版，第 75 页。

城陕军势力控制。1934 年 10 月，蒋介石嫡系第六十一师三六一团驻防陇东西峰镇。1935 年，胡宗南部一个团驻扎西峰。宁夏马鸿宾部第三十五师驻庆阳、环县、宁县一带。谭世麟任庆阳、合水等八县保安司令，官匪勾结，横行陇东。与此同时，匪患不断。1927 年，赵文华、陈珪璋在南梁一带聚众为匪，旱灾发生后，在庆阳各地抢劫财物，杀害百姓。1929 年 5 月，陈珪璋攻破宁县盘克堡，杀害民众 27 人；攻破潘村堡，杀害民众 30 余人，财物被洗劫一空；所部围攻正宁山河镇 40 余日，勒索居民银元数千块，大烟数千两。为了防范匪患，一些地方强人或乡绅富户则聚集流民组建民团，成为雄踞一方的地方武装。据统计，1931 年，正宁有民团 10 多股，合水有民团 20 多股。华池南梁一带活动着大大小小的民团、股匪达 52 股之多，有“司令庄庄有，副官满院走，长官多如狗”的民谣。[①] 匪患的诸多兴起，加剧了社会的动荡不安，人民群众生活在水深火热之中。

三、劳苦大众奋起反抗

20 世纪 20 年代后期到 30 年代初期，陕甘地区遭受了十分严重的自然灾害。1926 年至 1929 年，甘肃全省连续四年遭遇大旱，不少地方颗粒无收，饥馑严重。1928 年至 1932 年，陕西大部分地区连续 5 年遭受大旱灾。陕西全省共 92 县，其中受灾地区达 80 余县，受灾面积占到全省的 90% 以上。民国十八年（1929 年）的饥馑，陕西省有 200 多万人活活饿死，200 多万人流离失所，逃亡他乡，800 多万人以树皮、草根、“观音土”苟延生命，奄奄一息。全省人口从 940 余万锐减到 250 余万。旱灾发生的同时，又有风、雹、虫、瘟、兵匪之灾一起袭来，使全省 92 个县凄凉无比，尸

① 黄正林、潘正东:《庆阳通史》(下卷)，商务印书馆 2011 年版，第 1177 页。

骨遍地，甚而人人相食，惨绝人寰。根据地方志记载，1921 年至 1927 年发生在庆阳的各种自然灾害达 38 次之多，平均每年 2.3 次。[①] 关陇地区持续大旱，赤地千里，颗粒无收，发生了历史上最为罕见的饥荒。

各类灾害发生后，地方官府对人民的疾苦漠不关心，救灾不力，反而加紧摊派粮款。1928 年冬，陕西省府曾办了数次平粜活动，但与市场价格持平，老百姓不仅买不起，更买不到。据 1929 年 4 月陕西省报告，截至当年 2 月底，全省赈灾会所放赈灾款仅 1124602 元，平均每个灾民只能得到 0.17 元。

1929 年，甘肃省政府主席孙连仲向各县派款，小县八九千，大县如平凉派款至 25 万元。陇东民团军司令谭世麟不但鲸吞了甘肃省府拨来的赈灾款，而且还以清乡灭匪为名，对老百姓敲诈勒索。大小军阀还用扩兵的办法来搜刮钱财，对老百姓采取“摊兵”，摊给每家每户一定数量的当兵名额，一个兵 50 元，谁家不愿去当兵，就得交钱；对中农以上的家庭摊官，对地主豪绅“摊大官”，班长要价 100 元，排长要价 500 元，官越大出钱越多。大小军阀的压榨，进一步加剧了贫苦百姓的苦难。

哪里有压迫，哪里就有反抗。陕甘人民奋起抗争，纷纷掀起了抗税、抗捐、抗粮斗争。在陕北，绥德贫困农民四五千人聚集到县政府要粮吃，延长有 700 多名贫困农民自发组织起来包围县城，反对征收粮款，迫使地方当局答应缓征。在关中，大部分地区都成立了灾民自救组织，许多地方的灾民组织起来吃大户。在陇东，饥民们成群结队拿着口袋抢夺地主的粮食，被称为“口袋队”；有的扛着镢头，挖地主的粮仓，被称为“镢头队”；饥民们挖掘地主的藏粮，开展吃大户斗争。南梁杨树渠以打猎为生的赵连璧等人，组织饥民，占据梢山，举旗造反。他们打开阎家洼地主劣绅的窨子，开

---

① 黄正林、潘正东:《庆阳通史》（下卷），商务印书馆 2011 年版，第 1167 页。

仓放粮，劫富济贫。乔河的田老五，聚集600多名贫困农民，组织起“红枪会”，活动于二将川、白马庙、玉皇庙川一带，烧香起誓，除暴安良。南梁堡的郑德明、石咀子的朱志清组织了“哥老会”“扇子会”等，打击封建军阀势力。

上述社会局势，为民主思想、共产主义思潮的传播提供了客观环境，为中国共产党在陕甘地区领导革命斗争、创建以南梁为中心的革命根据地奠定了坚实的群众基础和良好的社会条件。

第三节　兵运斗争与建立红色武装

一、刘志丹在冯玉祥部的军事斗争实践

刘志丹，名景桂，1903 年 10 月生于陕西省保安县金汤镇。他自幼生活在群众之中，目睹家乡饿殍遍野、民不聊生的凄惨景象，十分同情穷苦人民，立志追求真理。1922 年，考入榆林中学，在魏野畴、李子洲等熏陶引导下，如饥似渴地阅读《向导》《新青年》等进步书刊，认识到只有社会主义才能救中国。榆林中学学生发起组织学生自治会，刘志丹当选为会长。1925 年 3 月，担任共产主义青年团榆林支部书记，同年，转为中共党员。1925 年秋，广东处于革命高潮，党组织决定选派刘志丹等去黄埔陆军军官学校学习。他进入黄埔军校第四期步兵科。在黄埔军校，刘志丹结识了著名共产党人恽代英、萧楚女、王懋廷及留校工作的第一期学员陈赓、唐澍等人。周恩来的讲演，也给他留下了深刻的印象。毛泽东主编的《政治周报》刊载的关于中国农民运动等文章，更引发了他的共鸣和深思。

1926 年秋，刘志丹在黄埔军校毕业，随北伐军东征。这时，冯玉祥从苏联回国，成立国民军联军，在绥远五原誓师参加国民革命，要求中共组织选派干部到其部队工作。刘志丹接受党组织指

示，作为冯玉祥总司令的特使，前往宁夏第四路军马鸿逵部，任党代表兼政治处长，帮助马鸿逵整顿队伍。刘志丹说服马鸿逵，在营以上单位设立政治机构，建立政治工作制度，反对打骂、体罚士兵，废除对逃兵割耳朵、打军棍、揭背花等酷刑，在士兵中赢得了很高的威望。

这支部队后来在解围西安、东出潼关、会师中原的战斗中，行动迅速，作战有功。这与刘志丹所做的政治思想工作是分不开的。由此，马鸿逵对这位年轻干练的共产党人刮目相看，难以忘怀，以至于几十年后，临终前悔恨地说："我没有听刘志丹的话，落到了这样的结果，一言难尽……"[①]。

1927 年 4 月，蒋介石背叛革命。6 月下旬，冯玉祥追随蒋介石反共，也在其军队实行"清党"，借"集训"为名，下令将刘志丹、宣侠父、方仲如、刘贯一等几十名在该部从事政治工作的共产党员扣押于开封，逐个进行"审查"。7 月中旬，冯玉祥用闷罐火车将这批党员"礼送出境"。大革命失败后，刘志丹从血的教训中认识到中国共产党独立掌握军队和领导武装斗争的极端重要性，决心为创建党领导的人民武装进行艰苦的探索与实践。按照党的指示，刘志丹奉命回陕，担任省委交通员，往返于上海和豫陕间，进行联络工作。

二、"九二六会议"与武装起义的发动

1927 年大革命失败。7 月 18 日，冯玉祥下令解散国民军联军驻陕总司令部，进行大规模"清党"，大肆缉捕和惨杀共产党人及进步人士，解散革命团体，陕甘大地和全国一样笼罩在白色恐怖之中。陕西的工会、农会、学生联合会等革命团体也遭到严重的

---

① 习仲勋、马文瑞：《善做团结工作的模范》，《人民日报》1998 年 10 月 19 日。

破坏和摧残。全省党、团组织的活动被迫由公开、半公开转入秘密状态。在甘肃，冯玉祥指示亲信刘郁芬成立“清党委员会”，发出“缉查共产党活动”“根本肃清逆党”“处理共产党分子办法”等一系列“训令”，勒令甘肃党、团组织及民众团体，一律停止活动。甘肃督署军法处带领军警到处搜捕共产党员和革命者，进行严刑审讯。仅在兰州第二军事政治学校一处就逮捕了马尔逊、吕振华、牛化东等 20 余人。国民党右派分子和新军阀相互勾结，搜捕共产党员和受共产党影响的进步组织青年社社员，在全省范围内进行“清共”“清乡”活动，许多无辜民众遭受残酷迫害，甘肃人民重陷水深火热之中。

轰轰烈烈的大革命失败了，党在陕甘地区建立的组织几乎全部遭到破坏，早期的一批优秀共产党员和仁人志士，有的牺牲在敌人的屠刀之下，有的被追捕和通缉。具有光荣革命传统的陕甘人民没有被国民党反动派的屠杀所吓倒、所征服，在中国共产党和中共陕甘地方组织的领导下，从地上爬起来，揩干身上的血迹，掩埋好同伴的尸首，高举革命大旗，继续参与陕甘各地风起云涌的武装斗争。

党的八七会议点燃了陕甘地区武装起义的烈火。中共陕西省委于 1927 年 9 月 26 日至 28 日，在西安秘密召开了第一次扩大会议，会议通过了《接受中央八七会议及其指示之决议案》《政治形势与工作方针决议案》《组织工作决议案》《宣传工作决议案》《农民斗争决议案》《军事运动决议案》等九个决议案。决议案就国民党工作、学生运动、妇女运动、党务工作等作出规定，鲜明提出“党到农村中去”“党到军队中去”“武装农民”等口号。决议指出：陕甘地区的军事斗争，要在兵运方面开展工作。会议提出的这些军事斗争方针政策，比较符合陕甘地区的客观实际，为刘志丹后来提出的通过“红色”“白色”“灰色”三种方式创建红军提供了政策依据。

会议改选了中共陕西省委领导班子。此时，省委下辖陕甘地区县（市）委 8 个、区委 10 个，支部 143 个、特支 32 个。[①]

“九二六会议”是中共陕西省委历史上非常重要的一次会议，它在革命重要关头检查和纠正了陕西党内的右倾错误，制定了切合实际的方针政策，开始了革命斗争策略上的转变，成为陕甘地区土地革命战争兴起的转折点，促使陕甘地区的革命斗争进入一个新的历史时期。

“九二六会议”以后，陕甘共产党人不为国民党的武力所惧，誓用鲜血和生命捍卫共产主义信念。他们按照党的八七会议和省委“九二六会议”制定的实行土地革命、武装反抗国民党反动派的总方针，决定在土地革命的纲领下，秘密发展党组织，积极部署和发动各地武装起义，创建工农政权。

1927 年 10 月 12 日，在陕西省委领导下，唐澍、李象九、谢子长、白明善等人，组织领导了陕北军阀井岳秀部第十一旅第三营等部千余官兵，发动了清涧起义，打响了西北地区武装反抗国民党反动统治的第一枪。

清涧起义失败后，陕西省委又酝酿一场规模更大的武装起义。起义的主要武装力量是许权中（中共党员）旅。许权中旅源自被称为西北黄埔军校的西安中山军事学校。这所学校名义上隶属于国民军联军驻陕总司令部，实际上由共产党创办和掌握。由（学校）学员队与国民（军）联军驻陕总司令部政治部政治保卫队为基础组建的 1 个旅，全旅 1290 余人，许权中任旅长，是当时陕西党组织掌握的西北唯一一支革命武装。

为了保存这支革命武装，遵照陕西省委指示，部队几经辗转，1927 年底开往洛南，暂归李虎臣部，后被编为新编第三旅。

---

① 中共陕西省委党史研究室:《中国共产党陕西历史》第一卷，陕西出版集团、陕西人民出版社 2009 年版，第 93 页。

1928年3月18日，中共中央作出《关于陕西工作决议案》，提出："工农武装暴动，实行土地革命，建设苏维埃政权，无疑的是陕西革命发展的前途。"[①] 按照中共中央的决定，中共陕西省委加紧了武装暴动的准备工作。

随后，按照省委的部署，刘志丹与唐澍、谢子长等来到归属于军阀李虎臣部的新编第三旅许权中部，准备举行武装起义。

1928年5月10日，震动全国的渭华起义爆发。起义部队改编而成的"西北工农革命军"近千人，拥有4个大队和赤卫队、骑兵分队，在渭华地区形成了200平方公里、拥有数十万人民的红色武装割据区域。渭华起义成为继南昌起义、秋收起义和广州起义之后全国最有影响的起义之一。

此后，陕甘两省各地党领导下的武装起义相继爆发。诸如陕西的旬邑起义、淳化起义、三原围城斗争，泾阳起义、礼泉起义、麟游起义、澄城起义、绥德农民抗税斗争，周至、户县、兴平农民暴动；甘肃的两当兵变、凤翔路口起义、靖远起义、巉口起义、天水起义、蒿店起义等。这是党武装反抗国民党屠杀政策在陕甘两省的具体行动，是1927年大革命失败后全国各地风起云涌的武装起义的重要组成部分。

由于客观上敌强我弱、主观上缺乏斗争经验，加上受中共中央"左"倾盲动错误影响，这些起义都先后失败了。但是，陕甘党组织领导发动的这些武装起义，打击了敌人，锻炼了干部和群众，使革命的星星之火逐渐燃遍了陕甘，对于后来陕甘边革命运动的发展、工农红军的组建、革命根据地的建立，都起到了极为重要的作用。特别是在渭华起义中，西北工农革命军设立了政治委员，这在人民军队中是设立最早的，已载入中国人民解放军军史。

---

① 中共陕西省委党史研究室编：《土地革命战争时期的中共陕西省委》，陕西人民出版社1991年版，第244页。

陕甘各地党组织领导的武装起义，对陕甘地区的革命道路进行了可贵探索，为南梁革命根据地的创建和陕甘红军的建立奠定了基础。

三、“三色”建军方针与兵运斗争

1928年4月中旬，中共陕北特别委员会成立，特委下辖榆林、神木、延安等八个县委，三个直属区委和一个直属支部。书记杜衡，特委机关设在米脂县城内。

红石峡，距榆林古城约3公里，岩壁上“力挽狂澜”四个大字，是1924年杜斌丞、李子洲带着榆林中学的学生题刻的。1929年四五月间，刘志丹再次来到红石峡，参加中共陕北特委第二次扩大会议。

会议在红石峡石窟古寺内的天门洞召开，参加会议的有刘志丹、马明方、刘澜涛、贾拓夫等30多人，会议主要研究加强武装斗争等问题。会议决定：撤销杨国栋中共陕北特委代理书记职务，由刘志丹任特委军委书记，主持陕北特委工作。根据刘志丹提议，“会议提出了可以通过三种形式搞武装斗争，即：可以有白色的（派人做争取国民党军队及民团的工作）；可以有灰色的（派人做土匪武装的工作）；可以有红色的（建立革命武装）；以搞白色的形式为主”[①]。

红石峡会议对于党在陕甘地区领导武装斗争产生了重要影响。这次会议提出党在搞工运、农运、学运的同时，要将今后工作的重点由学运、农运转到兵运上来；并要求大部分党员打入国民党内部去做兵运工作，以建立党领导的人民武装。

---

① 中共陕西省委党史研究室：《中国共产党陕西历史》第一卷，陕西出版集团、陕西人民出版社2009年版，第160页。

“三色”建军方针的提出，是刘志丹等共产党人根据陕甘地区早期武装斗争的实际提出的重要建军思想。这个方针的提出和实践，有力地推动了陕甘边区革命武装的创建和发展，是对中国共产党的建军思想的丰富和发展。

红石峡会议之后，革命的星星之火，在陕甘边区熊熊燃烧起来，这期间兵运工作成为陕甘地区武装斗争的主要形式。根据中共陕西临时省委和中共陕北特委的安排，刘志丹、谢子长、高岗、习仲勋、张秀山、贺晋年、王世泰、焦维炽、张东皎、高鹏飞、杨林等大批共产党员相继到达陕西、甘肃、宁夏交界地区，进入国民党地方武装中从事兵运工作。

1929 年春，刘志丹返回家乡保安县，与中共地下党员曹力如、王子宜等人发动群众，在与保安县民团激烈的斗争中，夺取了保安县民团的领导权。刘志丹任团总，曹力如任副团总，并相继安插了部分党员，掌握了该县民团的武装。

1930 年春，国民党宁夏驻军骑兵第四师苏雨生部，趁蒋、冯、阎中原大战之机扩充部队。刘志丹和谢子长带领一批中共党员、共青团员和进步青年，打入该部。谢子长任第十旅旅长，刘志丹为第八旅第十六团副团长，在苏部秘密建立了党的军委（张东皎任书记），成立了学兵队，先后有 30 多名党团员和进步青年参与学习，在后来发动的靖远起义和西华池兵变中均为骨干。同年春，苏雨生因军阀混战失败，离开宁夏，为保存党的力量，谢子长、刘志丹在国民党军王子元部将这些党团员作了安插，暂时让其潜伏下来。

苏雨生在宁夏大肆扩充实力，威胁到宁夏军阀马鸿逵、马鸿宾的统治地位，引发了宁夏二马与苏雨生之间的军阀混战。为了不使党的力量受损，刘志丹、谢子长决定脱离苏雨生部，来到庆阳北部三道川（现属吴起县），在陇东民团军谭世麟部挂名建军。谢子长任直辖第三团团长，刘志丹任骑兵第六营营长，分驻蔺家砭、齐家桥、张家沟门等地。

正当部队积极扩充、准备寻机起义的时候，遭到了原苏雨生部八旅十六团张廷芝部的袭击，部队在三道川被打散。此后，谢子长根据组织安排，前往北平中共中央北方局军委工作。

刘志丹则到达绥德，向中共陕北特委汇报工作。9月中旬，按照特委建立革命武装的指示，刘志丹返回保安，继续寻找开展兵运斗争的机会。

随后，刘志丹再次来到南梁。他深入南梁堡、寨子湾、金岔沟、石咀子等地，走村串户，访贫问苦，传播党的主张，动员群众起来闹革命。在白马庙，刘志丹遇到了米脂“皮货商”杨培盛。当时，杨培盛用赊财主的钱来南梁收购皮货，在二将川就被土匪陶玉山抢光了，无法回家流落在白马庙寨子。刘志丹十分同情杨培盛的不幸遭遇，给他讲了很多革命道理。听了这个“穷老刘”的话，杨培盛坚定地对刘志丹说：“行！我听你的！”[①]

此后，杨培盛动员了10多个来南梁做生意的穷苦农民，成立了1个小游击队，手持大刀长矛，跟着刘志丹在南梁一带开展革命活动。刘志丹还巧妙地夺取了刘老庄民团的4支枪，交给杨培盛，让他扩大队伍，并领着他们到处张贴标语，宣传革命道理。

刘志丹派出李力果等共产党员，以皮货商、说书匠等身份为掩护，到南梁一带串连贫苦农民，联络饥民武装，指导饥民斗争。特别是他们传唱的“镰刀斧头老镢头，砍开大路穷人走”[②]等唱词，在南梁贫苦农民心中留下了深刻印象。

南梁堡哥老会大爷郑德明、朱志清，经刘志丹的开导教育后，接受了共产党的革命主张。郑德明看到刘志丹如此看重自己，待人诚恳，发誓“要跟定老刘干一番替民伐罪的事业！”此后，南梁堡郑德明的家，就成了共产党人在南梁活动的一个可靠据点。朱

① 《刘志丹纪念文集》编委会编：《刘志丹纪念文集》，军事科学出版社2003年版，第327—328页。

② 高文、巩世锋编：《陇东红色歌谣》，甘肃人民出版社2011年版，第35页。

志清则利用自己“说书匠”的身份，奔走于南梁的各个川道，走村串户，明说历代农民起义的故事，暗地里传播刘志丹“闹红”的消息。朱志清还将刘志丹编写的“连年大旱，天逼民反；苛捐杂税，官逼民反；若要不反，离死不远；大家起来，实行共产”[①]的歌谣，巧妙地传遍了南梁山区，扩大了共产党在南梁的影响。

刘志丹在南梁山区播撒革命火种，得到了南梁人民的拥护。当地群众用“信天游”这样唱道：

正月里来是新年，
陕北出了个刘志丹；
刘志丹来是清官，
他带上队伍上横山，[②]
一心要共产。[③]

四、太白起义与南梁游击队的创建

1930 年 9 月中旬，按照中共陕北特委建立革命武装的指示，刘志丹赶回保安，与曹力如、王子宜等商量建军事宜。这时从三道川脱险的马锡五、卢仲祥、刘约三、马福吉等人陆续回到保安，贺彦龙、魏佑民等也从宜川、延安来到保安，大家开会研究兵运工作的具体安排时，杨树荣也从庆阳回到保安，带来谭世麟的口信，仍希望刘志丹担任其骑兵第六营营长，并要驻合水县太白镇的陇东民团军第二十四营尽力协助。

据此，刘志丹等经过反复研究，决定出其不意，进攻陇东民团

---

① 高文、巩世锋编：《陇东红色歌谣》，甘肃人民出版社 2011 年版，第 5 页。
② 横山即桥山山脉。因桥山为南北走向，当地群众称之为横山。
③ 高文、巩世锋编：《陇东红色歌谣》，甘肃人民出版社 2011 年版，第 6 页。

军驻防太白镇的第二十四营，夺取武器，创建党领导的游击队。刘志丹先派杨树荣去太白镇，“通知”第二十四营营长黄毓麟：骑兵第六营将开赴太白镇，请他们预先筹集粮草，以此稳住敌人。并派人分头调集人马枪支，赶制陇东民团军服装和旗帜。然后从保安民团中抽出部分人员和枪支、马匹，加上从三道川零星回来的人员，调集了 29 人，长短枪 20 多支，战马 20 多匹，将队伍带到白沙川的密林中，进行了训练和动员。

经过充分准备，9 月 28 日，刘志丹骑着一匹铁青色的大马，身着陇东民团军军官的服装，打着“陇东民团军骑兵第六营”的旗帜，率领部队从白沙川出发，沿葫芦河前进，当天下午开进太白镇。

太白镇地处陕甘交界，位于甘肃合水县境内，是葫芦河与苗村河的交汇处。太白镇东南，有一处烧酒作坊，掌柜的名叫李绪增，为人刚直仗义，刘志丹早就和此人相识。进入太白镇后，刘志丹将队伍安顿在李绪增的烧酒作坊里。当晚，在敌二十四营中当班长、与刘志丹早有交往的赵连璧以喝酒为名，来烧酒作坊向刘志丹报告敌情，刘志丹掌握了太白民团军的布防情况。

为了麻痹、迷惑敌人，刘志丹安排队伍连续两天分头与民团军第二十四营官兵开展官对官、兵对兵的“交朋友”活动。30 日晚，刘志丹详细分析了两天来掌握的情报，认为敌众我寡，宜斗智不宜斗力，宜速战不宜持久。他果断决定分头行动，智取强敌。

10 月 1 日早晨，刘志丹、杨树荣按照作战计划来到敌副营长王凤珠的住处“商借粮草”，王凤珠即刻派人请来黄毓麟商议此事。两名反动军官当即被刘志丹、杨树荣击毙。这时，在李绪增烧酒作坊里，卢仲祥等已将敌第一连的官兵用酒灌得东倒西歪。卢仲祥听到枪声，发出作战命令，10 余名战士把枪口一齐对准了敌人，除敌连长企图顽抗被击毙外，敌第一连的其余官兵全部被俘。黄家砭的敌第二连听到枪声，都冲出来向山上逃跑，卢仲祥、刘约三、魏佑民立即率领20余名骑兵勇猛追击，打垮了敌第二连，又缴获了一些马匹、枪支。中午时分，太白战斗胜利结束。刘志丹召开群众大会，宣布了黄毓麟、王凤珠及陇东民团军第二十四营的罪行。广大群众听到平时骑在他们头上作威作福的匪军已被消灭，欣喜万分。当刘志丹率队离开太白镇时，镇里的男女老幼欢天喜地齐来送行。当天夜晚，刘志丹率部奔袭林锦庙，途中又巧妙活捉了林锦庙的敌第三连连长马建有。二更时分，队伍包围了林锦庙之敌，迫使敌第三连交出了全部枪支和马匹。至此，作恶多端的陇东民团军第二十四营被全部消灭。太白战斗毙伤敌营长黄毓麟以下10余人，俘敌数十人，缴获长短枪50余支、骡马10余匹，几十名俘虏自动加入刘志丹的队伍。此次战斗旗开得胜，极大地鼓舞了士气，增添了群众跟党闹革命的信心。

太白起义打响了中国共产党人在甘肃武装反抗国民党反动军阀的第一枪，在南梁地区建立了第一支党领导的革命武装，开创了党在陕甘边区独立领导革命武装的先河，标志着陕甘边区武装斗争进入了一个新的阶段。

太白起义后，刘志丹利用缴获的武器组建起一支100余人的游击队，下辖2个中队。因这支游击队经常在南梁一带活动，当地群众亲切地称之为“南梁游击队”，亦称“刘志丹游击队”。为使部队置于党的领导之下，南梁游击队建立了党支部，杨树荣任书记，刘志丹任大队长兼支部委员。南梁游击队的成立，开始了从军阀手中拉队伍到在农村建立革命武装的转变，揭开了党领导下的革命武装在陕甘边区开展武装斗争的序幕。

此后，刘志丹除抽出几个人和几支枪，交给赵连璧和同守孝，让其留在南梁再建立一支游击队外，随即率军在合水、保安、安塞边界开展游击战争，扩大和发展革命力量。

1930年10月上旬，刘志丹前往绥德，参加中共陕北特委第三次扩大会议。会议决定：继续开展“兵运”工作，待条件成熟时再实行兵变，建立独立的革命武装。会上成立了中共陕北行动委员会军事指挥部，谢子长、刘志丹分别任正副总指挥。会后不久，刘志丹请求辞去陕北特委军委书记一职，返回到陕甘边界开展“兵运”工作。

五、倒水湾整编

1931 年 2 月，为摆脱陕北军阀井岳秀部的“围剿”，刘志丹率部向甘肃陇东转移，沿途通过宣传革命道理，号召农民青年参加革命队伍。赵连璧、同守孝、贾生财、唐青山等人，带领各自农民武装赶到甘肃合水固城川投奔刘志丹。刘志丹对部队进行了统一整编，编为 4 个连，共 400 多人，刘志丹任总指挥。2 月间，部队转移到甘肃宁县张皮塬时，遭国民党新编第十三师陈珪璋部谢绍安旅的袭击，损失过半。此时，大雪封山，弹尽粮绝，游击队处于极度困难的境地，为保存实力，刘志丹率领游击队转移至中部县（今陕西省黄陵县）小石崖一带坚持斗争，并与小石崖罗连城民团建立统战关系，暂渡难关。

3 月，刘志丹按照陕西省委指示，率部编入陕西彬县国民党驻军苏雨生部，任补充团团长，驻防陕西旬邑县职田镇。刘志丹乘机联络旧部，筹备军需，扩大队伍。

谁料立足未稳，波澜骤起，刘志丹被当地豪绅告发，苏雨生将其逮捕，囚禁于彬县，部队亦被缴械改编。后经陕西省委通过爱国民主人士杜斌丞和在国民党陕西省政府任秘书长的地下共产党员南汉宸等人营救，刘志丹出狱。

1931 年 7 月，中共陕西省委派马志贞、高岗来到彬县，指示刘志丹到陇东暂编第十三师师长陈珪璋部继续开展兵运斗争。经陇东暂编第十三师副官处长李勤甫、特务二团团长刘宝堂引荐，陈珪璋委任刘志丹为第十一旅旅长，驻宁县、正宁一带。

刘志丹打出第十一旅旗帜后，很快集合了张皮塬、职田镇失散人员。队伍迅速发展到200余人，刘志丹带领100余人驻早胜镇，其余人员驻宁县县城，开展整训工作。

其间，原留在苏雨生部继续从事兵运工作的共产党员王世泰、张文元等得到刘志丹的消息后，乘苏雨生与孙蔚如火并之机，脱离苏部，前往早胜，投奔刘志丹。刘志丹见到后，异常高兴，激动地说："我们正在利用陈珪璋给的十一旅的番号，'招兵买马'，你们回来太好了，部队正缺乏党员骨干。"①

1931年8月间，刘志丹想以十一旅的名义收编活动在正宁、旬邑县境内的以李培霄为首的约七八百人的土匪队伍，但没有成功，李培霄部入陕西境内活动。

半个月后，陕北军阀井岳秀部的高广仁团哗变，带领七八百人到达宁县，被陈珪璋任命为十三旅旅长，也驻防早胜镇。陈珪璋派刘宝堂带4个连前往早胜收编。刘宝堂到早胜不久，高广仁再度哗变，以商谈要事为名，将刘宝堂和刘志丹扣押，并向刘志丹的第十一旅发动突然袭击，将其全部缴械。刘志丹和马锡五脱险后回到南梁，兵运工作再次受挫。

太白起义以来辗转奔波、兵运屡遭失败的教训，使刘志丹等为代表的中国共产党人认识到利用军阀搞兵运是很难成功的，必须建立党独立领导的革命武装，走建立革命根据地的道路。刘志丹曾对习仲勋说："几年来，陕甘地区先后举行过大大小小七十多次兵变，都失败了。最根本的原因就是军事运动没有同农民运动结合起来，没有建立起革命根据地。如果我们像毛泽东同志那样，以井冈山为依托，搞武装割据，建立根据地，逐步发展扩大游击区，即使严重局面到来，我们也有站脚的地方和回旋的余地。现在最根本的一条

① 王世泰：《陕甘边初期的革命武装斗争》，刘凤阁、任愚公主编：《红二十六军与陕甘边苏区》，兰州大学出版社1995年版，第530页。

是要有根据地。”[①]

在吸取兵运工作深刻教训的基础上，刘志丹开始了创建党领导下的革命武装、创建革命根据地的斗争征程。

1931 年夏秋之交，刘志丹同马锡五来到南梁，他翻山越岭，出入梢林，走遍了南梁数百里梢山，从平定川到瓦子川柳沟、麻地台川金沟岔、荔园堡、南梁堡、东华池等地，与各方面的民众广泛接触，调查南梁地区的历史和现状，从而对南梁的地理、民情和政治、经济、阶级状况有了详细的了解。刘志丹认为：南梁是个闹革命的好地方，有山、有梢林，又是两省边界，只要在这建立起了根据地，再步步向外扩展，就能把红旗插遍西北。

1931 年 9 月，刘志丹来到合水县平定川，在倒水湾杨培盛领导的饥民武装驻地，集合赵连璧、贾生财所率领的三支饥民武装及部分“兵运”工作骨干，对部队进行整编，恢复了南梁游击队。整编后部队共 400 余人，下辖 3 个大队：第一大队队长赵连璧，副大队长刘景范；第二大队队长杨培盛，副大队长白冠五；第三大队队长贾生财。刘志丹任总指挥，马锡五负责军需。南梁游击队成立了中共队委会，刘志丹任书记。

倒水湾整编，是刘志丹提出的“三色”建军思想具体而成功的实践，是党在陕甘边区的革命斗争从兵运向武装斗争过渡的一个显著标志，是党在陕甘边区建设新型人民军队的重要开端，推动了陕甘边区游击战争的兴起和南梁革命根据地的创建。

倒水湾整编后，南梁游击队“坚持以南梁为中心，依托桥山山脉开展游击活动，开辟南梁游击区；重视对部队特别是领导干部的教育工作，提高士兵的阶级觉悟；严肃军纪，积极开展群众工作；组织小股部队到南梁周围打土豪、分粮食，解决部队的供养，减轻

① 习仲勋：《群众领袖　民族英雄》，《人民日报》1979 年 10 月 16 日。

群众的负担。一时南梁游击队名声大震，敌人惊恐不安，人民群众扬眉吐气，革命斗争形势迅速发展”。[①]

南梁游击队创建和发展过程中，始终离不开人民群众的支持。据马锡五回忆，“有一次我们几天没有吃饱饭，到了高家沟，刘大有的老婆说：‘你们从哪里来，看把娃饿成这个样子。’后来半天没见她，我们以为她避开了。到晚上，她端来了荞麦条，才知道她是到地里将没有完全成熟的荞麦割回来现磨成面给我们吃”。[②]

南梁游击队开展武装斗争活动，使国民党陕甘地方军阀极为震惊，慌忙调集军队向南梁游击队发起进攻。1931 年 10 月，张廷芝的一个骑兵连由北向南直扑南梁二将川。同时，陇东军阀陈珪璋部的一个营及合水地方民团共 200 多人也乘机由南向北进犯南梁大凤川，向南梁游击队扑来。

面对敌情，刘志丹决心利用南梁一带的有利地形和良好的群众条件，予敌以沉重打击。命令第一大队北上二将川牵制张廷芝，第二、三大队迎击南线进犯之敌陈珪璋部及合水地方民团，粉碎敌人对南梁游击队的“进剿”。

在刘志丹的周密部署下，赵连璧率领第一大队首战二将川，打得敌人死伤近半，当夜就溃退回定边老巢。

二将川告捷的同时，杨培盛、贾生财率领游击队员，迎头痛击南线进犯的敌军和合水民团。陈珪璋部营长张天禄率领一个连战场起义，参加了南梁游击队。此次战斗一举消灭张廷芝部骑兵连，缴枪 20 余支，战马 40 余匹。在南线的二、三大队协同作战，缴获 60 多支枪，彻底打垮了敌军的进攻，敌余部退出了南梁。

---

① 王世泰：《陕甘边初期的革命武装斗争》，刘凤阁、任愚公主编：《红二十六军与陕甘边苏区》，兰州大学出版社 1995 年版，第 538 页。

② 马锡五：《忆刘志丹同志》，中共陕西省委党史研究室、中共延安地委党史研究室编：《刘志丹》，陕西人民出版社 1993 年版，第 146 页。

旗开得胜，首战告捷，士气大振，南梁游击队在军事上站住了脚跟，用缴获敌人的武器、马匹武装了部队，加强了部队战斗力，指战员斗志更加旺盛，不但打开了游击战争的局面，而且在政治上扩大了党在南梁的影响，为南梁革命根据地的创建奠定了群众基础。至此，中国共产党领导的陕甘边界的革命武装斗争，开始走上创建革命根据地的新时期。

六、林锦庙会师

1931 年 9 月，杨重远、阎红彦率领的晋西游击队西渡黄河，转战陕北，10 月初，与师储杰、肖永胜、杨琪、杨鼎等率领的几支烟商队合编为陕北游击支队。10 月 20 日，陕北游击支队经过艰苦转战，来到南梁林锦庙（今华池县林镇），与刘志丹领导的南梁游击队胜利会师。

两支革命武装力量在南梁山区的胜利会师，在陕甘边汇成了一股强大的革命洪流，促进了南梁地区武装斗争的蓬勃发展。

林锦庙会师旧址

会师后的这支革命武装发展到700余人，并迅速占领华池的二将川、城壕川、悦乐川等地。不久，中共陕西省委指派谢子长前往南梁，传达省委关于整顿部队、建立工农红军的指示。10月30日，谢子长到达南梁，传达了省委指示精神，并决定成立中共队委会，谢子长任书记，刘志丹、阎红彦、杨重远、胡廷俊、马云泽、白锡林为委员。

两支部队会师后，因严冬时节的南梁，地广人稀，地瘠民贫，群众生活异常困难，无法解决游击队给养问题。这时，居于陕甘宁各路军阀部队四面包围之中的陇东军阀陈珪璋，为谋求生存和扩大地盘，派副官史钫成前来商谈收编这支会师部队。队委会经过讨论，一致同意谢子长和刘志丹提出的“借水养鱼”建议，决定暂时接受陈珪璋收编，解决军需、生计问题。经谈判，陈珪璋同意在保持南梁会师部队独立自主的原则基础上，将南梁会师部队的番号定为陇东暂编十三师警备骑兵第二旅，暂住庆阳新堡一带；谢子长任旅长，刘志丹任副旅长兼参谋长，杨重远任参谋主任，马锡五任军需主任。拨给过冬军衣鞋帽1000余套，军饷3000余元；拨给修枪造枪工具15驮，修械工人20余名；拨给西药一驮，军医、护士2名，还“慷慨解囊”送来了军事物资40大车，会师部队所缺乏的粮食、军装、经费、西药等困难迎刃而解，士气更加旺盛。

随后，陈珪璋又派警卫团团长刘宝堂，前往新堡检阅会师部队。

在新堡期间，谢子长、刘志丹严格按照《古田会议决议》的要求，对部队进行整编，切实加强党对军队的绝对领导。整编后，会师部队共辖2个团，第一团团长师储杰，党支部书记马云泽；第二团团长由刘志丹兼任，党支部书记刘约三。

新堡整编结束后，谢子长、刘志丹为了加强会师部队的内部团结，灵活应用党的统一战线政策，举行了“十八兄弟”拜把子香堂大会，刘志丹亲笔写了“金兰谱”：“我弟兄志投意洽，结为金兰，在中国革命战线上共同奋斗，始终不渝。若有中途背盟叛离等情，天诛地灭。”[①] 参加换帖的有谢子长、刘志丹、杨重远、阎红彦、刘约三、马云泽、胡廷俊、雷恩钧、白锡林、程玉清、师诸杰、杨琪、杨鼎、杨培盛、赵连璧、贾生财、唐青山、刘宝堂18人，在他们中除个别人外，多数人实践了“在中国革命战线上共同奋斗，始终不渝”的誓言，有的为党为民族的解放事业赴汤蹈火，英勇捐躯，有的数十年为革命艰苦奋斗，屡建奇功。

七、西北反帝同盟军的建立

谢子长、刘志丹领导部队在新堡休整期间，深入开展群众工作，宣传党的主张，发动群众抗捐抗税抗租，打土豪，分浮财，扩大了党在群众中的影响。不久，陈珪璋调集一个营的兵力，向新堡集结，妄图瓦解这支革命武装。谢子长、刘志丹当机立断，先发制人，乘敌未完成包围部署之际，奇袭六寸塬，击溃敌军2个连，彻底粉碎了陈珪璋“围剿”会师部队的企图。12月下旬，中共陕西省委派军委委员荣子卿来部队，传达了省委关于整顿游击队的指示，要求根据九一八事变后全国日益高涨的抗日救亡运动的形势和西北地区革命形势的变化，将部队改编为西北反帝同盟军，南下关中地区创建根据地。

1931年12月底，会师部队离开新堡、悦乐，沿子午岭西麓南下，到达正宁县月明乡北柴桥子村。1932年1月初，由谢子长主持，在村里召开了全体军人大会。会上，中共陕西省委代表荣子卿宣布“西北反帝同盟军”正式成立，谢子长任西北反帝同盟军总指挥，刘志丹任副总指挥，杨重远任参谋长，同时成立中国共产党西北反帝同盟军委员会，谢子长任书记，刘志丹、荣子卿任委员。西北反帝同盟军下辖两个支队：第一支队由原陕北游击支队改编，支

① 中共庆阳市委党史工作办公室:《中国共产党庆阳历史》第一卷，中共党史出版社2012年版，第46页。

队长师储杰，编为3个大队和1个警卫队；第二支队由原南梁游击队改编，支队长刘志丹，参谋长朱理凯，军需主任马锡五，编为3个大队和1个警卫队。两个支队共约700余人，在子午岭山麓举起了工农革命武装斗争的大旗。

西北反帝同盟军成立后，部队向陕甘交界的正宁三嘉塬转移，并在三嘉塬、细咀子、锦章、月明塬一带整训待命。在此期间，部队向农民宣传革命思想，开展打土豪斗争，在当地人民群众中留下了良好印象，播下了革命火种。当地广泛传颂着这样一首歌谣：

中华民国二十年，
红军起首三嘉塬。
谢浩如、刘志丹，
领导穷人把身翻。
东靠黄河西靠山，
锦章、细咀子扎营盘。

枪声一响震四方，
好像猛虎追恶狼。
反动走狗民团跑，
土豪劣绅跑不了。
打土豪，分田产，
打开仓，把粮散。

车子推，口袋掂，
家家户户吃白面。
常开会，来宣传，
你拿斧头我拿镰。

都是红军来的好，
世道翻了个底朝天。①

在这期间，针对西北反帝同盟军内部存在的纪律松散、成分不纯、流氓习气严重等问题，刘志丹、谢子长认为急需整顿和教育。但如何整顿部队，两位领导人之间发生了分歧，谢子长提出，对那些成分复杂不可靠的部队，该缴械的缴械，该解散的解散，该枪毙的枪毙；刘志丹主张采取教育、改造为主的办法，不堪改造的个别清理。刘志丹曾召开第二支队党支部和各大队领导会议，研究整顿工作，先后清除了混入部队的10多名地痞流氓。张邦英回忆说："有一次在正宁县的一个地方，司令部的一个马夫拿了群众的一条布腰带，抓了一只鸡。群众跑来告状，志丹知道后，于第二天召开了全体军人公审大会，宣布了这个马夫违反群众纪律的行为。并根据他过去一再违反纪律、表现不好的情况，经战士讨论，决定立即予以枪决。"②

时值春节临近，给养十分困难，部队决定通过打土豪来解决给养问题。1932年1月31日，二支队大队长赵连璧部抢了永和集，造成不良影响，当地群众找谢子长告状，谢子长认为必须采取措施解决部队中存在的问题。2月3日下午，谢子长召集一支队干部大会，会议决定收缴二支队的枪，处决赵连璧。2月6日（农历正月初一），谢子长主持召开反帝同盟军全体指战员大会，强调要加强部队纪律，对部队违反纪律的行为进行严厉批评。谢子长讲话刚一结束，第一支队突然将第二支队包围，当场打死赵连璧、谷聚山等3人，打伤了白冠五等2人，开除了二支队40多名干部战士，随之解散了二支队。这就是三嘉塬事件。当晚，第一支队队长师储杰带领100多人出走，投靠了杨虎城。西北反帝同盟军由700余人锐减为200余人。事后，刘志丹去陕西省委汇报工作。

① 张锋：《民族英雄谢子长》，中国文史出版社2005年版，第103—104页。
② 张邦英：《永远活在人民心里》，中共陕西省委党史研究室、中共延安地委党史研究室编：《刘志丹》，陕西人民出版社1993年版，第199—200页。

三嘉塬事件是陕甘边革命根据地和陕甘红军创建史上一个影响极大的事件，给刚建立起来的陕甘工农武装造成很大损失，教训是非常深刻的，应该吸取。1985 年 5 月 21 日，中共中央办公厅批转冯文彬、宋时轮《关于西北红军历史问题座谈会的报告》，其中对三嘉塬事件作出结论性意见：

“队伍成分不纯，作风、纪律不好的现象是正常的，按照党的建军原则进行整顿是必要的。但是，在一般情况下，采取一部分人缴另一部分人枪的办法，特别是在刘、谢两位主要领导人没有取得一致意见的情况下，采取缴枪的办法，甚至还打死了人，不论是谁的决定，都是不对的，更不能说是完全正确的。好在这支队伍中许多同志以大局为重，始终坚持革命，为西北革命和红军的发展，做出了重要贡献，刘志丹同志是其中的杰出代表。”①

八、成立中国工农红军陕甘游击队

三嘉塬事件后，经陕西省三原县武字区和旬邑党组织的动员，100 余名青年贫苦农民踊跃前来参军，充实了队伍。

这时，陕西省委军委书记李杰夫向西北反帝同盟军传达了省委最新指示，将西北反帝同盟军改编为中国工农红军陕甘游击队，改编后部队立即南下渭北平原打游击。

2 月 12 日，中国工农红军陕甘游击队授旗典礼在三嘉塬细咀子村麦场上举行。陕西省委军委书记李杰夫主持会议，并代表省委宣布：谢子长任红军陕甘游击队总指挥，李杰夫任政治委员，杨重远任参谋长。刘志丹因去陕西省委汇报工作，未任职。中国工农红军陕甘游击队下辖两个大队、一个骑兵队、一个警卫队。第一大队队长阎红彦，政治委员杨重远（兼）；第二大队队长吴岱峰，政治委员高岗；骑兵队队长强龙光，警卫队队长白锡林，政治委员胡廷

① 中共中央党史资料征集委员会编：《党史资料征集通讯》1986 年第 7 期。

俊。自此，陕甘高原上第一次公开打出了中国工农红军的旗帜，陕甘地区的武装斗争进入了新时期。

中国工农红军陕甘游击队一成立，就根据群众要求，奔袭旬邑县职田镇。2 月 13 日，谢子长命令骑兵大队出发包围职田镇，封锁各路口。次日凌晨，游击队攻克职田镇，捣毁了区公所，擒住国民党职田镇区长、民团团长，逮捕了唐碧武等 8 个恶霸地主，并召开公判大会，将 8 个恶霸全部处决。

2 月 14 日恰逢职田镇集日。游击队在职田镇召开群众大会，当场烧毁区公所的文书、账本及豪绅的账债契约，开仓分粮。陕甘游击队的成立和红军占领职田镇的消息，使国民党统治当局极为震惊，他们立即调动驻旬邑县城的陕西省政府警卫团第三营樊谅承部和旬邑、彬县、淳化 3 县民团共千余人，向职田镇扑来，妄图一举歼灭陕甘游击队。

1932年2月12日红军陕甘游击队成立大会旧址

2 月 15 日，国民党“进剿”部队在职田镇扑空后，向阳坡头方向开进。当敌人先头部队进至阳坡头村西的涝池畔时，遭到游击队伏击，敌军人心惶惶，争相逃命。此役共歼敌 300 余人，缴枪 500 余支，还缴获不少弹药物资。

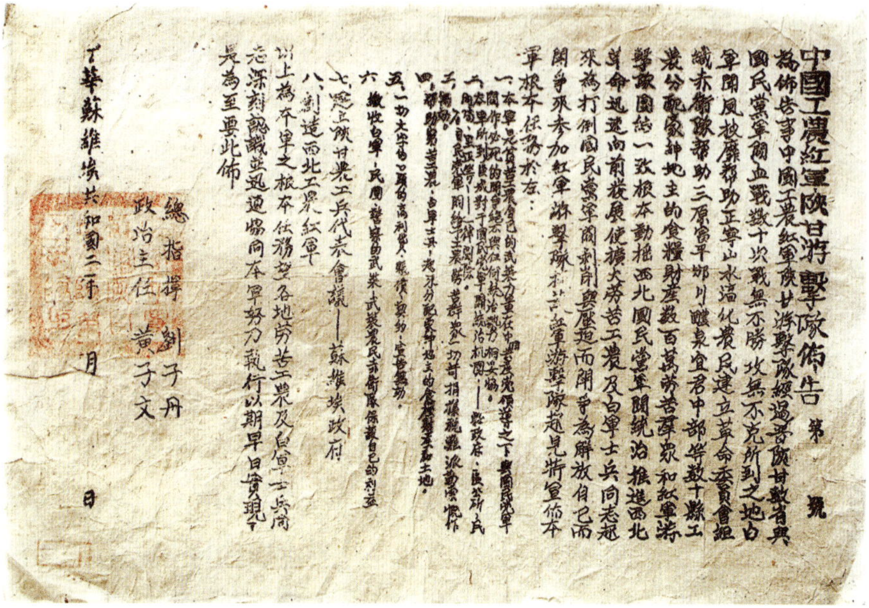
中國工農紅軍陝甘游擊隊佈告 第 號

為佈告事中國工農紅軍陝甘游擊隊經過陝甘數省與國民黨軍閥血戰數十次戰無不勝攻無不克所到之地白軍聞風披靡幫助正寧山水淳化農民建立革命委員會組織赤衛隊幫助三原富平邠川醴泉宜君中部等數十縣工農分配豪紳地主的食糧財產數百萬勞苦群眾和紅軍游擊隊團結一致根本動搖西北國民黨軍閥統治推進西北革命迅速向前發展使擴大勞苦工農及白軍士兵同志起來為打倒國民黨軍閥剝削與壓迫而鬥爭為解放自己而鬥爭來參加紅軍游擊隊[illegible]紅軍游擊隊起見特宣佈本軍根本任務於左：

一、本軍是貧苦工農自己的武裝力量在中國共產黨領導之下與國民黨軍閥作殊死的鬥爭絕不與任何統治勢力妥協。

二、本軍所到之處對于國民黨軍閥統治機關——縣政府、區公所、民團、保甲等一律剷除。

三、[illegible]

四、幫助勞苦工農、白軍士兵[illegible]分配豪紳地主的食糧財產及土地。

五、[illegible]

六、繳收白軍、民團、警察的武裝武裝農民赤衛隊保護自己的利益

七、號召陝甘農工兵代表會議——蘇維埃政府

八、創造西北工農紅軍

以上為本軍之根本任務望各地勞苦工農及白軍士兵同志深刻認識並迅速地向本軍努力執行以期早日實現是為至要此佈

總指揮 劉子丹

政治主任 黄子文

中華蘇維埃共和國二年 月 日

中国工农红军陕甘游击队布告

此后，陕甘游击队按照中共陕西省委指示，南下陕西渭北的三原、富平、耀县等地打游击战。2 月 20 日晚，突袭照金民团，缴枪 30 余支。随后，部队向北移动，在同官县柳树村击溃庙湾民团。之后掉头北上，进逼宜君县焦坪镇，在艾蒿窑与左协中团的 1 个营展开激战，缴枪 20 余支，俘敌 7 人，其中连长、排长各 1 人。3 月上旬，部队在中部县上畛子休整了一周左右，3 月中旬，陕甘游击队翻越子午岭，回师甘肃正宁县柴桥子村。在一个多月的时间里，陕甘游击队主动出击，连续作战，歼灭旬邑、彬县、长武、宜君、耀县等地民团武装 1000 余人，给敌人以沉重打击，并且在战斗中不断发展壮大。

九、习仲勋与两当兵变

两当兵变是中国共产党在驻甘肃国民党部队中有组织、有计

划、有目的发动的一次军事斗争行动，兵变部队被改编为中国工农红军陕甘游击队第五支队，为创建和发展陕甘边革命根据地和集结革命力量作出了重要贡献。作为主要组织者和发动者之一，两当兵变是习仲勋领导开展武装斗争的重要起点。

1928 年春，习仲勋因参加爱国学生运动，遭到国民党当局关押。狱中，经武廷俊介绍，习仲勋加入了中国共产党，时年不满 15 岁。在敌人的监狱入党，充分反映了习仲勋具有坚定的革命意志和坚强的党性。

习仲勋入狱后先关押在三原，后移至西安军事裁判所。国民党陕西省主席宋哲元看到被抓的是个稚气未脱的学生娃，便下令交保释放。1928 年 6 月，习仲勋等在党组织营救下获释。

习仲勋出狱后的这一年，发生了历史上罕见的“民国十八年大饥馑”，其父母亲相继病逝。1930 年 1 月，习仲勋服从党组织安排，前往长武县国民党地方武装毕梅轩部王德修支队，开展兵运工作。

1930 年 3 月下旬，习仲勋、李秉荣、李特生等人，先后两次在长武县西门外的药王洞秘密开会，决定建立党小组，以连为中心开展工作，分头下到连队争取士兵。后来习仲勋由队部文书改任二连见习官。在发动士兵进行日常斗争的同时，党小组还秘密成立了红军之友社。

6 月，该部被甄寿珊改编为西北民军第一师第二支队。7 月，习仲勋所在的二连移防亭口。亭口是古丝绸之路的重要驿站。在习仲勋的影响下，骡马店主王志轩、士绅刘士荣、小学校长刘警天等人倾向革命，骡马店也成为秘密联络点。

11 月，该部被杨虎城收编为陕西骑兵第三旅第三团第二营，移防彬县，习仲勋改任二连特务长。在此前后成立了营党委，李秉荣、李特生先后任书记，并在各连建立了支部，有党员 30 多名。

1931 年春，在第三旅做兵运工作的刘志丹被旅长苏雨生关押于彬县，追随刘志丹的王世泰找到习仲勋，商议兵运事宜。针对简单的搞些武器拉出去的想法，习仲勋认为军阀对武器看管极严，夺枪不易，彬县又地处西兰公路，很难拉出去，也不利于保存力量。这次见面，给王世泰留下深刻的第一印象：“我认为习仲勋同志虽然只有十八九岁，但显而易见比较成熟。他外貌文静，内里火热，谈吐清雅，谋略过人，是我党的一位年轻有为的好干部。”①

1931 年 4 月，苏雨生率部叛变杨虎城。紧急关头，习仲勋和李秉荣、李特生召集党员骨干商议，提出“消灭第一团，投杨虎城”的口号，得到全营官兵的响应。二营向苏雨生留在彬县的第一团发起猛烈攻击，待杨部赶来时战斗已然结束。嗣后，该部又被杨虎城改编为陕西警备第三旅第二团第一营。

5 月，一营移防凤翔县北仓，习仲勋接任营党委书记。1931 年冬，一营开赴陇南与川军作战，战后，分驻陕甘两省，营部和一连、机枪连驻凤州城，二连驻双石铺（今凤县县城），三连驻两当县城。至此，该部在两年间已经 3 次易帜，防地也辗转千里。

习仲勋等的革命活动引起部队上层的觉察，团长用“掺沙子”的办法换掉了一营 4 个连长中的 3 个，以机枪连为重点，连长李秉荣被调离，连队被重组。习仲勋带领军需文书刘书林及时到重新组建的机枪连开展工作，积极争取班排长。他还将文昌宫国民模范小学教员刘希贤培养成革命积极分子，以刘家作为秘密联络点。习仲勋还和刘书林、刘希贤等人拍了“金兰照”，这也是迄今所见他最早的一张照片。刘书林曾回忆：“习仲勋告诉我，母亲（指党组织）说了，我们一定要在机枪连发展党员，开始可以先同他们交朋友，工作逐步深入。于是，习仲勋和我对机枪连的 2 个排长和 1 个特务长有意亲近，表示热情。”②

---

① 中共甘肃省委编：《习仲勋与甘肃》，甘肃人民出版社 2013 年版，第 201 页。

② 中共陕西省委党史研究室编：《陕西党史资料丛书》（二十六），陕西人民出版社 1993 年版，第 357 页。

1932年3月，团部又突然作出换防决定，要求一营进驻甘肃徽县、成县一带。这一决定适得其反，引起士兵强烈不满。3月下旬，根据陕西省委指示，习仲勋和陕西省委军委秘书、特派员刘林圃在双石铺北山上的古庙内召开会议，决定利用换防之机在甘肃两当举行兵变，兵变后向北进军与刘志丹率领的陕甘游击队会合。

4月1日，全营进驻两当，一连驻北街南端，二连驻南街，营部驻县政府西侧一个地主宅院，三连驻县政府内和西街，机枪连驻北街。晚9时，习仲勋在北街一个骡马店内主持召开营委扩大会议，决定刘林圃担任兵变指挥，习仲勋组织领导全营行动。

1932年3月，习仲勋（左一）从事兵运工作时的照片

1932年4月2日，习仲勋、吕剑人、李特生、许天洁等利用部队换防之机，率领全营近300人在甘肃两当举行起义，机枪连与起义部队发生激烈交火，击毙了3名反动连长，营长王德修逃脱。

2日中午，部队在太阳寺改编为中国工农红军陕甘游击队第五支队，刘林圃任政委，习仲勋任队委书记，吴进才任队长（后改由许天洁接任）。部队以一张残缺的地图辨识方向，渡过渭河，进入陕西，经过宝鸡、千阳等县，途中多次与敌军激战，在麟游县蔡家河被国民党军堵住去路。习仲勋召集营委会议，决定许天洁带领部队绕道奔赴永寿县岳御寺休整待命，由习仲勋和左文辉到亭口做渡泾河的准备，刘林圃和吕剑人到乾县同刘文伯部谈判以争取时间。部队就地休整时，不料与当地大土匪王结子遭遇。经过激战，终因寡不敌众，兵变失败。

刘林圃、吕剑人得知兵变失败，到西安向省委汇报时被捕。不久，刘林圃即被杀害，年仅 23 岁。

两当兵变悲壮地失败了，但兵变的枪声震动陕甘，永远载入了西北革命的史册。后来，习仲勋总结了这次兵变的经验教训，认为："兵变前进行的艰苦细致的兵运工作，方针是正确的。其教训在于一是没有与农民运动相配合，没有创造根据地进行游击战争……；二是政治上不懂得联合政策，没有和当地的哥老会、有进步倾向的军队、民团搞联合……，陷于孤立；三是对动摇分子没有坚决遣散，在紧要关头其破坏作用很大；四是旗帜不鲜明，兵暴后仍打着白军的旗帜，没有提出明确的口号，群众不了解，失去依靠。"[①]

两当兵变是党在甘肃境内组织和发动较早的武装斗争之一，为陇南乃至甘肃地下党组织的诞生和发展奠定了社会基础，也是创建陕甘边革命根据地的重要组成部分。它唤醒了陕甘边区人民的革命斗志，播下了革命火种，锻炼和培养了一批革命骨干。

两年多的兵运斗争以及两当兵变，锤炼了习仲勋的革命意志，坚定了他的革命信心。以两当兵变为标志，习仲勋由一个主要从事学生运动的革命青年向一个职业革命家转变。

---

① 中共陕西省委党史研究室、中共甘肃省委党史研究室编：《陕甘边革命根据地》，中共党史出版社 1997 年版，第 245—246 页。

两当兵变失败后，习仲勋等共产党人并没有屈服、退缩，他们汲取沉痛的经验教训，分赴各地寻找党的组织，勇敢地投入到新的战斗之中，为探索中国革命的正确道路作出了贡献。

第四节　创建陕甘边革命根据地的重要尝试

一、寺村塬革命委员会的建立

陕甘游击队在香山经过短期休整后，北上宜君地区，出其不意歼灭了瑶曲镇民团和驻焦家坪的敌第二五六旅五一一团的一个连，又击溃了敌五一一团的一个营。其后敌重兵来攻，游击队退入桥山山脉中段上畛子地区进行休整。后来，陕甘游击队乘敌陕军十七师与甘军新编十三师在陇东混战之机，回师陇东，依托陕甘边界的子午岭山区，在正宁县寺村塬一带开展游击战争，建立根据地。

1932年3月18日，谢子长率领陕甘游击队，回师正宁县北柴桥子。当时，湫头农民赵锁义等人手持三节鞭等武器，赶跑正宁县政府前来催款的“马师爷”，县政府扬言要血洗南塬。为预防官府镇压，群众已自发组织起200多人的民团，共商对敌之策。游击队闻讯后，决定立即就地发动群众，围攻正宁县城山河城，开展开辟革命根据地的斗争。3月19日夜，三嘉塬、寺村塬群众冲破沿途豪绅阻拦，翻沟来到山河城西的柑柏树、移风一带。同时，陕甘游击队从月明塬向山河城东急行军，欲与群众配合，形成两面夹击的阵势。不料向导迷路，夹击未成，错失战机，攻城计划未能实现。

围攻山河城失利后，陕甘游击队队委会召开会议，重新讨论了下一步行动计划，决定：赴南塬一带开展游击战争，打击土豪劣绅的破坏；将自发组织的农民“民团”改编为赤卫军，以配合红军的武装斗争；立即实现陕甘游击队的纲领；发动和组织群众，准备再次攻打山河城，拔除敌人的据点；成立革命委员会，创建陕甘边区红色政权，开辟革命根据地。具体办法是各大队划分区域，负责建立各区的工作，先召集各村的群众大会及建立各村的赤卫队。成立陕甘边区革命委员会，用此委员会公布苏维埃政府的一切法令。①

会后，陕甘游击队移驻正宁寺村塬一带。

寺村塬苏维埃革命委员会成立旧址

① 《中国工农红军陕甘游击队工作报告》，中共陕西省委党史研究室、中共甘肃省委党史研究室编:《陕甘边革命根据地》，中共党史出版社 1997 年版，第 57 页。

寺村塬又叫南塬，是正宁南部一条大塬。这里属典型的陇东黄土高原沟壑区，南接旬邑，东靠子午岭大梢山。3 月 20 日，谢子长、刘志丹率领的陕甘游击队分驻寺村塬的新庄子、西城、碾庄子等村庄。陕甘游击队移驻寺村塬后召开会议，宣布将原农民自发组织起来的民团改编为赤卫军，正式成立了寺村塬赤卫军总指挥部，杜兴邦任总指挥，巩世信、张进选任副总指挥。随之，陕甘游击队在谢子长、杨重远的带领下，走村串户，访贫问苦，张贴标语，宣传党和红军的主张，发动群众，向群众宣讲开展革命斗争和建立苏维埃政权的重大意义。

经过陕甘游击队总指挥部的倡导和鼓动，参与赤卫队、农会的人数和规模迅速扩大，东至五顷塬，西至永和塬，北至四郎河川，南至正宁县与旬邑交界地以内 72 个村镇的赤卫队、农会代表和游击队指战员共 1000 余人，于 1932 年 3 月 22 日赶到寺村塬新庄子集会，选举成立陕甘边区革命委员会（又称寺村塬革命委员会）。委员会由 15 人组成，农民委员 10 人，游击队委员 5 人；李杰夫任主席，张静元、唐贵荣任副主席。委员会下设土地、肃反、财政、粮食 4 个委员会。① 各村也分别成立了革命委员会，大村由 5 名委员组成，小村由 3 名委员组成，寺村塬革命委员会驻新庄子西洼。会议决定：

宣告执行苏维埃政府的一切决议和法令，以农民代表大会和革命委员会的名义发布宣言，代表豪绅地主利益的国民党县政府、区公所均被推翻。陕甘边区第一个红色政权由此诞生。②

按照中共陕西省委指示，寺村塬革命委员会成立后，即把领导

---

① 据当时任寺村塬革命委员会文书的李志合回忆，寺村塬革命委员会主席张静元，副主席唐贵荣。这里采用《陕西代表团杜励君报告》的说法，杜励君即杜衡。刘凤阁、任愚公主编:《红二十六军与陕甘边苏区》，兰州大学出版社 1995 年版，第 164 页。

② 刘秉政:《陕甘边区苏维埃政府简史》，中共党史出版社 2014 年版，第 30 页。

农民开展土地革命斗争作为主要任务，发动和组织群众，开展打土豪、分田地的斗争，开展没收地主的粮食、牛羊及其他财产的活动，并镇压恶霸豪绅。谢子长领导群众没收了西城村大地主刘西昆和于家庄大豪绅赵元亨的土地、粮食、牛羊等财物，分配给穷苦农民群众。随之，红军在荀仁寺召开了有上千人参加的群众大会，公审并处决了大豪绅赵元亨和恶霸龚德功。

经过10多天的准备，3月31日，陕甘游击队在当地赤卫军和群众配合下再次攻打山河城。谢子长、杜兴邦分别率领游击队和赤卫军及群众千余人从寺村塬出发，到达山河城东的路家窑一带。此时，赤卫军和群众停止前进，为部队助威，送水送饭。4月1日，游击队从城东、城北同时发起进攻，山河镇国民党驻军逃入城内，凭借坚固城防顽抗。2日，驻早胜国民党陈珪璋残部骑兵营驰援山河城，于城东数里之西坡坳遭游击队伏击，被毙伤四五十人。随后，国民党军遂掉头撤退，被游击队赶入城内。由于缺乏攻城经验，加之山河城守敌凭借坚固的城防工事顽固对抗，红军连攻两日未克，二次攻打山河城失利。4月2日，驻西峰镇的国民党军暂编十三师一个营也赶来增援，红军给予援军以重创，歼敌200余人后，撤离战场，转回寺村塬休整。4月13日，陕甘游击队接到旬邑地下党组织报告说，敌旬邑县城防守不严。谢子长率陕甘游击队转而奔袭旬邑县城，大获全胜，共歼灭守敌300余人。旬邑县城是陕甘游击队建队以来攻克的第一座县城，影响很大。这时红军声威大振，部队很快发展到近千人。

陕甘游击队在建队仅仅70天时间里，便依托寺村塬革命根据地，积极寻找敌人的薄弱环节，选择游击战争的战略方向，取得了一系列军事胜利，标志着党在陕甘边区的革命斗争已经迈出了开展武装斗争、创建农村革命根据地的第一步，是创建南梁革命根据地的良好开端。

二、陕甘游击队反“围剿”斗争与西华池起义

正当陕甘游击队在寺村塬创建根据地的时候，1932 年 4 月中旬，陕西省委书记杜衡前来陕甘游击队“视察”。这位王明“左”倾路线的忠实执行者，以陕甘游击队没有执行省委南下渭北作战，两打山河城失利为由，提出严厉批评，强加给游击队“游而不击”“梢山主义”等罪名，并当场撤销了谢子长总指挥的职务，派其到甘肃靖远搞兵运工作。命令游击队到旬邑县马家堡集结，将陕甘游击队分编为三、五两个支队。让刚回到游击队的刘志丹任三支队队长，吴岱峰任参谋长；阎红彦任五支队队长，杨重远任参谋长。随后，三支队进入陕西永寿、礼泉、乾县、彬县一带打游击，五支队进入渭北地区活动。5 月 10 日，国民党部队分路“围剿”陕甘游击队。陕西省委恢复了陕甘游击队总指挥部，刘志丹任总指挥，李杰夫任政委，杨重远任参谋长，黄子文任政治部主任。队委会也相继恢复，刘志丹任书记。在刘志丹的率领下，陕甘游击队转战于陕西富县、洛川、中部和宜君等地，历经 9 次战斗，8 胜 1 负，共歼敌 1400 多人，粉碎了国民党部队的“围剿”。就在这时，中共陕西省委又命令部队东进韩城，在平原地区建立根据地，结果遭到陕西军阀的重兵“围剿”，部队损失严重。面对危机，刘志丹当即率部翻越子午岭，重返南梁一带。

当部队到达宁县麻子掌时，队伍只剩下 200 多人。由于韩城战斗失利，部队思想混乱，领导之间在行动方向上也发生了分歧。为了解决这一问题，陕甘游击队在麻子掌召开了队委会。会议讨论的焦点是南下三原，还是依托桥山山脉打游击，两种意见争执不下，最后甚至出现“南北分家”、各自行动的状况。正在这时，阎红彦带领百余人到距麻子掌不远的梁掌堡，与刘志丹见面后交换看法，阎红彦同意刘志丹的意见，主张不能南下，就地坚持游击战争。

部队领导人在梁掌堡再次召开会议。最终会议作出决定：以

桥山为依托，就地开展游击战争，进而创建陕甘边革命根据地。会上推选阎红彦为游击队总指挥；部队改编为两个步兵大队和一个骑兵大队，高山保、刘志丹、强龙光分任大队长。李杰夫回省委汇报工作。[①]

梁掌堡会议是陕甘游击队发展过程中一次非常重要的会议。会议重新整军，明确了游击队今后的发展方向，总结了失败的教训，纠正了“南北分家”的错误做法，统一了队伍的思想，确保了部队的团结，为陕甘游击队的巩固发展提供了保障，对陕甘游击队的发展壮大和后来南梁革命根据地的建立，有着十分重要的意义。

在陕甘游击队受到挫折的困难时刻，由谢子长、刘志丹等策划领导的西华池起义爆发，为陕甘游击队的发展注入了新的革命力量，推动了陕甘边区游击战争的发展。

西华池位于庆阳、宁县县城之间，地形地貌独特，因古时城南有一池塘生长荷花而得名。早在 1932 年春，靖远兵暴失败后，谢子长指示杨林等人到驻庆阳国民党新十一旅搞兵运，杨林当即到西华池新十一旅特务营一连驻地，与时任国民党特务营第一连连长、中共地下党支部书记高鹏飞取得联系，准备在西华池举行起义。为了保证起义顺利进行，高鹏飞派人与刘志丹进行联络，汇报了起义准备情况。刘志丹赞成举行起义，并指示：“欢迎举行兵暴，三天内红军不离开盘克塬，准备接应兵暴部队；如果条件不成熟，不可轻举妄动，以免暴露力量而遭不幸。”[②]

得到刘志丹的指示后，高鹏飞召开党支部会议，秘密商议，部署起义事宜，决定“利用下午出操机会收缴第二连武器”[③]。1932 年

---

① 刘秉政：《陕甘边区苏维埃政府简史》，中共党史出版社 2014 年版，第 33—34 页。

② 杨林：《西华池兵变》，中共陕西省委党史研究室、中共甘肃省委党史研究室编：《陕甘边革命根据地》，中共党史出版社 1997 年版，第 523 页。

③ 杨林：《西华池兵变》，中共陕西省委党史研究室、中共甘肃省委党史研究室编：《陕甘边革命根据地》，中共党史出版社 1997 年版，第 524 页。

7月9日下午，起义按计划进行，一连将第二连缴械，命令二连全体官兵集合待命。高鹏飞到操场郑重宣布特务营一、二连全体官兵正式武装起义，参加红军，全场官兵一致拥护。当天晚上，起义部队170余人开赴红军活动地区。10日，与前来迎接的红军游击队骑兵队在宁县盘克塬武洛村会合，当晚与主力会合。12日，红军在正宁县湫头塬召开大会，庆祝西华池起义成功，起义部队被编为陕甘游击队第三大队，高鹏飞任大队长，阎润平任政委。

西华池起义是中国共产党在陕甘边界地区领导发动的一次成功的武装起义。起义沉重打击了国民党反动派的嚣张气焰，瓦解了国民党驻庆阳新十一旅特务营，鼓舞了陕甘边区人民的斗志，也为陕甘游击队增加了重要的有生力量，促使陕甘边区革命斗争进入了一个新的阶段。

得到西华池起义部队的补充，陕甘游击队扩大到500余人，此后，陕甘游击队转入正宁一带就地开展游击活动。在行动方针上确定以正宁为军事后方，以此为依托向两翼展开。根据这一方针，第一大队和骑兵大队，北进庆阳游击；第二大队则去旬邑、耀县活动。与此同时，派出得力干部深入农村开展地方工作。经过短期努力，五顷塬、龙嘴子、南邑等村农会迅速恢复起来，还建立了乡级苏维埃政权，乡级政权分别设有土地、军事、劳动、粮食、文化、青年、妇女等委员。

陕甘游击队政委、队委会书记李杰夫返回西安后，陕西省委派省委常委兼组织部长李艮担任陕甘游击队政委、队委会书记。7月23日，李艮到达正宁县南邑。李艮传达了陕西省委有关指示，强调要着重解决陕甘游击队的“机会主义领导问题”和“反革命阴谋问题”。李艮在正宁南邑连续六七天召开干部会议，批判所谓“机会主义领导”，指责刘志丹、阎红彦、杨重远是“逃跑主义”“上山路线”，空谈创建新苏区和二十六军问题，要求部队“停止游击战争”，“演习阵地战和平原战”，并限令在20天内将五顷塬土地分配完毕。就在李艮整天泡在会议之中，批判所谓的“机会主义领导”和空谈建立新苏区之时，国民党军从容地完成了进攻游击队的部署。在国民党部队发起进攻后，李艮又命令游击队硬攻和死守。

8月13日，李艮命令陕甘游击队强攻湫头镇民团驻地王郎坡寨子。红军冒着国民党军的密集火力，死打硬拼，围攻两天未能取胜，而红军部队伤亡60余人，16日被迫撤出战斗，转移到三嘉塬一带待命。此后，李艮又命令红军进至五顷塬据守，以阵地战保卫根据地，结果伤亡30余人，阵地被国民党军突破，部队又退到三嘉塬地区。

8月19日早晨，国民党军兵分三路，合击三嘉塬，红军奋力拼杀，巧借大雾突出重围。20日，陕甘游击队转移到秦曲、狼牙洼一线。不料国民党军尾随而至，红军不得不继续转移到前马塬。21日，时值大雾弥漫，国民党骑兵借大雾突入庄内，红军与国民党军展开激战，随后分散突围，于24日转移到旬邑县马栏镇，陕甘游击队由500余人锐减至200余人。错误路线和错误指挥给陕甘游击队带来了灾难性后果。

陕甘游击队撤离寺村塬后，寺村塬革命委员会遭到破坏，地主豪绅大搞反攻倒算，国民党地方政府也对人民进行疯狂镇压和勒索，“剿赤捐”“剿赤军队支应费”等苛捐杂税接踵而至，在王郎坡附近的几个村子，群众每日不仅要供给国民党军队300人的伙食，还要另行支出30块银元。原来参加过革命的积极分子，有的被抄家，许多人被抓走，创建仅仅5个月的寺村塬革命根据地丧失。

三、寺村塬革命根据地的历史作用

寺村塬革命根据地是党在陕甘边地区最早实行“工农武装割据”和建立红色政权的一次重要尝试，它传播了革命思想，给苦难的人民大众带来了光明和希望，对党在陕甘边区开展工农武装割据产生了积极而深远的影响，提供了许多宝贵经验和教训，具有重要的历史作用。

第一，寺村塬革命根据地是党在陕甘边地区建立的第一个革命根据地，开始了创建根据地的重要尝试。

刘志丹、谢子长等共产党人，自觉总结兵运失败的经验教训，逐步认识和积极实践“工农武装割据”道路，创建了中国工农红军陕甘游击队，建立了寺村塬革命根据地和陕甘边区革命委员会，在陕甘边区首开工农武装割据的先河，成为陕甘边区“农村包围城市、武装夺取政权”的实践范例。寺村塬革命根据地和革命委员会的建立，是中国共产党在陕甘边区创建革命根据地和苏维埃政权斗争中的一次重要而有益的尝试，它改变了陕甘边革命斗争态势，取得了经验教训，为以后照金、南梁革命根据地的开辟创造了条件。

第二，寺村塬革命根据地的建立，使陕甘游击队有了后方依托，促进了陕甘边区游击战争的开展。

寺村塬革命委员会建立后，陕甘游击队按原定计划发起第二次攻打山河城的战斗。在战斗中，革命委员会全力组织根据地群众为部队送水送饭，支援前线，赤卫军主动配合，协同作战，但因城墙坚固，敌人防备严密等因素，未能攻克。之后，陕甘游击队退回寺村塬休整。国民党军向陕甘游击队连续发起几次“围剿”，刘志丹指挥红军从外线九次转战，粉碎了国民党军的“围剿”。正当陕甘边区“工农武装割据”的局面初步形成之际，陕西省委负责人杜衡却命令红军撤离寺村塬根据地，东进韩城，在平原地区建立根据地，结果部队遭国民党重兵“围剿”，受到严重损失，不得不重返寺村塬革命根据地。7月下旬，李艮执行“左”倾冒险主义的错误路线，使陕甘游击队和寺村塬红色政权建设再次蒙受损失。8月下旬，寺村塬革命根据地丧失。由于失去了后方政权的依托，红军游击队接连失利，损失严重，只好退往子午岭的平定川、豹子川一带，陕甘边区革命斗争受到挫折。

事实充分说明，在寺村塬革命根据地创立的5个月时间中，陕甘游击队因有后方红色政权的依托，有利时则打出外线开展游击活动，失利时则回师后方休整，促进了游击战争的开展。寺村塬革命根据地的创建，为推动陕甘边区革命斗争的发展产生了积极作用。

第三，寺村塬革命根据地的建立，为照金、南梁革命根据地的创建和红色政权建设积累了经验。

一是创建和巩固革命政权必须有一支强大的革命武装作保障。当时，红军陕甘游击队建立不久，人数仅300人左右，西华池起义后，扩充到500人，人数极少。红军的武器装备极差，一方面靠战斗中缴获的武器进行扩充；另一方面也靠当地民众的长矛、大刀、土枪、农具等配合战斗。陕甘游击队力量的弱小和国民党反动势力的强大，迫使红军部队经常处于高度的流动作战之中，因而根据地的区域也受影响，暂时无法形成稳定的革命根据地。出现了红军在，政权就在，红军撤离，政权就消失的局面。寺村塬根据地的建立和丧失，充分说明要建立根据地，必须建立强有力的革命武装。

二是创建根据地和建立革命政权必须坚持党的实事求是的思想路线，一切从实际出发。以刘志丹、谢子长等为代表坚持在远离国民党统治的边远地区搞游击战的正确路线，使寺村塬革命根据地得以建立。在寺村塬革命根据地建立不久，坚持“城市中心论”的杜衡，和坚持搞“停止游击战争”“坚持阵地战”的李艮，他们先后来到根据地，强令游击队远离根据地，到三原、富平等平原地区建立根据地，其结果不仅使陕甘边区革命委员会丧失了革命武装的支撑，而且使陕甘游击队失去根据地的依托，遭受严重的损失。事实充分说明，坚持党的正确路线，实事求是，一切从实际出发，革命就能取得胜利，否则，革命就会遭到挫折和失败。

三是创建革命政权必须坚持为劳苦大众谋利益。陕甘游击队建立后，在发布的布告中明确提出分配地主豪绅土地给贫苦农民的纲领。根据地建立初期，红军就在新庄子等村庄张贴标语、召开群众大会、访贫问苦；建立根据地后，又发动汉族和回族群众，打土豪、分田地、分粮食和牛羊牲畜，充分代表和体现了劳苦大众的根本利益和诉求，赢得了人民群众的信任和支持，调动了群众革命的积极性。特别是镇压大地主赵元亨和龚德功，劳苦大众拍手称快。实践证明，人民群众的信任和支持是革命胜利的力量之源，执政之基。

第五节 渭北革命根据地的创建

渭北革命根据地位于关中地区渭河以北的三原、富平、耀县、泾阳和淳化五县的交界地区（现分别属于咸阳市、铜川市和渭南市）。根据地东西长 30 公里，南北宽 25 公里，4 万多人口。根据地南距国民党在陕西的统治中心西安仅 50 多公里，距渭北重镇三原仅 10 多公里。

1932 年 9 月，渭北革命委员会正式成立，渭北革命根据地得到迅速发展壮大，到 1933 年夏天在敌人三面“围剿”之下实施战略转移。在此期间许多革命前辈不畏白色恐怖，深入发动群众，开展土地革命和武装斗争，出生入死，矢志不渝，让革命的烽火在渭北大地熊熊燃烧，沉重地打击了国民党反动当局的黑暗统治。

渭北的富平是习仲勋走上革命道路的地方，而三原是他从共青团员成长为共产党员的光辉起点。在创建渭北革命根据地的伟大实践中，习仲勋付出了极大的心血和汗水。

两当兵变失败后，敌人到处悬赏捉拿习仲勋，习仲勋被迫于 6 月间秘密潜回家乡富平，从事党的地下活动，组织力量，开展群众工作。1932 年 7 月间，习仲勋接受党组织派遣，前往陕甘边区，参加陕甘游击队的武装斗争。8 月，习仲勋辗转来到耀县照金镇杨柳坪，见到敬仰的刘志丹、谢子长。

看到习仲勋因两当兵变失败心情沉重，刘志丹安慰并鼓励他说："干革命还能有不失败的时候？失败了再干嘛！失败是成功之母。我失败的次数比你多得多。"①

刘志丹的这次谈话，给习仲勋留下了极为深刻的印象。他说："志丹同志的谈话，给了我们很大的启发，也给我们指明了今后革命的道路。我感到他有很高的理论水平，这不仅是从书本上学来的，也是从实际斗争中总结出来的。几年来，志丹同志走遍陕甘边区，下决心要搞一块红色根据地。但是，由于省委'左'倾机会主义的错误领导，这个愿望始终没能实现。他走到哪里，就把建立根据地的道理说到哪里。苦口婆心，循循善诱，期望能说服他见到的每一个人。虽然是初次见面，但他那种坚韧不拔的信念，为真理献身的精神，给我留下了深刻难忘的印象。"②

习仲勋刚到照金镇杨柳坪不久，敌人就开始分兵三路"围剿"陕甘游击队。谢子长、刘志丹决定，陕甘游击队避敌锋芒，撤离照金。

陕甘游击队离开照金时，刘志丹决定将习仲勋留在照金，坚持游击战争，并嘱咐说："你是关中人，还种过庄稼，能跟农民打成一片，你一定要做好根据地的开辟工作。队伍走了，你们会遇到很大困难，但只要政策对头，紧紧依靠群众，困难是可以克服的。"③

谢子长也鼓励习仲勋说："从关中逃难过来的饥民多，你在这儿人熟地熟，工作条件好。我们没有枪支弹药留给你，你要在发动群众的基础上，成立农民协会，组织游击队，开展游击战争。"④

刘志丹还特意将陕甘游击队第二大队的特务队留在照金，授意习仲勋参与领导这支武装；并安排大队参谋长第五伯昌随特务队行动，协助指挥开展游击斗争。

---

① 习仲勋：《群众领袖　民族英雄》，《人民日报》1979 年 10 月 16 日。
② 习仲勋：《群众领袖　民族英雄》，《人民日报》1979 年 10 月 16 日。
③ 习仲勋：《群众领袖　民族英雄》，《人民日报》1979 年 10 月 16 日。
④ 《习仲勋传》编委会编：《习仲勋传》（上），中央文献出版社 2008 年版，第 99 页。

主力红军撤离后，程双印、习仲勋带领第二大队特务队，坚持开展游击战争，为创建照金根据地做准备。不久，特务队内部发生中队长陈克敏叛变的严重事件，特务队队长程双印被叛徒杀害。陈克敏叛变事件发生后，为了保存这支革命武装，习仲勋整顿了特务队，健全了组织，由第五伯昌代理队长，习仲勋任指导员，带领游击队打土豪、分粮食，开展游击活动。1932 年 8 月，武字区革命委员会成立。1932 年 9 月中旬，习仲勋带领游击队来到三原武字区，部队被改编为渭北游击队第二支队，陈国玺任队长，习仲勋任指导员，活动在三原、富平、耀县一带。9 月 22 日，渭北革命委员会（又称原富耀革命委员会）在武字区成立，下设土地、军事、财政、肃反、教育部。10 月初，中共渭北特委成立。李杰夫任书记，特委机关设在武字区，领导三原、富平、蒲城、耀县白水等地党的组织和游击队。按照中共渭北特委和渭北革命委员会指示，习仲勋带领的武字区第二游击队和渭北游击队到武字区周围的心字区、肃字区，富平县都村、淡村，耀县西塬和华里坊、让牛村一带开展活动，帮助各地建立游击队和农民联合会，保护群众的分粮斗争。游击队在高山槐分粮 3 天，300 多名群众参加，分粮 300 多石。

11 月 6 日至 8 日，渭北革命委员会召开群众大会，举行盛大的庆祝十月革命节活动。庆祝大会极大地震动了敌人。11 月 9 日，当地国民党政府纠集三原、富平、泾阳、高陵、耀县、淳化 6 县民团和三原、耀县小丘驻军 1 个营的兵力，对武字区全面“围剿”，大肆杀人抢劫，游击队被冲散，一大批共产党员和革命群众英勇牺牲，中共渭北特委和渭北革命委员会的领导被迫分散转移。

武字区被敌人占领后，习仲勋转战富平，坚持革命斗争，成立了中共淡村支部，发展岳强明、姚万忠等一批党员。建立了一支以党团员为骨干的 20 多人组成的游击队，发动群众开展分粮斗争。不久，康尚武带领游击队也来到富平。习仲勋对游击队进行了补充和整顿，由康尚武任队长，习仲勋任政委。后来，习仲勋带领游击队到了殷家堡，在那里成立了富平西区游击队，并建立了农民总会。

1932 年 12 月中旬，根据中共陕西省委的决定，贾拓夫在武字区召开渭北特委扩大会议，宣布撤销中共渭北特委，成立中共三原中心县委，刘林生任书记，机关设在三原县城。同时，成立了共青团三原中心县委。习仲勋先后担任共青团富平西区区委、共青团武字区委、共青团三原中心县委书记，主要开展学运和兵运工作。

1933 年 1 月至 3 月，陕西省委先后两次调整中共三原中心县委组成人员。杨声（刘映胜）任书记，赵伯平（周中）任副书记兼组织委员，并暂任军事委员，李俊藻任常委兼宣传委员，习仲勋、姚万忠、王仲云为委员。

在中共三原中心县委工作期间，县委副书记赵伯平给予习仲勋很大的帮助。习仲勋视赵伯平为自己的良师益友，是对自己帮助影响很大的人。他曾回忆说："赵伯平对我帮助影响很大，他经常给我讲马列主义基本知识，讲中国革命的历史。那次在三原城墙上和我说话的神态，就像刚发生在眼前，令人久久难忘。"①

1933 年 3 月，中共陕西省委选派包括习仲勋在内的一批干部到照金工作，至此，他离开了渭北这方红色的热土。

在渭北，习仲勋和战友们带领人民群众一道打土豪、分田地，赈济灾荒，进行土地革命，建立红色政权，开展游击战争，形成武装割据局面。习仲勋对渭北革命根据地的历史贡献有着高度的评价。在《陕甘高原革命征程》一文中，他写道："渭北苏区的开辟为红二十六军的创建，为照金和南梁陕甘边革命根据地的创造和

① 《习仲勋传》编委会编:《习仲勋传》(上)，中央文献出版社 2008 年版，第 117—118 页。

发展提供了条件，培养了干部，输送了力量。”[①] 他认为：“渭北苏区的斗争有深远的历史意义，也为革命斗争积累了宝贵的经验。”[②] 同时，习仲勋总结了渭北苏区斗争失败的教训：“从渭北苏区长期斗争的经验中，可以看出，在敌人统治的中心地区是不能建立根据地的……对敌斗争要采取灵活的进攻政策，保守一隅是要失败的。”[③]

通过在渭北苏区的斗争实践，习仲勋的思想认识有了质的飞跃，他不仅懂得了武装斗争和根据地建设的重要性，而且认识到在平原敌人统治中心地区，是不可能成功建立和发展革命根据地的。

---

① 中共陕西省委党史研究室、中共甘肃省委党史研究室编：《陕甘边革命根据地》，中共党史出版社 1997 年版，第 248 页。

② 中共陕西省委党史研究室、中共甘肃省委党史研究室编：《陕甘边革命根据地》，中共党史出版社 1997 年版，第 248 页。

③ 中共陕西省委党史研究室、中共甘肃省委党史研究室编：《陕甘边革命根据地》，中共党史出版社 1997 年版，第 248 页。

第六节　红二十六军与照金革命根据地的创建

一、陕甘游击队转战陕甘边

1932年8月24日，陕甘游击队在马栏召开军人大会，批评李艮指挥上的错误。会后，李艮返回西安，向中共陕西省委汇报工作。省委虽然对李艮进行了严肃批评和处理，但仍然强调要改造游击队“右倾机会主义领导”的问题，为此，撤销阎红彦总指挥职务。8月30日，命令谢子长重返陕甘游击队任总指挥，刘志丹任副总指挥。谢子长、刘志丹对陕甘游击队进行整顿，保留两个步兵大队和一个骑兵大队。休整后，部队分散游击，10日后又集中在一起，挥师东进耀县照金。

9月上旬，国民党陕西省政府和西安绥靖公署调集重兵，“清剿”陕甘游击队。

谢子长、刘志丹决定进抵旬邑、耀县、淳化交界的一带山区打游击战。9月11日拂晓，陕甘游击队进至照金南约2.5公里的杨柳坪村时，谢子长、刘志丹获悉富平、同官、耀县三县民团400余人，正在敌副总指挥党谢芳的带领下逼近照金，遂当机立断，以退为进，主动撤离杨柳坪，向西后退10余里，诱敌深入，寻机歼灭。当天傍晚，三县民团进抵照金、杨柳坪扑空，以为游击队已逃跑，遂在照金附近的坟滩、柿坪宿营。当晚，红军回戈照金，兵分三路，向敌发起进攻。全歼三县民团400余人，缴枪300多支，生擒敌副总指挥党谢芳、耀县民团总指挥蔡子发等7人。

9月15日，敌何高侯的一个团向照金进发，谢子长、刘志丹又将部队埋伏在照金西南的安子洼，利用有利地形，指挥游击队出其不意向敌人发起突袭，击溃敌军1000多人，粉碎了敌人的“进剿”。

9月17日，国民党陕西地方当局又调集大批军队，向陕甘游击队发起大举进攻。队委会研究后认为，安定、保安地方党组织有基础，地形复杂，可以建立根据地。部队决定北上，经马栏、转角、刘家店，沿桥山主脉到连家砭，转到合水县太白、平定川，又经瓦子川、白沙川绕道保安北上。9月25日，游击队总指挥部决定攻打保安县城，因情报不准，导致战斗失利，部队伤亡严重。10月1日，部队转移到鄜县（现陕西省富县）和保安交界处的墩梁、张家湾八卦寺时，陕甘游击队又先后遭到国民党军第八十六师井岳秀部、张子英团和高雨亭营的袭击，部队再战失利，谢子长负伤。

10月初，陕甘游击队经过转战陕甘两省数县的广大地区后，返回南梁的平定川、豹子川一带，继续坚持打游击。

虽然暂时摆脱了敌军的围追堵截，但因经过数月的转战，指战员疲惫不堪，士气低落，加上伤寒病流行，伤病员大增，游击队医药短缺，粮食、经费、过冬所需服装供给面临严重困难。为了摆脱重重困难，谢子长在合水县莲花寺主持召开中共陕甘游击队队委会，谢子长、刘志丹、阎红彦、杨重远、黄子文等参会。会议决定依靠各地党和群众的支持，化整为零，分散游击，发动群众，打击土豪，筹集军需、壮大力量，渡过难关。具体计划是：刘志丹、高岗率领一个大队70余人到合水拓儿塬一带活动；阎红彦、杨重远带领骑兵大队到耀县照金一带打游击；杨森、黄子文带领60余人到陕西三原武字区活动；谢子长、吴岱峰带领30多名老战士和数十名少先队员掩护高鹏飞等60多名伤病员，留守南梁豹子川、平定川一带，一面负责与中共陕北特委联系，一面指挥整个红军游击队的行动。[①]

按照莲花寺会议的决定，刘志丹、高岗带领一大队来到合水拓儿塬、黑木塬一带活动。面对严酷的斗争环境和艰苦的生活条件，刘志丹经常问寒问暖，和大家一起谈心，讲战斗故事，用简明的革命道理教育指战员，使指战员对革命事业充满了必胜的信心。刘志丹、高岗还广泛发动群众，打土豪、分财物，筹集粮款，先后打了合水县固城川的杨四娃、瓦岗川的吴茂森、太莪黑木庄的高攀贵等土豪，没收来的财物大部分分给当地穷苦人，部队只用很少一部分。

阎红彦、杨重远、杨琪率领的骑兵队先后在中部县（现黄陵县）上畛子、小石崖，旬邑县转角、马栏，耀县照金，三原县武字区等地活动，因未筹集到军需，也未能与陕西省委取得联系，遂召开领导小组会议，决定北去秦陇古道。10月中旬，在耀县北老爷岭灵底寨子缴获与官府有勾结的巨贾商运50驮，筹集了许多现洋、衣物、药品，解决了部队的困难。于是游击队迅速北返，又回到平定川一带。

在谢子长等人精心护理下，高鹏飞、强龙光等大部分伤病员病情好转。谢子长又带领骑兵队北上陕北，到安塞县真武洞东、西营一带打土豪，缴获30多匹骡马，筹集一批经费，扩充了80多名骑兵，随后南下二将川，与刘志丹会合。在解决陕甘游击队自身给养困难的同时，谢子长还派高鹏飞、强龙光、冯金福等携带一大批现款，送交中共陕北特委和中央北方局，作为党的活动经费。

经过几个月的分兵游击，发动群众打土豪，陕甘游击队筹集到

---

① 中共华池县委党史工作办公室：《中国共产党华池县历史》第一卷，中共党史出版社2016年版，第57页。

大量粮款物资，部队恢复了战斗力。1932 年 12 月上旬，各路游击队在合水县黑木塬会合。中旬，陆续返回南梁，汇合在葫芦河川、二将川一带。不久，根据陕西省委指示，陕甘游击队再出桥山，挥师南下渭北，进入淳化、照金一带开展斗争。

1932 年是陕甘游击队发展历程中艰辛而又曲折的一年。在这一年中，陕甘游击队经历了南下关中、创建寺村塬革命根据地、东进韩城失利、回师南梁恢复和发展等艰难历程，由于受"左"倾错误路线干扰，刘志丹等共产党人创建南梁革命根据地的正确主张一直没有得到上级党组织的采纳。

二、红二十六军的创建

1932 年 4 月，中央作出决议，要求陕西省委组建中国工农红军第二十六军第四十一师。6 月 1 日，中共陕西省委作出《关于创造陕甘边新苏区与游击队工作的决议》，明确指出："目前的根据地应当是陕甘边区（三原、南梁、职田、镇原），必须积极地向山河北原处发展，肃清那个区域内一切反动势力，在最短期间使那里也成为红军新的根据地。"①

同时，根据陕甘游击队损失严重的情况，省委决定："该部番号暂用中国工农红军第二十六军独立团，再扩充就是四十一师。"②

这是中共陕西省委第一次向陕甘游击队提出在南梁一带建立革命根据地的任务，对于红军和根据地的创建工作具有非常重要的指导意义。但是顽固坚持"左"倾错误路线的杜衡，反对中央和陕西省委关于在陕甘边区特别是南梁地区建立根据地的指示。由于

① 中共陕西省委党史研究室、中共甘肃省委党史研究室编：《陕甘边革命根据地》，中共党史出版社 1997 年版，第 77 页。

② 中共陕西省委党史研究室、中共甘肃省委党史研究室编：《陕甘边革命根据地》，中共党史出版社 1997 年版，第 70 页。

“左”倾错误思想占主导地位，给党的事业造成了严重后果：一方面推迟了南梁革命根据地的创建工作；另一方面由于继续开展反对“右倾机会主义”的斗争，打击和排斥刘志丹、谢子长等的正确领导，给红军和革命根据地创建工作带来难以弥补的损失。

12月上旬，陕西省委派杜衡来到陕甘游击队，负责组建红二十六军。20日，在宜君县杨家店子，杜衡主持召开党员大会，指责刘志丹的正确主张是“梢山主义”“土匪路线”“右倾机会主义”。当场宣布撤销谢子长、刘志丹、阎红彦的领导职务，强令他们去上海临时中央“受训”。因“左”倾冒险错误路线的瞎指挥，陕甘游击队由1500余人减至200余人，达不到中央组建一个师的要求，杜衡只好将这200多人改编为红二十六军第二团。12月24日，部队转移至宜君县转角镇（今旬邑县转角村），召开军人大会，杜衡宣布将陕甘游击队改编为中国工农红军第二十六军第二团，并举行授旗仪式。杜衡自任军政委兼红二团政委。杜衡为了便于控制，提出团长要民主选举，只能从班长中选，游击队排长以上干部没有选举权和被选举权。结果，班长王世泰被选为红二团团长。

看见杜衡把几任老领导都打发去上海“受训”，王世泰等人坚决反对，坚持要把刘志丹留下来，否则，他不当这个团长。最后杜衡勉强同意把刘志丹留下，任政治处处长。

对于杜衡的无理指责和独断专行，陕甘游击队广大指战员是有疑惑的。王世泰回忆说：“对于改编陕甘游击队为正规红军，指战员无不衷心拥护。但是，硬要给志丹、子长、红彦等强加罪名，撤职调离，大家无论如何想不通。特别是多年跟随志丹、子长的老战士，在峥嵘的岁月里，出生入死，患难与共，结下了深厚的感情，他们深知志丹、子长等对党绝无二心。一时，全队议论纷纷，对杜衡表示强烈不满，不少战士偷偷地找志丹、子长诉说。志丹、子长以共产党人的博大胸怀，顾全大局，对战士晓之以理，让大伙服从党的决定，教育我们千万不能闹事，稳定了部队的情绪。”①

在部队改编中，刘志丹、谢子长以高度的党性原则，用自己的模范行动，影响部队，带头服从省委的决定。谢子长从党的利益和部队建设的实际出发，建议把刘志丹、杨重远留下。刘志丹更是表现出坚强的党性修养，他胸怀坦荡，顾全大局，毫不计较个人得失，积极协助团长王世泰做好工作。他鼓励王世泰说：“边干边学嘛！你打了几年仗，总还是个老兵吧，我要不走，会帮你的。”②

刘志丹帮助王世泰为部队起草了《政治工作训令》《参谋工作制度》《红军纪律》《训练方案》《战略战术教材》等，并协助团长、参谋长指挥战斗，红二十六军指战员都亲切地称刘志丹为“我们的好参谋长”。

红二十六军的建立具有重要历史意义。首先，红二十六军是在中国共产党的直接领导下建立起来的，是党在西北地区建立最早的由党中央授予正规番号的红军部队。1932 年 6 月 21 日，中共中央明确指出：“陕甘边苏区与红二十六军的创造，燃起了北方苏维埃的火把。”③6 月 26 日，中共北方会议还专门总结了陕甘边苏区创建的一些经验，指出：“在‘闭塞’的陕甘边苏区的创造中，我们却获得了光荣的胜利的经验。”④1933 年 1 月 10 日，《中共陕西省委告渭北工农劳苦民众书》指出：“事实是非常明显的，要脱离饥饿的苦海，只有推翻这个国民党的统治，只有走上土地革命与苏维埃的大道。红二十六军正是开辟陕西苏维埃大道路的主力军！”⑤事

① 王世泰：《陕甘边根据地的武装斗争》，中共陕西省委党史研究室、中共甘肃省委党史研究室编：《陕甘边革命根据地》，中共党史出版社 1997 年版，第 308 页。

② 王世泰：《刘志丹与陕甘边根据地》，《刘志丹纪念文集》编委会编：《刘志丹纪念文集》，军事科学出版社 2003 年版，第 110 页。

③《中共中央文件选集》卷八，中共中央党校出版社 1991 年版，第 276 页。

④ 中共陕西省委党史研究室、中共甘肃省委党史研究室编：《陕甘边革命根据地》，中共党史出版社 1997 年版，第 103 页。

⑤ 中共陕西省委党史研究室、中共甘肃省委党史研究室编：《陕甘边革命根据地》，中共党史出版社 1997 年版，第 156 页。

实表明，红二十六军是党在北方地区开展苏维埃运动的主要军事力量。

其次，红二十六军的建立，为党在北方地区建立红色政权提供了坚强保证。毛泽东指出：“没有一个人民的军队，便没有人民的一切。”[①] 诞生于陕甘边区的红二十六军，是土地革命战争时期党在西北建立的主力红军部队，陕甘根据地的兴衰是与红二十六军的曲折发展联系在一起的。作为陕甘边革命根据地的主要武装力量，其创建和发展过程，直接影响着西北地区革命的历史进程。红二十六军的创建和发展，为照金革命根据地和南梁革命根据地的创建和发展提供了保障和支柱。

第三，红二十六军的建立，是创建陕甘苏区和陕甘苏维埃运动的坚强柱石。经历了大大小小 70 多次兵运的挫折与失败，刘志丹和他的战友们历尽艰难，百折不回，终于创建了陕甘地区第一支正规红军武装。红二团成立之时虽然只有 3 个连 200 多人，还很弱小，但红二十六军成立后，先后粉碎了国民党军队的数次“围剿”，得到不断发展壮大，像一把火种，播撒在陕甘大地，揭开了陕甘革命斗争新的一页。

红二十六军的建立，并能够从挫折中奋起发展壮大，刘志丹、谢子长、习仲勋是功不可没的。

三、照金革命根据地的创建

红二十六军诞生后，按照陕西省委关于在旬邑、正宁、三原一带建立根据地的指示，确定在陕甘边区开展游击战争，建立以照金为中心的陕甘边新苏区。为此，部队在完成改编后，立即开赴照金

① 《论联合政府》（1945 年 4 月 24 日），《毛泽东选集》第三卷，人民出版社 1991 年版，第 1074 页。

地区。

1933年春，习仲勋奉中共陕西省委指示，回到红二十六军，任红二团先锋连指导员，参加了红二十六军创建照金根据地的系列作战行动。是年，习仲勋还不到20岁。

位于桥山山脉南端的照金镇，北依子午岭中段，南俯渭北高原，东临咸榆大道，西通陕甘边腹地，与旬邑、淳化、宜君、同官等县接壤。中心地带薛家寨海拔1600多米，悬崖峭壁上横贯数处天然岩洞，寨势雄奇，石峰千仞，三面悬崖，极为险要，易守难攻，为历代兵家割据称雄之地。据民间传说，唐代的薛刚曾在这里屯兵练武，薛家寨也因此得名。

红二十六军第二团成立后，立即投入到创建根据地的游击战中。1932年12月26日，第二团声东击西，首战焦家坪，全歼国民党民团60余人，缴枪60余支。接着，又发动群众，组织贫农会和赤卫军，消灭照金、旬邑民团各一部，开辟了香山和九保两个游击区，使红色区域扩大到照金薛家寨地区。红军的影响力日益加大，青壮年农民和灾民纷纷自愿参军，红二团迅速扩展到300人，长短枪300余支。为了适应革命发展的需要，培养更多的军事干部，红二团正式成立了随营学校。

1933年1月中旬，红二团向西发展，协助地方党组织先后建立了旬邑、照金、香山、宜君、芋园等五支游击队。2月上旬，刘志丹率领红二团北上正宁，在三嘉塬、湫头一带开展游击活动，发动群众打土豪、分粮食、分财产，并在湫头塬与三嘉塬的交通要道石炭沟口设伏，全歼王郎坡民团，击毙敌民团团总赵世坤。3月下旬，红二团乘胜南下转入外线作战，与渭北游击队协同作战，打开了创建革命根据地的工作局面。

在主力红军的配合下，照金地区的游击队武装得到了快速发展。3月，中共陕西省委指示红二十六军，“应即成立指挥部，指挥边区耀县、宜君一带的游击队，积极开展游击战争”[①]。根据陕西省委指示，3 月中旬，陕甘边区游击队总指挥部成立，李妙斋任总指挥，习仲勋任政委，统一领导各游击队。3 月下旬，红二十六军直辖渭北游击队总指挥部成立，辖渭北、泾阳、富平三支游击队，共 300 余人，后又在渭北组建了 10 多支游击队，初步形成了以红二团为主力、以地方游击队和赤卫军相配合的革命武装，为根据地的创建奠定了基础。

1933 年 3 月 8 日，中共陕甘边区特委在照金兔儿梁正式成立，金理科任特委书记，习仲勋任特委军委书记，特委委员先后有李妙斋、周冬至、王满堂、张秀山，史克寿任青年团书记。

中共陕甘边区特委成立后，领导照金人民开展打土豪、分田地的土地革命斗争，发动群众支援红军。到 4 月底，以薛家寨为中心，西迄淳化塬畔，东至耀县沮河，北达马栏川，南抵爷台山，东西宽约 25 公里，南北相距 40 公里的照金革命根据地初步形成，红二十六军第二团有了一个比较稳定的后方基地。

随着根据地的扩大和群众斗争的迅速开展，建立工农民主政权提到了议事日程。1933 年 3 月 15 日，中共陕西省委给红二十六军的《指示信》明确指出：“在现时条件之下，立刻由农联、游击队、共产党、红二十六军代表共同组成革命委员会，革命委员会必须执行一切政权的任务。”[②]

遵照陕西省委指示，在中共陕甘边区特委的领导下，1933 年 4 月 5 日，陕甘边区工农兵代表大会在照金薛家寨召开。经过民主选举，再次成立陕甘边区革命委员会，雇农周冬至当选为主席，习仲勋当选为副主席。陕甘边区革命委员会下设经济、粮食、文化教

① 中共陕西省委党史研究室、中共甘肃省委党史研究室编：《陕甘边革命根据地》，中共党史出版社 1997 年版，第 173 页。

② 中共陕西省委党史研究室、中共甘肃省委党史研究室编：《陕甘边革命根据地》，中共党史出版社 1997 年版，第 179—183 页。

育、内务、土地和肃反委员会及赤卫军总指挥部等机构，工作机构驻薛家寨。这是陕甘边党和红军继寺村塬根据地之后，在山区建立根据地的再次尝试，给苦难深重的陕甘边人民带来了期盼和希望。红军指战员从此有了后方休整基地，陕甘大地上再次出现了工农民主政权，标志着陕甘边区的革命斗争进入了新的历史阶段。

陕甘边区革命委员会重新建立后，还先后领导建立了照金、香山、芋园、七界石、老爷岭、桃渠塬、马栏川等区、乡、村革命委员会，并选举一批有觉悟、有威望的干部担任这些基层政权的领导职务，形成了比较完备的红色政权体系。

陕甘边区党政机关进驻薛家寨后，根据战争需要，习仲勋等领导根据地军民将历经千百年风雕雨蚀的石洞，加固成了薛家寨前后哨门，构筑碉堡，设立哨卡，挖掘战壕、暗堡等防御工事，还改造山寨，整修岩洞，在寨内先后设立了红军医院、被服厂、修械所、仓库和关押地主豪绅的临时监狱，用近乎原始的土设备修理武器，制造土炸弹、土地雷，为保卫根据地发挥了重要保障作用，建成了一个防守严密、补给较为充足的军事指挥中心和后方基地。

在建党建政的同时，金理科、习仲勋、周冬至、李妙斋等党政军负责人还深入乡村，组织群众，在苏区掀起了土地革命热潮。“土地分配是按照中华苏维埃中央政府颁布的土地政策进行的。原则是按劳动力和人口的混合标准分配，贫雇农享有优先权，对土地不足的中农予以适当补充。”① 仅在金盆乡就分配了地主土地5000余亩。在分配土地运动中，陕甘边区革命委员会宣布废除了地主阶级强加于农民的佃租、欠债和反动政府的一切苛捐杂税。通过土地分配，解决了广大贫苦农民最迫切的土地问题，得到了广大农民的热烈拥护，极大地调动了他们的革命积极性，密切了党、军队、政府

① 张秀山:《照金革命根据地忆述》，刘凤阁、任愚公主编:《红二十六军与陕甘边苏区》，兰州大学出版社1995年版，第668页。

和人民群众的血肉联系，人民群众衷心拥护中国共产党和党所领导的红色政权。

中共陕甘边区特委、陕甘边区革命委员会在各区乡普遍组建了农民赤卫军和少年先锋队，站岗放哨，保卫红色政权，肃清潜藏敌特分子，维护革命秩序，配合红军和游击队开展游击战争。同时，边区特委和革命委员会还尽可能发展经济，稳定并改善人民生活。根据地党、政、军领导人广泛组织群众，调动群众生产积极性，大力发展农业生产，增加粮食产量，促使农业生产有了较快发展。

陕甘边区革命委员会积极推行发展生产的经济政策，鼓励群众实行生产互助，互帮互救，努力增产增收，改善群众生活。主要做法是："第一，不向农民征粮、派款，使其休养生息。党政军的开支，主要靠分得土豪的粮、财解决。第二，经营'红军公田'。在土地分配过程中，适当留出一部分土地作为'红军公田'，由苏维埃政府经营，收成一部分用于优抚红军家属和烈属，一部分用于过往红军及游击队食用。第三，兴办小牧场。将没收地主的牛羊留出一部分，组织专人集中放养。耕牛为贫苦农民耕田，羊只供军需。第四，组织互助合作社，集资支持农民发展生产。第五，党政军人员全部实行供给制，边区领导人与一般工作人员、红军战士经济待遇一律平等。"①

为了调剂余缺，促进流通，方便根据地军民的日常生活，陕甘边区革命委员会在薛家寨山下的亭子沟口建立集市，五日一集，上市物品主要是粮食、蔬菜等，活跃了苏区经济，打破了国民党军对根据地的经济封锁，为巩固根据地和开展武装斗争奠定了坚实的物质基础。

---

① 中共陕西省委党史研究室：《中国共产党陕西历史》第一卷，陕西出版集团、陕西人民出版社 2009 年版，第 152 页。

照金革命根据地还在禁烟、禁赌、提倡妇女放足、反对封建迷信等方面做了大量工作，用新思想、新文化教育群众，使根据地广大群众的精神面貌发生了很大变化。

照金革命根据地的创建工作，凝结着习仲勋的智慧和心血。时任红二十六军第二团团长的王世泰曾评论说：“仲勋同志作为陕甘边特委军委书记和总指挥部的政委，很多军事活动需要他去领导和指挥；作为筹建根据地民主政权的主要负责人，有许多具体工作需要他去组织和实施。革命委员会成立，主席虽是周冬至，大量工作却是习仲勋做的，因为当时上级要求，主席必须是农民，所以习仲勋虽是副主席，却总揽全局，可以说是个大总管，大大小小的事情都得他亲自过问、亲自指挥、亲自操作。凡是熟悉这段历史的同志，都为仲勋同志这种扎实的工作作风，任劳任怨的品德，身先士卒的精神所感动，认为他是搞地方工作的典范，为建立照金根据地的民主政权，付出了不少心血，做出了重要的贡献。”①

四、照金革命根据地反“围剿”斗争

以照金为中心的陕甘边革命根据地的发展与巩固，特别是红二十六军的发展壮大，使国民党陕西当局极为恐慌，一面调拨枪械武装照金周围的反动民团，一面调兵遣将集结兵力“围剿”照金革命根据地。苏区军民反“围剿”斗争全面展开。

1933 年 2 月，国民党十七路军调动骑兵团、警卫团、特务团等三个团，并纠集庙湾等地民团，在总指挥孙友仁的指挥下，联合进攻照金革命根据地。1933 年 3 月下旬，红二团在刘志丹、王世泰率领下主动向东出击，转入外线作战，渭北游击队及时在敌侧后突

① 《习仲勋革命生涯》编辑组编：《习仲勋革命生涯》，中共党史出版社、中国文史出版社 2002 年版，第 5 页。

袭，使国民党军顾此失彼，疲惫不堪，迫使国民党军撤出根据地。

在红二十六军转入外线作战期间，中共陕甘边区特委书记金理科、陕甘边游击队总指挥部总指挥李妙斋、政委习仲勋，带领游击队，以薛家寨为中心坚持斗争。期间，习仲勋遇到了一次危险，被子弹击中腰部，身负重伤。负伤后，他拖着沉重的双腿，走到了贫苦农民郑老四家，受到这位农民和妻子的细心照管。后来，黄子文、周冬至组织群众用担架将习仲勋送回薛家寨养伤。刘志丹率红二团外线作战胜利返回照金后，第一件事就是看望习仲勋，关切地嘱咐他好好养伤。

4 月下旬，国民党陕西当局十七路军骑兵团、特务团、警卫团和第八十六师井岳秀部二五六旅五一一团共 4 个团及旬邑、淳化、耀县、三原、同官、宜君 6 个县的民团共 8000 余人，在杨虎城部骑兵团团长王泰吉的指挥下，兵分四路“围剿”照金革命根据地。中共陕甘边区特委、陕甘边区革命委员会、陕甘边区游击队总指挥部和红二十六军第二团党委举行联席会议，决定红二团转入外线寻机歼敌，金理科、习仲勋、李妙斋等留在苏区，领导游击队和赤卫军坚持开展反“围剿”斗争。

按照会议部署，红二团在刘志丹、王世泰、汪锋率领下向西进击，首先消灭了旬邑境内一些民团。随后，红二团又挥师北上，来到甘肃宁县盘克塬武洛堡。在此，红二团遭到原驻守庆阳西峰镇的国民党军两个营和几个地方民团的联合进攻。红二团团长王世泰曾回忆说：“志丹考虑敌我力量悬殊太大，不宜交战，决定主动撤离。撤退时，我带骑兵连阻击敌人，掩护部队。敌人火力很猛，用重机枪封锁我们的退路。战斗中，骑兵连新任连长李光明不幸光荣牺牲，其余同志安全撤退。”[①]

---

① 王世泰：《陕甘边根据地的武装斗争》，中共陕西省委党史研究室、中共甘肃省委党史研究室编：《陕甘边革命根据地》，中共党史出版社 1997 年版，第 317—318 页。

红二团离开宁县盘克塬后，于5月上旬进入陕西中部县（今黄陵县）西部的上畛子一带。5月10日，红二团在上畛子与强世卿、李成荣率领的陕北游击队第一支队会合[①]。一支队将所带的七匹马交给红二团骑兵连，红二团则为一支队补充枪械弹药。为加强一支队的领导力量，刘志丹派杨重远担任一支队政委，马佩勋担任副支队长，并调李成荣去西安工作。随后，红一支队返回陕北开展斗争。

红二团继续西进，到甘肃宁县金村庙消灭了一些民团，收编了国民党一支80多人的兵变队伍，部队发展到近500人。随后红二团在宁县境内开展游击活动，在段家堡歼灭当地民团数十人。

红二团转入外线作战后，中共陕甘边区特委领导地方游击队和群众众志成城，坚壁清野，坚持以薛家寨为中心，利用有利地形，相机袭扰敌军，不断给来犯之敌以打击。加之担任“围剿”照金革命根据地军事行动总指挥的王泰吉是中共秘密党员，对“围剿”行动敷衍应付，并虚报战绩，国民党军对照金革命根据地的“围剿”遂草草收场，撤出苏区。照金革命根据地的不断扩展和巩固，红二十六军及游击队连续作战取得的胜利，使苏区人民看到了希望，受到了鼓舞。

五、红二团南下的悲壮征程

6月中旬，红二团在完成外线作战任务后返回照金。中共陕甘边区特委和红二团党委在照金以东的北梁召开联席会议，讨论如何发展红二十六军和扩大陕甘边革命根据地的问题。会上，围绕红二团今后动向问题出现了两种不同意见。

被暂时的胜利冲昏了头脑的杜衡等人，在根据地逐渐发展有利的情况下，又搬出他那套“左”倾冒险的理论，主张南下渭华创建

---

① 中国工农红军陕北游击队第一支队是中共陕北特委领导下的第一支革命武装力量，队长强世卿，政委李成荣。初创时，名称为中国工农红军陕甘游击队第九支队。

平原根据地，其理由主要是照金周围敌人力量大，群众基础差，部队天天跑着打游击，根据地很难扩大。而渭华情况正好相反，故红二团应立即南下渭华平原地区，开辟渭华、华县，蓝田、洛南新苏区。

刘志丹、金理科等人主张继续坚持以照金为中心的陕甘边根据地，因为渭华地处关中平原，既无险可凭，又有敌人重兵驻扎，非常不利于部队游击作战。他们认为，只要依托桥山广泛开展游击战争和土地革命，就可以不断巩固和发展陕甘边根据地。刘志丹明确指出："渭华暴动失败后，那里的群众受到极大的摧残，有失败情绪。我们费尽心血，才搞这一块根据地，哪能轻易放弃！只要我们坚持创造和发展陕甘边苏区，形势是会好转的！红军脱离根据地，就是自己毁灭自己。"①

当时，在病榻上养伤的习仲勋听到北梁会议刘志丹等多数人的正确意见被否决的消息时，感到十分气愤和茫然。他强撑着满身的伤痛，找到杜衡劝他应该听取刘志丹的意见。然而杜衡根本听不进去。

虽然刘志丹等人坚决反对南下，但杜衡无视客观实际，对刘志丹等人的意见横加指责，给他们扣上了"右倾机会主义者"的帽子，独断专行强令红二十六军必须南下。刘志丹等人只好执行。

6月下旬，红二十六军第二团300多名指战员，由照金北梁挥师南下，在三原县的二台子与黄子祥、张秀山领导的渭北游击队会合。渭北游击队的负责人力劝红二团不要冒此风险，盲目南下。但杜衡仍一意孤行，强令红二团尽快南渡渭河。此时，杜衡的内心却充满着恐惧，在出征的第三天便借口向省委汇报，只身离队，宣布由汪锋代理红二团政委。杜衡到西安后不久，被国民党特务逮捕，即做了可耻的叛徒。

---

① 习仲勋:《群众领袖　民族英雄》,《人民日报》1979年10月16日。

6月24日，刘志丹、王世泰、汪锋等率红二团从高陵渡过渭河。第二天黄昏，部队进至灞桥附近的上、下鲁峪村。西有西安重兵扼守，东有临潼方向的敌人封锁，身后是渭河天险挡道，随时可能陷入敌人的包围。当晚红二团党委召开紧急扩大会议，决定竭尽全力，完成南下任务。

王世泰清楚地记得当时刘志丹的话。刘志丹说，进亦险恶，退亦险恶。进，尚可与敌周旋；退，唯有与敌决一死战。再以党内是非而论，中途返回，胜败都难以分清曲直。[①]

随后，红二团越过陇海线，进至灞桥五里店。敌人的重兵很快围了过来，红二团杀开一条血路，连续翻越两座大山，日经五战，行军100多里，到达秦岭流峪口，计划进入秦岭向商洛方向突围。但因山口地势险要，又有民团把守，无法进山，便改道抵蓝田县厚子镇，由箭峪口进入秦岭。

敌人很快纷纷尾随而来。红二团团长王世泰带领一部分战士掩护大部队撤退，激战一夜，与主力失去了联系，三天后，才与刘志丹及红二团主力在青岗坪会合。至此，离开照金苏区的红二团，便在敌人优势兵力的围追堵截下，孤军奋战，陷入绝境。

秦岭山道上，多日粮草断绝的指战员只能靠野果野菜充饥。7月中旬，刘志丹、王世泰、吴岱峰、曹士荣、汪锋、杨琪等人率领部队翻山越岭穿林涉水，辗转多日，在秦岭山中与强敌苦战十多天，终因孤军作战，弹尽粮绝，大部分指战员牺牲，饮恨终南山，红二团几乎覆没，造成了极为痛心的损失。

7月下旬，刘志丹等带领少数人冲出敌军重围，又被困在深山老林里，靠采集野果充饥。时值盛夏多雨，加之敌人重赏通缉刘志丹，经常派兵搜山，处境十分困难。刘志丹表现出坚定的革命意

① 王世泰：《回忆红二十六军红二团》，刘凤阁、任愚公主编：《红二十六军与陕甘边苏区》，兰州大学出版社1995年版，第633页。

志，并亲切地和战士们谈心，鼓舞大家的士气和革命斗志。后来，刘志丹、王世泰等少数幸存者历经艰险，在渭南、华县党组织帮助下，化装成游乡小贩，担着货郎担子，渡过渭河，爬山越岭，直到10月初，才辗转回到照金根据地。

时任红二团团长王世泰回忆起这段历史时痛心疾首，“1933年6月，王明‘左’倾路线的忠实执行者杜衡，不顾敌我力量悬殊，不顾刘志丹、张秀山、习仲勋和我等的坚决反对，强行命令红二团南下渭华地区，完成所谓创建渭华根据地的任务。结果出发的第三天，杜衡便置红二团几百革命战士的生命于不顾，借机离开部队逃回西安（被捕后叛变），令红二团继续南下。红二团经与数十倍于我之敌苦战10多天，最后在蓝田县张家坪打散。团代政委汪锋负伤流落山中，我和志丹被冲散，各自东西。我在终南山辗转两个多月找到刘志丹，后经历各种艰险，才回到照金。红二团被杜衡一手断送，志丹和我们的心情无比沉痛，特别是几十位革命战士遗骨终南山，令我们食不知味，夜不安寝，直到今天回忆起来，心中还隐隐作痛。”①

党组织经过千辛万苦建立起来的陕甘红军部队，就这样被“左”倾机会主义者断送了。伤病中的习仲勋得到红二团兵败终南山的消息，更是难受。红二团南下的失败，是“左”倾错误路线给陕甘地区的革命造成的又一严重恶果，给照金根据地带来了严重的危机，也延缓了陕甘边革命根据地的发展进程。

六、陈家坡会议挽救红军

红二团南下失败后，照金根据地失去了坚强的军事支撑。中共

① 王世泰：《习仲勋在陕甘边根据地》，中共甘肃省委编：《习仲勋在甘肃》，甘肃人民出版社2013年版，第205页。

陕甘边区特委继续领导地方游击队坚持武装斗争。7月，陕西省委对根据地的武装力量进行整顿，在三原武字区将渭北游击队和富平游击队改编为红二十六军第四团，黄子祥任团长，杨森任政委。红四团成立后，担负起主力红军部队的职责，转战三原、富平等地开展游击活动。8月初，红四团在强敌的围攻下，为避免损失，撤离了渭北，转移到照金苏区，渭北苏区陷落。

7月21日，国民党第十七路军骑兵团团长王泰吉领导发动耀县起义，成立了西北民众抗日义勇军。王泰吉任总司令，刘映胜任政治部主任，全军1200余人。王泰吉起义后，国民党调两个团的兵力向起义军发动进攻，由于连战失利，加之不断发生叛逃事件，耀县起义失败。王泰吉余部100余人于8月上旬进入照金革命根据地，习仲勋得知这一消息，带领政治保卫队和耀西、淳化、旬邑3支游击队前往薛家寨脚下的绣房沟迎接，热烈欢迎王泰吉和抗日义勇军回到党和人民的怀抱。

耀县起义和西北民众抗日义勇军的成立，是陕甘边革命根据地创建过程中的重大事件。它沉重打击了国民党反动派的嚣张气焰，有力鼓舞了西北人民抗日救国的热情，为壮大陕甘红军和扩大陕甘边革命根据地作出了重要贡献。习仲勋在《陕甘高原革命征程》一文中指出："耀县起义意义很大。当时正是红二团南下失败，杜衡又在西安被捕叛变，陕西党组织遭到严重破坏，革命处于低潮的时刻，王泰吉毅然率领骑兵团起义，犹如石破天惊，使革命的烽烟又现出耀眼火光。它使照金根据地渡过了难关又有新的发展，这个历史的功绩是不容忽视的。"①

耀县起义后不久，陕西省委领导机关遭到敌人严重破坏，陕甘地区的革命形势陡然逆转，处在了严重危机的紧要关头。

---

① 中共陕西省委党史研究室、中共甘肃省委党史研究室编：《陕甘边革命根据地》，中共党史出版社1997年版，第252页。

1933年7月28日，中共陕西省委在熙熙攘攘的西安市东大街福盛楼饭馆秘密开会时，被国民党特务盯梢，在转移过程中，袁岳栋和杜衡被国民党陕西当局逮捕，贾拓夫、高岗等发现情况不妙从后门脱险。

陈家坡会议旧址

袁岳栋和杜衡被捕当日就叛变，出卖了他们所知道的所有党组织和党员，并带领密探特务，冒充地下工作人员，在西安大街上盯梢捕人，先后逮捕了到西安汇报工作的中共陕甘边区特委书记金理科及中央交通员冯鸣玉、省委技术科长刘政远等干部。陕甘一带的中共组织被破坏，许多共产党员和革命群众牺牲在敌人的屠刀下。仅渭北地区就有500多人被捕或被杀害。甘肃的地下党组织也受到严重摧残，主持中共甘宁青特委工作的军委书记梁干丞被敌逮捕杀害。中共陕甘边区特委与上级党组织及中央失去联系。

为了应对中共陕西省委被破坏以后的严峻形势，1933年8月7日，贾拓夫、刘宗沛、张宏博、高岗等组织召开西安党团活动分子会议，决定贾拓夫、刘宗沛去中共中央请示汇报工作，同时派高岗来照金开展恢复红二十六军的工作。高岗到达照金革命根据地时，国民党军正调集重兵对照金根据地进行军事“围剿”，照金根据地面临的对敌军事斗争形势非常严峻。

时任陕甘边区特委军委书记的习仲勋回忆说：“红二团失败后，敌人调动大批兵力，妄图一举荡平陕甘边根据地。当时我们困难极了，红二团南下时把我们地方游击队的 4 支枪也调走了。照金游击队只有 40 多个人，枪不满 30 支，子弹很少。敌人对渭北、照金到处进攻，我们失掉红军主力的依靠，无处安身，吃饭都成了问题。尽管如此，我们还是充满信心，坚持斗争。我们的方针是保存力量，以游击战保卫苏区。在淳化、旬邑、耀县一带及薛家寨的周围，我们发动群众壮大游击队，等待有利的时机。”①

在这种形势下，陕甘边区党组织和根据地干部对于革命形势的认识再现严重分歧。主要有两种观点：一种观点是失败主义的悲观情绪，部分干部看到红二十六军主力南下失败，陕西省委被破坏，耀县起义被敌镇压，渭北游击区陷落，红四团退到照金，因而感到陕甘边区的革命没有前途，主张“埋枪”，搞秘密工作，把红四团带到渭北，分散游击，反对集中领导；另一种观点是继续坚持革命的主张，认为还有相当力量的红军，根据地和红军能够巩固和发展，应集中领导，成立总指挥部统一指挥，克服困难，巩固和扩大陕甘边根据地。

为了统一思想，加强对陕甘边根据地武装力量的统一领导，进一步坚持与扩大陕甘边根据地，中共陕甘边区特委于 8 月 14 日在照金陈家坡召开党、政、军联席会议。参加会议的有秦武山、习仲勋、杨森、高岗、李妙斋、张秀山、张邦英、黄子祥、王伯栋、陈

① 习仲勋：《回忆陕甘边区革命根据地》，《习仲勋革命生涯》编辑组编：《习仲勋革命生涯》，中共党史出版社、中国文史出版社 2002 年版，第 9—10 页。

学鼎及一些连队指导员等。秦武山、习仲勋主持会议。

在组织方面，会议讨论了当前的形势和红军的任务等问题，决定成立陕甘边区红军临时总指挥部，统一指挥红四团、耀县三支队、西北民众抗日义勇军大队、陕北一支队及各路游击队。全军共500余人，长短枪400余支。任命王泰吉为总指挥，高岗为政委。习仲勋回忆说："当时有人主张分散活动，不打红旗。会议批判这种错误思想，统一了认识和行动，大家决心继续创造和扩大陕甘边苏区，把红四团、抗日义勇军、耀县游击队、旬邑游击队和淳化游击队等武装力量联合起来，一致行动。"[①]

会议还决定南下未归的"刘志丹任陕甘边区红军临时总指挥部副总指挥兼参谋长，在刘志丹未归之前暂不宣布"[②]。

在战略策略方面，会议决定仍以创造和扩大陕甘边苏区为中心口号，制定了"不打大仗打小仗，积小胜为大胜，集中主力红军，深入陕甘边区打击敌人，巩固和扩大照金根据地的正确方针。"[③]

陈家坡会议具有重要历史意义。会议纠正了部分干部中悲观情绪和分散红军的错误主张，做出了正确的战略方针和决议，对坚持和发展陕甘边游击战争起到了重要的作用，是关乎陕甘边生死存亡最关键的会议。

陈家坡会议为恢复和扩大红二十六军奠定了坚实的基础，对陕甘边革命形势的发展起了非常重要的作用。

陈家坡会议的成功，还彰显了中共陕甘边区特委和习仲勋在政治上日益坚强，具有化解危机、排除万难、坚持正确路线的领导能力。具体表现在以下几个方面：

---

① 中共陕西省委党史研究室、中共甘肃省委党史研究室编：《陕甘边革命根据地》，中共党史出版社1997年版，第252—253页。

② 《习仲勋传》编委会编：《习仲勋传》（上），中央文献出版社2008年版，第156页。

③ 中共庆阳市委党史工作办公室：《中国共产党庆阳历史》第一卷，中共党史出版社2012年版，第74页。

第一，要把当时聚集在照金的几路游击队组织起来，通过一个服从统一组织、统一领导、统一行动的决议，是一件艰巨而紧迫的任务。习仲勋与大家坦诚相见，谦虚而恳切地讲道理，终于使绝大多数人达成共识，通过了决议。这反映了习仲勋有广阔的胸怀，有远见卓识的才能。

第二，在红军、游击队失利，省委被破坏，特别是红军领袖刘志丹"下落不明"，人心惶惶的情况下，习仲勋挺身而出，知难而上，通过召开党政军联席会议力挽狂澜，扭转了危局。

第三，会议中争论的三个问题尖锐而复杂。在敌强我弱的形势面前，要不要坚持红旗不倒，恢复红军的主力；义勇军的首领王泰吉能不能担当红军总指挥；陕西省委派来的高岗能不能当政委。作为主持会议的习仲勋，从革命形势的迫切需要，王泰吉、高岗的战斗经历出发，真切而耐心地进行了解说，终于取得了一致认可。这反映了习仲勋具有做政治思想工作的智慧和才能。

第四，会议从 14 日下午开到 15 日上午，通宵达旦。中间曾表决通过。但有人又提出不同意见，于是再讨论、辩论，再表决、通过。这在一般的会议中是罕见的，不允许的。这说明了主持会议的习仲勋富于灵活性。虽对有意见的人作了点妥协，却换来了更多人的赞同。这体现出习仲勋善于把原则性和灵活性结合，善用策略。①

七、照金革命根据地失陷

正确战略决策的制定，指明了正确的前进方向。陈家坡会议后，陕甘边区红军临时总指挥部即率部向东出击耀县。8 月 18 日

① 何载:《红旗漫卷西北高原——缅怀习仲勋在西北》，中共党史出版社 2013 年版，第 45—46 页。

至27日，先后在耀县攻庙湾、击高山槐、占让牛、袭柳林镇，四战四捷，歼敌民团各一部。9月初，红军临时总指挥部决定转入外线作战。9月3日，总指挥部率部转向西进，在彬县一带转战数日后转锋北上，进入甘肃宁县。9月10日，在宁县金村庙消灭部分地主武装，缴获长短枪数十支及一批物资。战后，部队返回照金根据地。

9月中旬，红军临时总指挥部决定照金各游击队坚持根据地内线斗争，主力向甘肃正宁、合水一带游击。部队到达合水县固城川，与强世卿领导的陕北一支队会合，共同战斗。9月21日，王泰吉等率领红军主力攻克国民党旬邑县政府所在地张洪镇，镇压了国民党旬邑县长、县党部书记长及反革命分子12人，俘敌保安团150余人，缴获枪支120余支，银元万余块，物资20驮。这是陕甘边红军第二次捣毁国民党旬邑县政府，对陕甘边根据地的发展具有重大影响。

1933年10月，国民党纠集了杨虎城部的4个团，以及耀县、三原、淳化等6县民团6000多兵力，并配备重型武器，向照金根据地发动了新的攻势，重点是根据地首府薛家寨。

10月4日中秋节晚上，军民日夜盼望的刘志丹和王世泰辗转回到了照金，受到薛家寨军民的欢迎。

在此前后，吴岱峰、高锦纯、王兆相、黄罗斌、康健民等20多名红二十六军第二团指挥员，先后在渭华地区党组织和人民群众的支持掩护下辗转回到了照金。

在历经磨难和面临着严重危机的战友们重逢后，激动的心情难以言状，战友们彻夜未眠。王世泰回忆说，“当我和仲勋同志见面时，就紧紧地抱在一起，激动得流出了热泪……，现在我们终于见面了，能不激动、能不高兴吗？这一夜是感人肺腑的一夜，也是狂欢兴奋的一夜。”[①] 习仲勋感觉到：“经过这场折磨，刘志丹同志更瘦

① 中共甘肃省委：《习仲勋与甘肃》，甘肃人民出版社2003年版，第206页。

了，但他的意志更坚强了，仍然是那么精神抖擞，没有一点灰心丧气的样子。”①

刘志丹关切地问习仲勋：“你的伤好了吗？这次我们又上了机会主义的大当，又吃了一次大亏。”②

当习仲勋向刘志丹汇报了召开陈家坡会议以及会后红军主力、游击队的情况后，刘志丹兴奋地说：“这下就好了，陈家坡会议总算排除了错误的主张，回到正确路线上来了。现在需要把部队集中起来，统一领导，统一指挥。”③

刘志丹回照金后，顾不得休息，即承担起红军临时总指挥部副总指挥兼参谋长的重任，全身心地投入到工作中。“他鼓励大家要坚定信心，再重新干起，前途是光明的。”④为了粉碎敌人新的进攻，刘志丹、习仲勋和陕甘边区红军临时总指挥部认真分析敌情，制定了反“围剿”斗争的部署，认为国民党“围剿”兵力较大，不宜在狭小根据地内与其周旋，要粉碎国民党军的进攻，红军主力必须转入外线。因此，决定刘志丹率领红军主力转入外线，北上陇东，转战敌后，调动和牵制敌人，以减轻苏区的压力；习仲勋领导地方武装坚持根据地内线斗争。按照反“围剿”斗争部署，几天后，他又参与指挥陕甘边红军主力，踏上了新的战斗征程。

10 月中旬，敌军完成了对照金根据地“围剿”的部署，开始向根据地发起进攻。由于红军主力离开照金转入外线作战，照金根据地失去了军事武装依托，敌人大兵压境，敌众我寡，形势严峻，根据地又陷入了新的危机。当时，照金根据地兵力空虚，首府薛家寨只有保卫队 40 人，30 支枪，兵力单薄。习仲勋等领导中共陕甘

---

① 习仲勋：《群众领袖　民族英雄》，《人民日报》1979 年 10 月 16 日。
② 习仲勋：《群众领袖　民族英雄》，《人民日报》1979 年 10 月 16 日。
③ 习仲勋：《群众领袖　民族英雄》，《人民日报》1979 年 10 月 16 日。
④ 黄罗斌：《具有高尚品格的领袖人物》，《刘志丹纪念文集》编委会编：《刘志丹纪念文集》，军事科学出版社 2003 年版，第 181 页。

边区特委、革命委员会和根据地军民苦撑危局，继续坚持斗争，全力保护这块红色根据地的中心区域——薛家寨。

10 月 12 日，敌人对照金根据地发起了更大规模的“围剿”。13 日，包围了薛家寨，并发起了进攻。当时，红军主力转入外线作战远在甘肃，防守薛家寨的只有少数游击队员和被服厂、修械厂、医院的伤员和后勤人员。危机时刻，习仲勋紧急动员红军医院、修械所、被服厂的干部、工人拿起武器，全部投入了保卫薛家寨的激烈战斗。疯狂的敌军不断增加兵力，加强对根据地的进攻，逐步向根据地腹地推进。

照金根据地军民严阵以待，凭险巧布地雷阵，还用修械所制造的“麻辫手榴弹”投向敌群，通往薛家寨只有一条小路，敌人几次想登山都被打退。保卫薛家寨的战斗进行了四天，敌人始终无法突破，只得暂时停止了攻击。

陕甘边游击队总指挥李妙斋、政委张秀山获知敌军猛攻薛家寨的消息后，迅速率部从绣房沟返回薛家寨，与留守军民发起迅猛反击，敌人狼狈溃逃，根据地军民取得了薛家寨保卫战的初胜。但是在激战中，陕甘边游击队总指挥李妙斋不幸中弹，英勇牺牲。

10 月 15 日，国民党十七路军特务团先后进占照金，耀县民团占据老爷岭，庙湾民团占领芋园，形成了对根据地首府薛家寨的四面包围，国民党军对薛家寨发起总攻，并出动 4 架飞机助战。面对来势汹汹的敌人，红军先后打退敌人 10 余次冲锋，敌尸遍野，红军部队伤亡也很大。

敌军在强攻不下薛家寨的情况下，又实施了偷袭的方案。15 日晚，国民党军在叛变投敌的陈克敏的带领下，利用夜色掩护，沿着后山腰畔旁边的一条石缝攀上薛家寨主峰。红军留守部队处于腹背受敌的境地。中共陕甘边区特委一边组织根据地军民与进犯之敌展开殊死搏斗，一边迅速作出边区党政机关分路突围、以保存力量的决策。突围人员一路由张秀山、吴岱峰率领，向党家山方向突围；

一路由秦武山、惠子俊、刘约三率领，从黑田峪方向撤退。

10 月 16 日，薛家寨失陷。国民党军对苏区人民进行残酷镇压和野蛮洗劫。陕甘边区革命委员会土地委员王满堂、肃反委员王万亮和许多群众积极分子，以及一些未来得及转移的伤病员被国民党军残酷杀害。

照金根据地失陷后，突围出来的部分干部和游击队队员北上寻找红军，11 月 19 日，在宁县盘克塬与主力红军会合。

星星之火，可以燎原，在寺村塬，在渭北，在照金，革命的烈火此起彼伏。然而，要奋斗，就会有牺牲。红二团南下受挫，陕西省委遭破坏，薛家寨失守，陕甘革命之路曲折而艰险。刘志丹、习仲勋和他的战友们，没有气馁，更没有被吓倒，而是拿起刀枪，继续战斗。

尽管照金革命根据地失陷了，但照金根据地创建具有重要的意义。

照金革命根据地是继寺村塬之后，中国共产党在陕甘边地区建立的又一个革命根据地，是陕甘边革命根据地创建史上的一个极为重要的里程碑。照金革命根据地的创建犹如插入敌人心脏的一把钢刀，直接威胁国民党在陕西的统治中心，造成了国民党陕西当局的恐慌和混乱。同时，牵制了国民党大量兵力，唤醒了陕甘边区人民的革命觉悟，鼓舞了陕甘边区人民争取解放的勇气和信心。习仲勋在《陕甘高原革命征程》一文中总结说：

"照金苏区是西北党和红军第一次在山区建立根据地的尝试，是红二十六军的立脚点和出发点。它发展和保存了红军主力，使西北革命过渡到一个新的阶段。"① 薛家寨虽然被敌人占领了，却提供了一个很大的经验教训，明确了根据地的重要性，和它对革命的重

① 中共陕西省委党史研究室、中共甘肃省委党史研究室编:《陕甘边革命根据地》，中共党史出版社 1997 年版，第 253 页。

大意义。

第一，照金革命根据地的创建，为建立以南梁为中心的陕甘边革命根据地奠定了基础。以刘志丹、习仲勋等为代表的共产党人，以毛泽东红色政权理论为指导，紧密联系陕甘革命斗争实际，建立了以照金为中心的陕甘边革命根据地，确保党在陕甘边区的革命斗争得以继续发展。党在陕甘边区创建革命政权的具体实践过程，充分证实了毛泽东红色政权理论的正确性，为以南梁为中心的陕甘边革命根据地的创建奠定了坚实基础。

第二，照金革命根据地的政权建设，为陕甘边区苏维埃政府政权建设提供了宝贵经验。以刘志丹、习仲勋为代表的共产党人，积极发动群众，建立红色政权，选举产生了陕甘边区革命委员会，在照金各村建立了党团组织、苏维埃政府、农会、妇女会和赤卫队、游击队；制定了土地分配办法，领导群众打土豪、分财产，并逐步把土地分配给贫苦农民，以解决农民的土地要求。随着土地革命斗争的开展，根据地人民的革命热情日益高涨，土地斗争蓬勃兴起，封建的剥削制度也得以铲除，贫苦农民翻身做了主人。陕甘边区革命委员会在政权建设方面的探索性工作，为陕甘边区苏维埃政府政权建设提供了宝贵的经验借鉴。

第三，照金革命根据地的统战工作实践，为党的统战理论的形成和发展提供了经验借鉴。以刘志丹、习仲勋为代表的共产党人在斗争中注意开展统一战线工作，团结争取当地农民武装，从而发展壮大了革命力量，使革命武装在照金得到休养生息。陕甘边区革命委员会领导人习仲勋、李妙斋等积极与耀县庙湾夏玉山民团、中部县建庄何世兴民团、小石崖罗连城民团等建立了统战关系，尽量与其维持好现存关系，他们或为红军掩护寄养伤员，或代购弹药物资等。但杜衡却坚持推行“左”倾错误路线，主张打倒一切，对白军、民团、土匪不加区别，一律打击。1933 年 1 月，杜衡命令红军攻打有统战关系的庙湾夏玉山民团，结果战斗失利，红军伤亡二三十人。此后，夏玉山遂纠集附近民团，联合起来进攻照金苏区。这时，杜衡又命令火烧香山寺，引起数百名和尚及广大群众的不满。结果是敌人越打越多，根据地越打越小，只剩下处在国民党军四面包围之中的照金中心区薛家寨。可以说，照金革命根据地和陕甘边区革命委员会的重建，是刘志丹、习仲勋等共产党人运用统一战线的法宝，广泛团结一切革命力量的结果。在全党处在“左”倾教条主义错误统治下，陕甘边革命根据地能够根据实际情况，灵活地运用统一战线策略，是非常可贵的。其统一战线实践经验，丰富了党的统一战线理论，是党的一笔宝贵财富。

第四，照金革命根据地政权建设的实践，充分证明建立红色政权必须依靠广大劳苦人民。刘志丹、习仲勋等共产党人在斗争中充分认识到群众是历史的创造者，只有群众才是真正的革命动力。刘志丹认为只有组织群众、动员群众、领导群众，争取一切可以团结的力量，才能保证革命的胜利。在建立照金革命根据地的过程中，习仲勋深入农户家中，展开调查，“一村一村做调查研究，一家一家以访贫问苦，相继建立起农会、贫农会、赤卫队和游击队”[①]。农村革命群众组织的壮大和发展，对照金苏区土地革命斗争发挥了重要作用，为照金革命根据地的民主政权建设奠定了坚实的群众基础。

习仲勋认为，照金革命根据地失败的主要原因是：“第一，没有广泛开展游击战争，扩大苏区和根据地，把自己驻守在一个很小的苏区内；第二，距离国民党统治中心很近，致使群众力量薄弱，意志不够坚强；第三，红二十六军南下的全部失败，军事上暴露了自己的弱点，助长了敌人进攻苏区的气焰。”[②]

---

① 习仲勋：《群众领袖　民族英雄》，《人民日报》1979 年 10 月 16 日。

② 曲涛：《红色足迹——陇东老区重大事件述评》，甘肃人民出版社 2002 年版，第 66 页。

第二章

南梁革命根据地的建立

在中共陕西省委遭到破坏、红二十六军第二团南下失败和照金苏区陷落的危急时刻，1933年11月3日至5日，中共陕甘边区特委和红军临时总指挥部在合水县包家寨召开联席会议，确定了恢复红二十六军，成立四十二师，创建以南梁为中心的陕甘边革命根据地，开辟以安定、陇东、照金为中心的三路游击区等正确的战略决策，为创建以南梁为中心的陕甘边革命根据地，恢复并壮大主力红军，开创游击战争的新局面奠定了坚实基础。包家寨会议后，刘志丹率领红二十六军在陕甘边区横扫敌匪，为南梁中心苏区的开辟创造了条件。习仲勋、张策等在南梁一带发动群众建立农民联合会、贫农团、赤卫军等组织。1934年2月25日，陕甘边区革命委员会恢复成立，以南梁为中心的陕甘边革命根据地初步形成。

第一节　红军主力在陇东外线作战的重大胜利

一、奇袭合水县城

1933年10月中旬，为粉碎国民党当局对照金苏区的“围剿”，陕甘边区红军临时总指挥部总指挥王泰吉、副总指挥兼参谋长刘志丹和政委高岗率红军主力部队红四团、西北民众抗日义勇军大队、耀县三支队和陕北游击队第一支队等300余人，离开照金，北上甘肃陇东，转入外线，寻机歼敌。行军途中，获悉甘肃合水县城（今老城镇）内仅驻有国民党军杨子恒部赵文治团一个连和县保安队，总兵力不足300人，战斗力不强，而且防守不严。陕甘边区红军临时总指挥部决定，首战奔袭合水县城。与此同时，习仲勋、张秀山、吴岱峰、高锦纯、黄子文带领照金各游击队100余人坚持内线斗争，钳制国民党军队的“进剿”。

10月12日，陕甘边区红军主力部队由照金出发，沿子午岭山麓北上，行程150多公里，15日下午到达合水县黑木塬后，当即封锁消息，侦察敌情，赶做云梯，做好攻城准备。合水县城形如葫芦，又称葫芦城。葫芦头部临川，尾部依山，最高点的山头叫葫芦把，筑有坚固的城堡。城外左右是两条深沟，悬崖陡壁，十分险要。东西城墙上各有一个城门楼，高大坚固，是国民党合水驻军的城防重点。鉴于合水城易守难攻，红军又缺乏攻城装备，硬打强攻势必伤亡惨重。刘志丹分析和研究了地形和敌情后，决定乘敌不备，偷袭合水。具体部署是：挑选20余名精壮勇敢的战士组成突击队，率先登城，以红四团第二连和陕北一支队组成主攻部队，王世泰为攻城总指挥。其余部队作为二梯队在城外隐蔽待命。

10月17日晚，在夜幕掩护下，红军冒雨行军15公里，进至合水县城东门下。18日拂晓，红军开始攻城。突击队在王世泰的率领下，顺利架梯攻城。但因城墙较高，原来准备的云梯高度不够达到城墙顶部，宁县籍突击队员柴正祥拔出三把刺刀，插入城墙之中，一把脚踩，双手紧握刺刀刀柄，不停倒换，第一个登上城墙，抛下绳索，突击队员迅速攀绳而上，打死哨兵，冲进碉堡，收缴了东城楼尚在睡梦中的守军一个排的枪支。一部队战士摸到"葫芦把"，占领制高点后，立即发出信号，打开城门，放进大部队。主攻部队在陕北一支队支队长强世卿的率领下，攻克西门城楼，按照预定部署迅速冲进城内，攻占敌连部、保安队队部和县政府。经过一个多小时的激战，红军攻克合水县城。

此次战斗，红军大获全胜，共毙、伤、俘国民党合水县党部书记长、民团团总及以下200余人，缴获长短枪百余支，并缴获一些军用地图及大量军需物资，银元上万余。合水县公安局局长李彦率部投诚起义，国民党合水县长康麟带少数人弃城逃跑，其余守敌全部被歼。红军打开监狱，救出了被敌折磨致残的原西北反帝同盟军第二支队第二大队队长杨培盛等共产党员和在押农民群众80余人。

战斗结束后，红军临时总指挥部发动群众，分配了合水县政府和土豪劣绅的粮食、财物，并张贴标语，召开大会，宣传革命道理，有不少俘虏参加了红军。同时，对俘虏中民愤较大的豪绅杜家传、盐税局局长李德胜等予以处决，其余教育释放。在分配没收的豪绅衣物时，刘志丹自觉保持普通一兵的本色，他要求先分给战士和群众，最后给他分到了一条女人穿的花面棉裤，他只得将其翻过来穿。这事成为陕甘边根据地党和红军领导人自觉保持艰苦奋斗优良作风的佳话。

当晚部队离开合水县城，宿营于包家寨。合水是陕甘边主力红军攻克的一座重要县城，大长了红军的志气，为开展庆阳、合水等地的游击战争打下了良好的基础。

二、城壕川战斗

红军攻克合水县城使国民党当局大为震惊，急忙调遣重兵“追剿”处于外线作战的红军主力。陕甘边区红军临时总指挥部决定，采取疲敌战术，牵着国民党军兜圈子，选择有利地形予以消灭。10月19日，红军主力离开合水，在宁县盘克塬与撤出薛家寨的中共陕甘边区特委后方机关及游击队会合。为了策应照金苏区的内线斗争，刘志丹、王泰吉率部继续南下。面对照金革命根据地丧失的实际，红军临时总指挥部决定“将红军后方机关暂时撤迁至南梁地区的平定川、豹子川一带。并指示照金游击队总指挥部迅速组织照金地区内的游击队，坚持照金根据地的斗争，指挥部直属特务队和淳化、宁县、正宁等地游击队伺机向西发展，扩大根据地”[①]。

10月21日，红军主力在宜君县杨家店歼敌一个连。但此时照金苏区已失陷。于是刘志丹又毅然挥戈北上陇东，在庆阳一带开展游击战争。10月26日，刘志丹、王泰吉率领红军主力消灭了庆阳县城壕（今属华池县）民团，当天黄昏时分又急行军进入庆阳西川突袭三十里铺，消灭谭世麟朱寿民团军40余人，缴枪30余支，镇压了国民党联保主任孙元俊，并且捣毁三十里铺和华池柳

① 王世泰：《回忆红二十六军四十二师》，刘凤阁、任愚公主编：《红二十六军与陕甘边苏区》，兰州大学出版社1995年版，第707页。

树河天主教堂，没收一些药品器材，抓获葡萄牙传教士薛神甫等两名主教。

在这些胜仗中，城壕川遭遇战是在敌我力量悬殊的情形下，红军采用出奇制胜战术以少胜多的典型战例。10月27日上午，红四团在庆阳县城壕川道里行军时，与谭世麟亲率的陇东民团军500余人遭遇。当时，红四团政委杨森带一连一班（前卫班）作尖兵，在一个山口突然发现四五百敌兵正在川台上吃饭。当时红四团一连一班只有12人，都是骑兵，敌人虽有四五百人，却都是步兵，且毫无准备，可以打它个措手不及。在杨森的果断命令下，一班长宋飞率12名骑兵战士如离弦之箭，向敌群边射击边冲锋。敌人被打得晕头转向，四散逃命。红军骑兵乘胜追击，敌人发现追兵只有十余人，便组织反攻，红军一班战士又被压回来。正在这时，红军后续部队从川道里赶到，合兵一处，再反冲过去，敌人大败而逃。谭世麟慌不择路，丢下坐骑徒步而逃。这次战斗，红军以少胜多，俘敌10余名。

后据谭部俘虏供称，带队的就是谭世麟本人，他们这次出动是为了配合国民党正规部队“进剿”红军，没想到刚刚到了城壕川，就损兵折将，被红军主力打败了，并且连谭世麟的坐骑也被红军缴获。

三、毛沟门战斗

合水战斗后，国民党杨子恒部急调赵文治团800兵力充当先锋，紧追红军，欲与红军主力决战。城壕川战斗后，国民党赵文治团尾随红军从庆阳往北进攻，陇东民团军谭世麟部从华池、元城等地向南压来，企图将红军主力围歼在庆阳县北川毛沟门[①]一带。10

① 今属甘肃省华池县李良子村。

月 27 日，刘志丹等挥戈东进，翻越上里塬到达毛沟门。由于连续奔波作战，部队极为疲劳，刘志丹等决定在毛沟门作短暂休整。毛沟门是元城川辛家沟沟口的一个小村庄，该村东西走向半川半坡，十余户人家散居在沟底和沟北半坡上。红军到达后，分别驻扎在毛沟门附近各庄头。

10 月 28 日拂晓，赵文治团由毛沟门西辛家沟、南侧山岭两路袭来。担任警戒的红军战士发现敌骑兵后，迅速鸣枪报警。这时，刚刚起床的红军战士听到警报后，迅速集结。刘志丹、王泰吉命令耀县三支队占据毛沟门西面的玉皇庙岗阻击敌人，陕北一支队掩护群众转移，红军指挥部、红四团迅速占领河对面墩梁山有利地形。为了达到以少胜多，在反击中消灭敌人的目的，刘志丹和王泰吉决定将红军主力撤到北山，抢占制高点，控制有利地形。上午 9 时，红军已全部撤至陈家峁，赵文治看到红军撤退，误以为红军是怯战动摇，即令部队拼命攻山，配以炮火向红军阵地猛烈轰击。王泰吉带领身边的警卫人员从北山坡冲下去，蹚过小河，顽强阻击，顶住了敌人的凌厉攻势。之后，王泰吉又赶到山顶上组织部队反击，命令骑兵连全部下马注意隐蔽，准备冲杀，义勇军、红四团、耀县三支队和陕北一支队等部坚守山头，又命令把手榴弹全部收集起来送上前线集中使用。下午 4 时，刘志丹和王泰吉下达反击命令。冲锋号一响，300 余名红军立即发起反冲锋，王泰吉身先士卒，义勇军从敌人正面向下出击，红四团二连向敌人右侧进攻，耀县三支队从敌人左侧进攻，展开全线反击。红军战士犹如猛虎下山，打得敌人晕头转向，退下山去，后面的敌人不战自溃。红四团骑兵连乘胜追击敌人 10 余里，敌军全线崩溃，指挥官见势不妙，乘马逃之夭夭。敌军失去指挥，成了乌合之众，大部分丢盔弃甲，跪地投降。

毛沟门战斗，红军以少胜多，大获全胜，共毙、俘敌 200 余人，缴枪 200 余支，缴获大批弹药、医药和其他物资。这次反击战的胜利，大大挫伤了敌人的嚣张气焰，大长了红军志气。从此，陕甘边红军英名远扬，威震南梁。赵文治团经此一战，一蹶不振，再未恢复团的建制。

由于红军接连取得军事上的胜利，不仅极大地鼓舞了红军以及当地群众的革命热情和斗争信心，也震撼了陕甘边界的国民党驻军和民团，迫使他们暂时采取守势以求自保，从而扭转了陕甘边区的军事形势，客观上为开辟以南梁为中心的陕甘边革命根据地创造了条件。毛沟门战斗后，红军主力部队开赴合水县包家寨休整。

第二节　以南梁为中心创建革命根据地战略方针的确立

一、包家寨会议的召开

照金革命根据地的失守，使陕甘边区党政机关和红军又面临无处立足的严重困难局面。在哪里建立根据地，一直是陕甘边革命斗争中没有得到真正解决的根本问题。刘志丹一贯主张在桥山山脉中段陕甘交界的南梁地区建立根据地。照金苏区陷落后，刘志丹一边与王泰吉指挥反“围剿”斗争，一边再次认真地思考这个战略性重大问题。毛沟门战斗粉碎国民党军的“追剿”后，在军情稍有缓解的情况下，刘志丹郑重建议陕甘边区红军临时总指挥部召开联席会议，研究部队的行动方向和创建根据地等重大战略问题。这一主张得到了中共陕甘边区特委和红军临时总指挥部的赞同。

按照刘志丹的建议，1933 年 11 月 3 日至 5 日，中共陕甘边区特委和红军临时总指挥部在合水县蒿嘴铺乡张举塬村包家寨召开联席会议。参加会议的有刘志丹、高岗、王泰吉、秦武山、张邦英、王世泰、黄子文、黄子祥、杨森、李映南、刘约三等人[①]。会议以毛

① 习仲勋因从照金撤退途中，在正宁三嘉塬突患重病，便在三嘉塬和宜君小石崖养病一个月，故未能参加包家寨会议。

泽东建立红色政权的理论为指导，认真总结了照金根据地失败的教训，认为照金根据地失陷的原因是：第一，没有广泛地开展游击战争和扩大以照金为中心区域的根据地；第二，照金离敌人统治中心太近，不宜建立根据地；第三，对建立根据地和发展红军力量的重要性认识不足。

会议讨论了陕甘边区红军主力部队改编、根据地重建和红军今后行动方针等重大问题，作出了三项重大决策：

包家寨会议旧址

（一）撤销陕甘边区红军临时总指挥部，恢复红二十六军，成立红二十六军第四十二师，王泰吉任师长，高岗任政委，刘志丹任参谋长，黄子文任政治部主任。会议充分肯定了红二十六军建立的意义和重建红二十六军的必要性和重要性，把西北民众抗日义勇军、耀县三支队和红二团南下失败后归队的百余人与少年先锋队合编为红三团，把红四团逐步改为骑兵团，以适应长途奔袭、快速出击和步骑兵配合作战的需要。

（二）建立以南梁为中心的革命根据地。向陇东南梁进军，在陕甘边界桥山山脉中段的南梁地区建立中心根据地，发展和壮大主力红军，建立红色政权，开创“工农武装割据”的新局面。

（三）建立三路游击区。会议认为：要扩大和巩固根据地，必须大力发展游击区，只有各路游击队相继建立，四面骚扰出击敌人，才能使根据地不断扩大和巩固。因此，会议决定划分陕北、南梁、关中三个游击战略区，组建三路游击队总指挥部，扩大根据地建设。

由于“左”倾路线的干扰，刘志丹长期以来想在南梁地区建立革命根据地的愿望一直难以实现。包家寨会议采纳了刘志丹的意见，也贯彻了陈家坡会议的精神，作出了正确决议并使陕甘边革命形势迅速向前发展。包家寨会议决议及其以后的斗争实践，证明了刘志丹的远见卓识和杰出的军事才干。

二、“狡兔三窟”战略的提出

包家寨会议作出将陕甘边根据地的战略重心和主要发展方向放在南梁地区的战略决策，解决了长期困扰陕甘革命斗争的一个紧迫问题，同时也提出了根据地的整个战略布局问题。陕甘党组织和红军经过寺村塬和照金两次创建根据地工作受挫的教训，开始认识到，在敌我力量对比极为悬殊的条件下，“红军一个根据地就吃不开”，“我们要经常调个窝，调换着住，这样才能够存在”[①]。如果将根据地创建工作仅仅局限于南梁一地，会面临诸多风险。南梁虽然地处陕甘两省交界的子午岭中段，地域开阔，地形复杂，敌人统治力量薄弱，但面临的一个最大的困难是人口稀少，土地贫瘠，物产缺乏，群众生活困难。加之，南梁地处西（安）兰（州）公路和咸（阳）榆（林）公路的中间地带，红军东、西两线的回旋余地有限。如果

① 张秀山：《我的八十五年——从西北到东北》，中共党史出版社2007年版，第60页。

只以南梁一地建立根据地，红军的兵员和物资的补充，以及较大规模的作战行动都将遇到很多困难。要解决这一问题，就要考虑如何充分利用陕北、陇东、关中各个区域的独特之长，避免其不足，发挥整体优势，这实际上就涉及陕甘边根据地多区域战略布局问题。

长期革命斗争的经验教训，使刘志丹等红军领导人认识到，南梁中心区域的开辟，必须在广大区域的游击战争的配合下才能成功。正是考虑到各个方面的因素，包家寨会议的另一个伟大的历史性成果就是，“提出了要依靠广大人民群众，沿着敌人统治薄弱的桥山一带广泛开展游击战争；不能只建立一个根据地，而应同时在邻近地区建立几个根据地，即‘狡兔三窟’的设想，以便红军主力有迂回盘旋余地，积极协助游击队打击消灭敌人。会议还决定建立以陕北安定、陇东南梁和关中照金为中心的三个根据地，并相应组建三个游击队指挥部。以当时随主力部队行动的陕北安定游击队为第一路，陇东地区游击队为第二路，关中地区游击队为第三路”[①]。因南梁地处第一路和第三路游击区的中间地带，自然地把其余两路连接起来，战略地位十分重要。这样，会议作出了以南梁苏区为战略重心，以关中苏区和陕北苏区为南北两翼，尽快形成陕甘边根据地多区域战略布局的决策。

第一路游击区，以安定县为中心，成立第一路游击总指挥部。由先前派出的强世卿领导的陕北游击队一支队为基础逐步扩大。强世卿担任总指挥，魏武任政委。开辟以安定为中心的第一路游击区，不但可以帮助陕北游击队的发展，而且可以为红二十六军提供一个理想的根据地，这是陕北特委和陕甘边区特委共同的认识。

第二路游击区，以庆阳南梁为中心，成立第二路游击总指挥部，任务是建立南梁根据地。这是一个符合实际的决定，因为位

---

① 张邦英：《刘志丹永远活在人民心里》，《志丹书库·刘志丹卷（上）》，中国文史出版社 2010 年版，第 274—275 页。

于陕甘边界子午岭中段的南梁有着进行武装割据的优越条件。一是地理环境优越，适宜游击战争。南梁位于甘肃庆阳县（今属华池县）陕甘边界地区，这里沟壑纵横，有数百里的梢山，进可直取关中，退可扼守密林，回旋余地很大，有利于机动作战，开展游击战争。二是这里的农民深受地主和土匪的压迫，生活极端艰苦，阶级矛盾尖锐，农民有强烈的革命要求。三是这里的国民党统治比较薄弱。以南梁为中心的桥山山脉中段，地广人稀而又远离陕、甘、宁三省国民党统治中心，当地地主武装力量弱小，在当时被称作“三不管”的地方。刘志丹等正是利用了这样一个有利地理位置和国民党统治势力相对薄弱的地方，进行工农武装割据。

第三路游击区，以耀县照金为中心，成立第三路游击总指挥部。以照金游击队总指挥部领导的游击队为基础发展壮大。总指挥先后为张明吾、王安民、陈国栋，政委张仲良。活动地区是以照金为中心的关中地区，虽然距离敌人统治中心西安较近，但经过红军长期的游击活动，已具备良好的群众基础以及党的组织条件，加之物产丰富，经济条件较为优越，可以为红军提供兵源和物资，在经济上给予红军重要保障。

三路游击区共同以南梁为中心，红二十六军居中策应，并向南北发展，逐步把陇东、关中和陕北苏区连接起来，创建以南梁为中心的更大规模的革命根据地。红军在上述三个地区分别建立三路游击战略区，不但可以充分发挥各个地区的有利条件，而且可以扩大游击战争的范围，拉长敌人的战线，增大敌人“围剿”红军和根据地的困难，从而使红军在战略全局上赢得先机，处于主动地位。

包家寨会议确定的在陕北、陇东、关中等区域创建多块根据地的战略决策，实现了区域间的协调行动、密切配合，形成了重点与牵制相配合、内外线作战相呼应、主力红军与地方游击队相支持、游击队与群众武装相结合的武装斗争格局，为取得反“围剿”斗争的胜利创造了有利条件。

三、包家寨会议的历史意义

包家寨会议对南梁革命根据地的创建具有重大历史意义。

一个是，包家寨会议是在陕甘边革命斗争危机时刻召开的一次重要会议。

包家寨会议召开之前，尽管陕甘边红军在外线作战中，因刘志丹果断正确的指挥连连获胜，但就整个西北地区和陕甘边革命的全局而言，由于国民党的重兵“围剿”以及党内“左”倾错误路线的膨胀，在 1933 年 6—10 月短短的一百多天时间里，陕甘边革命斗争连遭挫折，形势急转恶化，进入了最艰难的阶段。一是 1933 年 6 月，在杜衡“左”倾错误路线的影响下，红二十六军红二团南下渭华，孤军作战，导致兵败终南山，给陕甘边区革命造成巨大损失。二是 1933 年 7 月下旬，共产党人王泰吉领导的耀县起义遭强敌镇压而失败，8 月初，王泰吉率起义余部百余人退入照金根据地。三是因杜衡等人被捕叛变，导致中共陕西省委及陕甘地区党的基层组织受到大范围损失，许多党组织负责人和革命群众惨遭杀害。四是与陕甘边区斗争遥相呼应的陕南红二十九军和与陕甘边区照金根据地相连的渭北游击队，在强敌进攻下也先后失败。五是在敌人的全面进攻下，陕甘边党政领导机关和游击队被迫退出根据地中心——薛家寨，照金根据地失陷。

种种原因，使得西北地区的革命形势急转直下。特别是照金根据地失守后，陕甘边红军面临无处立足的严重困难局面。建立新的根据地成为关系陕甘红军生存与发展的首要问题。包家寨联席会议适时召开，并作出了今后战略方向和行动方针的正确决策，对陕甘边红军的生存和发展，对武装斗争和“工农武装割据”新局面的形成，都产生了直接的影响。

另一个是，包家寨会议确定以南梁地区为陕甘边区革命的重心，勾画了陕甘边革命根据地发展的蓝图。

早在1929年至1931年，刘志丹、谢子长等共产党人在南梁一带开展革命斗争的活动中，逐渐领悟到南梁一带政治、地理条件有利于创建根据地，主张以南梁为陕甘边根据地的战略重心和重要发展方向。但是，刘志丹、谢子长等与上级党组织陕西省委，在选择陕甘边根据地的战略方向的认识上存在明显分歧。1932年1月20日，在《中共陕西省委给陕甘边境游击队的指示信》中，陕西省委认为："游击战争区域和方向应以关中道的三水、淳化、三原、富平、长武等为主要方向。"①3月7日，陕西省委再次强调："游击队必须坚决的执行进攻的路线，要分两部分游击，向旬邑、三原、富平发展……"②

按照中共陕西省委的指示，谢子长率领陕甘游击队挥师南下，执行在三原、富平一带创建根据地的任务。3月中旬，正宁一带出现了自发的农民斗争，谢子长果断改变出击关中的计划，于3月20日带领陕甘游击队来到正宁南塬，开始了以寺村塬为中心创建陕甘边根据地的伟大实践。陕甘游击队北上陇东山区开辟寺村塬根据地的行动，显然不符合陕西省委的意图，受"左"倾路线干扰，丧失了寺村塬根据地。红二十六军第二团成立后，按照陕西省委指示，创建了以照金为中心的陕甘边根据地，红军游击队也只能在一个狭长的空间活动。特别是在杜衡错误指挥下，红二十六军第二团南下渭华失败，导致照金革命根据地陷落。在开展工农武装割据斗争的实践中，陕甘边党组织和红军屡受挫折，从沉痛教训中得出一个明确的结论：要坚持陕甘边游击战争，创建根据地时必须考虑到地理环境和社会经济条件及群众基础。对此，包家寨会议以毛泽东

① 《中共陕西省委给陕甘边境游击队的指示信》（1932年1月20日），中共陕西省委党史研究室、中共甘肃省委党史研究室编：《陕甘边革命根据地》，中共党史出版社1997年版，第23—24页。

② 《中共陕西省委关于红军游击队粉碎国民党"围剿"的决议》（1932年3月7日），中共陕西省委党史研究室、中共甘肃省委党史研究室编：《陕甘边革命根据地》，中共党史出版社1997年版，第42—43页。

关于红色政权的理论为指导，在认真总结以往革命斗争经验教训的基础上作出正确的选择。

包家寨会议作出的三项重大决策是相辅相成的，其核心是开辟以南梁为中心的陕甘边革命根据地，将陕甘边武装斗争重点转移到陇东南梁地区，这样就解决了红军行动方针这个长期没有解决好的问题。

首先，以刘志丹为代表的陕甘边党和红军深刻认识到，要创建以南梁为中心的陕甘边革命根据地，就必须加强红军主力部队。为此，包家寨会议决定成立红二十六军第四十二师，保证了南梁中心区的开辟。

其次，开辟巩固的新苏区，需要选择合适的地区作为根据地的中心区域。包家寨会议根据刘志丹等的建议，决定将根据地的中心区域放在南梁地区，是符合实际的，因为南梁的地理环境和革命的主、客观条件都非常适合进行武装割据，开展根据地中心区域的建设。

南梁地区是陕甘边红军的摇篮和发源地，群众受革命的影响较早而长久，南梁一带的贫苦农民对党和红军也有比较深厚的感情。同时南梁地区的阶级矛盾尖锐，民众有强烈的土地要求和革命愿望，这就为建立根据地奠定良好的群众基础。

再次，南梁中心区域的开辟，必须在广大的游击战争的配合下才能得以进行。为此，包家寨会议决定建立三路游击区的决策，为陕甘边革命斗争的发展勾画了新蓝图。实践证明，这个决策是完全正确的，后来陕甘边革命根据地发展的基本格局正是如此。

最后，包家寨会议摆脱了“左”倾错误的干扰和影响，开辟了实事求是创建陕甘边根据地的历史新阶段。

包家寨会议确定了一系列正确的战略决策，使陕甘边党和红军摆脱了“左”倾错误的干扰，开辟了根据地各项工作沿着实事求是的思想路线健康发展的历史新阶段。

包家寨会议，确定了在流动中求生存、求发展的根据地创建思路，提出了创建以南梁为中心的陕甘边革命根据地的正确方略，以“狡兔三窟”的方法建立，陇东、陕北、关中三路游击区，互相配合呼应开展游击战争，形成“东方不亮西方亮，黑了南方有北方”的有利形势。包家寨会议坚持从实际出发解决陕甘边区革命斗争实际问题，为陕甘边区后来革命斗争的发展和红色政权的建立指明了光明前景，是陕甘边区武装斗争由挫折走向胜利的重要转折点。

第三节　莲花寺整编与红二十六军的恢复

一、莲花寺整编

包家寨会议之后，刘志丹、王泰吉率红四团、西北民众抗日义勇军大队、耀县三支队、陕北一支队等部队来到位于合水县葫芦河北岸平定川口的莲花寺。这里川道比较宽阔，两面山上灌木成林，环境十分隐蔽。红军离开照金后，在一个多月的外线作战中连获大胜，使部队情绪高涨，但是几百里的无后方艰苦转战，也使部队极为疲惫。陕甘边区特委和红军临时总指挥部决定部队在莲花寺一带进行休整，并按照包家寨会议决议对部队进行整编。

1933 年 11 月 8 日，在刘志丹、王泰吉主持下，陕甘边红军全体军人大会在莲花寺召开。会上正式宣布恢复红二十六军，成立四十二师。师部设司令部、政治部、供给处和直属警卫连。根据包家寨会议的决定，王泰吉任师长，高岗任政委，刘志丹任参谋长，黄子文任政治部主任。

红四十二师下辖两个团、五个连，共 500 余人，战马 200 余匹。红三团由西北民众抗日义勇军、耀县三支队和红四团少年先锋队及原红二团南下归队人员合编而成，约 280 人，王世泰任团长[1]，李映南任政委（后由黄罗斌担任），下辖3个连：第一连连长赵国卿，第二连连长陈学鼎，指导员张邦英；少年先锋连连长王有福。骑兵团由红四团一、二连编成，约180人，黄子祥任团长，杨森兼任政委，下辖两个连：第一连连长李志柏，第二连连长高占胜。

红四十二师在合水整装待发

红二十六军第四十二师还建立了各级党组织，师、团成立党委，师党委书记杨森，委员有高岗、张秀山、黄罗斌、黄子文、高锦纯等。连队成立党支部，以加强党对基层组织工作的领导。刘志丹对党建工作非常重视，他经常以过去多次起义和革命斗争的经验教训为借鉴，要求党员干部发挥先锋模范作用，做好思想政治工作。

莲花寺整编是陕甘边党的历史上具有重要意义的事件，这次整编恢复了红二十六军，建立了四十二师，加强了党对军队的绝对领

① 一说王泰吉兼红三团团长，此处依据王世泰：《回忆红二十六军四十二师》，刘凤阁、任愚公主编：《红二十六军与陕甘边苏区》，兰州大学出版社1995年版，第712页。

导，对陕甘边区武装斗争和根据地的创建产生了重要作用和深远影响。从此，陕甘边红军主力部队就进入了开创以南梁为中心的根据地的新阶段。

二、红二十六军恢复后的军事活动

红二十六军恢复后立即兵分两路，扫荡陕甘边界的反动地主武装，以实现建立以南梁为中心的陕甘边革命根据地的战略任务。

东路由红四十二师师部率红三团向东出击，进击咸（阳）榆（林）公路，横扫沿线的地主武装。在甘泉县道佐铺一带消灭地主民团武装 40 余人，随后又奔袭甘泉县城未克。部队遂沿洛河川向西前进，在葡萄沟门遭到国民党第八十六师二五六旅一个营和地主民团武装 200 余人的联合进攻。刘志丹利用葡萄沟门庄子两侧的有利地形，命令红三团设伏待机，派一小部分部队佯装游击队，诱敌军进入埋伏圈。但敌军几次遭红军打击，进军慎重，行动缓慢。到了离村庄二三里的地方时，停止前进，未进入红军的伏击圈。在这种情况下，刘志丹率部撤出战斗，返回南梁。

西路由骑兵团向西北方向出击，沿途经大凤川、定汉，横扫新堡等地民团后，又经柔远川、二将川奔袭南梁荔园堡。当时，国民党张廷芝部营长梁邦栋率陕西警备骑兵旅第二团新兵营在荔园堡、阎家洼子一带为非作歹，随意派粮派款，敲诈勒索。骑兵团决定拔掉这个楔在南梁中心地区的反动据点。骑兵团秘密运动到荔园堡的东、西两山，包围了梁邦栋营。接着，红军派出小股部队化装成老百姓进入荔园堡，突然向梁邦栋营发动袭击，敌猝不及防，仓促迎战。这时，红军骑兵团疾驰而来，梁邦栋带领残部拼命向山上逃窜，山上的红军也发起攻击。在骑兵团的两面夹击下，敌军被围困在老鸦沟的半山腰中，除一个外出的排长外，其余全部当了俘虏。

第二天，红军在荔园堡大场上召开公审大会，处决了梁邦栋，老百姓无不拍手称快。随后，红军又在二将川消灭了赵富奎民团。

荔园堡战斗后，南梁地区的反动武装闻风而逃。骑兵团乘胜追击，消灭了阎家洼子、赵沟门一带地主民团，拔掉了敌人的一些据点。红四十二师的出击行动，为建立南梁根据地扫清了障碍，创造了条件。

第四节　三路游击区的开辟

一、第一路游击区的军事活动

包家寨会议后，在红四十二师党委的领导下，开始了有计划地开辟三路游击区的工作。按照包家寨会议决定，陕北一支队 100 余人作为第一路游击区的基本部队，由队长强世卿、政委魏武率领，返回陕北安定一带开展游击战争，建立第一路游击区。莲花寺整编时，红四十二师还抽调魏武、惠泽仁、康健民等干部充实和加强了陕北一支队的领导力量，为开辟第一路游击区做准备，并任命魏武担任陕北一支队政委。

莲花寺整编后，红四十二师在东华池为陕北一支队举行热烈的欢送大会。杨森代表红四十二师党委在会上讲话，他勉励陕北一支队回到陕北后，按照包家寨会议精神，以安定为中心，逐步向四周发展，开展第一路游击区的活动，以达到与南梁革命根据地连成一片的目的。陕北一支队政委魏武在会上表示坚决执行包家寨会议决议，发扬陕甘边红军的优良传统，打好游击战争，以实际行动配合红军主力在南梁地区创建革命根据地。

1933 年 11 月中旬，陕北一支队离开红四十二师北上陕北。15 日，到达安定县境内。由于陕北一支队指战员求战心切，对敌情估计不足，11 月 20 日，游击队仓促向驻守枣树坪的井岳秀部一个连发动攻击，经过激烈战斗，未克敌据点，部队伤亡很大。惠泽仁等牺牲，强世卿身负重伤，离队养伤，后被叛徒出卖，惨遭敌人杀害。陕北一支队由政委魏武率部向北转移，途中在文家铺遭敌袭击，魏武不幸牺牲。为了摆脱困境，一支队分两路继续北上到安定北部开展游击活动，但因损失过大，得不到补充，活动受阻，最后被迫分散行动。陕北一支队虽然未能实现预定的任务，但在群众中留下深刻影响，有不少革命骨干坚持斗争，为后来恢复陕北一支队，扩大陕北红军作出了重要贡献。陕北第一支队创建第一路游击区的革命活动暂时受挫。

二、第二路游击区的开辟

1933 年 11 月下旬，红四十二师第三团、骑兵团在二将川会合后，驻扎在荔园堡至林锦庙一带。中共陕甘边区特委和红四十二师党委决定，趁战斗间隙，配合地方干部开展工作。红四十二师抽出刘约三、吴岱峰等军事干部和部分人员，以连、排为单位，协同地方干部分别在平定川、豹子川、太白川、白马庙川、玉皇庙川、二将川、东华池、葫芦河川一带宣传群众，组织群众，打土豪、分牛羊、分粮食，帮助建立第二路游击队。刘约三、吴岱峰等人带领伤病员和后勤机关，押着之前在三十里铺抓获的两名神父，到平定川老场村、豹子川王街子村一带，在这里设立修械所和医疗所，一边照顾伤病员，一边着手组建游击队，建立根据地。

为扑灭红四十二师在南梁地区的革命活动，12 月初，国民党西安绥靖公署调集驻保安、合水、庆阳等地的正规军 4 个营及地方民团 5000 余人，向南梁地区“围剿”。在此情况下，红四十二师党委在林锦庙的梁沟门召开会议，讨论军事斗争的方针和南梁根据地建设等问题。会议决定，成立第二路游击队总指挥部，杨琪任总指挥，高岗任政委[①]，习仲勋任中共队委书记，统一领导南梁地区各支游击队，建立庆阳、安塞、保安、合水四县游击队，坚持南梁根据地斗争，发展壮大革命武装力量。红四十二师主力转移外线，南下支援关中第三路游击区的斗争，帮助建立第三路游击区的各游击队，成立第三路游击队总指挥部，推动正宁、宁县、淳化、耀县、旬邑等地的游击活动。

会后，第二路游击队在杨琪、张策、吴岱峰等人率领下，将伤病员安置在农户家里，然后分头发动群众，坚壁清野，准备迎击来犯南梁的国民党军。红四十二师抽调杨培盛、张振东、王英、张志孝、强家珍等 10 余人和 8 支枪，作为建立后方游击队的骨干和基础。很快，第二路游击区各地游击队相继成立，先后建立 20 多支游击队，比较有影响的有庆阳、合水、保安、安塞等游击队。

庆阳游击队。杨培盛任队长，习仲勋任政委。这支队伍于 1933 年 11 月下旬在南梁小河沟成立，活动于华池县二将川、柔远川一带。初建时队伍仅有 8 人、3 支枪，杨培盛奔走串联，在十余天时间内动员了 30 多名贫苦农民参加。为搞到武器，杨培盛率领游击队员闯入二将川刘坪堡敌据点，收缴民团枪支 30 多支，手榴弹 70 余枚，接着又将作恶多端的二将川民团团总赵富奎的眷属 10 余人抓获，迫使赵富奎交出 65 支枪。这支队伍初成立时称义勇军，人员成分比较复杂，习仲勋病愈归来兼任义勇军指导员，领导了义勇军的改造工作，清除了一些成分不纯人员，纯洁了庆阳游击队的组织，使这支游击队成为能征善战的红军队伍。到 1934 年 1 月，庆阳游击队发展到 100 多人枪。同年夏，已发展到 200 多人，遂扩编为 2 个支队和 1 个骑兵队。

合水游击队。张振东任队长，孙铭章任政委。这支队伍于

---

① 实际上二人于 1934 年 1 月下旬到职。高岗离职后，杨森接任红四十二师政委，张秀山接任红四十二师党委书记，并兼任骑兵团政委。

1933 年 11 月下旬在南梁豹子川王街子成立，活动于东华池、太白一带。初建时队伍仅有 6 人。张振东利用他曾与东华池民团团总张怀治“换帖”① 的关系，将游击队埋伏在堡子外，自己进入敌巢，与张怀治叙“兄弟情谊”，趁其不备，缴获其枪械，迫其下令全团缴械。这次行动缴获步枪 25 支，摧毁了这个反动据点。接着，游击队吸收了 20 多名贫苦农民参加，然后向合水方向游击。几个月内，部队扩大到 100 余人。到 1934 年夏，合水游击队发展到 180 余人，下辖 3 个中队。

保安游击队。刘约三任队长，王英任政委。这支队伍于 1933 年 11 月下旬在南梁成立。初建时只有 10 余人，不久，队伍扩大到 30 人。游击队成立之初，缺乏武器弹药，他们抓紧修理红军主力部队留下的破旧枪支，很快武装起来。这时，保安一带 30 余名贫苦农民前来参加游击队，使游击队扩大到 60 多人。随后部队向洛河川一带出击，在金鼎山歼灭敌张廷芝部一个排，缴枪 30 余支。游击队很快发展成一支 100 余人的地方红军武装。

安塞游击队。曹满栋任队长，王士贵任政委。这支队伍于 1933 年 12 月在南梁成立，刚组建时仅有七八人。为了获得敌人的武器，他们化装成农民，袭击义正川民团盘踞的高台堡据点，缴获步枪 15 支。此后，安塞游击队进入安塞境内活动，不久发展到 50 多人。1934 年春，红四十二师党委为了迅速创建和扩大根据地，加强安塞游击队的力量，曾委派王子昌（后叛变）、吴亚雄到队帮助工作，他们主要活动于陕甘边区的三边、保安和安塞等地，配合红二十六军作战。

除上述各游击队外，南梁地区还陆续成立了庆北、定边、华池、环县、庆华、柔远、温台等游击队。这些游击队规模从十几人到几十人不等，他们同主力红军互相呼应，互相支援，并为主力红

① 指结拜弟兄。旧时异姓结拜兄弟时，互换写有姓名、年龄、籍贯、家世的柬帖。

军输送了几百名战士，在创建南梁革命根据地的战斗中立下了不可磨灭的功勋。

第二路游击队指挥部领导庆阳、合水、保安、安塞、庆北、定边、华池、环县等游击队和保卫队，时而分散活动，时而集中作战，同国民党当地民团展开游击斗争，并在斗争中发展壮大，先后拔除了华池、林锦庙、刘坪堡、阎家洼子、南梁堡、王洼子、义正川高台寨子等敌据点，缴枪 270 余支，南梁中心区域的国民党当地民团被扫荡无遗。国民党仇良民团 1 个营，孤军进到二道川，如掉进迷雾，情报皆断，粮食供应不上，常遭游击队的袭击，饥恐交加，不久便被迫撤离了南梁，其余各路也停止向根据地进攻。

1934 年 1 月 8 日，红四十二师又回到南梁的连家砭一带休整。在此之前，听说山东国民党“人民军”刘桂堂部开到豫陕边境，为争取一部分人参加革命，王泰吉要求利用旧关系前去活动，用他的话说，就是出去“放一把火”。师党委在连家砭会议上考虑到他的安全，劝说不要去。王泰吉认为他有许多老同志、老部下，搞兵运比较有把握，坚持要去，师党委同意了他的要求，决定刘志丹接任师长。第二路游击队，共给四十二师输送新战士 200 多名，战马 70 多匹，使骑兵团由初建时的 2 个连，扩大为 3 个连，有战马 270 余匹。

红四十二师抓住有利战机，主动出击，开展游击战争，南下歼灭敌人有生力量，并护送王泰吉出边区。部队从南梁出发，经连家砭、固城川，沿宁县、正宁南下，直抵淳化县蒋家山、马家山一带，与王泰吉分手。2 月 18 日，王泰吉在行至淳化县通润镇时，被淳化三区民团团长马云丛逮捕后押送西安。中共组织和第十七路军中的进步人士对王泰吉进行多方营救，但终未成功。2 月 26 日，蒋介石密电陕西省政府，将王泰吉“就地正法”。王泰吉在狱中惨遭各种酷刑折磨，但他严守党的机密，宁死不屈，3 月 3 日被敌杀害于西安，年仅 28 岁。王泰吉的英勇就义，使陕甘边党和红军失去了一位优秀的指挥员，给陕甘边的武装斗争造成了不可弥补的损失。

三、第三路游击区的开辟

红四十二师成立后，即挥师南下，为创建三路游击区做准备。1933 年 11 月中旬的一天傍晚，部队到达宜君县杨家店子，骑兵团驻镇里，师部和红三团驻下川。国民党军第八十六师二五六旅五一一团左协中部 1 个连获得消息，由焦家坪方向偷袭红军。上午 9 时左右，向骑兵团发起进攻。骑兵团战士听到枪声，仓促应战，国民党部队已占据有利地形，猛烈的火力封住街道，骑兵团不得不边打边退撤出镇子。师部得知国民党军只有一个连，遂趁敌尚未得到后续部队增援之机，当即命令红三团投入战斗。国民党军见红三团向其接近，遂退守后山。中午 1 时许，红军部队发起攻击，最终攻上山头，夺下敌阵地，并与迂回部队合围，全歼敌连 120 余人，缴枪 120 多支，处决了连长李文杰。

杨家店子一战，红四十二师也有伤亡，其中有三四十名伤员无处安置。在此情况下，红四十二师改变了原定南下照金、开辟第三路游击区的计划，调头北上，返回南梁。

1933 年 12 月初，国民党地方部队开始“围剿”南梁。王泰吉、刘志丹率领红四十二师挥师南下第三路游击区，途中消灭了国民党合水固城民团和正宁王郎坡民团。12 月中旬，红四十二师第三团和骑兵团占领了正宁县南邑后沟，收缴了当地民团的部分枪支。在淳化、耀县、旬邑、正宁地区转入群众工作，帮助地方党组织建立和整编游击队，扩大地方红军武装，鼓舞群众革命斗志，第三路游击区的革命形势高涨起来。

红四十二师在淳化、旬邑一带活动了一个时期，帮助各游击队整顿组织，发动群众，扩大游击区，并相机打击了一些小股地方反动武装，随后挥师北上，返回南梁地区。

1934 年 2 月，陕甘边区第三路游击队总指挥部成立，第一任总指挥张明吾，上任不久，被叛徒杀害，由王安民担任第二任总指挥，后在老爷岭战斗中，王安民英勇牺牲，总指挥由陈国栋接任，政委先后由黄子文、张仲良、张邦英担任。

第三路游击区的地方武装主要有平子游击队、回民支队、宁县三支队、宁县一支队等。

平子游击队。成立于 1933 年 11 月，何炳正任队长，殷云山任政委。1933 年 9 月下旬，国民党正宁县的 5 名催款人员在正宁县榆林子一带勒索钱财，侮辱妇女，为非作歹，激起群众强烈反抗。何炳正带领十几名贫苦农民将其击毙，夺其枪支，组建了一支农民武装。后来，这支队伍与红军取得联系，进入合水一带活动。1933 年 11 月，平子游击队正式成立，有 50 余人，分为两个分队。至此，这支农民武装成为党领导下的革命武装。1934 年 2 月，三路游击队总指挥部成立后，平子游击队发展到 100 余人，被改编为三路游击区第四支队，通常称为正宁四支队。不久，何炳正、殷云山调离，刘玉才继任队长，郭秉坤任政委。红二十六军组建第一团时，这支游击队被编为一团一连。

陕甘边区工农游击队第三路指挥部印

回民游击队。成立于 1933 年秋季，王世平（回族）任队长，王世英（回族）任政委。正宁县龙嘴子、西渠是当地回民聚居区，居住 120 余户 350 多名回族群众。在红军的宣传影响下，1933 年秋，王世平、马彦林等带领不堪忍受剥削压迫的 19 名回族青年组建了一支农民武装，取名“回民支队”。

三路游击队总指挥部成立后，回民支队编为第三路游击队总指挥部第十六支队，又称“正宁十六支队”。这是陇东最早的一支回民武装。回民游击队组建后与其他游击队协同作战，取得许多辉煌战绩，是一支英勇善战的队伍。这支队伍随后虽经多次改编，但群众一直称其为“回民支队”。回民支队在以后的抗日战争、解放战争中为保卫陕甘宁边区屡建战功。

宁县三支队。由于受到革命思想的影响，宁县平子半坡村民刘永培、杨兴才、王占义等人，联合正宁县永正乡西堡住村农民王清殿，仿效平子游击队的方法，组织了40余人的农民武装，于1934年10月，举行“半坡暴动”，杀死豪绅地主赵新玉、赵老五等人，在平子游击队的帮助下，把队伍带到第三路游击队总指挥部，受到政委张仲良的赞扬和欢迎。第三路游击队总指挥部遂将这支暴动队伍编为第三路游击区第三支队，王德宽任队长，李士新任指导员。第三路游击队总指挥部还给他们补充了一些枪支弹药，指示他们回平子一带开展游击活动。随后，宁县三支队在北挤桥的南沟，黄陵县的上畛子、鸭子梁等地多次消灭土匪民团，大闹过宁县平子镇，处决劣绅魏奎元，两次攻克梁掌堡、麻子掌的反动据点，处决民团头子庞老五、梁廷珍、汪兆明等人。后来，王德宽叛变被镇压，卜富民、杨兴才先后任队长，刘永培、刘玉才先后任指导员。

宁县一支队。宁县一支队是一支战斗力强、影响较大的地方武装，初建于1934年冬。当时，庙湾民团夏玉山部杨德民率七八人起义后在长武一带活动。党组织派罗金财等人去该部进行争取工作。杨德民接受教育，表示愿意加入游击队。此后，又收编了潘老幺的农民武装。第三路游击队总指挥部即以此为基础组建了第三路游击区第一支队，通称宁县一支队，由杨德民任队长。不久宁县一支队与宁县三支队合编，仍称宁县一支队，杨德民后患病离队，队长先后由张占荣（一说樊登奎）、樊登平、王得胜、崔瑞山担任，乔占才任指导员。这四任队长不到一年时间，都先后在战斗中英勇牺牲。在宁县一支队处境十分困难之时，党组织派王秉祥到宁县一支队任队长，他与乔占才一起打开了局面，领导宁县一支队由失败转向胜利，发展壮大到200余人，曾在盘克塬的南仓、金村的木瓜塬、九岘的柴桥子、合水的吕家堡等地多次打击消灭敌人。一支队后来扩编为关中独立一营，即新宁独立营。

除上述各支队外，第三路游击队总指挥部还相继组建了正宁二支队、正宁三支队、正宁五支队（高凤坡战斗中失散的红二十六军10多名正宁籍战士为骨干组建而成，队长张占英）、正宁八支队（队长刘富奎，政委赵德荣①）、正宁十七支队、特务队、底庙游击队、耀县游击队、赤水游击队、鄜甘游击队、中宜游击队等地方武装，共计500余人。这些游击队在第三路游击队总指挥部的领导下，积极开展对敌斗争，经历多次艰苦战斗，锻炼了部队，打击了敌人，巩固和发展了根据地，为革命作出了卓越贡献。

红二十六军四十二师成立后大力帮助发展地方游击队，特别是陕甘边区第二、三路游击总指挥部的相继建立，不仅加强了陕甘边革命根据地的武装力量，而且为红四十二师从地方游击队提供了源源不断的兵员，发展壮大了红军主力。正规红军与地方武装互相支援、紧密配合、情同手足、共同战斗，为以南梁为中心的陕甘边革命根据地的巩固与扩大提供了坚强保障。

---

① 即赵铁娃。

第五节　南梁革命根据地的形成

一、南梁地区的群众工作

1933 年 11 月下旬，中共陕甘边区特委和红四十二师党委在南梁一带进行军事斗争，开展游击活动，创建第二路游击区的同时，派出得力干部配合地方开展发动和组织群众工作。梁沟门会议后，成立了由吴岱峰任主任的南梁后方工作委员会，任命张策为红四十二师后方特派员，领导和开展南梁根据地的群众工作。

1933 年 11 月，习仲勋来到南梁，先在莲花寺附近的豹子川贫农李老五家中养病。习仲勋在李老五的精心照顾下，很快恢复了健康。习仲勋后来回忆说："住在豹子沟李老五家里，因这一带敌人活动，李老五白天把我送到山里，晚上接我回来吃饭。"①

期间，习仲勋开始了南梁根据地的建设工作。据后来任南梁政府保卫大队中队长的王殿斌回忆："1933 年 11 月，刘志丹来南梁，在芋子庄开会、宣传，留下习仲勋、张策、吴岱峰开展群众工作，组织农会、工会。首先在小河沟、豹子川开展，白家洼子村会张社宗负责、芋子庄村会王建保负责，老庄河村会邵凤山负责，焦台沟

① 习仲勋:《陕甘高原革命征程》，中共陕西省委党史研究室、中共甘肃省委党史研究室编:《陕甘边革命根据地》，中共党史出版社 1997 年版，第 254 页。

村会张子修负责，白峁村会田月喜负责。”[①]

春节前夕，习仲勋从南梁豹子沟赶到十多里外的二将川。这时，刘志丹领导红二十六军和游击队主力正在南梁一带发动群众，开展武装斗争，创建新的苏区。红军主力离开南梁后，习仲勋带领庆阳游击队和部分地方干部深入开展群众工作，广泛发动群众，组织农会、工会。群众工作首先在小河沟、豹子川展开。

由于南梁堡人民群众深受庆阳大地主“裕茂隆”“恒义和”和当地大地主赵福奎等的压迫和剥削，生活十分困难，革命的愿望十分强烈。习仲勋、张策一个村庄一个村庄地召开群众会议，发动贫苦农民群众，很快南梁一带成立了雇农工会、贫农团和农民联合会。习仲勋回忆道：“当我们确立了建立一、二、三路根据地，即以南梁堡、华池县为中心建立基础，再向南北发展，主力二十六军依据这个中心地区，南北策应，把一、二、三路根据地打成一片，创造大块的陕甘苏区。据此任务，我们的方针是准备与成立武装，开展游击运动。首先扫清阎家洼子、东华池、南梁堡民团赵老五及二将川这些地方的地主武装。又因这一带的群众很落后，高岗与我们就挨家挨户地进行宣传工作。并在该地缺乏牛羊的情形下，发动他们配合游击队分牛羊，提高了群众的觉悟，发展了二将川、白马庙川、南梁堡、豹子川、平定川、义正川、吴堡川等地的群众组织。”[②]

习仲勋和张策经过调查研究，确定了群众工作的步骤和方针，即先开展耐心细致的群众宣传解释和动员工作，建立群众组织，发展革命武装，开展游击运动，再开辟根据地，建立苏维埃政权。红二十六军带领游击队扫清阎家洼子、东华池、南梁堡民团和二

① 《王殿斌 1979 年 6 月谈南梁一带的群众组织、政权建设》，刘凤阁、任愚公主编：《红二十六军与陕甘边苏区》，兰州大学出版社 1995 年版，第 427 页。

② 习仲勋：《在西北党的历史座谈会上的谈话》（1945 年 7 月 11 日），刘凤阁、任愚公主编：《红二十六军与陕甘边苏区》，兰州大学出版社 1995 年版，第 407—408 页。

将川地主武装后，他们深入到白马庙川、玉皇庙川、荔园堡川、小河沟等地的贫苦农民中，访贫问苦，挨家挨户做宣传工作，发动群众配合游击队去分牛羊，组织建立各种群众团体，并把伤病员安置在平定川、豹子川一带治疗和休养。帮助各村组建游击队、赤卫军，武装群众打土豪、分粮食、分财物，发展党员、建立党的组织。

开始，南梁一带的贫苦农民也并不完全了解红军和共产党的政策，红军到后，有些群众吓跑了。为了以实际行动影响教育群众，红军吃群众的饭后，折算成钱，作价付给群众，并留下纸条，上面写着：我们是穷人的军队，是要打土豪、分田地，解放你们，你们不要怕等等，走时将住过的地方打扫得干干净净。这样，群众慢慢就不怕红军了，对红军的印象很好。经过教育发动，群众逐渐觉悟起来。习仲勋等革命干部积极组织群众，武装群众，建立起雇农工会、贫农团、农民联合会和游击队、赤卫军。

在习仲勋、张策等领导下，南梁地区成立雇农工会 12 个，每个工会选举主席或会长 1 名。1933 年冬，南梁地区第一个农民联合会在金岔沟成立，白阳珍任主任，贺二任副主任。11 月 25 日，在南梁小河沟的四合台村建立了南梁地区第一个乡级苏维埃政权。接着，组织建立二将川、白马庙川、玉皇庙川、南梁堡、豹子川、义正川、五堡川、白马川等地的农民组织，成立农民联合会、贫农团、雇农工会、妇女会和儿童团等群众团体，把农民、手工业者、妇女组织起来。这些群众组织非常活跃，对根据地各项工作特别是支持革命战争、扩大红军和土地革命均起到很大作用。

当时，雇农工会和贫农团只吸收雇农、贫农参加。农民联合会由贫农和中农参加，雇农也可以参加。农民联合会是以贫困农民为主要力量的组织，属于临时基层红色政权性质的群众团体，主要负责人通过选举产生，主要任务是组织农民、发动农民，领导农民打土豪、分财产，开展土地革命斗争，配合红军和游击队作战。

1933年冬至1934年春，在南梁、小河沟、荔园堡、豹子川、东华池等地相继建立赤卫军大队5个，约1000余人。荔园堡、小河沟、豹子川一带为第一大队，大队长郑德明（后陈贵存），辖3个中队；玉皇庙、马莲岔一带为第二大队，大队长高生荣，辖3个中队；白马庙川一带为第三大队，大队长张步云（后朱志清）；二将川一带为第四大队，大队长为梅生贵（后阎树堂、王俊山）；葫芦河一带为第五大队。赤卫军是农民的军事组织，维持地方治安，协同农民联合会开展工作，配合红军游击队作战，主要用梭镖、大刀、猎枪和少量步枪武装自己，承担站岗、放哨、送信，监视土豪恶霸，转移伤病员、保护群众的职责，积极配合红军和地方游击队作战，保卫和发展壮大南梁革命根据地。1934年秋季，南梁地区的赤卫军发展到18个大队。

二、南梁地区的党建工作

在群众工作蓬勃发展的同时，南梁地区的地方党组织建设工作在习仲勋、张策、惠子俊、张秀山、马仰西、高岗等人的努力下逐步开展起来。在此期间，陕甘边区红军主力部队也开展了建党工作。

当时，陕甘边区党和红军在南梁一带开展地方党组织建设工作面临许多困难和挑战。这里地域偏僻，群众接触到的新思想、新文化、新观念很少，而封建迷信组织相当普遍，哥老会、天门会、释教会等会道门组织很流行。这些组织带有浓厚的封建思想。因此，在南梁地区发展党的地方组织必须坚持积极稳妥的方针。一方面，以南梁为中心的陕甘边革命根据地的巩固需要建立党的地方组织；另一方面，在党的地方组织建设上，必须克服“左”倾错误的干扰。否则，“如果盲目地大量的发展党的组织，不但不会建立强有力的组织，相反会把党葬送在这些封建的污泥坑中，这在当时是不能不注意的事情”[①]。

因此，习仲勋、张策、吴岱峰、高岗等刚到这里时，首先从群众的切身利益出发，提出分牲口、分粮食、分土地、打土豪、取消苛捐杂税等口号。在这些口号下，发动群众斗争，建立群众组织，逐渐地培养党的积极分子，发展地方党的基层组织。

1934年一二月间，习仲勋、张策在南梁白马庙一带发动雇农群众，组织工会，选举张钦贤为工会会长。工会主要做雇农的工作，发动长工向地主作斗争，要求增加工钱、换衣服等。同时，在白马庙发展张志德、张钦贤、张志福、李元恒四名党员，建立了南梁地区第一个农村党支部——中共白马庙党支部，张志德任支部书记。后来，牛永清、武生荣、郝文明、贾生秀、白天章、边金山等一批南梁地区贫苦农民积极分子也入党，为以南梁为中心的陕甘边革命根据地的创建和巩固提供了党的组织保证。

南梁地区第一个农村党支部——中共白马庙党支部活动旧址

① 中共华池县委党史工作办公室:《中国共产党华池历史》第一卷，中共党史出版社2016年版，第84页。

1934年春，习仲勋、惠子俊、张秀山、强家珍、马仰西等在开辟庆北苏区的同时，积极发展党的组织，建立了杜家河、武家河、城壕川等3个党支部，杜家河党支部书记李培福，武家河党支部书记高登洲，城壕川党支部书记黄兴仁，共发展党员50余名。此外，在柔远川以及西岭等地，也建立了一些党小组，发展党员10余名。

党在合水县的基层组织建设工作也很出色。早在1932年春，刘志丹就派共产党员黄德明到葫芦河一带宣传革命，筹建农会、赤卫队，发展党组织。同年6月，正式成立石马坪农会和葫芦河赤卫队。黄克秀任农会会长和赤卫队队长。1933年3月，在红二十六军和黄德明的具体帮助下，葫芦河赤卫队扩建为东华池赤卫军大队，黄克秀任大队长。1933年6月，经黄德明介绍，黄克秀光荣入党。8月，正式建立合水县第一个党支部——中共葫芦河党支部，黄克秀任支部书记，有党员15人。1933年冬，刘志丹在合水县连家砭和老城发展党员4名。葫芦河党支部辖赤卫军大队、葫芦河、枣刺砭、安子坪、连家砭5个党小组。这些基层党组织的建立，在巩固根据地和动员群众方面发挥了重要作用。

三、重建陕甘边区革命委员会

南梁地区的群众本来生活就十分艰苦，加之红四十二师和游击队的后方机关和伤病员住在这里，无疑加重了群众的困难。1934年春节前，红四十二师为了减轻南梁一带群众的生活负担，让群众、战士都过个好年，部队决定趁春节期间，南下到陕西耀县、铜川一带活动，打土豪，为红军筹集经费。农历腊月，红军在照金集结。南下途中在照金以北的石底子村，收编了由黄龙山流窜过来的土匪杨谋子部五六十人。随后部队准备偷袭地主比较集中的寺沟南堡。

2月13日（农历腊月三十日），红四十二师到达寺沟南堡，被民团哨兵发现，偷袭未成，部队遂撤出，向距耀县50多里的北塬前进，计划攻占生义堡。部队决定让战士芮四化装成拜年的百姓，混进堡内，约定进占城门，控制吊桥后，鸣枪为号，骑兵进攻，大部队再跟进。不到半小时，红军就占领了堡子。缴获了这户大地主家的许多财物。

正月初十，红军离开生义堡，在耀县、铜川活动几天后，北上南梁。当行至合水县蒿嘴铺时，发现收编的杨谋子部企图逃跑。杨谋子在黄龙山为匪多年，杀人抢劫，祸害人民。慑于红军的威力，为保全实力，不得已才接受改编的。刘志丹等人开会商量，决定以开会为名，诱捕了杨谋子及所属匪部，当场处决杨谋子及其手下几名罪大恶极的匪首，其余人经教育，发给路费，打发回家。随后部队返回南梁根据地。

红四十二师主力在刘志丹率领下，由第三路游击区回到南梁后，群众武装广泛开展起来，地方游击队也得到充分发展。这时南梁地区形成主力红军、地方游击队、赤卫军“三位一体”的根据地武装力量。到1934年2月，以南梁为中心的陕甘边红色区域经过短短四个月的发展，迅速扩大到包括保安、安塞、甘泉、鄜县、庆阳、合水、宁县、正宁、旬邑、淳化、耀县、铜川、宜君和中部等14个县的部分地区。南梁革命根据地已初具规模。

照金革命根据地失守后，陕甘边区革命委员会部分领导人遇难，革委会工作陷于停顿状态。在以南梁为中心的陕甘边革命根据地建立并逐步扩大的新形势下，为统一领导陕甘边根据地的政权建设和土地革命，巩固后方，支援游击战争，在红四十二师党委领导下，于1934年2月25日，在南梁小河沟四合台村，由习仲勋、张策主持召开陕甘边区第二次工农兵代表大会，100多贫苦农民代表与会，选举成立了根据地的最高临时政权机关——陕甘边区革命委员会，选举习仲勋任革命委员会主席，白天章（后为贾生秀）任副主席。革命委员会下设土地、劳动、财政、粮食、肃反、军事、文化等委员会。土地委员张步清，劳动委员牛永清，财政委员武生秀（后由白天章兼任），粮食委员呼志禄，肃反委员贾生秀（后为郝文明），军事委员边金山。同时，还组建起陕甘边区革命委员会政治保卫大队，郭锡山任大队长，直属革命委员会领导，负责革命委员会机关的安全保卫工作。是年 9 月，蔡子伟担任革命委员会政治秘书长。

陕甘边区革命委员会的恢复重建，标志着以南梁为中心的陕甘边革命根据地基本形成。这是毛泽东红色政权理论在西北实践的重要成果，也是以刘志丹为代表的师党委、陕甘边区特委正确军事路线的胜利。

陕甘边区革命委员会领导机关驻南梁寨子湾，但经常活动的中心是荔园堡，这里是一个大村庄，人口较多，又位于白马庙川、玉皇庙川、二将川等几个大川的交界，交通方便。村庄中有庙，有戏台，有一块大平地，每隔几天有一次集市。所以，陕甘边区革命委员会召开较大的会议，开展宣传活动的工作，大都在荔园堡进行；部分工作机构如文化委员会等也经常在荔园堡办公。[①]

陕甘边区革命委员会一方面直接领导南梁根据地的各级红色政权；另一方面迅速在陕甘边区的 10 余个县的农村，领导贫苦农民群众开展土地革命，打土豪、分牛羊、分粮食，成立农民联合会、赤卫军大队，使南梁根据地不断得到巩固，成为陕甘边区革命斗争的坚固堡垒。

陕甘边区革命委员会成立后，在红四十二师党委的正确领导下，动员群众支援前线，粉碎了国民党军对南梁革命根据地一次又一次的“围剿”，使根据地的政权建设取得很大进展。至 1934 年秋

① 蔡子伟：《陕甘边根据地政权建设回忆》，中共陕西省委党史研究室、中共甘肃省委党史研究室编：《陕甘边革命根据地》，中共党史出版社 1997 年版，第 623 页。

季，庆阳县的南梁、白马庙、二将川、武泉河、杜泉河、柔远东沟、城壕川（以上区域今属华池县），合水县的平定川、太白、东华池以及陕西省境内的脚扎川、白豹川、安塞、吴堡川、樊川、义正川、麻地台、瓦子川、苗村、阎家川等地都组织了农民联合会这种基层临时政权组织及其贫农团、雇农工会等群众组织。至1934年9月，各地相继建立了区乡革命政权。这样，由陕甘边区革命委员会到区乡苏维埃政权，再到村的农民联合会这种多层次的政权组织，在南梁革命根据地初步建立起来。

第三章

陕甘边区苏维埃政府的建立

南梁革命根据地初具规模后，红四十二师党委为加强党对陕甘边根据地的领导，恢复成立中共陕甘边区特委。此后，按照“七月决议”精神，边区特委持续推进根据地政权建设和武装力量建设。同时，根据地军民连续粉碎国民党军队的多次“围剿”，到1934年11月，根据地发展到陕甘边界十几个县的部分地区，面积达2.3万平方公里。1934年11月7日，正式成立陕甘边区苏维埃政府，习仲勋任政府主席，刘志丹任军事委员会主席。在中共陕甘边区特委和陕甘边区苏维埃政府领导下，以南梁为中心的陕甘边革命根据地进入了快速扩大与巩固发展的新时期。

第一节　陕甘边革命根据地的第一次反“围剿”斗争

一、西华池大捷

南梁革命根据地初具规模，工农武装割据局面的初步形成，引起了国民党陕西、甘肃地方当局的极大恐慌，遂将“围剿”重点转向南梁。1934 年 2 月，国民党陕甘军阀集中兵力，分八路合围南梁，对南梁革命根据地发动了第一次大规模“围剿”。

国民党“围剿”南梁革命根据地的兵力部署是：8 个团的正规军及各地方民团，总兵力达 1 万余人，兵分八路向陕甘边革命根据地中心区南梁梯次推进。敌人妄图实现其在中宜一带截击红军不能东进，封锁洛河一带阻止红军不能北退，南面大军压境使红军不能交锋，西部重兵扼守使红军不能突围，最后逼迫红军与其在南梁地区决战，达到聚而歼之之目的。

当时陕甘边区的红军和游击队总共不过 1300 多人，而且武器装备极差，敌我力量对比悬殊。在分析敌情后，刘志丹针对敌人平分兵力和战线过长的弱点，决定集中主力红军，跳出外线，寻找战机，打击敌军。在军事部署上，红四十二师党委决定以第二路游击队一部在南梁中心区内线坚持斗争，第三路游击队总指挥部率领各部牵制和袭击南线国民党军，使其不敢冒进；以红四十二师主力红三团、骑兵团和第二路游击队的一部跳出外线，采取机动灵活、声东击西、避敌主力、击其疲弱、各个击破的战术，积小胜为大胜，最后彻底粉碎敌军的重兵“围剿”。

3月上旬，刘志丹率四十二师主力红三团、骑兵团500余人从南梁秘密出发，经宁县、正宁南下，隐蔽穿过淳化、耀县等地，突然出现在照金以北地区。国民党军误以为红军主力南进，慌忙调集南线“进剿”部队沿旬邑、耀县、淳化一带截击，防止红军南下关中。红军主力和游击队向铜川、宜君方向转移，先后袭击了姚曲、石板、五里镇、店头、蔺家砭、崖窑等国民党军，消灭了大量敌人。下旬，红四十二师挥师北上，经张村驿、黑水寺，过太白经东华池，胜利回到南梁，在荔园堡召开了数千人的庆祝大会，欢迎红军胜利归来。

短暂休整后，3月下旬，刘志丹率红四十二师主力和庆阳、合水两支游击队再次出击外线作战。红军主力由南梁北上，渡过洛河，虚张声势要向安塞、安定进军。当部队行至保安刘家砭，距保安尚有40公里时，突然调兵向西，经过小蒜川，出其不意奔袭保安蔺家砭，歼灭陕西警备骑兵旅张廷芝部的1个连。接着一举围歼该部驻中河岔的1个营，又在吴起崖窑歼敌1个辎重连，取得歼敌4个连及民团一部的胜利。红军还攻取张廷芝部的兵工厂，缴获大批枪支弹药和修造枪炮的机器，有几名修械工人自愿参加红军，为后来开办南梁兵工厂打下了基础。当晚红军封锁向西的交通要道，隐蔽作战意图。3月29日，红军主力继续西进，长途奔袭庆阳县元城镇①高桥。高桥位于元城张川，与吴起崖窑只一山之隔。红军在高桥抓获元城川大豪绅、国民党庆阳县第四区区长高明山②，歼

① 今为华池县元城镇。

② 高明山被当作豪绅拉去南梁，后要求留在南梁，为边区政府印制“苏币”、染布，做了不少工作。民主政权建设时，当选为华池县第三届参议会副议长。

灭元城民团 30 余人，缴获 30 多支枪及大批物资。随后，红四十二师继续西进，来到元城，歼灭谭世麟部 1 个连，毙、伤守敌 100 余人。元城战斗后，红四十二师迅速南下，在赵梁子发起突然袭击，一举全歼谭世麟之子谭振武率领的骑兵连，缴枪 50 余支，战马 50 余匹。

在这一阶段反“围剿”作战中，陕甘边红军主力南下照金，东出宜君，北上保安，西进庆阳，迂回外线，转战千里，歼灭敌陕军第四十二师、陕西警备骑兵旅、甘肃警备二旅及民团各一部，达到了调动敌人、迷惑敌人的目的，为红军以后的反“围剿”作战创造了良好的战机。

红军在赵梁子取得歼敌 1 个骑兵连的胜利后，谭世麟向国民党甘肃警备二旅驻合水的王子义团求援，王子义立刻令其团副率 2 个营及 1 个机炮连赶往元城增援。当敌军赶到元城一带时，红军经五蛟、悦乐、城壕川进至合水县赵家塬，摆出攻打合水的架势。合水敌军见红军主力兵临城下，连忙命令抵达元城的部队星夜兼程向合水回援。没等敌人赶回合水县城，红军于 4 月 2 日早晨，转兵合水南塬，中午抵达西华池。敌军两次扑空，但紧追红军不放。

王子义团是 1932 年秋天红军歼灭敌赵文治团之后，新来换防的正规步兵团。他们骄横自负，大有把红军一口吞掉的架势。在驰援合水时，王子义欺骗部下说：“红军都是土匪，身上有银元和大烟土，但是没有钢枪，尽是些大刀长矛，抓住后拿绳子一捆就行了。”[①] 因此，敌人骑兵的马鞍后都带着一捆绳子，叫嚣要捆绑红军。

就在敌人气势汹汹扑向合水县城之时，刘志丹却指挥红军离开赵家塬，于 4 月 2 日中午，突然攻占合水县重镇西华池。恼羞成怒的敌人赶了四五十公里来到合水县城，又人不离鞍、马不停蹄地掉

① 中共庆阳市委党史工作办公室：《中国共产党庆阳历史》第一卷，中共党史出版社 2012 年版，第 92 页。

头向西华池追来。西华池是个古老的城镇，当时只有二三百户人家。城墙前有外壕，外壕前面是开阔地，地形对红军展开火力十分有利，刘志丹便决定在此给敌人以迎头痛击。

下午 3 时许，红军干部正在开会，突然接到二路游击队侦察员报告说，发现敌一个团的正规军正在赶来。刘志丹冷静分析，敌军有 2 个营和 1 个团部直属机炮连共 7 个连，约 600 余人，红军也有骑兵、步兵 7 个连，约 500 人，加上第二路游击队的武装，敌我兵力大体相等，敌军虽然武器装备好，战斗力强，但经过几天的长途跋涉，疲劳不堪，战斗力已大大减弱。红军士气高昂，取得胜利有较大把握，另外，西华池地形对红军步兵骑兵协同作战十分有利。据此，刘志丹决定在西华池歼灭这股敌军。他当机立断，命令干部返回部队指挥作战。刘志丹登上西华池的城墙，看见敌军在一里以外，以两路纵队的行军队形向红军猛扑而来，当即命令红三团从正面狙击敌人，骑兵团从侧后投入战斗。王世泰指挥部队集合，命令红三团第一、二连隐蔽在北门外的一条横沟渠下待命，先锋连防守北城墙，掩护第一、二连的冲锋。

骄横的敌人在进至距红军阵地三四百米时，散开队形攻击前进。进入伏击圈后，红军突然开火，打得敌人慌乱后退。一连一排排长李守成见敌后撤，忙率全排战士向敌展开追击，李守成阵亡。敌人气焰嚣张，狂呼乱叫着反冲过来。王世泰急令三团战士集中火力射击，把敌人压了下去。这时，骑兵团在刘志丹的指挥下，已迂回到敌后，切断敌人退路，直捣敌人的临时指挥部和机炮连。

在红军的前后夹击下，敌人顿时溃不成军。这时，二路游击队也在杨琪指挥下，从东沟畔包抄过来，将逃散的敌人又赶回来。在北城墙上担任守城任务的先锋连战士，也奋不顾身，跳下城来，冲向逃敌。在红军的合围打击下，敌人无力抵抗，大部分缴械投降，少数逃到西沟畔后，又被张秀山带领的一队骑兵堵住，进退无路，只好当了俘虏。

经过两个多小时的激战，除敌团副带领十几人侥幸逃脱外，其余全部被红军歼灭或俘虏。这次战斗，红军共毙伤敌200多人，俘虏约500人，缴获步枪600余支，八二迫击炮两门，重机枪两挺，骡马50余匹，炮弹数十箱。红军只伤亡四五人。

西华池战斗是陕甘边红军以少胜多、以弱胜强的光辉战例。这次战斗打出了红军的军威，是红四十二师成立以来取得的一次重大胜利，对于粉碎敌人对陕甘边革命根据地的大规模“围剿”，起到了决定性的作用。从2月反“围剿”斗争开始，到4月西华池战斗胜利，红军相继在陕甘边界地区九战九捷，粉碎了国民党军队第一阶段的“围剿”。

二、南梁苏区的反“围剿”斗争

在陕甘边根据地第一次反“围剿”斗争中，陕甘边主力红军转至外线作战后，陕甘边区革命委员会主席习仲勋组织领导根据地军民坚持后方反“围剿”斗争。当时根据地内部兵力空虚，仅有少数游击队、赤卫军。而南梁人民对革命则充满了极大热忱，他们多方打探敌情，想方设法将情报传送给陕甘边区政府机关领导干部。由于这里贫穷落后，极少有人识文断字，因此群众便用最原始的方法，用一张破纸包着煤炭插着鸡毛，传递情报。习仲勋、张策等常常根据这些重要情报，领导根据地的游击队、赤卫军组织安排群众隐蔽转移，进行坚壁清野，他们将粮食炊具埋藏在地下，牛羊牲畜赶进梢林，尽全力减少损失和破坏，并相机袭扰敌人。

1934年5月9日，国民党甘肃警备第二旅仇良民部一个骑兵团和谭世麟的陇东民团军1000余人，互相配合进入南梁中心区豹子川一线，向革命委员会所在地荔园堡寨子湾方向进犯，并形成合围之势，妄图一举消灭边区指挥机关。国民党军队进占南梁后，肆意烧杀抢掠，计烧毁房屋40余间，毁坏窑洞数百孔，将群众未来得及转移的粮食、牛羊牲口洗劫一空，仅在小河沟、老庄河就烧毁群众藏粮10余石。国民党军队还马驮铡刀，到处搜捕和杀害南梁根据地的党政军干部及革命群众。面对国民党军残酷的烧、杀、掠抢，南梁人民没有屈服，他们同仇敌忾，无所畏惧，同敌人展开生死搏斗。

阎家洼子村地处南梁根据地的中心区域。红军主力转入外线作战时，将60多支枪、两口袋子弹（五六千发）、40余套马鞍、马镫，以及当地群众给部队捐献的几千个鸡蛋、数千枚铜元、10余石军粮留存在阎家洼子村。当接到习仲勋和革命委员会发出的敌人要对南梁根据地进行“围剿”的紧急通知后，陕甘边区革命委员会财政委员武生荣带领群众，将红军留存在各处的物资收拢起来，并连夜挖坑埋藏在一个大场边上。

阎家洼子村的乡亲们心系红军物资，谁也没有想到去深山或远处躲藏。10日10时左右，国民党军队仇良民团窜至阎家洼子村，立即设岗设哨，封锁道路，包围全村，还在几面山头架设机枪，戒备森严。接着敌人到处搜寻抢劫，挨家挨户缚猪牵羊。中午时分，敌人在埋藏军用物资的大场上，发现了翻起的新土，引起他们的怀疑。敌营长即指挥十几名士兵动手挖了起来。村民闻讯不顾敌人在各自家中翻抢财物，纷纷奔向大场。这时埋在上面的粮食、鸡蛋已被相继挖出。接着红军的几副马镫也暴露出来了，乡亲们个个屏住了呼吸，因为再往下挖就是枪支弹药。若枪支弹药一旦被挖出，全村老百姓可就大祸临头了。在这千钧一发之际，老雇农武万有等村民围坐在土坑上面，任凭敌人拳打脚踢，拼死保护，最后敌人实在没有办法再挖下去，只得抓住带头“闹事”的武万有，离开了大场。红军的军用物资被保护住了，而武万有却遭到敌人毒刑拷打，折磨得昏死过去，然后抛到荒郊野外。乡亲们发现后才抬回家，但留下了终身残疾。

与此同时，敌人分兵“清剿”南梁根据地的其他村庄，先后从牛望台、九眼泉、金岔沟、二将川等地搜捕红军游击队员、苏维埃政府干部和革命群众30多人，集中到阎家洼子村进行拷打，逼问红军物资去向和陕甘边党政军的情况。5月13日晚，敌军将李青山、张侯福、曹思聪等36人绑到阎家洼子台地里，并挖好了埋人坑。敌人在深坑前再次逼讯，并把他们一个个推下坑去，他们在惨遭活埋前仍同敌人进行了顽强的搏斗，但始终没有一个人面对敌人惨烈的活埋而投敌变节，从而保住了红军游击队的秘密和主力红军坚壁清野的枪械弹药。

李青山系南梁九眼泉村人，人称“李炮匠”，是红军修械所工人。在国民党发动对南梁根据地的大规模“围剿”时，李青山奉命留在根据地侦察敌情、传递消息。敌人企图从李青山口中得到情报，遂把他拉上来，其他人员全被活埋，制造了惨绝人寰的阎家洼子血案。敌人再次对李青山软硬兼施，又折腾了半个晚上，仍然一无所获，翌日凌晨将他杀害在阎家洼子村半坡上。

敌人在各村搜抓的30多人中，有一位62岁的老人，名叫白阳珍。他是南梁地区第一个农民联合会——金岔沟农民联合会主任，习仲勋、张策常常落脚在白阳珍家中。敌人进占荔园堡时，白阳珍正在金岔沟后沟组织群众坚壁物资。当村民贺大妈跑了七八里路告诉白阳珍敌人向金岔沟扑来的消息后，他迅速布置群众转移，自己留下收拾现场。不一会儿，只见前沟尘土飞扬，敌人的马队蜂拥而来。白阳珍见群众虽躲过敌人的视线，但还未走远，情况分外严峻。于是他故意跑出村子，越过沟台的宽阔地，向对面的一条小河沟跑去，将敌人引向了自己，使群众得以安全转移。当敌人得知白阳珍是农联会主任后，企图从他口中掏出急需的情报，便对年老体弱的白阳珍施尽各种酷刑，把他打得遍体鳞伤，昏厥数次，但他英勇不屈，拒不回答敌人的任何审问。于是穷凶极恶的敌人遂用铡刀、马刀将白阳珍等6名乡村干部杀害。在阎家洼子，敌人活埋、残害的干部群众达42名。

5月14日，仇良民、谭世麟部又沿河川向上窜到刘志丹的家乡保安县芦子沟。刘志丹的父亲刘培基老先生和妻女幸得乡亲们报信，得以及时转移躲进深山脱险。国民党军队穷凶极恶地抄了刘志丹的家，因未抓到刘志丹的家属，竟疯狂进行报复，将刘志丹的族弟和妹夫等亲属数十人杀害，并烧毁刘家房屋，掘开刘家祖坟，犯下了令人发指的罪行。

南梁根据地中心区域军民在艰苦的反“围剿”斗争中，灵活机动地与国民党军队周旋，在陕甘边红军主力外线作战连续取胜，即将挥戈回师的情况下，迫使占据南梁地区的国民党军退出苏区。

三、南梁革命根据地的巩固

西华池战斗结束后，刘志丹率领红军主力回到南梁革命根据地，部队驻扎在东华池一带进行休整补充。经过短暂的休整，刘志丹、杨森又率领红军主力部队，再次南下关中，打击苏区南线之敌，支援第三路游击区的反“围剿”斗争。4月下旬，红四十二师第三团和骑兵团从耀县稠桑出发，攻打同官梁家塬，击毙守敌营长范子畤，活捉区长梁子峰。随后，红三团又进攻咸（阳）榆（林）公路上的重镇黄堡镇，缴获民团枪支二三十支，收缴了一大批烟土、钱财和物资。

在第三路游击总指挥部的配合下，红三团于5月上旬，在淳化县五里塬甘嘴子，将敌陕西保安团2个连紧紧包围，敌盘踞村落负隅顽抗。骑兵团经过激烈拼杀，全歼敌军180余人。在甘嘴子战斗中，红四十二师也伤亡三四十人，政委杨森负伤，师党委书记、骑兵团政委张秀山接任师政委，高锦纯接任骑兵团政委。从缴获的敌军机密文件中，刘志丹掌握了敌军新的“围剿”计划：以甘肃警备第二旅仇良民的1个团和陇东民团军谭世麟部为主攻部队，由庆阳、合水一带向南梁根据地中心区域进发；冯钦哉部1个营配以几百名地方民团武装，由鄜县黑水寺一带向太白围堵；敌井岳秀部驻延安、保安的 1 个团从东、北两线进行战略配合，进击南梁，妄图一举将南梁中心区的红色政权摧毁。同时，为对付活动在照金地区的红军主力，增调马弘章骑兵团由南向北“追剿”红军，李贵清部在正宁山河一线负责堵击，何高侯部 1 个营和民团武装数百人在淳化、土桥一线负责堵击，冯钦哉部的 2 个营在杨家店、转角镇一线拦截，敌人企图切断第三路游击区与南梁中心区联系，堵死红军回师通道，将红军主力围歼于照金地区。

面对新的敌情，红四十二师党委在照金召开会议，研究反“围剿”行动方针。鉴于红军主力在第三路游击区处境险恶，师党委和刘志丹决定：红军主力迅速北上，跳出合击圈，回师南梁根据地，争取战场主动权。会后，立即进行了动员和部署。

5 月中旬，红军四十二师主力离开第三路游击区北返。红军由耀县照金一带出发，经香山河、油房沟，准备从马栏一带跳出敌人的合围圈。但部队在行军途中，经侦察得知沿马栏至刘家店一线都有国民党重兵严密封锁。刘志丹当即召开干部会议，重新研究行军路线，决定以红三团为前卫，骑兵团为后卫，连夜急行军，天亮前赶到正宁五顷塬，绕道跳出国民党军的包围圈。

红军到达五顷塬下面的岘子时，因敌情不清楚，被尾追而至的国民党马弘章部骑兵团突然袭击，同红军后卫部队骑兵团展开战斗。团长王世泰即带红三团一个连在五顷塬西侧山峁上阻击敌人，其余部队继续突围。红三团阻击部队撤退后，红三团先锋连奉命在五顷塬西侧高风坡阻击敌军，掩护主力突围。先锋连在众寡悬殊的形势下，打得十分顽强，阻止了敌军攻势，保证了主力部队的安全转移。红军主力转移至雕翎关时，又遇敌冯钦哉部一个营及 200 余民团的堵截，部队奋勇冲杀，跳出敌人的合击圈。

高风坡战斗，红军主力冲破了敌军的合围圈，赢得了反“围剿”斗争第二阶段的战场主动权，粉碎了国民党军在照金地区消灭红军主力的企图。但是，战斗中红军部队牺牲30余人，另有20余名红军战士受伤被俘后宁死不屈，被凶残的敌军拉到正宁县山河镇的老爷庙内活埋。战后，当地群众怀着悲痛的心情将牺牲的红军战士安葬在五顷塬高凤坡上。地方党组织和当地群众还到五顷塬一带的梢林中，四处寻找负伤后分散隐蔽的红军战士，待其伤口治愈后送回部队。1934年6月，第三路游击队总指挥部以寻找到的高凤坡战斗中失散的正宁三嘉籍10余名红军战士为骨干，建立了第五支队，习惯上称“正宁五支队”。1935年，该部编入新正独立二营。

因高凤坡战斗红军损失较大，刘志丹、杨森立即改变回师南梁的计划，决定红三团、骑兵团兵分两路转移外线作战。与此同时，陕甘边区特委和第二路游击队总指挥部领导南梁根据地的游击队、赤卫军立即动员群众坚壁清野，进山隐蔽，相机袭扰敌人。

在这期间，转移至外线的两路红军主力部队，采取灵活机动的战术，纵横驰骋，连战告捷。红三团在刘志丹、王世泰率领下，从正宁五顷塬向合水太白镇转移途中，在合水县和尚塬与敌冯钦哉部骑兵团1个营及鄜县民团激战终日，将敌击溃。然后，红三团北上转战洛河川。6月20日，在保安县瓦子川，刘志丹、王世泰率领红三团，给井岳秀部的精锐部队高玉亭营和金鼎山民团以沉重打击。当时，刘志丹带领的红三团只有3个连200余人，而高玉亭营则是井岳秀的精锐部队，加上民团兵力达700余人，战斗一开始，高玉亭命令其“敢死队”抢占制高点，企图切断红军的退路。红军先发制人，夺取制高点，连续5次击退敌军的集团冲锋，二连和先锋连在团长王世泰率领下，以机枪为掩护，向敌人发起冲锋，将“敢死队”歼灭大半，其他敌人退回保安。此战红军歼敌400余人，缴获大批枪支弹药。

接着，刘志丹、王世泰率红三团挥师南下，挺进大凤川，连夜与甘肃警备第二旅窜犯南梁根据地的一个营展开白刃搏斗，歼敌大半。此时，红军骑兵团在杨森、高锦纯、赵国卿的率领下，在进入中部小石崖休整之后，配合第三路游击队各部东出咸（阳）榆（林）大道，截获敌军汽车一辆，缴获一批军用物资。此后，骑兵团又转战延长、临镇一带，在交道塬取得歼敌一个连的胜利。

在主力红军的支援下，各路地方红军游击队也主动出击，接连获得胜利。庆阳游击队袭入保安柳村洼，直捣敌张廷芝部的后方；保安游击队连续袭击吴起镇、宋家砭、金鼎山、王家桥等敌军据点，重创和消灭大批敌人；合水游击队继两次袭入合水县城之后，又在宁县盘克塬、合水固城川连续伏击敌军骑兵，歼敌 100 余人。

在根据地人民全力配合下，陕甘边红军、游击队、赤卫军坚持游击战争原则，与数倍之敌巧妙周旋，集中力量“不打大仗打小仗，集小胜为大胜”，至 1934 年 7 月，经过大小 30 多次战斗，歼敌 3000 余人，胜利粉碎了敌人的反革命“围剿”，使以南梁为中心的陕甘边根据地进入大发展阶段。在南梁中心区域内，东起蔡家沟，西至五蛟堡，南到固城川，北抵吴起镇，方圆 200 多平方公里内的敌据点都先后被拔除，陕甘边革命根据地得到巩固，并发展到包括淳化、耀县、中部、宜君、旬邑、正宁、宁县、合水、庆阳、保安、安塞、靖边、鄜县、甘泉等 18 个县的部分地区，面积达 2.3 万平方公里。

四、主动出击粉碎敌人的“六路进攻”

1934 年夏季，在取得第一次反“围剿”斗争胜利后，南梁根据地得到进一步巩固，红军游击队也得到发展壮大。陕、甘、宁三省军阀对此极为恐惧和仇视，于是又调兵遣将部署新的“围剿”，于 1934 年 10 月中旬，对南梁中心根据地发动所谓的“六路进攻”。国民党投入 7 个团的兵力以及调集一些地方反动民团，分兵六路向根据地蚕食，逐步向中心区域推进。

面对陕甘两省军阀的“六路进攻”，中共陕甘边区特委和红四十二师党委分析敌情后决定，留少数地方红军游击队配合赤卫军与敌周旋，主力红军转移敌后大胆穿插迂回，寻机歼其一路，以打乱敌人的联合进攻计划。在国民党的六路兵马中，陕西警备骑兵旅第二团张廷芝部，马肥兵壮，武器精良，战斗力较强。自南梁根据地创建以来，这股敌军经常袭击根据地边沿地区，危害较大，群众影响极坏，且是陕甘边红军的老对手，交战多次。在这次“六路进攻”中，该部窜进南梁根据地吴堡川一带，烧杀抢掠，为非作歹。红军决定主动出击给张廷芝部以致命性打击。

10 月 30 日，红军按照预定的作战方案，由保安游击队前往吴堡川诱敌追击，骑兵团则选择有利地形中途设伏。张廷芝果然上钩，率部紧追保安游击队，钻进了红军骑兵团的伏击圈。霎时枪声骤起，喊声动地，红军骑兵团跃马挥刀，迅猛冲杀，张廷芝部措手不及，溃不成军，拼命逃窜。红军奋力追杀，一口气追击敌军数十里，杀得张部人仰马翻。这次伏击战，骑兵团消灭张廷芝部 70 余人，缴获大批枪支弹药和战马。

随后，陕甘边红军抓住有利战机，向敌人发起新的攻势。1934 年 11 月 15 日，刘志丹、习仲勋获悉敌环县县政府在曲子新城集中 5 个区的反动民团整训，准备积极配合国民党军队“围剿”根据地和红军，决心拔掉这个隐患。刘志丹命令骑兵团从南梁出发，到达悦乐附近与庆阳游击队汇合。当时，骑兵团三个连有 200 余人，庆阳游击队 60 余人，会合后共 300 余人。当晚，骑兵团和游击队干部在悦乐镇召开军事会议，制定攻打曲子的作战方案，会后部队连夜行军，途中消灭庆阳孙家湾民团。骑兵团一连一排作为先头部队，先到达曲子新城，他们将马匹隐藏后化装进城。16 日拂晓，红军骑兵团主力和庆阳游击队到达曲子，立即向敌民团和保安队发起猛攻，敌人乱作一团，四散逃命。环县民团团总李恒泰被红军堵在群众家中活捉，保安队长崇敬义率 20 余人逃到曲子北台，被红军包围活捉。整个战斗仅用半个小时。此次战斗，红军击毙国民党区长朱文成，俘敌近百人。缴获战马十几匹，长短枪60余支，子弹及其他物资一批，红军无一伤亡。国民党环县县长饶幸化装脱逃。

战斗结束后，红军在曲子新城召开群众大会，公审并处决李恒泰、崇敬义等反动分子三人，并将一部分缴获的粮食和衣物分给了当地贫苦农民，群众无不拍手称快。红军骑兵团和庆阳游击队于当天晚上撤离曲子新城，回到南梁根据地。

接着，红军主力又发起拔除反动据点五蛟堡和刘坪堡的战斗。五蛟堡和刘坪堡是陇东民团军谭世麟部在庆北苏区边沿上的最后两个反动据点，经常对庆北苏区群众敲诈勒索，派粮派款，枉杀无辜，奸淫妇女，庆北苏区人民深受其害。11月29日，红二团、红三团、西北抗日义勇军和庆阳游击队，包围了盘踞在五蛟堡和刘坪堡据点的谭世麟驻军。在红军强大攻势下，两个据点的敌军弃寨而逃。

随后，红二团出击洛河川，歼灭旦八寨民团50余人，击退高玉亭部的进攻；红三团挺进头道川，消灭新寨、白家屯等地的民团；红一团连续打击湫头、麻子掌、梁掌堡、直罗镇、王郎坡等反动据点的敌军和民团。由于红军在敌后主动发动全面攻击，各路国民党军首尾难顾，部署的“六路进攻”以草草收场告终。这次反“围剿”斗争是对陕甘边红军和根据地的又一次严峻考验。广大军民不仅经受住了这次考验，而且在斗争中壮大了红军，建立了革命政权，扩大了党的政治影响，为南梁革命根据地的巩固发展奠定了坚实的基础。

第二节　中共陕甘边区特委的恢复

一、南梁会议

以南梁为中心的陕甘边革命根据地是在党内“左”的错误严重发展、中央革命根据地发生危机、中央红军第五次反“围剿”斗争失败、与中共陕西省委失去联系的极其困难的形势下创建和不断扩大的。陕甘边第一次反“围剿”斗争胜利后，在南梁革命根据地迅速发展的新形势下，迫切要求建立和健全党的组织机构，加强党的政治、组织和思想建设。为此，必须立即恢复中共陕甘边区特委，作为整个根据地党政军各项工作的领导核心，然后逐步建立党的各县委机构。

此前，中共陕甘边区两任特委书记金理科、秦武山相继离开陕甘边区，赴西安寻找中共陕西省委没有结果，特委委员李妙斋、周冬至先后壮烈牺牲，中共陕甘边区特委只有习仲勋、张秀山等委员仍从事陕甘边区革命斗争工作，习仲勋在南梁从事创建中心苏区和领导陕甘边区革命委员会的工作，张秀山在红二十六军第四十二师任政委。在中共陕甘边区特委组织机构不够健全，边区党的工作由红二十六军四十二师党委代行的状况下，恢复中共陕甘边区特委就成为当时的一项紧迫任务。

习仲勋曾说过，那时“我们盼上级和中央领导，像盼命一样，一次派人、两次派人去找中央，元宝就给了不少，但还没有找到中央和上级领导[①]”。由此可以看出他们渴望与上级取得联系和健全党的统一领导的急切心情。

为了加强和改善党对南梁苏区工作的领导，确保红四十二师党委集中精力加强军队的组织建设和思想建设，1934 年 5 月 28 日，红四十二师党委在南梁寨子湾召开会议，史称南梁会议。这次会议重点讨论建立健全党的组织机构问题，会议作出三项决定：一是决定立即恢复成立中共陕甘边区特委，张秀山任特委书记，张秀山、刘志丹、秦武山、习仲勋、张邦英、张策、张静源、惠子俊、蔡子伟、刘景范、李生华、龚逢春为特委委员，特委下设组织部、宣传部等工作机构；二是成立陕甘边区革命军事委员会，统一指挥陕甘边苏区的革命武装力量，刘志丹任军委主席，边金山任军委副主席，吴岱峰任军委参谋长，马锡五任供给部长，刘志丹、高岗、杨森、杨琪、张秀山、边金山、吴岱峰、黄子文、王世泰、郑柏翔、张仲良、孔令甫、刘景范、黄罗斌、高锦纯、黄子祥、赵国卿、张邦英、陈学鼎、陈国栋等为军委委员；三是决定杨森接任红四十二师师长，高岗任政委，刘志丹兼任参谋长。南梁寨子湾会议是健全和加强陕甘边区党的领导，推动根据地政权建设和革命武装快速发展的一次重要会议。

二、中共陕甘边区特委的组织建设

在发动和组织群众筹备基层政权、开展军事活动的同时，陕甘边区党的建设在中共陕甘边区特委和红四十二师党委的领导下也积极地开展起来。南梁会议后，中共陕甘边区特委主要在以下几个方

---

① 《习仲勋传》编委会编:《习仲勋传》(上卷)，中央文献出版社 2013 年版，第 172 页。

面开展党的建设工作。

在组织建设上，中共陕甘边区特委健全了工作机构。先后成立了秘书处、组织部、宣传部、《布尔什维克生活》编辑部等机构。秘书长蔡子伟，组织部长张邦英（后蔡子伟兼），宣传部长张静源（后龚逢春），《布尔什维克生活》编辑部负责人龚逢春（兼）。此后，中共陕甘边区特委逐渐建立下级工作机构。1934年10月，在陕甘边根据地南区建立了张邦英任书记的南区党委，先后建立了新正县委、赤淳县委、永红县委、新宁县委等机构。1935年5月，建立了马文瑞任书记的东区党委，管辖赤川县、红宜县党的工作。

在思想建设上，加强对党员和干部群众的思想教育工作。“中央红军未来前，陕甘边区特委印刷处曾大量翻印过中央苏区的书刊”[①]，这些措施提高了干部群众的思想觉悟和文化水平。中共陕甘边区特委还出版发行《布尔什维克生活》，这是一张油印小报，由龚逢春自编、自刻蜡版，自己动手油印，并承担了出版、发行等一切业务。这张小报经常报道中央苏区几次反“围剿”斗争胜利的消息，宣传井冈山道路和中央苏区的革命英雄事迹，在陕甘边区军民中扩大中央苏区的影响，鼓舞群众的斗争热情。通过它宣传苏维埃政府的各项方针政策，教育干部、群众，分化瓦解敌人，揭露、粉碎国民党的造谣和诬蔑。与此同时，小报还为发动群众参加工会、农会、赤卫军等革命团体起了很好的宣传、动员作用。

中共陕甘边区特委认识到，了解群众的冷暖，体察群众的疾苦是党和军队立于不败之地的基础和前提。刘志丹、习仲勋等始终把群众的疾苦放在心间，与群众休戚相关，患难与共，深入到群众当中，盘腿拉家常，一个烟袋锅里抽烟，帮助农民耕种秋收，态度和蔼，不论大人小孩都能谈得来。部队每到一地宿营，刘志丹都要找

---

① 王子宜:《和刘志丹相处的日子》,《刘志丹纪念文集》编委会编:《刘志丹纪念文集》，军事科学出版社2003年版，第240页。

当地群众谈话，询问周围敌情，了解当地的社会情况和群众要求他对陕甘边一带的情况非常熟悉，大家都称他是“活地图”。群众把刘志丹、习仲勋看作自己的亲人。传唱至今的许多陕甘民歌，就生动地说明这一特点。就连国民党的报纸也承认：“刘（志丹）非一般之草寇，有理论、军事、经济头脑，更有煽动之技巧。第一次听了他的演说，就深信不疑。颇有人缘，老幼称颂。看起来刘是解决民众吃饭问题，而其更有推倒民国之深意。可惜各级官吏视而不见。”①

陕甘边区党组织在开展群众工作的过程中十分注意工作方法。群众工作包罗万象，既有政治、军事、经济、文化、社会等方面的重大问题，也有与群众生活息息相关的衣食住行、柴米油盐酱醋茶等具体问题，还有群众反映的热点难点问题；既有根据地内部的问题，也有国统区的问题；既有创建根据地时面临的问题，也有巩固和发展根据地时的问题。中共陕甘边区特委和政府从群众最关心、最迫切的问题入手，因势利导，逐步开展工作，保证了群众工作的良好成效。

对于国民党统治区的群众工作，中共陕甘边区特委和红军、政府也采取恰当的方法，积极消除“红白对立”。“当时在敌占区开展工作十分困难，我们就用单线联系的方法，以严密党的组织，主要任务是调查敌情，培养骨干。在彬县、旬邑、宜君和正宁县城内从广交朋友、拉关系入手，经过许多周折，大体上掌握了敌人内部的一些情况，随之大力选拔了一批贫雇农积极分子，作为开展活动的基本力量，还团结了除反动的地主分子以外的开明人士。对地方上的老知识分子也进行争取和团结，从而扩大了党的影响。”② 赢得了

① 边民：《陕北共匪猖獗的原因及今后围剿之步骤》，《志丹书库·刘志丹卷（下）》，中国文史出版社 2010 年版，第 1241 页。

② 《郭廷藩 1985 年 7 月谈陕甘边南区、新正县》，刘凤阁、任愚公主编：《红二十六军与陕甘边苏区》，兰州大学出版社 1995 年版，第 451 页。

根据地外部群众的信任和支持。国统区的群众中流传着“天旱望雨水，人穷望志丹”的歌谣。“当时，国民党军打仗，总拉老百姓的毛驴驮子弹、粮草。我们在前面和敌人一开火，老百姓就拉着牲口朝后边跑，送给红军。”[①]

① 杨培盛:《和老刘在一起“闹红”的日子》,《刘志丹纪念文集》编委会编:《刘志丹纪念文集》,军事科学出版社 2003 年版，第 330 页。

第三节 陕甘边支援陕北第一次反“围剿”斗争

一、谢子长与陕北革命根据地的初创

南梁革命根据地迅速建立和发展的同时，陕北地区的革命斗争也迅速开展起来。

1933 年 7 月下旬，中共陕北特委佳县高祁家洼第四次扩大会议后，陕北革命形势发生了重大变化，党团组织不断恢复、建立和健全，红军游击队不断发展壮大，红色区域不断扩大，出现小块连片的革命根据地。

1933 年夏，谢子长在上海“受训”期满后，与阎红彦一起被党组织派往张家口察哈尔抗日同盟军工作，抗日同盟军失败后回到北平。1934 年 1 月，中共中央驻北方代表孔原安排谢子长以西北军事特派员身份回到陕北安定，谢子长协助中共陕北特委加强对陕北游击队领导，先后恢复了陕北一支队，扩大了二、三支队。2 月 3 日，郭洪涛、李铁轮等领导吴堡县抗日义勇军举行暴动，成立了陕北第四支队，活动于绥（德）米（脂）佳（县）吴（堡）边地区。3 月 18 日，陕北第五支队在绥德成立，活动于绥德东南和吴堡南区。当时，陕北游击战争遍布 11 个县，很快形成了以安定为中心的安（定）清（涧）绥（德）米（脂）佳（县）吴

（堡）和神（木）府（谷）三块游击根据地，陕北革命根据地已初具规模。

1934 年 7 月 8 日，陕北红军游击队指战员在安定西区阳道峁正式宣布成立了陕北红军游击队总指挥部。谢子长任总指挥，郭洪涛任政委，贺晋年任参谋长。总指挥部下辖红一支队、红二支队、红五支队，共 300 余人。7 月 17 日，在谢子长指挥下，陕北红军游击队一、二、五支队攻克安定县城，打开监狱，救出了被捕的党员和群众。这次战斗的胜利，鼓舞了陕北人民的革命斗志，扩大了红军的影响。

陕北各地建立工农民主政权的时机成熟后，1934 年 8 月 25 日，陕北根据地第一个县级工农民主政权——安定县革命委员会（11 月更名为赤源县苏维埃政府）在涧峪岔景家河村成立，刘光显任主席。随着反“围剿”斗争的胜利，又先后成立了清涧、神木、佳县、吴堡、绥德、赤光、延水、秀延等县级苏维埃政府或革命委员会，为陕北革命根据地的最后形成和陕北苏维埃政府的成立奠定了基础。

二、阎家洼子会议

陕北革命形势的迅猛发展，引起了国民党当局的极度恐慌，国民党军第八十六师井岳秀部和地方民团总兵力万余人，对陕北游击区开始了疯狂的“围剿”。

由于敌众我寡，仅凭陕北红军游击队的力量无法粉碎国民党军的进攻。谢子长决定到南梁，与刘志丹等陕甘边党政军领导共同商量，打破敌军对陕北根据地发动“围剿”的策略和方案。

1934 年 7 月 25 日，谢子长率领陕北红军游击队第一、二、五支队来到南梁附近的阎家洼子。阎家洼子是陕甘红军一个重要落脚地，位于白马庙川、玉皇庙川、荔园堡川的三岔路口，离荔园堡仅三四里地之距，当时在红军中曾流传说：陕甘边区红军武装“上上上下下下，上下不离阎家洼”。

刘志丹、习仲勋与谢子长是在中国工农红军陕甘游击队改编为红二十六军前后分手的，这次老战友在南梁久别重逢，叙旧言今，更是激动不已。中共陕甘边区特委和革命委员会专门召开欢迎大会，杀猪宰羊，慰劳远道而来的兄弟部队。他们还邀请陕北游击队参观了陕甘边区红军军政干部学校，介绍民主建设和部队管理的经验，进行军事技术战术演习等。陕北游击队也介绍了自己开展土地革命斗争和群众工作的情况，派人慰问看望陕甘边游击队的伤病员，体现了兄弟部队之间的团结和友谊。

7 月 28 日，中共陕甘边区特委、红四十二师党委和陕北军政主要负责人在阎家洼子召开联席会议，参加会议的有刘志丹、谢子长、习仲勋、张秀山、杨森、龚逢春、郭洪涛、贺晋年、高岗、张邦英、张策、王世泰以及红二十六军连以上干部和陕北游击队支队长以上干部 30 多人。谢子长以驻西北军事特派员的身份主持了这次会议。会议主要内容：一是总结陕甘边根据地和红四十二师革命斗争工作；二是传达上海临时中央局①、中共北方代表孔原的两封信；三是研究商讨陕甘边、陕北如何联合反击敌人发动的新一轮“围剿”。

会上，首先由杨森代表红二十六军党委汇报了红二十六军第四十二师扩大和创建革命根据地的情况。谢子长对杨森代表陕甘边党和红军所作的关于党政军建设的汇报，以及今后发展的路线、方针、政策等建议表示赞同。

谢子长在会上宣读了上海中央局和中共北方代表给红二十六军的两封指示信。信中对红二十六军的战略转移进行了莫须有的批评，指责红二十六军领导人犯了“右倾机会主义”“逃跑主义”“梢

① 1931 年 9 月，王明决定去莫斯科，并担任中共中央驻共产国际代表团的负责人，由秦邦宪（博古）、张闻天（洛甫）、卢福坦（后被捕叛变）等人组成的中共临时中央政治局在上海成立。

山主义”“枪杆子万能”“浓厚的土匪色彩”等错误。郭洪涛在会上作了政治报告，批评红二十六军不能正确执行党的路线，把红二十六军第二团的南下失败，说成是刘志丹“右倾机会主义领导的结果”。在无端指责面前，刘志丹、习仲勋、张秀山、杨森等陕甘边党和红军的领导干部以实事求是的态度，对以上无端指责给予坚决抵制，严肃认真地总结陕甘边区的各项工作，坚持了以南梁为中心逐步扩大根据地的正确方针。

会议作出集中陕甘边红军主力与陕北游击队联合反“围剿”的重要决策。决定谢子长接替高岗任红四十二师政委，率红四十二师主力第三团（团长王世泰）北上陕北，与陕北游击队配合作战，共同粉碎敌人对陕北根据地的第一次“围剿”，并从陕甘边根据地调拨 100 支步枪、大量弹药和数百块银元支援陕北根据地游击战争。

阎家洼子会议是陕甘边和陕北党和红军领导人联合召开的一次重要会议。会议通过深入讨论分析陕甘边和陕北的革命斗争形势，第一次确立了陕甘边与陕北互相配合和协调作战的正确方针，从而加强了陕甘边和陕北的联系。会议所讨论的问题是重要的，会议形成的决定是正确的。但是，会议传达的两封指示信和会上的政治报告中，对中共陕甘边区特委和红二十六军的无端指责是错误的。刘志丹和习仲勋等人顶着压力，抵制了“左”倾错误的干扰，坚持正确路线、方针和政策，保证了陕甘边区党和红军及根据地建设的健康开展。

会后，中共陕甘边区特委进行了组织上的调整，决定由工人出身的惠子俊担任特委书记，张秀山调庆阳游击队任政委。

三、红二十六军第三团北上陕北作战

阎家洼子会后，谢子长率陕北游击队第一、二、五支队和红二十六军第四十二师第三团返回陕北，8 月 15 日，到达安定西区。

这时国民党军的“围剿”已经开始。谢子长等领导人分析了敌情，决定集中使用兵力，逐个歼灭分散之敌。在攻击方向上，决定先消灭由田庄、石湾向苏区腹地推进的两路敌军，并向绥德方向佯动，威胁敌人的军事重地。

8月17日，驻守石湾镇的国民党军第八十六师第五一五团姜民生部一个连窜入安定县景武家塌，伺机与红军作战。谢子长决定抓住这一有利战机，消灭这股孤立之敌。8月18日凌晨，谢子长等指挥红三团、陕北游击队一、二、五支队，突然包围了敌军这个连。经过激烈战斗，红军共毙敌30多名、俘敌80多名，缴枪100多支。景武家塌大捷大大鼓舞了根据地军民战胜敌人的信心。

景武家塌大捷后，红军又挥戈东进，经南沟岔、老君殿，向绥德地区接近。当红军进至薛家峁一线时，国民党军立即派兵拦截，红军与国民党军激战张家圪台，痛歼敌军2个排，歼敌40多人，并击溃增援之敌一个连。

张家圪台战斗后，红军乘胜向东南疾进，8月26日深夜包围河口镇。河口镇位于清涧东南无定河与黄河的交汇口，与山西隔河相望，城池坚固，易守难攻，地理位置非常重要。这里驻守着国民党军第八十六师的一个连及一些地主武装，与清涧、延川守军遥相呼应。27日拂晓，红军偷袭未果，改为强攻，守军凭险固守。红三团和红军游击队两面夹击，击溃敌军一个连，拔除了这个对根据地威胁很大的据点。不幸的是，在这次战斗中，谢子长身负重伤。河口战斗后，红军挥师北上，在横山的董家寺击溃国民党军第八十六师一个营。

经过景武家塌、张家圪台、河口镇和董家寺战斗，红三团和陕北红一、二、五支队并肩作战，取得拔除国民党军3个据点、毙敌200多名、俘敌100多名、缴枪数百支的胜利。与此同时，在神府和佳县、吴堡地区活动的陕北游击队第三、四、六支队，积极捕捉战机打击敌人，不断消耗国民党军的有生力量。到 8 月底，胜利粉碎了国民党军队对陕北苏区的第一次“围剿”，推动了陕北根据地革命斗争的蓬勃发展。反“围剿”斗争胜利后，红三团掩护谢子长到安定一带养伤。9 月中旬，红三团凯旋回到南梁。

四、“七月决议”的制定

1934 年 5 月下旬，陕甘边革命根据地第一次反“围剿”斗争取得胜利以后，刘志丹、杨森率外线作战的主力红军回到南梁。5 月 28 日召开荔园堡会议。会后，红四十二师主力和各路游击队总指挥部分兵出击，扩大反“围剿”斗争的胜利成果，进一步加强革命武装斗争和根据地政权建设，使南梁革命根据地又有了新的拓展，建立了东起捻沟川、西至夏家沟、北抵白豹川、南接陕甘边南区游击根据地，纵横 3 万平方公里的广大的红色区域。

为了总结经验，进一步推动根据地的红色政权建设工作，1934 年 7 月下旬，中共陕甘边区特委、陕甘边区革命委员会领导人刘志丹、张秀山、习仲勋、高岗、杨森、张邦英等在南梁荔园堡召开会议，会议制定并发布了《陕甘边区特委关于陕甘边区党的任务的决议》，亦称“七月决议”。

“七月决议”首先分析了全国和陕甘边革命斗争的基本形势，指出：“在陕甘边区红四十二师与各地游击队的政治影响之下，群众斗争的情绪愈加深入，开始便是武装冲突，如同陇东群众自动的杀死催款委员，陕北成千上万有组织的农民公开的反对国民党的苛捐杂税，要粮要款，一直到开展游击战争与分土地，更进到新红军与新苏区的创造的阶段中。”

“七月决议”在认真检查总结陕甘边党政军工作的基础上，提出“创造陕甘边新苏区的任务”。并“根据目前革命的客观形势与主观的领导力量，对边区党的任务有以下的决议同布置”[①]。

关于党的工作。决议提出了13方面的工作任务，强调加强党的思想建设，成立特委训练班和部队短期训练班，培养和锻炼干部；在党的组织建设上，决议强调党要加强对华池苏区的领导，在最短的期间必须把现有的3个支部充实起来，并成立区委，以巩固苏区内的各种群众组织，形成苏区的核心，此外对于保安、关中、渭北地区党的组织建设以及红军部队与游击队党的组织建设，决议也提出了明确的要求；党的作风建设上，强调领导必须深入基层，深入群众，倾听群众的意见建议，做好群众的工作。

关于政权工作。决议提出两个方面的任务，一是在南梁中心苏区，“创造中心苏区转变临时政权——立即成立革委党团，以加强革命委员会的领导，整顿各部门的工作。各委员会应该马上颁布一切法令，规定施政方针，以巩固苏区对于农联会、赤卫队、先锋队、雇农工会、贫农团等群众组织，也颁布条例与简章”。“在这样巩固苏区的过程中，分配土地、统计人口、宣布苏维埃的选举法，务必于十月革命纪念日成立正式苏维埃政权，即以此华池苏区为陕甘边的中心苏区，向四处发展。”二是提出了恢复照金苏区和打通陕北苏区的任务。“七月决议”提出了这个任务，充分说明以南梁为中心的陕甘边革命根据地建设工作，已经跨入了新的历史发展时期。

关于扩大与巩固红军工作。决议对扩大红军提出了明确要求，责成第二路游击队和第三路游击队于两个月内各完成扩红一个团的任务，建议红四十二师帮助陕北游击队完成扩红一个师的任务，将红四十二师扩大为一个军。决议强调扩红的关键是巩固部队。提出巩固部队的办法除了加强党的领导外，最主要的是加紧教育训练，

① 《陕甘边区特委关于陕甘边区党的任务的决议》(1934年7月)，中共中央书记处编:《六大以来——党内秘密文件》(上)，人民出版社1981年版，第663页。

要组织列宁室、识字班、政治研究会、开设军事政治学校等，通过有组织的政治教育来提高战士的政治水平。

关于开展游击战争工作。决议强调要组织群众，广泛开展游击战争。指出要抓住一切有利时机组建游击队，并要求各游击队必须根据特委制定的游击队行动纲领行动，规范了部队的行为。

关于土地革命工作。决议特别强调，“实行土地革命是我们目前最迫切的任务，除了分配苏区内的土地以外，必须向四周围去开展。在各游击区域内，群众斗争高涨的地方，立即开始分配土地”[①]。

关于开展民族革命战争工作。决议提出面对民族危机进一步加深，要积极向群众进行广泛的宣传，组织义勇军、抗日同盟军，开展民族革命战争。

关于群众工作。决议提出要进一步组织群众，赤卫队、少先队等群众组织要想方设法购置武器，开展对敌斗争，并要鼓足勇气，夺取敌人的武器，武装自己。决议还要求各级党组织抽调部分同志打入敌人内部，组织革命兵变，瓦解敌人，壮大自己。

“七月决议”是在陕甘边革命根据地开始形成和红军快速发展壮大的形势下，以刘志丹为代表的陕甘边区党和红军运用马克思主义的普遍原理解决陕甘边区实际问题、加强陕甘边革命根据地全面建设的一个纲领性文献。

“七月决议”及时解决了根据地发展中出现的重大问题，通过认真分析形势，认为当时的主要任务是“扩大红军，发展苏区”，明确提出了扩大革命根据地、创建政府的历史任务，并提出了建设成为无产阶级领导的新型人民军队的问题。

“七月决议”对陕甘边革命根据地的全面建设提出了正确的指导意见，制定了加强党的思想建设、组织建设、作风建设的各项措

---

① 《陕甘边区特委关于陕甘边区党的任务的决议》（1934 年 7 月），中共中央书记处编:《六大以来——党内秘密文件》（上），人民出版社 1981 年版，第 664 页。

施，提出了从加强党的思想建设入手，保持党的无产阶级先锋队性质的问题。

“七月决议”明确了陕甘边根据地党和红军的奋斗目标，代表了以刘志丹为代表的正确路线在陕甘边的发展方向，也标志着陕甘边党组织和红军的进一步成熟，是陕甘边革命武装斗争从胜利走向更大胜利的一个重要标志[①]。

① 1941年延安整风运动时，“七月决议”被收入到毛泽东主持编辑的《六大以来》一书中。

第四节　巩固扩大陕甘边革命根据地

一、创建庆北苏区

党在庆北地区的局面是逐渐打开的。庆北，指原庆阳县的北部，今华池县中西部的温台、悦乐、城壕、柔远等地。1934 年 2 月，张秀山等人率领庆阳游击队在华池柔远、温台一带开辟苏区，发动群众，宣传革命，揭露土豪劣绅勾结民团欺压群众的罪行，组织建立了庆北游击队，赵占魁任队长，任有升任指导员[①]。接着，红四十二师党委派出惠子俊、强家珍、马仰西到庆北一带建立根据地。5 月，在柔远城子成立了庆北第一个农民联合会，后又在柔远、杜家河、武家河、城壕川一带成立了 3 个农民联合会和 10 余个农民联合会小组，建立了杜家河、武家河、城壕 3 个党支部。6 月，在温台杜家河召开群众代表大会，选举成立了庆北办事处。办事处兼有党政双重组织，机关先后驻温台田窑、定汉龙门庄。办事处主任边金山，秘书长马仰西兼文化委员，主持办事处的日常工作。土地委员李培福兼经济委员，肃反委员朱培福，劳动委员党生喜。不久，庆北办事处改为庆北县苏维埃政府筹备处，边金山任主席。庆

① 1934 年 4 月，由于叛徒出卖，队长、指导员遇害，游击队解散。同年秋，在庆阳游击队的帮助下恢复。

北办事处成立后，领导庆阳以北今华池县中、西部地区的广大人民，组织赤卫军、贫农团、雇农工会等群众组织，建立7个农民联合会，20多个农民联合会分会，幅员北至柔远川的打扮梁，南至庆阳县的玄马湾，长100多里；东至老爷岭，西至五蛟拓泥沟，亦是100多里长，人口万余。庆北苏区东与南梁中心区相接，成为南梁中心苏区西部的重要屏障。1934年12月，在华池柔远柳湾沟柏树掌村正式成立庆北县苏维埃政府，强家珍任主席，高世清任副主席。全县先后辖田家河①、柔远、城壕三个区。1935年2月，庆北县苏维埃政府机关迁驻悦乐黄大湾。

庆北县苏维埃政府成立后，依照陕甘边苏区制定的政策法令，对庆北苏区土地、群众运动、白军、土匪和各种社会政策都作出明确规定。在土地政策方面，发动群众没收“裕茂隆”“恒义兴”等地主的土地和牛羊，分给贫雇农和红军家属，对中农的土地不予挪动；在白军政策上，不杀白军士兵和俘虏，优待白军俘虏，影响国民党军史文华部五十多名士兵哗变；在土匪政策上，采取区别对待的政策，对顽固的土匪，坚决予以消灭；在社会政策上，对哥老会、天门会等组织采取说服与争取的办法，得到了他们的拥护。

庆北县苏维埃政府还发动群众协助红军和游击队开展武装斗争，部署了悦乐堡和五蛟堡战斗，拔除了国民党清乡司令谭世麟盘踞庆北地区的两个反动据点，巩固和扩大了庆北苏区。

此外，1935年1月，受政府委托，王英等人曾在三道川以南、桥川、元城一带，发动群众，成立赤卫军、贫农团等群众组织，组建游击队，建立了临时红色政权庆北县革命委员会。不久，因国民党当局的军事“围剿”，这个临时革命政权的工作人员转移到甘泉县洛河川，庆北县革命委员会存在仅三四个月。同年9月，庆北县苏维埃政府再次改为庆北办事处。1936年春，庆北办事处与华池

---

① 田家河区于1935年秋改为温台区。

战区合并成立庆华县，庆北县撤销。

庆北苏区是土地革命战争时期，党在庆阳县北部地区建立的一块革命根据地。庆北苏区的创建，进一步扩展了南梁革命根据地，在陕甘边革命斗争史上具有非常重要的地位。

二、巩固陕甘边南区

1934 年 2 月，陕甘边区工农游击队第三路指挥部成立后，在红四十二师的帮助下，广泛开展群众工作，大力发展革命武装力量，先后扩建或新建了正宁二支队、宁县三支队、正宁四支队、五支队、八支队、十七支队、回民支队、特务队以及中宜、淳耀、赤水等游击队，武装力量达 1000 余人。到 1934 年夏，第三路游击队在正宁、宁县、旬邑、宜君四县交界建立了游击根据地。1934 年 9 月，中共陕甘边区特委和军委决定，以第三路游击队为基础，在正宁湫头组成红一团，团长陈国栋，政委张仲良。下辖 3 个步兵连和 1 个骑兵连，300 余人。红一团配合第三路游击区各游击队进行了一系列战斗，消灭大量地方民团反动武装，相继以湫头、照金、小石崖为中心，在正宁、宁县、淳化、耀县、中部、宜君、同官等县的一部分地区建立红色政权。由此，三路游击区发展为陕甘边根据地的南区。

为加强对南区工作的领导，中共陕甘边区特委决定成立南区党委和革命委员会。1934 年 11 月 6 日，中共陕甘边南区党委和南区革命委员会在中部县的小石崖同时成立，中共陕甘边区特委派特委组织部长张邦英，任南区党委书记兼第三路游击队总指挥部政委，黄子文任革命委员会主席。南区党委组织部长杜宛，宣传部长郭炳坤，军事部长陈国栋。南区党委管辖赤淳、新正、新宁、永红等县党的工作，先后建立了新正县委、赤淳县委、永红县委、新宁县委等机构。随着形势的发展，1935 年 7 月南区党委和革命委员会移驻正宁县三嘉塬，后又移至正宁南邑，唐洪澄继任南区党委书记，张邦英任南区革命委员会主任。陕甘边南区党委和南区革命委员会成立后，建立健全了新正、新宁、淳耀、赤水、永红五个县区乡的党政组织，壮大了革命力量。1935 年 10 月，陕甘边南区召开首届工农兵代表大会，成立了陕甘边南区苏维埃政府，秦善秀、张邦英当选为正、副主席。政府下设拥红、肃反、财政、教育等委员会。

陕甘边南区革命根据地所辖新正、新宁、赤水、淳耀、永红等县红色政权是以南梁为中心的陕甘边革命根据地红色政权的重要组成部分，在党的政权建设史上占有重要地位。

三、开辟陕甘边东区

为了加强陕甘边东区的工作，1935 年 3 月，经刘志丹和习仲勋建议，中共陕甘边区特委和政府决定派马文瑞承担开辟陕甘边东地区的任务。据马文瑞回忆："红二十六军四十二师师长杨森同志曾带骑兵团到甘泉、宜川、韩城一带活动，发现当地群众情绪很好，回到南梁向陕甘边特委报告了情况，并要求派得力干部到那里开展工作，建立根据地。于是陕甘边特委就决定派我去开辟东地区，建立地方政权。刘志丹同志亲自找我谈话，交代任务。我接受任务后，带领呼志禄（陕甘边区政府经济部部长）、张彦福（原华池县赤卫队队长）、许克昌（知识分子、天津人）等同志，另外还有军政干校的几个干部，并带了 30 多人的一支警卫队，开赴东地区。"[①] 在杨森骑兵团及邵凤麟游击队的配合下，马文瑞率领工作队，发动群众，组织农会，建立赤卫军、游击队，捣毁国民党的保甲组织，废除国民党政府的一切粮赋、税捐、地租和债务，建党建政工作开展得十分顺利。3 月 28 日，在临镇成立以马文瑞为书记的中

① 马文瑞:《马文瑞回忆录》，陕西人民出版社 1998 年版，第 82 页。

共陕甘边东区工委，管辖赤川县、红宜县党的工作。5 月，为适应反“围剿”斗争的需要，陕甘边区军委决定在宜川、临镇一带建立东路游击队总指挥部，曹力如任总指挥，马文瑞任政委。

在建立红色政权的同时，按照刘志丹为首的西北军委和前敌总指挥部决定，红二十六军骑兵团和邵凤麟游击队东进宜川、韩城、郃阳、白水、蒲城一带，截断咸（阳）榆（林）公路，牵制延安国民党军，配合主力红军在陕北作战，巩固南区，开辟东区（红宜）根据地，利用敌人空隙，深入敌后，发展游击队，筹集经费和物资，歼灭地主武装，消灭敌人有生力量。

5 月初，邵凤麟率部东进，深入到国民党统治区延安西川高桥一带，组建了肤施（延安）游击支队。为了打开东进通道，邵凤麟带领肤施游击支队诱出延安守敌李发福部及民团共 300 多人，骑兵团在高桥川口突然发起攻击，歼敌一部，余敌逃回延安，不敢出犯。接着，安塞游击队配合赤卫队围困延安城，迫使延安守敌不敢出犯。红四十二师师长杨森率领骑兵团和肤施游击队继续东进，消灭了延安南川三十里铺的民团，缴获长短枪 50 余支。接着，又消灭了由临镇开往甘泉县城的民团 50 余人，缴获长短枪 50 余支，在金盆湾子歼民团 50 余人，缴获长短枪 50 余支，还袭击临镇，全歼该镇民团百余人，缴获长短枪百余支。时任骑兵团政委高锦纯曾回忆这次行动，说“敌人见到骑兵团后，没有抵抗，即全部缴械投降”[1]。

5 月，杨森师长率领骑兵团和邵凤麟游击队转战宜川各地。红军在云岩镇外的一座山上，巧遇为敌人押运服装的宜川县民团，俘敌民团队长杜养吉、王建华等 48 人，缴获步枪 50 余支，服装 200 余套，云岩守敌闻风而逃。骑兵团和邵凤麟游击队在云岩镇宿营一

① 高锦纯:《红四十二师骑兵团在反“围剿”中》，中共陕西省委党史研究室、中共甘肃省委党史研究室编:《陕甘边革命根据地》，中共党史出版社 1997 年版，第 318 页。

晚，次日，沿途又扫清北赤镇民团，缴获长短步枪 50 余支，在后九殿、狗头山、罗儿川等地发动群众，组织赤卫军、游击队，建立红色政权。5 月下旬，骑兵团和邵凤麟游击队在宜川县屯石崾岘一带，与国民党宜川县保安团及乡区民团遭遇，经过激战，歼敌 250 余人，击毙敌民团副团长冯备山。此后，骑兵团、邵凤麟游击队以及数以千计手持长矛大刀的群众，乘胜向宜川县城进发，攻占了城北虎头山、城东凤翅山的制高点，包围宜川县城，给敌人以极大震撼。围城 3 天后，驻大荔县国民党军第四十二师冯钦哉部派其伍勉之旅前来增援，红军主动撤围。后骑兵团奉刘志丹命令北上延长，参加西北红军主力兵团作战。此次东进行动，骑兵团和邵凤麟游击队共缴获 500 余支枪，为东区游击队大发展创造了条件。

骑兵团走后，在邵凤麟游击队的配合和帮助下，马文瑞深入广大农村，建立了赤卫军、游击队和游击小组，打击反动势力，摧毁保甲组织。在此过程中，将后九殿的哗变民团改编为宜川第十支队，队员 50 余人；又组建了宜川第一支队，队员 80 余人；并将宜川赤卫游击队、宜川第一支队、宜川第十支队合编为新编抗日义勇军，黑志德任司令员，赵正化任政委，杨开德任副司令员，共计 400 余人。7 月，新编抗日义勇军再次改称宜川第十支队。同月，成立陕甘边区红军第二路游击师，邵凤麟任司令员，杨凤岐任政委，辖 7 个支队。该部后改称陕甘边区红军第四路游击师。陕甘边东地区革命根据地不断得到巩固壮大。

7 月，陕甘边东区在临镇召开了东区革命委员会成立大会，马文瑞当选主席，呼志禄任土地部长，奚玉山任粮食部长，许克昌任财政部长，张彦福任肃反部长。7 月，陕甘边东区革命委员会主持在宜川县北部雷多河（今属延长县雷赤乡）成立赤川县革命委员会，主席黑志德。机关驻地北赤镇。下辖 6 个区革命委员会。同月，又在临镇宣布成立红泉县革命委员会，驻地炭窑沟（今麻洞川乡炭窑沟村），主席刘大财。[①] 辖四个区、15 个乡政府。

东区革命政权得到初步巩固后，革命委员会领导开展了土地改革，召开群众大会，动员贫雇农没收和分配地主的粮食、土地和牛羊。陕甘边东区根据地范围东至黄河西岸，南至韩城以北，西至洛川一带，纵横百余公里，人口 10 万，是陕甘边革命根据地的重要组成部分。马文瑞曾经回忆："东地区革委会建立后，主要的武装力量有三支：东地区游击队，队长邵凤麟（南梁苏区派来），100 多人枪；宜川游击队，队长黑志德，也 100 多人枪；再就是直属保卫队，30 多人枪。"[②]

陕甘边东区的开辟，是杨森骑兵团、邵凤麟游击队和马文瑞地方工作队密切配合、协调行动、共同努力的结果，是巩固发展南梁革命根据地的英明决策，为陕甘边苏区党政军机关东迁创造了条件，为反"围剿"斗争的胜利和陕甘边、陕北革命根据地的统一作出了重要贡献。

四、陕甘边区地方武装力量的发展壮大

从 1934 年开始，中共陕甘边区特委除建立正规主力红军外，还建立了游击队、赤卫军、少年先锋队等军事或半军事性质的地方武装。这些地方武装积极展开对敌斗争，配合主力红军作战，是红二十六军的有力助手和不可缺少的后备力量，在红色政权的建立、巩固和发展中发挥了巨大作用。

庆北游击队。1934 年春在华池县柔远川成立，队长赵占魁，指导员任有升，活动于柔远、温台一带。4 月，由于叛徒出卖，队

① 陈立明等:《中国苏区辞典》，江西人民出版社 1998 年版，第 789 页。
② 马文瑞:《马文瑞回忆录》，陕西人民出版社 1998 年版，第 84 页。

长、指导员遇害，游击队解散。秋季，庆阳游击队帮助恢复庆北游击队，队长李树林，指导员赵志善。

安塞四支队。1934年7月在安塞组建，王志昌任队长，吴亚雄任副队长，队员100余人。10月，游击队大部分编入红二十六军第三团，小部分仍编为四支队，吴亚雄任队长。四支队主要活动在三边、保安、安塞等地。1935年老君殿战斗结束后，编入陕北游击队一纵队。

鄜甘游击队。1934年4月，鄜甘革命委员会将活动于甘泉道镇、府村一带以茆青山为首的地方武装收编，命名为陕甘边工农游击队第二路第六支队，亦称鄜甘游击一支队，共50多人，有枪20余支。同年6月，鄜甘革命委员会又在大申号川一带创建鄜甘游击二支队，队长高怀春。7月，鄜甘游击一、二支队整编为鄜甘游击队，队长郝占海。秋季，政府派刘秉财任队长，杨庚武任指导员，队员增至200余人，辖3个小队。

鄜西保卫队。1934年4月成立，队长薛生荣，指导员方有才，队员30多人。1935年11月，鄜西与鄜甘保卫队统编为鄜县独立营。

鄜甘保卫队。1934年4月成立，队长先后为郭西山、崔云华。1935年11月，与鄜西保卫队统编为鄜县独立营。

鄜西警卫队。1934年4月成立，下设一、二两个支队，队员30多人。1935年11月，同鄜西、鄜甘保卫队统编为鄜县独立营。

安塞五支队。1934年6月，在孟家庄正式组建，胡兆阳为支队长，郝兴明为指导员，有队员30余人。1935年春，张志效任支队长，龚逢春任政治委员。7月，五支队发展到300多人，其中280人编入红二十六军补充营，其余编为安塞一支队。

正宁五支队。1934年6月建立，队长张占英，指导员焦怀兴。1935年秋，五支队战士增加到150多人，下属4个分队。当年冬编入新正县独立二营。

淳耀六支队。1934年6月成立，张嘉伯、冯聚财先后任支队长，刘文沛、汪嘉兴先后任指导员，有40余人，40余支枪。1935年11月，关中特区司令部成立后，淳耀县第六游击支队被编入独立三营。

保安保卫队。1934年7月组建，队长王荣贵，辖3个班,24人。1935年4月，部分人员编入赤安游击队第四支队。

洛南游击大队。1934年7月在洛川县组建，王忠秀为队长，后发展到30余人。1935年7月下旬，在洛川县仁里府胡同与国民党洛川县保安大队的遭遇战中被打散，王忠秀等壮烈牺牲。

靖边游击队。1934年8月成立，队长黄万英，指导员阴云山。1935年8月，游击队发展1个骑兵连。10月，靖边游击队大部分队员补充到红军正规部队，西靖边县政府便将3个警卫连编入靖边游击队，设2个中队。

鄜西游击队。1934年9月成立，队长宋桐高，政治指导员兼经济员高禄瑞。12月，在陕甘交界地区与国民党军发生激烈战斗，多数队员阵亡，宋桐高、高禄瑞被捕后遭杀害。

宁县三支队。1934年10月组建，11月整编为陕甘边工农游击队第三路第三支队，两个班，20多人，主要活动于宁县东部子午岭一带。王德宽、鲁生治、卜凤鸣、杨兴财先后任队长，李士新、刘永培先后任指导员。1936年1月编入新宁县独立营。

正宁八支队。1934年10月组建，因经常活动于正宁一带，习称正宁八支队，队长刘富魁，指导员赵德荣。1935年，发展到160多人，下属4个分队，经常活动于陕西职田、张洪、底庙、北极、永乐一带。1935年冬编入新正县独立二营。

定边游击队。1934年秋成立，共19人，队长黄兴仁，活动于华池桥川李崾岘一带。同年冬编入庆北游击队。

赤安游击支队。1934年11月，由保安游击支队改建，1935年2月发展到70多人。4月，赤安游击支队改编为赤安游击队第一支队，张明科任队长兼指导员。

华池保卫队。1934 年 11 月在南梁成立，共 50 多人，20 支枪，队长何兴旺，次年春扩编为保卫大队。

庆北游击大队。1934 年冬在华池坪庄成立，下编 3 个中队，共 60 多人，队长王英，党代表杨占鳌。1936 年编入红军陕甘独立师。

环县游击队。1934 年冬成立，队长王怀刚，有队员 40 多人。

肤甘游击支队。1934 年冬，甘泉县石门村石匠冯长斗等自发组成“石匠游击队”。1935 年 1 月，陕甘边区军委将其改编为陕甘边工农游击队第二路第八支队，亦称肤甘游击队支队或红泉游击队，队长冯长斗，指导员杨庚武，有队员 10 多人。1935 年秋发展到 300 多人，后编入红十五军团第七十八师。

新正县特务队。1934 年，新正县成立特务班。1935 年 8 月，改名新正县特务队，队长先后由唐致祥、秦善合、王德义担任。同年冬改称新正县武工队。

宁县一支队。1934 年 11 月组建，至 1935 年 10 月，人数增加至 33 人。杨德明、张占荣、樊生奎、樊登甲、王得胜、胡全胜、崔瑞山、王秉祥先后任队长，乔占财任指导员。同年 11 月后隶属关中特区新宁县领导。

正宁十七支队。1935 年 3 月，于底庙三家庄村成立，队长刘彦芳，指导员任书勤，全队 30 多人。永红县成立后，正宁十七支队改为永红县保卫队，队长万银祥。

中宜保卫队。1935 年 2 月成立，队长王世选。1936 年 4 月，中宜县制取消，该队编入中宜独立营。

华池保卫大队。1935 年春，由华池保卫队扩编，下辖 3 个中队，大队长黄克秀，指导员刘培清。1936 年秋改编为红军陕甘独立师第四团。

中宜独立营。1935 年 5 月，由中宜游击队和鄜西游击队整编成立，杨德魁任营长，牛书申任政委，辖 3 个连，共 200 余人。

庆华游击队。1935年6月在华池柔远川成立，共60多人，队长田生弟，指导员李树林。同年11月编入庆北游击队。

正宁二支队。1935年春，由北后游击队改编为正宁二支队，队长赵德荣。西安事变后，一部分编入正规部队，一部分编入永红县保卫队。

安塞一支队。1935年7月，安塞一区、二区游击队合编为安塞游击队，队长刘海步，教导员黄克祥。7月下旬，安塞五支队的大部编入红二十六军，所余50余人与安塞游击队合并，称安塞一支队。队长方志厚，政委龚逢春，有队员200余人。1935年10月，劳山战役后，安塞一支队编入延安独立营。

新正县警卫队。1935年8月成立，队长王凤鸣。同年12月编入新正县独立二营。

淳耀九支队。1935年8月，由淳耀县委组建成立，何冬子任队长，罗恒彩任指导员，有队员30余名，枪30余支。到1937年2月，发展到400余人，有枪400余支，被关中特区司令部编为独立营。

淳耀十支队。1935年组建，李楚乾、苏万林、高振武先后任队长，朱登科任指导员，有队员30余名，枪30余支。1937年2月，编入八路军一二〇师特务团。

赤安独立营。1935年10月成立，营长马福吉，营总支部书记张明科。全营共200多人，编为3个连。1936年6月，改为志丹县独立营。

宁县十八支队。1935年11月成立，有队员20余人。

宁县十九支队。1935年11月成立，有队员20余人，王运来任队长，董自贵任指导员，1936年2月编入新宁县独立营。

宁县二十支队。1935年12月由新宁县湘乐纸坊村赤卫军和新宁县警卫队改编而成，有队员30多人。王明堂、樊占荣先后任队长，唐思有、王占义先后任指导员。

宁县二十一支队。1935 年冬组建于新宁县杨园子，有队员 20 多人。何进财任队长，周孝堂任指导员。

新宁县警卫队。1935 年 11 月组建，有队员 20 余人。后改为新宁县保安大队，张彦兴任队长。

赤水十三支队。1935 年冬组建，任连俊、卜应林先后任队长，王新兴、梁春全先后任指导员，有队员 50 余人，枪约 50 支。1937 年 3 月，编入赤水县保安大队。

在创建地方武装的过程中，中共陕甘边区特委非常重视对红军游击队的培养和引导，及时派去得力干部加强教育整顿，在每支游击队都建立党支部、队委会。在党组织领导下，红军游击队积极解除豪绅、地主武装，配合红军主力破坏敌人交通运输线，夺取敌人粮秣，保护新苏区，保卫新生的红色政权，成为陕甘边区一支重要的军事力量。

五、红一团、红二团和西北抗日义勇军的成立

阎家洼子会议后，刘志丹率领红四十二师骑兵团和第二、第三路游击队指挥部所属各游击队，坚持在陕甘边革命根据地南线和北线积极开展游击战，既策应了陕北根据地的反“围剿”斗争，也壮大了红二十六军的力量。

红一团的成立。1934 年 9 月中旬，中共陕甘边区特委和军委在正宁湫头召开会议，决定以第三路游击队为基础，组建红二十六军第四十二师第一团[①]。红一团以三路游击指挥部所属特务队、四支队为主，并从宁县三支队、正宁五支队抽调部分人员组成。陈

---

① 一说“红一团于 1935 年 2 月在淳化马家山正式成立”，见刘凤阁、任愚公主编：《红二十六军与陕甘边苏区》，兰州大学出版社 1995 年版，第 50 页。此处采用陆军第三十九集团军编：《中国工农红军第二十六军战史》，白山出版社 1994 年版，第 63—64 页。

国栋任团长，张仲良任政委，下辖 2 个连，共 200 余人。红一团成立后，与三路游击队配合，活动在陕甘边南区。1935 年 4 月 1 日，瓦扇子战斗中受到损失，团长陈国栋负伤离队，政委张仲良调离，陕甘边区军委派黄子文代理团长，张文华任政委。寇金财、贾维义等先后继任团长，郭炳坤等曾任政委。红一团经过一个时期的发展，新组建一个骑兵连。后又以正宁回民支队、彬县民团起义部队为基础，组建了第四连。

红一团组建后，在红四十二师骑兵团的配合下，先后消灭中部县隆坊塬、雷庄等地的民团，摧毁富县、宜君、中部的部分国民党基层政权，进一步扩大了鄜西、中宜游击区，为巩固、发展、保卫陕甘边根据地作出了重要贡献。

红二团的成立。1934 年 11 月，中共陕甘边区特委、陕甘边区革命军事委员会决定，以第二路游击队的庆阳、保安、安塞游击队为基础，重新组建红二十六军第二团。刘景范任团长（1935 年 4 月，刘景范调任边区军委主席，孔令甫接任），胡彦英任政委，王生荣任参谋长，朱奎任政治部主任，红二团下辖 2 个步兵连和 1 个少年先锋队，[①] 全团 180 多人。红二团成立后，在陕甘边军委的指挥下，积极投入反“围剿”斗争，取得了显著战绩。1935 年 6 月中旬，红二团归西北红军主力兵团建制。

西北抗日义勇军的成立。1934 年 10 月，在陕甘边革命形势日益高涨的时刻，黄龙山一带的“山大王”郭宝珊毅然率部投奔南梁，参加红军，这在当时是一件震动很大的事情。

郭宝珊原籍河北省南乐县（中华人民共和国成立后划归河南省），幼年随父亲逃荒来到陕北洛川县谢家峁村。父辈们打长工、下煤窑，苦度日月。郭宝珊从小也受尽苦难和欺压。后来郭宝珊到

---

① 庆阳、安塞游击队合编为一连，连长王志昌；保安游击队编为二连，连长王四贵。少年先锋队队长不详。

国民党军队中当兵，但又受到官长们的欺负和压迫，迫于无奈，郭宝珊拉起一队人马，上黄龙山当了“山大王”。

郭宝珊虽然当了“山大王”，心里却十分痛苦，便模仿梁山好汉的行为杀富济贫。一些生活无着的贫苦农民也加入他的队伍，人员发展到400多人。当时，黄龙山有股势力最大的土匪武装，匪首是贾德功，自称“师长”，还有一个匪首叫梁占奎，自称“团长”，他们感到郭宝珊的势力发展太快，损害他们的利益，便收编和引诱郭部。郭宝珊深知不入伙就会被吃掉，于是便加入梁部，但自成系统。陕甘边区革命运动的迅猛发展影响波及黄龙山区，郭宝珊开始向往红军，也让部下效仿红军，只打“大户”“财东”，不准祸害百姓。

1932年6月，刘志丹率领陕甘游击队1500余人东进韩城，路过黄龙山郭宝珊的地盘，纪律严明，秋毫无犯，给郭宝珊留下了深刻的印象。刘志丹曾写信致意，并转告红军路过的意图。郭宝珊为之感动。此后，陕甘游击队东进韩城失败，一些失散和负伤的战士零星陆续返回陇东地区，路过黄龙山区时，郭宝珊非但没有为难，反而提供了不少方便。

1934年春，贾德功土匪100余人，窜扰甘泉、鄜县一带，进入了子午岭双柳村，被红四十二师第三团缴械。刘志丹不但亲自做教育工作，向土匪讲解红军政策，教育他们改邪归正，不准再祸害老百姓，并发给路费，让他们回家去。有些土匪后又回到黄龙山，传播红军的政策。这些引起了郭宝珊的深思，对刘志丹更加敬重，对红军更有好感。

1934年5月，刘志丹派黄罗武去黄龙山做贾德功、梁占奎、郭宝珊的工作。临行前，刘志丹交给黄罗武一封写给贾德功的信，叫黄罗武以脚户身份前往。

黄罗武到达黄龙山后，给贾德功送交了刘志丹的亲笔信，但贾德功对黄罗武不冷不热。十多天后，工作仍无多大成效，便按刘志丹临行前的嘱咐，前往郭宝珊部。

黄罗武到达郭部后，向郭宝珊讲了红军的性质、革命的目的，郭宝珊对黄罗武说，现在我们这里人心不齐，一旦闹起来，贾德功、梁占奎是不会罢休的，会千方百计吃掉我的。过去黄龙山上有好几股“山大王”都被国民党收编了，他们的下场是人缴了械，反被杀了头。现在我们再走他们的老路，能通吗？红军又杀了杨谋子①，我还能去吗？针对郭宝珊的疑虑，黄罗武耐心地解释说，国民党军队和红军是不一样的。郭宝珊说，你对刘志丹讲，我决不做对不起他的事。1934 年 9 月中旬，黄罗武回到了南梁，向刘志丹、习仲勋汇报了黄龙山的情况。

也就在这时，杨虎城派去收编黄龙山“山大王”的王副官与贾德功的谈判破裂，10 月上旬，国民党军四十二师冯钦哉部开始“进剿”黄龙山区。这时，贾德功、梁占奎决定去庆阳接受国民党军的收编，郭宝珊本想立即投奔南梁，但贾德功、梁占奎阻挠，未果。

贾德功投靠国民党后，随即宣布“进剿”陕甘边区的红军。郭宝珊感到形势紧急，便于 10 月 20 日夜间，仓促带领 2 个连共计 120 余人到达华池新堡后宣布起义，投奔红军，随后进入庆北苏区。

郭宝珊部进入苏区后，红四十二师师长杨森率领红三团、骑兵团到柔远城南一带接应。11 月 10 日，陕甘边区特委、军委和苏维埃政府在南梁荔园堡召开隆重的欢迎大会，宣布将郭宝珊部改编为“西北抗日义勇军”，郭宝珊任司令员，任浪花任政委，于振学任参谋长，下辖 3 个大队，每个大队下辖两个中队，中队下辖 1—3 个小队不等。西北抗日义勇军组织上统一归红二十六军第四十二师指挥。

---

① 杨谋子原为黄龙山土匪首领，1933 年冬慑于红军的威力，为保全实力，被迫率所部接受红军改编。1934 年 2 月，杨谋子密谋策划带领所部逃跑，继续为匪，刘志丹当机立断，指挥红军在合水县蒿咀铺智擒并处决了杨谋子，遣散了该部人员。

西北抗日义勇军改编后，陕甘边区特委和红四十二师党委以诚恳的态度帮助西北抗日义勇军整顿和改造。为了提高西北抗日义勇军的政治素质和军事素质，派出一批共产党员到该部做思想政治工作，加强领导，建立政治工作制度，又不断补充边区子弟兵，充实部队，并精简了少数年龄偏大，思想不健康的老兵油子，使部队的成分发生了根本的改变，人数发展到300余人。同时，广泛开展阶级教育和革命理想教育，帮助他们树立为人民而战的革命理想。在平时的行军中，红四十二师的领导同志总是让西北抗日义勇军作后卫，宿营时让该部单独驻扎在一个村子里。红四十二师师长杨森、政委张秀山还经常找郭宝珊谈心。红四十二师党委还在提高指战员思想觉悟的基础上，陆续吸收了一批党员，郭宝珊也加入了中国共产党。

习仲勋发动群众给西北抗日义勇军送猪、羊、瓜、果、菜，进行慰劳，使义勇军指战员深受感动，进一步体会到当红军的光荣。此后，红二十六军中的西北抗日义勇军，东拼西杀，南征北战，作战勇敢，纪律严明，成长为一支红军主力团队，为创建、发展陕甘革命根据地作出了重大贡献。

郭宝珊率部起义后，驻扎在庆阳城内的贾德功等被收编的各部也受到国民党军的猜忌和攻击。1935年2月12日，受到了国民党驻庆阳县城第三十五师一〇三旅马玉麟部的攻击，贾德功被打死，其所辖团伤亡大半。梁占奎、史老幺率部突围后来到庆北苏区，后到达二将川，被红二十六军组编为“西北抗日独立军”，梁占奎任司令员，步兵编四个大队；骑兵史老幺部驻地刘坪，共三四百人，抗日独立军统归西北抗日义勇军司令员郭宝珊指挥。

西北抗日独立军改编后，不少人并未在红军的教育影响下脱胎换骨，仍然土匪成性，侵扰百姓，自由散漫，不守军纪和群众纪律，影响很坏。1935年3月7日，红军发起田崾岘战斗，但担任阻击任务的抗日独立军（梁占奎、史老幺部）存心不良，致使大部分敌人逃脱。战斗结束后，史老幺嫌苏区生活艰苦，红军纪律严格，率骑兵逃跑。此时，梁占奎带领的步兵各个大队也骚动欲逃。政府主席习仲勋和红二团政委胡彦英报刘志丹同意后，指挥红军战士抓捕梁占奎，解散了抗日独立军，处决了罪大恶极的土匪骨干，一部分自愿回家者发给了路费，表现比较好的一部分人吸收参加了庆阳游击队和西北抗日义勇军。

红一团、红二团、西北抗日义勇军的相继组建，扩大了红军主力部队，加上原来的红三团和骑兵团，红二十六军第四十二师下辖5个团，兵力达到2000余人。

第五节　陕甘边区苏维埃政府的成立

一、陕甘边区工农兵代表大会的筹备

1934 年秋，根据“七月决议”关于将陕甘边区革命委员会转变为正式的工农民主政府的精神，中共陕甘边区特委着手筹备召开陕甘边区工农兵代表大会工作。据蔡子伟回忆，当时革命委员会和军委会都住在南梁堡附近的寨子湾等村庄，但经常活动的中心是荔园堡。而整个大会筹备工作几乎是在荔园堡和豹子川红军干部学校进行的。

习仲勋和刘志丹、吴岱峰和蔡子伟等人经常开会研究筹备代表会议有关事宜，有计划有分工地开展准备工作。刘志丹为大会起草了政治决议案和军事决议案，蔡子伟等起草了土地、财政、粮食等决议案及其他文件。习仲勋认为，要开好工农兵代表大会，首要问题是做好选举出席大会代表工作。为此，他就大会代表的产生广泛征求各方面意见。

刘志丹提出代表选举要从基层做起，用投票的办法选举产生代表。但有的同志却认为根据地文化落后，交通不便，这种民主选举能行得通吗？习仲勋解释说：“志丹同志说，原始社会都知道选有能力、有本领的人做首领，何况现在的人。先由村上选代表，再选乡代表，再选政府组成人员。”[①] 革命委员会采纳了刘志丹的意见，确定了陕甘边区工农兵代表大会代表产生的办法，即按照选举地区和单位人数比例产生代表，并照顾到工人、农民、军人、妇女等各个方面，然后在代表大会上民主选举产生苏维埃政府委员。这种办法受到群众的欢迎，纷纷赞扬说：“共产党和国民党就是不一样。”最后，确定了陕甘边区工农兵代表大会代表的产生办法是：“10 人至 20 人产生代表 1 人，代表约 100 余人。”[②] 雇农 5 人选一名代表，贫农 10 人选一名代表，中农 20 人选一名代表，地主、富农都没有选举权和被选举权，这种选举方法体现了很强的阶级性，保证了贫雇农在工农民主政权中的政治和组织优势。

在筹建南梁政府的过程中，刘志丹、习仲勋、马文瑞和蔡子伟等同志深入实际，走村串户，动员鼓励贫苦农民把自己信任的人选出来。代表们在这种充分民主的气氛中，选举产生了苏维埃政权，这在陕甘边根据地是“开天辟地第一次”，让老百姓看到了自己选举的代表人民利益的政权，享受到了民主权利，纷纷奔走相告：我们几辈子人没有见过这样的大事情。

二、陕甘边区苏维埃政府宣告成立

经过两个多月的筹备，陕甘边区工农兵代表大会于 1934 年 11 月 1 日至 6 日[③] 在南梁荔园堡正式召开。荔园堡是玉皇庙川、二将川交界处的一个古城寨，中共陕甘边区特委和革命委员会经常在这

① 习仲勋：《难忘的教诲》，《人民日报》1993 年 10 月 24 日。

② 《贾生秀 1959 年 4 月谈苏区政权建设》，刘凤阁、任愚公主编：《红二十六军与陕甘边苏区》，兰州大学出版社 1995 年版，第 414 页。

③ 一说工农兵代表大会召开时间为 11 月 4 日至 6 日，见《张秀山 1986 年 11 月 7 日下午谈陕甘边苏区工农兵代表大会》；此处依据《武海潮 1982 年 4 月 20 日、8 月 14 日谈工农兵代表大会及反围剿斗争》，刘凤阁、任愚公主编：《红二十六军与陕甘边苏区》，兰州大学出版社 1995 年版，第 437 页。

里举行群众集会，开展宣传动员工作。会议期间，来自各界100多名工农兵代表聚集在荔园堡古庙内一个大殿里，认真讨论了根据地建设的许多重大问题。

会上，刘志丹、习仲勋、蔡子伟等向代表们介绍了全国革命斗争及抗日救亡运动的形势，介绍了中央苏区政权建设的基本情况，总结了陕甘边革命根据地建政工作经验，并分别作了关于土地革命、武装斗争、政权建设的报告和讲话。大会一致通过《政治决议案》《军事决议案》《土地决议案》《财政决议案》《粮食决议案》等重要文件。会议经过充分酝酿讨论，决定正式成立政府，并采取无记名投票方式，选举产生了苏维埃政府的领导成员。年仅21岁的习仲勋当选为政府主席，贾生秀、牛永清任副主席。政府下设土地、劳动、财政、粮食、肃反、工农监察、文化、妇女等委员会。蔡子伟任政府秘书长（后张文华）兼任文化委员会委员长和《红色西北报》编辑部负责人，李生华任土地委员会委员长，张钦贤任劳动委员会委员长，杨玉亭任财政委员会委员长，呼志禄任粮食委员会委员长，郝文明任肃反委员会委员长，惠子俊任工农监察委员会委员长，高敏珍任妇女委员会委员长（后张景文）。会上还选举成立陕甘边区革命军事委员会和赤卫军总指挥部，刘志丹任军委主席，朱志清任赤卫军总指挥，郑德明、梅生贵任副总指挥，梅生贵兼任参谋长。在原陕甘边区革命委员会保卫队的基础上，还组建了苏维埃政府保卫大队，郭锡山任大队长，宋飞任副大队长，辖三个中队，共100余人。

1934年11月7日，正是苏联十月革命纪念日。政府成立大会在南梁荔园堡隆重召开，参加大会的除100多名正式代表外，还有南梁周围数十里以外赶来的群众、红军、游击队员、赤卫军、列宁小学学生、儿童团、少先队等共计3000余人。主席台设在关帝庙对面的清音楼上面，悬挂着“政府成立大会”巨幅红色会标，整个会场红旗招展，锣鼓喧天，呈现出节日的热烈景象。

10点钟鸣炮后，成立大会正式开始。在热烈的掌声中，习仲勋首先讲话，接着刘志丹讲话说："政府成立了，这是我们在中国共产党领导下，在陕甘边区特委领导下，经过10多年流血牺牲取得的。我们虽在耀县、保安、华池等许多县建立了县、区、乡政府，但反动派还没有完全摧毁，我们的政府还在乡村。过去受剥削受压迫，就因为没有自己的政府。"① 随后，蔡子伟、郝四（郝文明）和工农兵等各界代表都发了言。刘志丹郑重地向习仲勋颁发了政府大印，会场一片欢腾。

下午2时，在荔园堡河西马洼子台地举行了威武雄壮的阅兵仪式。中共陕甘边区特委书记惠子俊，政府主席习仲勋等领导人站在检阅台上。二、三路苏区人民代表站在观礼台上，当地群众、各机关学校的干部学生坐在大草坪上。红军战士、游击队员、赤卫军战士、少先队员精神饱满，以整齐的队形和步伐通过主席台，接受了政府领导成员的检阅，并绕场一周。骑兵团的200多匹战马昂首扬鬃，给阅兵式平添威武雄壮的气势，观看阅兵式的群众不断报以阵阵的掌声和口号声。

陕甘边区苏维埃政府印

傍晚，举行庆祝政府成立文艺晚会，演出了自编自演的"红军舞""红旗颂"以及新戏、京剧、秧歌等文艺节目，举行军民联欢活动。据张秀山回忆："晚上演戏，龚逢春唱京剧，用纸条作胡子，白焕章扭秧歌，李登瀛也是好演员。群众反映说，革命队伍里可有能

① 王四海：《跟随老刘战斗》，《刘志丹纪念文集》编委会编：《刘志丹纪念文集》，军事科学出版社2003年版，第207页。

人啦！”①

1934年2月，陕甘边区革命委员会在四合台成立，政府住址为南梁堡，群众因此称其为“南梁政府”。1934年夏红军粉碎国民党军的“围剿”后，政府住址移至寨子湾。政府在荔园堡成立后，政府住址依然为寨子湾，但群众仍沿用“南梁政府”这一称谓。据张策回忆：“群众传言叫南梁政府为‘南洋政府’。豪绅一听‘南洋政府’就很害怕。”②

陕甘边区苏维埃政府的成立，实现了临时政权向苏维埃政权转变，标志着陕甘苏区的成熟，是陕甘边区党和红军运用马克思主义基本原理和毛泽东“工农武装割据”思想指导陕甘边革命斗争实践取得的最伟大成果。陕甘边区苏维埃政府是中国共产党在陕甘地区创建最早的正式的工农民主政权，是土地革命战争后期党在陕甘地区根据地建设和政权建设取得的重要成就，为陕甘边革命根据地的进一步发展奠定了基础。

三、各县苏维埃政权的建立

陕甘边区苏维埃政府成立后，各县革命委员会或办事处等临时红色政权相继转变为正式的苏维埃政府。当时，政府管辖着20多个县级红色政权。

1. 鄜西县革命委员会。1934年4月在药埠头③成立，主席韩明奎，驻地雷家沟等地。1935年11月，撤销鄜西县革命委员会，成立鄜县苏维埃政府，主席贾生秀。

2. 鄜甘县革命委员会。1934年4月在甘泉县府村川曹家沟成

---

① 《张秀山谈陕甘边苏区工农兵代表大会》，刘凤阁、任愚公主编：《红二十六军与陕甘边苏区》，兰州大学出版社1995年版，第437页。

② 张策：《回忆南梁根据地的创立》，《三存书集》，改革出版社1996年版，第189页。

③ 即今天的陕西省富县直罗镇药埠头村。

立，主席张尚达。1935 年 11 月，撤销鄜甘县革命委员会，成立鄜县苏维埃政府，主席贾生秀。

3. 安塞县苏维埃政府。1934 年 7 月在安家坪（现属甘泉县桥镇乡）成立安塞县革命委员会，王聚德任主席。1934 年 12 月，安塞县革命委员会转为安塞县苏维埃政府。

4. 赤安县苏维埃政府。1934 年 11 月在吴堡川朱家沟成立，主席边金山（后袁万祥），下辖 4 个区苏维埃政府。1935 年以后，全县共辖 10 个区苏维埃政府。

5. 华池县苏维埃政府。1934 年 11 月在何沟门成立，主席贾生秀，下辖 4 个区。

6. 庆北县苏维埃政府。1934 年 6 月在雷家川成立庆北办事处，不久改为庆北县苏维埃政府筹备处，12 月庆北县苏维埃政府在柳湾沟柏树掌村正式成立，强家珍任主席，下辖 3 个区。

7. 庆北县革命委员会。1935 年 1 月由王英等人组建，这个临时红色政权存在了 3 个月左右时间，它和庆北县苏维埃政府之间是并列关系。

8. 合水县革命委员会。1935 年 2 月在太白镇成立，李彦任主席。同年 4 月，转移至陕西甘泉洛河川一带。9 月，李彦在错误肃反中被杀害，合水县革命委员会解散。

9. 赤淳县苏维埃政府暨革命委员会。1935 年 2 月在淳化西区中嘴村成立赤淳县苏维埃政府，宋飞任主席，辖东、西二区。1935 年 8 月，赤淳县苏维埃政府结束工作。同月，成立赤淳县革命委员会，姚殿森为主席。

10. 中宜县革命委员会。1935 年 3 月在鄜县（今富县）寺仙、前桃园一带成立，主席张仲良。同年 11 月，转为中宜县苏维埃政府，主席张仲良，下设 6 个区政府。

11. 西靖边县苏维埃政府。1935 年 4 月在靖边县西部桃梨坬（今属志丹县顺宁乡）成立，主席周子恒（后阴云山），辖 9 个区。

12. 茬掌办事处。1935 年春在宁县盘克塬茬掌村成立，许兴堂任主任。

13. 新正县办事处。1935 年春在正宁县槐树沟成立，郭廷藩任主任，下辖 3 个区。1935 年 8 月，新正县革命委员会在湫头镇正式成立，郭廷藩任主席，辖 6 个区。10 月，转为新正县苏维埃政府，工作人员任职未有变动，辖 6 个区。

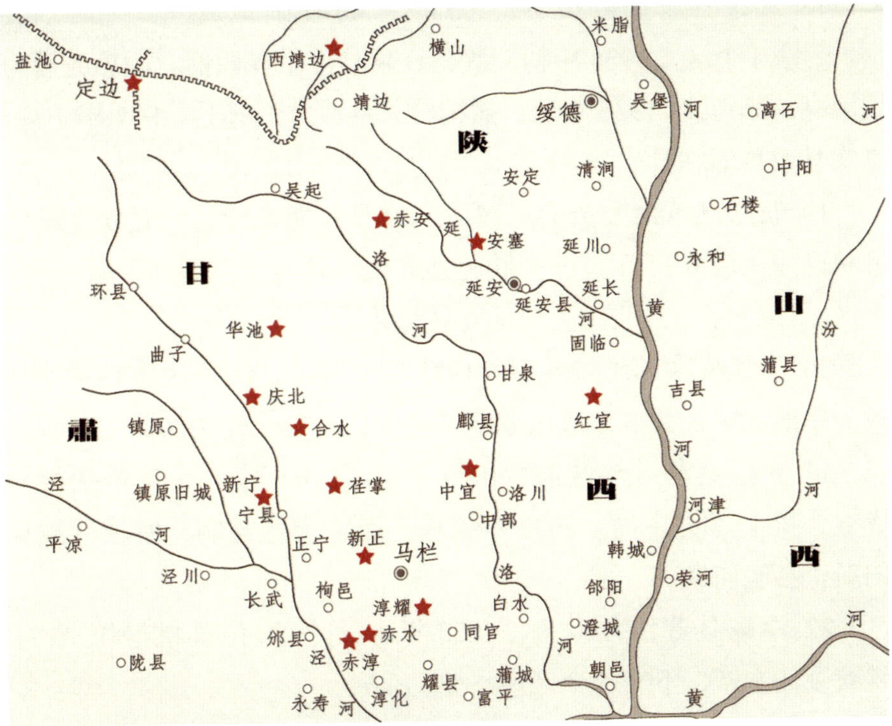

陕甘边革命根据地初期各县政权示意图

14. 宁县办事处。1935 年春在中部县上畛子成立，南区革命委员会副主席刘永培兼任主任。1935 年 11 月，在宁县杨园子成立新宁县苏维埃政府，张有鹏任主席，下辖 4 个区。

15. 定边县革命委员会。1935 年 5 月在宁塞川凤凰寺（今属吴起县五谷城乡）成立，主席王玉海，辖 3 个区。7 月，改为定边县苏维埃政府，王文英、王玉海、曹建勋先后任主席。

16. 肤甘县革命委员会。1935年6月在登山峪[①]成立，主席刘秉温，辖4个区。1935年9月，肤甘县撤销，分别设立肤施县和甘洛县。

17. 赤川县革命委员会。1935年7月在宜川县北部雷多河（今属延长县雷赤乡）成立，主席黑志德，下辖6个区。11月改为宜川县苏维埃政府，下辖6个区。

18. 红泉县革命委员会。1935年7月在临镇成立，主席刘大财[②]，辖4个区。1936年初，改为红泉县苏维埃政府，主席先后为姚海亮、李万高。1936年底，撤销红泉县成立红宜县。1937年7月，红宜县改称固临县。

19. 肤施县革命委员会。1935年9月在龙儿寺（今延安宝塔区柳林麻庄）成立，11月改为肤施县苏维埃政府，主席刘秉温，辖5个区。1937年2月肤施县与延安县合并。

20. 华池战区苏维埃政府。1935年9月边区政府决定将华池县改为华池战区，并成立战区苏维埃政府，高生荣任主席。

21. 永红县苏维埃政府。1935年10月在正宁县下南坡头西村成立，梁文汉为主席。1937年4月，撤销永红县制，所辖区域划归新正县底庙区。

22. 淳耀县苏维埃政府。1935年10月在淳化县桃渠塬成立，姚殿森任主席，下辖5个区。

23. 赤水县苏维埃政府。1935年10月在赤淳西区（今旬邑县土桥附近的烽火台）成立，王振喜任主席，下辖4个区。

---

① 即今天的陕西省甘泉县劳山乡登山峪村。

② 陈立明等:《中国苏区辞典》，江西人民出版社1998年版，第789页。

第四章

南梁政府的“十大政策”

陕甘边区苏维埃政府成立后，党政军机关随之迁至南梁堡东边十多里山路的寨子湾。

在寨子湾简陋的窑洞里，以刘志丹、习仲勋为首的陕甘边区党政军领导人，从陕甘边革命根据地的实际出发，及时制定和颁布实施了著名的“十大政策”[①]。

南梁政府制定的“十大政策”，内容十分全面，措施相当完备，十分切合陕甘边根据地革命斗争的实际。“十大政策”的颁布实施，是南梁政府主席习仲勋按照刘志丹的指示和建议，经过大量调查研究和广泛征求意见，依靠集体的智慧和力量，在政权建设上取得的巨大成就和不朽建树。这位刚刚20岁出头的“娃娃主席”，在子午岭大山里主持制定和成功实施“十大政策”，领导着陕甘边区20多个县级苏维埃政权广泛深入地开展土地革命、经济建设和游击战争，开辟了南梁革命根据地全面巩固和快速发展的崭新局面，充分显示了习仲勋密切联系群众的优秀品质和成熟卓越的领导才能。

① 刘志丹:《刘志丹文集》，人民出版社 2012 年版，第 35 页。

第一节　政治建设

一、民选的苏维埃政府

陕甘边区苏维埃政府的成立，标志着南梁革命根据地建设进入一个新的阶段。但是，边区政府主席习仲勋思想上并不轻松。他在努力思考：诞生于战争环境的红色政权，如何建设好民选的苏维埃政府，如何行使职能，如何组织领导发展经济和文化事业，改善人民群众生活和更好地保障游击战争的胜利，这是苏维埃政府所肩负的重任。

陕甘边区苏维埃政府的选举是民主选举，先选举由陕甘边区各界代表人士组成的工农兵代表大会，再在大会上选举产生陕甘边区苏维埃政府主席、副主席及各委员会成员，考虑到识字的人不多，选举方式采用了“豆选”“烧香洞”等方式，充分体现了选举的民主性。“金豆豆，银豆豆，豆豆不能随便投；选好人，办好事，投在好人碗里头。”这句流传于当地的民谣，生动再现了陕甘边地区在艰苦环境下运用“豆选法”进行选举的场景。

习仲勋自 1933 年春开始，连续担任陕甘边区革命委员会副主席、主席，直至被选举为苏维埃政府主席。此间，他的主要精力由军事领导转到了地方政权的建设和群众工作方面来，并在实践中不断积累经验，在如何建设好苏维埃政权方面进行艰苦的探索和努力，做了许多具有开创性的工作。

习仲勋任苏维埃政府主席，受到根据地军民的真诚拥护。刘志丹等边区领导人更是身体力行，给习仲勋以积极的支持和鼓励。刘志丹多次对习仲勋说："民众选出的政府，党和红军都要支持拥护，使革命政府有威信。"①

刘志丹在尊重民选政府、支持边区政府工作上作出了表率。一次，习仲勋路过军政干部学校，刘志丹正在操场组织学员进行军事训练，当他看到习仲勋走来时，便集合学员喊"立正"口令，举手敬礼报告，请习仲勋检阅部队。突如其来的场面，使习仲勋一时手足无措。刘志丹事后对习仲勋说：你是边区政府主席，我是军委主席，军队应该接受和尊重党和政府的领导。"我们共产党拥护我们自己建立起来的政权。如果我们不尊重，老百姓也就不在乎了。"②

习仲勋回忆起这件事时曾说："他的行动真有感召力，我一个二十岁的青年，从此更受到了大家的拥护，特别是比我年长的同志，也都尊敬我。我想，大家尊敬我，我越要虚心，我见了他们更要尊敬，对年老的同志请他们多指教，对我们工作中的缺点错误多批评。军政军民关系更融洽了。志丹还不断鼓励我，'你做得好，有你这样的作风，咱们就会立于不败之地'。"③

二、清正廉洁的苏维埃政府

陕甘边区苏维埃政府成立后，即把惩治贪官污吏、树立廉洁政风列为苏维埃政权建设的头等大事，并在党政军干部中进行警示教育。习仲勋等政府领导人带头执行政府工作人员供给制度，从吃饭穿衣到公文草拟所需笔墨纸张等用品，均由政府财经委员会统一计

① 习仲勋：《难忘的教诲》，《人民日报》1993 年 10 月 24 日。
② 习仲勋：《难忘的教诲》，《人民日报》1993 年 10 月 24 日。
③ 习仲勋：《难忘的教诲》，《人民日报》1993 年 10 月 24 日。

划，统一筹办，按每个人的最低需要发给，形成以艰苦为荣的良好风气。刘志丹特别向习仲勋说：“群众最痛恨反动政权的不廉洁。他们无官不贪。我们一开始就要注意这个问题，穷要有骨气，要讲贞操，受冻受饿也不能取不义之财。”① 据此，陕甘边区苏维埃政府和革命军事委员会，严格执行刘志丹为红二十六军四十二师制定的暂行军律十八条及惩治党政军干部贪污的法规。此后，又颁布了《赤卫军暂行简明军律》，其中规定侵犯劳苦群众利益者处死刑、强奸妇女有证据者处死刑、凡没收地主豪绅及反革命分子财物不报告的价值 20 元以上者处死刑，以此警戒自己的同志。习仲勋说：“有了这条法令，在干部中确实没有发生过贪污事件。”“高岗犯过纪律，就曾受到撤职处分。”②

这些法规的制定和实行，严明了党纪、政纪、军纪，保证了对人民群众的利益秋毫无犯和为人民清廉理政，勤俭节约，深受根据地人民的欢迎和拥护。

苏维埃政府在注重自身建设的同时，有效地行使了组织领导经济建设和社会发展的职能，为保证根据地人民正常的生产生活、支援游击战争，提供了必要的物质基础。习仲勋主持制定并以陕甘边区苏维埃政府主席名义颁发了一系列政策法令，对政治、经济、军事、文化各项工作都作出明确的规定。他们发行边区政府货币，建立集市贸易，稳定和繁荣经济，极大地推动了根据地的建设，赢得人民群众的普遍称颂。

陕甘边根据地党政军领导机关和刘志丹、习仲勋等领导干部率先发扬艰苦奋斗、密切联系群众的优良作风，与根据地群众建立了生死相依的鱼水深情。陕甘边根据地广大群众把根据地和白区两相比较，切实感受到了南梁政府是清正廉洁、为劳苦大众谋利益的政府，一致称赞“南梁政府好”。

---

① 习仲勋：《难忘的教诲》，《人民日报》1993 年 10 月 24 日。
② 习仲勋：《难忘的教诲》，《人民日报》1993 年 10 月 24 日。

第二节　土地革命

一、土地革命的基本政策

为了更有力地支援革命战争，进一步巩固发展根据地的政治、经济建设，陕甘边区苏维埃政府建立后，领导贫苦农民开展了轰轰烈烈的土地革命斗争。从南梁中心苏区开始逐渐向广大根据地推开，到处是“分田分地真忙”的动人景象。

在此之前，陕甘边区革命委员会就领导南梁和广大陕甘边区农村，进行了以打土豪、分浮财、废除地主债权、租佃土地谁种归谁等为内容的土地革命。南梁中心苏区的土地分配是从 1934 年春季开始的，先在华池县及庆北县的柔远、温台、城壕三个区进行了分配土地试点工作。到年底又在赤安、甘泉、合水等县进行了土地分配试点。各地在土地分配工作中出现了一些不同的情况和偏差。陕甘边区苏维埃政府成立后，针对分配土地工作中的模糊界限和错误做法，在制定颁布“十大政策”时，首先对土地政策作了简明具体的规定。到 1935 年春（除游击区外），在党政军各级组织的发动领导、组织配合下，大部分地区展开了土地分配工作[①]。整个陕甘边

① 刘景范:《对陕甘边革命根据地几个问题的回忆》，中共陕西省委党史研究室、中共甘肃省委党史研究室编:《陕甘边革命根据地》，中共党史出版社 1997 年版，第 412—413 页。

苏区分配土地工作是从1935年秋季全面展开的，中心是解决土地所有制问题。在各级苏维埃政权和土地委员会的领导下，广大贫苦农民满怀阶级仇恨，斗争恶霸地主、土豪劣绅，烧毁废除地契、债约，分配土地、牛羊、粮食和其他财产，在根据地以凶猛不可阻挡的气势摧毁了数千年的封建土地剥削制度，建立了耕者有其田、人民当家作主的新世界。

陕甘边区苏维埃政府按照中央苏区《中华苏维埃共和国土地法》和陕甘边区工农兵代表大会通过的《土地决议案》精神，结合陕甘边地区的具体实际，制定颁布了一系列土地革命的法令、政策。其主要内容是：

（一）没收地主及富农出租部分的土地，地主参加劳动的可以分地。

（二）分川地不分山地，因为山地很多没有人种，川地也是种一年休耕一年。

（三）中心地区分土地，边沿地区不分，随着苏区的扩大，边沿区变成中心苏区后再分配土地。

（四）田、青苗一起分，因农民最需要的是青苗，如分田不分青苗就会降低农民的积极性。

（五）没收地主、富农的牛、羊分给雇农、贫农和缺牛羊的中农。

（六）红军家属分好地，具有分地的优先权。

（七）阶级划分以主要生产资料的来源和剥削或被剥削的程度来决定。

（八）争取与改造二流子参加生产。[①]

南梁革命根据地土地政策总的原则是：依靠贫农，巩固地团结中农，区分富裕中农，不与富农混淆，反对富农，消灭地主（没收

---

① 刘志丹：《刘志丹文集》，人民出版社2012年版，第35页。

地主一切土地，但不主张从肉体上消灭地主、富农，给他们以自食其力的出路）和封建剥削，按人口和劳动力的混合原则分配土地。划分成分，先由贫农团通过，再经全体农民大会通过，再分地。并在实践中不断总结和改进完善，保证了陕甘边根据地的土地革命始终沿着正确的道路进行。

二、土地革命的伟大实践

在陕甘边区苏维埃政府设立土地委员会的同时，各县、区苏维埃政府都成立了土地委员会，设土地委员长 1 人、委员若干人；各乡、村都有 1 名土地委员。他们紧紧依靠和组织雇农工会和贫农团，调查各乡村土地占有情况，宣传土地分配政策，丈量核实土地，组织领导农民群众分配土地和财产。

在这场深刻而复杂的阶级斗争中，陕甘边区党政军各级领导干部，总是站在土地革命的最前列。时任边区苏维埃政府土地委员长的张步清，随着闹革命带来经济地位上的变化，逐渐贪图个人发家致富，工作不积极，疲疲沓沓。刘志丹、习仲勋等经过研究决定，撤销了张步清政府土地委员长的职务，由从陕北逃荒落脚到南梁的贫苦农民李生华接替土地委员长职务。李生华革命热情高，积极肯干，土地改革工作很快有了很大进展。①

为了使上述政策得到充分贯彻执行，在习仲勋的带领下，陕甘边区苏维埃政府土地委员会和各县苏维埃政府领导干部，整天走东村串西村，和贫苦农民同吃同住，夜以继日地开展工作，组织和发动群众，南梁中心苏区的群众被充分发动起来，斗地主、分田地的斗争搞得热火朝天，并逐步向整个陕甘边区迅速推进。陕甘边区苏

① 蔡子伟:《陕甘边根据地政权建设回忆》，中共陕西省委党史研究室、中共甘肃省委党史研究室编:《陕甘边革命根据地》，中共党史出版社 1997 年版，第 626 页。

维埃政府主席习仲勋，无论工作怎样繁忙，也要亲自接待因划定阶级成分等问题而来访的农民群众，及时深入调查研究，纠正土改工作中出现的某些偏差。

习仲勋亲自领导打土豪分田地斗争，带领庆阳游击队抓获了紫坊畔拓儿掌的一个恶霸地主，没收其银元 1000 多块、粮食 500 余石、羊 2000 余只、牛 100 多头，分给了南梁的贫苦农民。又到白马庙川发动群众打土豪，处决了一个不杀不足以平民愤的劣绅，给贫苦农民分配了大批牛羊和 3000 多亩土地。这些胜利成果极大地鼓舞了人民群众的革命斗志，推动了土地革命运动轰轰烈烈地迅猛发展。从南梁中心苏区到陕甘边南区、东区的广大根据地人民，以极大的热情投身土地革命斗争，以彻底改变自己的命运。

为了巩固和发展土地革命的胜利成果，发展根据地的经济，陕甘边区苏维埃政府还采取了一系列扶持发展农业、牧业生产的措施。南梁和陕甘边界贫苦农民虽然获得了土地，但广大农民的生产资料和耕畜极其缺乏，在生产上仍困难重重。据此，陕甘边区苏维埃政府和县、区红色政权拨出有限的资金解决贫苦农民生产急需，红军还经常派出小股部队，神出鬼没地潜入敌占区，拉土豪，抓劣绅，没收浮财，赶回牛羊，分配给根据地的农民群众，扶持他们发展生产。杨森师长曾率领骑兵团深入陕西长武、韩城等地捉拿土豪劣绅，带回了大批财物，支援根据地人民的生产。

为了改变根据地农民群众缺少牲畜的状况，南梁政府还大力鼓励农民发展畜牧业，并从政府办的牧场中，提供牛、驴、马匹给贫苦农民，帮助他们解决生产急需。南梁政府明令宣布不向农民征粮和接受农民捐献粮，使陕甘边区的农民群众得到了休养生息，农业生产得到快速恢复和发展。

三、土地革命的历史经验

以南梁为中心的陕甘边根据地开展的土地革命，是刘志丹、习仲勋等党政军领导人，总结了根据地创建过程中三年多来的斗争经验而稳步推开的。

首先是把开展土地革命与发动组织群众始终紧密结合在一起。南梁根据地打土豪、分田地斗争，是中共陕甘边区特委和苏维埃政府组织发动广大贫苦农民，跟党闹革命的一场深刻而广泛的群众运动。1933 年冬，张策和习仲勋来到南梁，就在当地群众中活动宣传，村村开会，村村讲演，挨家挨户，扎根串连。经过一春的工作，农民联合会、赤卫队、贫农团、雇农工会等在南梁的几条川里相继成立。在此基础上，1934 年 2 月在南梁四合台恢复成立陕甘边区革命委员会，下设多个部门，其中之一为土地委员会。设委员长 1 人，委员数人（区土地委员 4—5 人），在各乡村，由贫农团负责领导土地分配工作。起初一些群众有顾虑，在苏维埃干部动员下，有红军游击队撑腰，站出来参加分地主粮食的群众越来越多，几百里路以外的农民都来分粮分物，比赶庙会还热闹。如在悦乐上堡子分大地主粮食的现场，红旗飘扬，来参加分粮的人们脸上喜气洋洋，背的背，挑的挑，用毛驴驮的驮，人来人往，川流不息，一直持续了十几天。地主仓里的粮分完了，把场里的麦垛铺开碾了再分，分了粮分牛羊，共分牲畜 700 多头、羊 800 余只，最后把 1000 多斤烟叶也分了。通过分粮斗争，也锻炼培养了一批革命积极分子，不少人就因此参加了革命。蔡子伟回忆说："分地时，我们紧紧依靠贫农团和雇农工会。由于群众真正发动起来了，分配土地的运动进行得相当顺利，像玉皇庙川、白马庙川、二将川、白沙川、豹子川等几道大川的村子，分配土地运动搞得热火朝天，地富分子威风扫地，人民群众扬眉吐气。"[①]

其次是坚持实事求是，稳步推开。为了使苏维埃政府的土地政策法令受到老百姓的欢迎和拥护，在习仲勋等人的领导下，边区政府做了大量深入的调查研究工作。南梁中心苏区最早分土地是在荔园堡。分配土地工作开始前，土地委员会调查掌握和没收地主的全部财产，划定阶级成分，按成分再进行土地分配。群众对自己的阶级成分很重视，以贫雇农为荣耀。当时老百姓对土地的要求不迫切。最迫切的是废除债务、分配财产。根据这种情况，政府在打土豪时，首先是废除债务，烧毁地租契约。其次是分配粮食、牛羊等牲畜财物。根据南梁地区人口少、耕畜少，而山地较多的实际状况，苏维埃政府决定分川地好地，不分山地，分山地是按块指划，但也明确地界。土地和青苗一起分，以满足贫苦农民没有种子的迫切要求，也就调动了农民参加土改斗争的积极性。1935 年春，南梁一带的农户增多了，又采取抽多补少的办法进行二次分地。

为了确保土地革命平稳进行，边区政府先安排在南梁中心苏区临近的几个县搞了试点，总结经验，制定下发了《陕甘苏区土地斗争中一些问题的决定》，指导土改逐步在全苏区推开。这些工作，保护了群众利益，有效保障了土改斗争的顺利进行，也促进了农业生产发展，改善了群众生活，政府和红军在群众中的威信也越来越高。南梁苏区土地分配工作也为习仲勋以后主持土改工作积累了宝贵经验。他后来在领导绥德地区的土改中，及时发现和纠正了"左"倾错误行为，受到党中央和毛泽东的充分肯定。

再次是坚持了人民当家作主、耕者有其田的土地革命正确方向。在土地革命斗争中，苏维埃政府在制定土地政策时，优先保障

---

① 蔡子伟:《南梁根据地革命斗争片断回忆》，刘凤阁、任愚公主编:《红二十六军与陕甘边苏区》，兰州大学出版社 1995 年版，第 934—935 页。

贫雇农阶级和红军战士及军烈属的利益，充分体现出苏维埃政府是代表劳苦大众利益、为穷苦人争权益谋幸福的人民政权。因此，分地时，首先照顾雇农、佃农、红军家属和军烈属，给他们全分的是好地，然后再按成分给其他缺少地的农户分配。南梁山区的土地广，每人可分川地 10 亩。对其他财产的分配，也是先照顾雇农、佃农。红军战士和家属具有分地的优先权。在土地改革中还实施了统一战线政策，如给在白军中当兵的暂时不分地，但留有公地，等他们脱离白军的队伍回来后，再分地给他们。

争取与改造懒汉二流子参加生产，是南梁政府开展社会治理和改造的一大创举。受腐朽社会根深蒂固的恶习影响，当时，南梁根据地也存在一些不务正业、游手好闲、好逸恶劳，吸大烟、耍赌博，沿门乞讨、坑蒙拐骗、充当巫神马脚以之谋生者。边区政府采取多种措施，教育和改造懒汉二流子，安置和争取流浪者，鼓励人人勤劳生产，投身根据地的经济建设。边区政府采取教育引导、督促改造的方式，帮助他们转变成为自食其力、对社会有益的人，极大地净化了社会风气。在后来的陕甘宁边区开展的改造二流子活动，南梁政府这一社会改造治理的经验起到了重要的指导作用。

陕甘边区的土地革命，消灭了千百年来存在的封建剥削制度，铲除了千百年劳苦大众的穷根，既解决了农民最迫切的土地要求，又为扩大红军和革命根据地，巩固新生的红色政权，奠定了坚实的群众基础，使以南梁为中心的陕甘边苏区的贫苦农民得到了土地，实现了世世代代梦寐以求拥有土地的夙愿，极大地激发了广大贫苦农民参加土地革命和发展生产的积极性。贫苦大众有吃有穿、生活安定，过上了过去想都不敢想的好日子，打心眼里感激和拥护南梁政府和红军游击队。南梁的群众高兴地唱道：

三月里来是春风，
边区主席习仲勋。

仲勋本是富平人，
二十一岁称英雄。
打倒土豪分田地，
领导农民翻了身。[①]

土地革命的深入开展，也带动整个苏区掀起了参军支前、保护根据地的群众性热潮，为巩固和扩大根据地，保卫新生的革命政权，奠定了坚实的群众基础。

① 王永魁:《充分利用档案资源做好党史资料征集抢救工作》,《庆阳党史研究》2001年第4期。

第三节　经济政策

一、经济政策的主要内容

南梁革命根据地创建之前，由于国民党政府的黑暗统治和军阀势力的各自为政，南梁山区货币种类杂乱，集市贸易久废，民生凋敝，经济衰败。南梁革命根据地建立之后，国民党反动派在不断进行军事“围剿”的同时，还进行了严密的经济封锁，妄图扑灭南梁根据地的熊熊革命烈火。在这种严峻形势下，陕甘边区革命委员会、陕甘边区苏维埃政府为克服严重困难，发展和繁荣苏区经济，相继采取了一系列积极有效的政策措施，开设集市贸易，促进金融流通，有力地推动了南梁革命根据地的经济建设。

习仲勋回忆说：“志丹同志十分注意经济工作，一开始他就让根据地建立集市，欢迎白区商人来经商。他说：‘打仗为了和平，有了和平环境，就要建设，就要帮助农民搞好生产。农忙时，红军要帮助农民耕地、收割。’”[①]

国民党的报纸也宣称：“刘匪子丹，在所谓陕甘边革命区内，十分注意恢复经济，解决穷人吃饭问题。用军保民，用民养军。我

① 习仲勋：《难忘的教诲》，《人民日报》1993 年 10 月 24 日。

们剿共，如忽略了经济，即一切组织，均不能确立。有好的斗士、好的办法，亦不能发挥效力。”[①]从一个侧面印证了南梁政府经济建设取得了令敌人都佩服的成绩。

陕甘边区苏维埃政府成立的同时，成立了财政委员会（也称经济委员会），杨玉亭任财政委员长，主要负责搞好边区的经济建设，解决党政机关和部队的供给及民需之用。陕甘边苏区的财经粮食政策主要有以下内容：

1. 奖励农民生产，发展农业，增加粮食。

2. 成立牧场，养猪放羊。

3. 粮食供应是保证军粮和民生的大事，边区政府建立了流动仓库，分散储藏，对群众不动员交粮，也不交“欢迎”粮，靠收买民粮供给军队。

4. 财、粮来源主要是取之于豪绅地主，有计划地向敌人夺取。

5. 成立集市，便利交易。在白马庙、荔园堡等地建立了集市，群众大感方便。

6. 保护小商人，允许其来苏区做生意。

7. 发行苏票，流通金融。[②]

边区财政委员会也对保障机关部队供给作出明确规定：

1. 通过打土豪筹集财、粮，采购布匹、纸张、医药，供应机关和部队。

2. 发动群众入股集资，建立消费合作社，解决群众食盐、布匹、日用品的供应。

3. 没收地富的牛羊大部分分给群众，留下少部分集中办几个牧场发展生产，保障机关、部队供给的需要。[③]

---

① 成柏人：《陕北匪患之再认识（节录）》，《志丹书库·刘志丹卷（下）》，中国文史出版社 2010 年版，第 1251 页。

② 刘志丹：《刘志丹文集》，人民出版社 2012 年版，第 36 页。

③ 王华：《陕甘边东区的创建》，刘凤阁、任愚公主编：《红二十六军与陕甘边苏区》，兰州大学出版社 1995 年版，第 1013 页。

边区财经粮食政策的颁布实施，有效地调动了各方面的生产积极性，促进了边区经济繁荣，改善了农民的生产条件，减轻了农民的社会负担，提高了农民的生活水平，增加了边区的粮食储备，保障了军需供给，为巩固扩大根据地和红军力量提供了坚强的后盾。从这些经济政策规定的条目内容和目标取向，可以清晰地看出，以习仲勋为主席的边区政府把保护和发展全苏区人民的经济利益，让他们过上富裕幸福的生活，作为政府工作的主要任务和奋斗目标，充分彰显了中国共产党人执政为民的初心和使命。

二、建立集市与发行货币

南梁革命根据地创建之前，南梁山区一直没有集市贸易，当地农民群众的农、副、牧业产品难以销售，生活用品和生产资料难以购买，物资交流处于停滞和几乎与世隔绝的状态。因此，在深入开展土地革命和鼓励发展农业、牧业生产的同时，为了发展陕甘边根据地的经济，打破国民党对根据地的经济封锁，满足群众的生产和生活的需要，调剂余缺，促进流通，1934 年 7 月间，陕甘边区革命委员会在荔园堡设立了陕甘边区第一个红色集市，每月阴历初一、十一、二十一为集日。

为巩固和繁荣集市，刘志丹、习仲勋组织秧歌队、社火班子、皮影戏剧团在街道演出，宣传群众，扩大影响，收到意想不到的效果。每逢集日，荔园堡方圆几十里的群众纷纷前来赶集，集市上人头攒动，生意兴隆。集市上买卖猪羊、牲畜、家具、山货、布匹、鞋、粮食、鸡蛋及其他生活用品，有炸麻花、卖蒸馍和荞麦面饸饹的，还有卖牲畜、余粮的。摆摊子的高声叫卖，顾主争相购买，一派生机繁荣的景象，真正起到了促进边区经济流通的作用。

几乎每逢集日，习仲勋、蔡子伟等政府领导都深入到集市上转一转，了解情况，鼓励群众发展生产，活跃市场。对从国民党统治区到根据地来做生意的商人，南梁苏维埃政府采取鼓励、欢迎和保护的政策，还通过各种办法同一些开明的商人建立合作关系。习仲勋向他们宣传边区的经济政策，还指示政府工作人员把苏区的山货和羊畜等廉价卖给他们，使他们有利可图。又通过他们把苏区缺少的棉花、布匹、盐、纸张和其他物资运进来。他们来时驮着蓝白布匹、纸张、油墨、食盐等“违禁”物品，然后在集市上购买牲畜、土特产。集市贸易的建立不仅满足了群众的需要，而且也从集市贸易中换来了南梁政府和红军所需的一些必需品。边区政府文化委员长蔡子伟在一篇回忆文章中说：“几乎每逢集市，习仲勋同志和我们几个都去转一转，群众每每把我们围拢起来，问这问那，亲热极了。那时候没有明文规定的商业税收制度。集市贸易真正起到了促进边区经济流通的作用。”[①]

当时有一个白区的商人第一次来到南梁，见了一个站岗的红军战士就塞纸烟和钱，红军战士把钱摔到地上，气愤地说：“糟蹋人！”商人吓得不得了，心想是给得少了还是其他原因。刘志丹知道后，赶快派干部去向白区的商人道歉，说明道理，并当着商人的面批评战士不懂礼貌，说：“应该讲明红军的纪律，再退钱，这样鲁莽是不好的。”商人连连说：“我不知道红军纪律这样严明，这样我们商人还怕啥哩。”[②]这件事一传十，十传百，经过一段时间，一些商人受到革命思想的影响，逐渐变得同情革命，红白区间的经济交流一天比一天活跃，带动根据地的生产也发展起来了。边区政府迁驻洛河川后，又在胡皮头村设立集市，逢五为集，每月 3 次。

荔园堡集市建立时间不长曾出现过低潮，有时候集市上来的人很多，就是做生意的很少。对此，习仲勋主席高度重视，经过访问群众，摸清了底细：原来群众吃够了国民党钞票的苦头，今天到手

① 蔡子伟：《南梁根据地革命斗争片断回忆》，中共庆阳地委、甘肃人民出版社编：《南梁曙光》，甘肃人民出版社 1983 年版，第 59 页。

② 马文瑞：《群众领袖　革命楷模》，《志丹书库 · 刘志丹卷（上）》，中国文史出版社 2010 年版，第 173 页。

的票子明天就贬值了，或不顶用了。当时，边区政府还没有自己的货币，银元和物品又不便携带，这就给经济流通带来了困难。为了把经济命脉彻底掌握在自己手中，稳定市场，繁荣边区经济，刘志丹、习仲勋决定自己动手，印制发行边区自己的货币，建立边区政府自己的金融货币体系。但是，当时条件非常困难和艰苦，既没有纸张，也没有印刷机器，怎么印发货币？刘志丹和习仲勋一起研究琢磨想办法，没有机器就刻木板印，没有纸张就用粗老布代替，制成布币。害怕布币用的时间久了褪色，就用加热了的桐油[①]浸渍过。经过多次实验和改进，第一批边区布币终于诞生了。因是边区苏维埃政府发行的货币，群众亲切地称为“苏票”。为了保障货币发行工作，边区政府在白马庙川的油房沟设立了造币厂，有 3 名工人，在南梁寨子湾附近的东沟设立了政府银行，负责货币的回笼和兑付。据张策回忆，为了方便群众和商人做买卖，边区政府规定“苏票与银元等值。为了取信于民，解除群众和商人的后顾之忧，边区政府财经委员会在荔园堡设立了 4 个‘苏币’与银元兑换处，使‘苏币’获得了很高的信誉。这样，老百姓对“苏票”这种印刷很粗糙的票子和银元一样喜欢。”[②]

当时，在边区禁止国民党的货币流通，也禁止国民党的货币兑换“苏票”。苏币发行数量不大，但价值很高，花壹角钱能买到许多东西，商品和货币价格十分稳定，老百姓也非常赞成和拥护苏币。没多久，“苏票”不仅顺利流通，还因其币值稳定、携带方便、信用良好，群众对其和银元一样喜欢。特别是行军打仗的红军战士，因其易携带保管，争着兑换布币。[③]在国民党的钞票时时贬值

---

① 桐油为油桐树籽加工提炼提取，具有易干燥，比重轻，附着力强，耐热、酸、碱，透明等特点。

② 巩世锋：《陇东：说不完的革命故事》，甘肃文化出版社 2015 年版，第 133 页。

③ 《王生玉等 25 人座谈洛河川苏区的创建》，刘凤阁、任愚公主编：《红二十六军与陕甘边苏区》，兰州大学出版社 1995 年版，第 476 页。

的情况下，边区的“苏币”在人民群众中享有极高的信誉。

在南梁苏区，陕甘边区革命委员会和苏维埃政府前后发行了两种“苏票”，第一种是陕甘边区革命委员会发行的“油布币”，第二种是陕甘边区苏维埃政府发行的农民合作银行兑换券。前者是用老粗布印制，后者是用细洋布印制，反映出随着边区的经济改善，货币印制水平有了明显提高。

陕甘边区革命委员会发行的贰角油布币

南梁政府“苏票”的成功发行流通，不仅有效促进了苏区经济的繁荣稳定，打破了国民党政府对边区的经济封锁和军事“围剿”，而且“苏票”在边区享有良好的口碑和信誉，也提高了边区政府的声望和威信。尽管敌人多次袭扰和“围剿”南梁，给南梁根据地人民带来了一次次灾难，也使集市贸易受到极大破坏。但苏区只要重新回到人民手中，南梁的集市总是繁荣的，被群众誉为“西北第一集”。

三、开放贸易

随着边区苏维埃政府的成立和苏区的扩大，根据地内部的红军和游击队的数量也在急剧增加。为了解决部队、机关的供给和群众生产、生活上的困难，边区政府除了成立集市、发行货币，还千方百计地把当地的经济发展起来。南梁地区盛产羊皮、羊毛、羊和牲畜等，外地商人也有到该地交易的传统。他们来到苏区走乡串户，收购皮毛等土特产，同时销售一些当地群众急需的布匹、针线、生活用品。集市成立后，边区政府对商人采取了保护政策，鼓励他们发展商品贸易。而且，边区公平买卖，通行安全，一切外来商客和他们的贸易活动都受到红军、游击队的保护，和他们在白区做生意经常受到军阀、土匪的洗劫，常常血本无归形成鲜明对比，因此，陕甘宁三省的商人都纷纷前来做生意。通过他们打破了敌人对根据地实行的经济封锁，使苏区内所需的物资源源不断地从白区运来，也使根据地的土特产品及时销往外地。根据地群众用从商人卖的蓝布做的鞋，每双可卖一块白洋。习仲勋回忆说："南梁根据地通过发行'苏币'、设立集市、保护和鼓励白区商人来苏区做买卖等措施，把经济搞活了，物资广为交流，干部用上了手电筒，战士用上了洋瓷碗。"[①] 南梁苏区实行的贸易政策，既保证了政府机关和红军部队的供给，也满足了群众调剂余缺和购买生活用品的需求。

为了打破敌人的经济封锁，发展苏区的贸易事业，根据地从事此项工作的一批工作人员，做出了显著成绩和贡献。他们冒着极大的风险，做了极其艰苦复杂的工作，有的甚至流血牺牲。张景文的丈夫徐国连，就是其中的一位。1934 年的春天，夫妇俩投奔南梁根据地时，就从西安给红军带来了当时十分稀奇的 12 支盒子枪。此后，徐国连按照南梁根据地党政组织的安排，不畏艰难险阻，经常秘密来往南梁与西安之间，在西安地下党组织的帮助下，为南梁苏区与白区商人建立合作关系，竭尽全力地进行工作，为根据地买回了大批急需的货物。久而久之，他的行动被敌人发觉而被捕，光荣地献出了宝贵的生命。

① 习仲勋:《难忘的教诲》,《人民日报》1993 年 10 月 24 日。

当时，从白区来根据地交易的商人很多，经常活动在陕甘边界及南梁的外地商人有 500 多人。① 这些商人千方百计地给苏区输进一些急需的货物，甚至冒着被杀头的危险为苏区送来"违禁"的货物。白区的商人应用各种手段，打通了白区与边区边境敌人企图封锁的通道。国民党的报纸气急败坏地骂这些商人是"通共"。②

随着集市贸易事业的发展和"苏币"的发行流通，南梁根据地的生产逐渐发展了起来，集市经贸日益繁荣了起来，人民生活也得到了改善，根据地到处呈现出一派欣欣向荣的喜人景象。

四、发展农业生产

陕甘边区苏维埃政府成立了粮食委员会，呼志录任粮食委员长，负责修建流动仓库、做好粮食购买储备工作，还负责统计根据地的粮食出产情况和群众的吃粮储存情况，按时做好各种粮食种子储备，保证粮食生产，支援革命战争。边区政府为了促进根据地发展农业生产，采取了休养生息的安民政策，对农民不征粮，不派款，无任何税赋。边区各级苏维埃政府和红军的经费开支，主要向豪绅地主索取，把打土豪作为主要财政来源。没收豪绅地主的粮食、牛羊和财产，除分配给贫苦农民外，还留一些作为党政机关、红军和游击队的公粮、公畜，分散保存在农村，随时供应部队。政府办了一些小牧场，把留下来的牛羊集中牧养，以备军需。政府还在各地设立了粮食收购站，按市价收购上市出售的粮食，建立流动仓库，分散储备。因此，红军行军打仗，走到哪里都保证了给养，减轻了农民负担，促进了根据地经济发展，密切了党群干群关系。

---

① 张文华:《陕甘边根据地革命斗争回忆》，中共陕西省委党史研究室、中共甘肃省委党史研究室编:《陕甘边革命根据地》，中共党史出版社 1997 年版，第 651 页。

② 蔡子伟:《南梁根据地革命斗争片段回忆》，刘凤阁、任愚公主编:《红二十六军与陕甘边苏区》，兰州大学出版社 1995 年版，第 937 页。

土地改革后，政府领导群众主要抓粮食生产和牲畜牧养。在苏维埃政府成立前，由于土匪抢、军阀掳，南梁的牲畜很少，使农业生产受到很大影响。土改后，家家户户都分到了牛羊，畜牧业发展了，每村都有了马，有了羊群。当时每套牛一年可耕种川山地 100 亩左右，产粮二三十石。

在刘志丹、习仲勋的主持下，号召部队、机关筹集资金，创办合作社，解决农民发展养猪、养蜂经费不足及生活日用品购买困难等问题。当时，华池县各区试办了合作社，部队和机关中还发起了支持创办合作社的募捐活动。红三团募捐了 50 块现洋及一批边区政府发行的“油布票”（苏币），支持各合作社群众养蜂、养鸡、养猪，使参加合作社生产的户数由最初的 5 户逐渐增加到 20 余户。范长江在评价南梁政府的经济政策及在民众中的影响时说：“分大地主的土地与羊只给农民，反对捐税，反对派款。因此，在消极方面，取消了民众的负担，积极方面增加了民众的所有。以实际利益为前提的民众，当然赞成刘志丹的主张，而愿为之用命。再加以刘志丹之组织，使民众更不得不为之用。更经数年来赤化教育之结果，民众心中，只有苏维埃、瑞金、莫斯科、列宁、斯大林等，而不知有西安、兰州、北平、南京等名词。某县长曾在合水以东召集民众训话，数次申传，到者寥寥。而苏维埃召集开会，则 24 小时之内，可以立刻齐集数百里以内之民众。”①

南梁政府实施的经济政策，反映了刘志丹、习仲勋领导的陕甘边根据地党和政府在异常艰苦的条件下，立足陕甘边根据地的实际，努力建设一个理想中的让人民幸福满意、有获得感的“工人和农民的民主专政的国家”② 而进行的积极探索和目标追求。陕甘边革

① 范长江:《刘志丹之鼓动与民心之向背》,《刘志丹纪念文集》编委会编:《刘志丹纪念文集》，军事科学出版社 2003 年版，第 793—794 页。

② 中共中央党史研究室:《中国共产党历史》第一卷（上册），中共党史出版社 2011 年版，第 327—328 页。

命根据地经济政策及其措施，都明确指向了以人民为中心的执政理念，把改善人民生活，减轻人民负担，提高人民经济地位，创造人民满意美好的新生活，作为边区政府工作的全部目标和努力方向。把开放搞活、促进贸易流通作为发展根据地经济的重要措施。在照金的绣房沟、南梁的荔园堡和洛河川的胡皮头，习仲勋都亲自抓兴办集市，搞活经济，极大地丰富了物产供应，满足了人民群众的基本生活需求，受到了根据地人民热烈拥护和称赞，使南梁成了贫苦百姓向往的好地方。许多不堪忍受反动统治阶级压迫、剥削的穷苦农民，从四面八方纷纷投奔南梁；一些追求真理的有志青年和知识分子，千里迢迢地来到南梁参加革命，甚至还出现了携儿带女、全家投奔南梁的动人情景。在南梁根据地中心山区定居的人口，由根据地创建之前的295户1000余人，很快就增加到1000多户6000余人。

“文化大革命”结束后，习仲勋主政广东，坚定地冲破“左”倾思想羁绊和僵化藩篱，力推改革开放和对外搞活，创造了国家经济特区的发展奇迹。这种坚定信念和大无畏勇气，正是来自南梁革命根据地时期经济建设的成功经验、对外开放搞活的独特模式以及广大人民群众拍手称赞的认知。南梁革命根据地经济政策的成功实践，其影响是深远的。中国沿海地区的开放搞活思路可以追溯到深处内陆、穿越历史的陕甘边苏区，从南梁革命根据地粗糙的布币，可以看出广东地区改革开放实践一以贯之的方法思路和必然联系。

第四节　军事建设

一、军事政策与扩红运动

1934年11月，陕甘边区苏维埃政府宣告成立后，会议选举成立了陕甘边区革命军事委员会和赤卫军总指挥部，刘志丹任军委主席，朱志清任赤卫军总指挥。在边区军委的统一领导下，根据地的青壮年几乎全部参加了各种武装组织，根据地的军事建设得到迅速发展，普遍建立了赤卫军。红四十二师在原有两个团的基础上，又组建了红一团、红二团和西北抗日义勇军。根据地初期的18个县级革命政权都组建了游击队，共约3000余人。正规红军与地方武装互相支援、紧密配合、情同手足、共同作战、捷报频传，极大地鼓舞了苏区人民推翻黑暗腐朽统治、建立苏维埃的信心。这一切都表明，以南梁为中心的陕甘边苏区发展到了一个崭新的阶段。习仲勋回忆说："1933年冬天，红军横扫陕甘边的反动武装，以南梁为中心的陕甘边根据地建立起来了。当地小伙子见到红军回来了，高兴地唱起了'信天游'：'鸡娃子叫来狗娃子咬，当红军的哥哥回来了。'从此，以桥山中段为依托的红军游击战争，就以烈火燎原之势发展起来了。"[①]

① 中共中央党史研究室编：《习仲勋文集（上卷）》，中共党史出版社2013年版，第563页。

陕甘边区特委、苏维埃政府和军事委员会根据颁布实施的《军事决议案》，制定了各种动员条例和一系列军事政策，领导陕甘边苏区军民团结奋斗，开创了军事斗争节节胜利的崭新局面。这些内容包括：

1. 自愿的兵役制，群众参加游击队后，经过一个时期的训练成排连的编到红军里去。

2. 在战斗动员上规定了各种条例，如少先队、赤卫军条例，动员方式是自愿的，武器是没收豪绅地主的，在军纪上也规定出新的条例。

3. 在赤少队的基础上广泛成立游击小队。

4. 奖励群众买武器，买到新式武器则特别奖励，收缴下的武器归个人使用。

5. 成立军政干部学校，培养部队上的军政干部。

6. 成立民间递步哨，帮助红军做情报工作。

7. 对牺牲的战士和赤少队员付给埋葬费和抚恤费。①

这些军事法令和政策实行后，取得了显著的效果，有力保障和推动了南梁革命根据地军事力量的迅猛发展，为推动军事斗争不断取得胜利提供了保障。

在南梁根据地开辟过程中，为了保卫胜利果实，在陕甘边特委和苏维埃政府的正确领导下，采取了一系列组织动员参加革命武装的措施，在根据地掀起了广泛的扩红运动。1933 年冬，习仲勋、张策等同志到南梁一带开展群众工作，吴岱峰作为红二十六军四十二师后方特派员，也来到南梁地区负责组建游击队和赤卫军。在习仲勋、张策的动员组织下，很快成立了雇农工会、贫农团和农民联合会。群众组织发动起来后，开始组建成立赤卫队。在南梁革命根据地创建初期，参加红军游击队和赤卫军的人很多，每区每村

① 刘志丹:《刘志丹文集》，人民出版社 2012 年版，第 36—37 页。

都有赤卫军组织，青壮年男子全部参加，有些老人也参加了，相继建立了 4 个赤卫军中队。赤卫军每村编 1 个班，每人一根矛杆。数个临近的村赤卫军编为 1 个中队，中队统一归赤卫军总指挥部领导。赤卫军（队）的主要任务是：

1. 搞好递步哨，每村都设哨口，白天 1 人，晚上 2 人，负责值勤。

2. 传递信息，一发现敌情立即向乡主席和政府报告，当地绝大多数人都不识字，送的信大都是纸折的一个角，在上面插一根鸡毛，表示情况紧急，这些信传送很快，一村转一村都按时送到了政府。

3. 清查外人。对进入本地区的陌生人立即报告给乡政府进行审查。

4. 打土豪。打土豪是政府组织的。①

与此同时，少先队也组织起来了。少年儿童按自然村编为小队，受赤卫军的领导，任务主要是开会和斗争地主豪绅、传送情报。赤卫队活动很活跃，配合游击队攻打敌人的堡子，将地主的牛羊赶回来，配合红军开展反“围剿”战争，夜间经常去骚扰进犯苏区的敌人，让他们不能安宁休息，对保卫根据地起了重要作用。在赤卫队和少先队的基础上，广泛地成立游击小组，这是游击队的后备军。

到 1934 年后季，南梁中心苏区赤卫军发展到 18 个大队，朱志清任赤卫军总指挥，郑德民任副总指挥，梅生贵任参谋长。陕甘边区苏维埃政府成立后，群众组织蓬勃发展，游击队武装在各村也相继建立。苏区普遍建立赤卫军、少先队、递步哨和游击小组，实行全民皆兵。

---

① 蒋成英：《1985 年 10 月谈南梁中心苏区的创建》，刘凤阁、任愚公主编：《红二十六军与陕甘边苏区》，兰州大学出版社 1995 年版，第 441 页。

在扩大南梁根据地全面建政的同时，从1934年冬到1935年春，南梁根据地开展了轰轰烈烈的“扩红”运动，只要政府下达扩红动员令，群众就踊跃地参加红军、游击队和赤卫军，革命的武装力量得到了源源不断的补充和发展。同桂荣回忆说：“为欢送入伍的红军新战士，习仲勋亲自和群众一起敲锣打鼓，发表热情洋溢、振奋人心的讲话，使参军成为人人羡慕、户户光荣的喜事。”①

在苏区到处是父母送儿当红军、妻子送郎当红军的动人情景。红军主力部队迅速发展壮大起来，红二十六军四十二师的兵力扩充到了2000余人，各县游击队扩大到了3000人，赤卫军也增加到5000余人。随着红军主力部队和游击队战斗力的不断增强，红四十二师与各地游击队、赤卫军紧密配合，连续向敌军发起了新的攻势，克敌制胜的捷报频频传来。

1935年8月1日红军成立纪念日，陕甘边区苏维埃政府主席习仲勋在洛河川史家河滩主持召开军民大会，宣讲红军的宗旨和苏维埃政权的意义，号召赤卫军、义勇队积极参加红军。会议还印发了陕甘边特委关于组织地方义勇队积极参加革命的决议，及动员1300人参加红军的通知。这次大会有红军部队、赤卫军共约4000人参加。会场上放了两个桌子，一个是报名当红军处，一个是愿意接受考验，报名参加共产党员处。会上检阅了赤卫军，由红军部队作军事表演，广大军民备受鼓舞，精神高昂振奋。

二、军事体系的构建与后勤保障

南梁革命根据地建立初期，主要军事力量为红二十六军第四十二师，辖第三团、骑兵团。为了促进根据地的发展，加快军事

① 同桂荣：《我与习仲勋的交往》，中共中央党史研究室编：《习仲勋纪念文集》，中共党史出版社2013年版，第165页。

力量的发展，红四十二师党委先后组建成立了红一团和红二团，将郭宝珊领导的起义部队改编为抗日义勇军，共有五个团的建制，使红军主力部队兵力得到极大加强，成为根据地巩固和发展的坚强柱石。特别是红二十六军四十二师骑兵团，是中国工农红军创建最早的骑兵部队，在配合主力部队快速穿插袭击、有效打击敌人、长途运动保卫中心苏区等方面，发挥了特殊而重要的作用。

在游击战和反“围剿”斗争中，随着根据地南区的发展、东区的开辟，以及西线庆北苏区的建立和扩大，在南梁中心苏区逐步形成了以主力红军为主体，对敌人实施主动出击和正面作战；以游击队在当地开展小规模游击战，牵制袭扰敌人，配合主力红军行动；各地普遍建立的赤卫军、递步哨和少先队，在县、区、乡、村党组织和苏维埃政权的统一领导下，开展土地革命、站岗放哨、监视敌人、肃奸反特、传递情报、转移群众和伤病员、维护治安、坚壁清野等对敌斗争，肩负着配合主力红军作战、保卫苏区的使命。从而形成了以主力红军在运动中作战为主体，以游击队在当地配合主力红军开展游击战，以赤卫军、少先队等协同配合红军、游击队作战的军事体系。陕甘边区的游击战争从分散的游击区和被分隔的多个小块红色区域，开始走上了军事战略统一指挥、军事力量统筹调度、军事斗争通盘布局，以及全民皆兵的蓬勃发展新阶段，为巩固和扩大根据地奠定了坚实的军事基础。国民党报刊在分析国军“围剿”陕甘红军屡屡挫败，而苏区和红军不断扩大的原因时说：“计算匪军力量，不能仅注意匪方的正式红军，须知正式红军外，尚有游击队、赤卫军、突击队、特务队、少年先锋队、儿童团等等，也均为匪军重要力量。换言之，这才是匪军力量的基础，匪军的各种组织普遍深入到社会各内层，如贫农会、雇工会、赤色工会、劳动妇女会、儿童会……此外尚有反帝同盟会、互济会、学生会，直接间接都是匪的实力。所以，正式红军与国军比较，当然匪少我多，相差好多倍。但以匪的整个组织和匪区的全体民众与国军比较，匪则百万以计，而国军只十万二十万人，反为少数。”[①]

随着红军队伍的发展壮大，急需更多的武器装备及弹药。主力红军在武器装备来源上，主要依靠打胜仗从敌人手中缴获。陕甘边区军委制定奖励制度，鼓励红军战士在战场上英勇杀敌缴获武器，或者自己和动员苏区群众帮助购买武器，武装红军战士和游击队员。红二十六军主力部队绝大部分的武器都是缴获白军的。整个苏区实行全民动员的游击战争，武器在数量和质量上远远不能适应游击战争的需要，很多战士、游击队员拿着大刀、长矛和铁叉参加战斗。刘志丹鼓励使用大刀、长矛等武器的红军战士和游击队队员参加战斗，缴获敌人的武器。

红二十六军创建过程中，也创办有自己的兵工厂。1931 年，刘志丹在创建南梁游击队时，就动员人称“李炮匠”的铁匠李青山秘密为红军游击队修理枪械。南梁红军军械修理所开始有五名工人，不久扩大到二三十名，之后增加到几十人，马锡五、桂生芳先后任所长。惠子俊是从西安兵工厂来到照金参加革命的修械工人，一直在修械所工作。到了南梁，他是修械所的业务骨干，后任中共陕甘边区特委书记和中共西北工委书记。他在担任陕甘边区特委书记后，仍长年累月地和工人们在一起为红军修炮、造子弹，大家亲切地称他“惠师傅”。[②] 军械所除了修理枪支外，还能造麻辫炸弹、枪支零件和子弹等。当时，红军、游击队枪支弹药十分困难，尤其缺少子弹。红军战士 1 支枪最多配备 5 发子弹，一般只有 2—3 发，就这几发还是从敌人手中夺来的。为了解决子弹缺乏的问题，刘志丹决定部队自己研究制造子弹。他亲自登门请来铁匠李青山，还调集了一些有经验的战士，大家共同研究、想办法，终于造出了很管用的子弹。“为了造出更多的子弹，红军、游击队下了命令，凡是

① 成柏人:《陕北匪患之再认识（节录）》,《志丹书库·刘志丹卷（下）》，中国文史出版社 2010 年版，第 1250 页。原载《政治旬刊》，1935 年 11 月。

② 高文:《南梁史话》，甘肃人民出版社 1984 年版，第 95 页。

打仗用过的弹壳必须捡回，不管是长枪还是短枪，打几颗子弹就交几个壳。”[①] 每次打完仗，战士都把子弹壳保留下，或者发动群众捡弹壳，统一交到修械所。这为保障红军的战斗力起了很大作用。

刘志丹、习仲勋对军械修理所的工作高度重视，经常到修械所检查指导。一次刘志丹到修械所，接过枪边看弹膛边问工人：“能连射多少发子弹不锈膛？”工人说：“不要超过10发，最好打三五发就擦膛。”刘志丹说：“能打三五发就行了，我们的子弹主要还是靠战场上缴获。”“要打夜战、近战，自造子弹用在百米内，争取每发子弹消灭一个敌人。尽可能把战场上的弹壳捡回来，再装弹药。”又给修械所所长马锡五说：“除在苏区买锡、铁、铜元外，想法在敌占区也买些锡、铜元。”他又查看了修好和待修的300多支枪及自造子弹和维修工具，对工人们说：“要像爱护眼睛一样地爱护武器，要永远想到，有的烈士就是为夺取一支枪而牺牲的。”他又指着钢弹枪说：“这是各国近10年改造的武器，射程2000米左右。滑膛枪多了，还在改进中。”又指着铅弹说：“这些枪都是军阀向他们的靠山帝国主义以很大的代价买来的，枪龄都在20年左右，过时了，我们发给区乡游击队、赤卫军，可以打击敌人。”[②] 习仲勋为了保障修械所加班加点生产，派政府工作人员及时送去生活补给，鼓励工人们快修理、多生产，保障前方战士和游击队的需要。西华池大捷后，缴获了大量武器，有的受损急需修理。习仲勋让正在养伤的桂生芳赶快去修械所，边养伤边指导修理武器，之后又让桂生芳担任修械所所长。边区政府迁往洛河川之前，习仲勋指示修械所提前安全转移到了下寺湾。

根据地还办有被服厂，被服厂也不固定，主要是利用打土豪或

---

① 桂生芳：《红军游击队的军械修理所》，中共陕西省委党史研究室、中共甘肃省委党史研究室编：《陕甘边革命根据地》，中共党史出版社1997年版，第604—605页。

② 王四海：《跟随老刘战斗》，《刘志丹纪念文集》编委会编：《刘志丹纪念文集》，军事科学出版社2003年版，第205—206页。

缴获敌人的布匹，赶制部队急需的被褥、衣服和军鞋。这些工作主要是由当地妇女组织承担。刘志丹的爱人同桂荣到根据地不久，就参加了被服厂的工作，赶制军衣，为红军战士缝补衣服。刘志丹时常叮嘱她说：“红军战士离家在外，出生入死为革命，说不定什么时候就牺牲了，我们要尽力关心他们。”同桂荣说：“你放心做你的事，革命也有我一份，我武不成文不行，可以给红军缝缝补补、做衣做饭！”马锡五是被服厂厂长，同桂荣后来逐渐成为被服厂的组织领导者，她带领农村妇女为红军赶做军鞋、军装、军旗，许多红军战士穿的鞋都是她一针一线做的。①

红二十六军四十二师还在南梁小河沟（今林镇乡）设有红军后方医院，院长马锡五。医院设备简陋，医务人员较少。主要承担医治红军受伤人员，也为地方百姓提供力所能及的卫生医疗服务。遇到重病，西药极为困难，主要以中草药和针灸治疗为主。1934 年 4 月，国民党仇良明团和合水保安大队联合进攻南梁，在金岔沟抓捕到 3 名红军伤员和为红军治病的当地著名乡医徐治贵，及当地的 6 名乡村医生，一起拉到阎家洼子村活埋了。国民党军队向治病救人的乡村医生下毒手，就是要从根本上扼杀红军医院。

南梁中心根据地形成后，伴随着基层政权和游击队组织的普遍建立，干部、战士人数增多了，吃穿也成了问题。为了筹集粮草，习仲勋指示政府在荔园堡瓦房院设立了粮台，专事军粮的收购、加工、发放事宜，同时采取得力措施和严格纪律来保证完成粮草征集任务。瓦房院是老爷庙的后庙，隐蔽在浓密的树林之中。当时发放给部队的食品主要是“炒面”，即将糜子晒干后放在锅里炒熟，然后在石磨上磨成细面，装在长条布袋，队伍出发时，每人背上一袋，以备食用。由于部队和后方人员众多，军粮供应就显得特别

① 李建宁:《刘志丹夫人同桂荣一家》,《志丹书库 · 刘志丹卷（下）》，中国文史出版社 2010 年版，第 1185 页。

困难和窘迫。为了保证军粮供应，习仲勋想了好多办法。红军主力转入外线作战途中，经常进入南梁作短暂休整和补充，解决军粮供应和安排救护伤兵员就成了习仲勋肩负的一项非常重要的工作。部队的供给主要靠打土豪取得。打土豪不是由红军个人随意瓜分土豪的衣物粮食，而是由没收委员会组织开展。没收委员会由若干人组成，对被打的地主土豪家庭财物进行清理登记，然后由政府提出分配方案，再组织分配。部队每到一地，严格遵守纪律，不得私自上街扰民，更不得私自没收。[①] 在保证根据地党政军机关物资供给的同时，还统筹安排整个苏区的保障服务任务。

三、形成成熟的军事战略战术

包家寨会议确立了以南梁为中心建立三路游击区，巩固扩大根据地的正确方针。在陕甘边特委和红四十二师党委的坚强领导下，按照"狡兔三窟"的设想，在反"围剿"斗争为主的军事斗争中，以主力红军转入外线作战，横扫根据地边缘和中心区域的军阀、土匪、民团和反动武装，各路游击队配合行动，先后拔掉敌人成百据点，摧毁了敌人的保甲制度，建立起工农苏维埃，不到一年时间就解放了陕甘地区 10 多个县的广大区域，逐步把南梁同照金和陕北根据地连接起来，使南梁根据地扩大到广大的区域并稳定发展。毛泽东称赞刘志丹领导实施的多区域游击战略"很高明"。[②]

把军事运动和农民革命运动结合起来，在国民党统治力量薄弱的地方建立革命根据地，实行工农武装割据，实行全民皆兵，是南梁革命根据地军事思想的又一建树。毛泽东指出："革命战争是群

① 张达志:《怀念刘志丹同志》,《刘志丹纪念文集》编委会编:《刘志丹纪念文集》，军事科学出版社 2003 年版，第 200 页。

② 《刘志丹纪念文集》编委会编:《刘志丹纪念文集》，军事科学出版社 2003 年版，第 7 页。

众的战争，只有动员群众才能进行战争，只有依靠群众才能进行战争。"[①] 张策回忆说："刘志丹是一个有胆有识的革命家，他早认识到建立革命根据地的重要。他曾多次提道："一个革命军队没有根据地就如同一个人没有家一样，就难免处于困境，甚至要遭受失败。而且他认为在革命力量暂时还很弱小的情况下，根据地只能建立在反革命力量薄弱的地方。"[②]

根据这一指导思想，根据地把开展游击战争与三分（地、粮、财物）五抗（税、租、债、粮、款）结合起来，把建立革命武装同开创根据地和建立红色政权结合起来，在战略战术上，不打硬仗，不死守一地，在运动中消灭敌人，积小胜为大胜，使红军取得了主动，打开了局面。

建立和发展党独立领导的人民军队，是陕甘边党组织始终坚持的目标。刘志丹曾身经数十次武装起义和兵运工作的失败，认识到仅仅发动群众起义或暴动很容易被反革命力量镇压下去，深感没有一个在共产党绝对领导之下的、真正为人民的利益而战斗的革命军队是不行的。为了把红军游击队建设成为真正的人民的军队，从南梁游击队开始就在部队中建立起各级党的组织，从陕甘游击队开始建立政委制度，设立了政治部，配备专职政工人员，负责部队的文化教育和群众宣传工作。刘志丹经常给战友们讲：

"群众宣传好了，我们就能打胜仗。群众宣传不好，没有人替你通风报信，就要挨打。"[③]

红四十二师在师、团成立党委，连队建立支部，充分发挥党组织的战斗堡垒作用和党员的先锋带头作用。并坚持在部队中进行广

---

① 《关心群众生活，注意工作方法》（1934 年 1 月 27 日），《毛泽东选集》第一卷，人民出版社 1991 年版，第 136 页。

② 张策：《共产党人的光辉榜样》，《刘志丹纪念文集》编委会编：《刘志丹纪念文集》，军事科学出版社 2003 年版，第 173 页。

③ 杨培盛：《和老刘在一起"闹红"的日子》，《刘志丹纪念文集》编委会编：《刘志丹纪念文集》，军事科学出版社 2003 年版，第 330 页。

泛的阶级教育、纪律教育和思想文化教育，使全体战士懂得为什么革命、为谁打仗的道理，部队整体思想文化觉悟得到提升，不少战士积极要求入党，决心为共产主义和人民大众的解放事业奋斗到底，这与国民党的军队当兵只为发财形成鲜明对比。每次战斗的攻坚战、白刃战、阻击战，都由党员带头组成尖刀队、义勇队，前赴后继，攻城拔寨，刘志丹、谢子长、王泰吉、杨森、杨琪、王世泰等部队主要领导经常率先冲锋陷阵。

为了建立一支人民拥护的革命队伍，在刘志丹的倡导和带头示范下，在红军中彻底清除了一切旧军队的军阀作风和不良习气，彻底改变了官兵之间、上下级之间、军民之间的对立关系，树立起了红军和人民群众血肉相连、生死与共的深厚感情，从而形成了战胜敌人、克服一切困难的政治优势。刘志丹带头做到官兵一致、军民一致，他爱兵如子，体贴入微，理解尊重，和蔼可亲。行军打仗，部队每到一个地方，如果有小战士的家离得近，刘志丹就叫小战士回家去看父母；家庭困难的，还给带上一块银元。有个小战士家在白区，和根据地隔着一条沟，晚上刘志丹派几名战士护送这个战士回去探家，还给他带上两块银元。白区的群众闻说后，都说："红军真是仁义之师。"[①] 红军战士也发自内心地唱道：

当兵要当老刘的兵，
拼死也要打冲锋。
死了咱就再托生，
托生还当老刘的兵。[②]

① 马文瑞：《群众领袖　革命楷模》，《刘志丹纪念文集》编委会编：《刘志丹纪念文集》，军事科学出版社 2003 年版，第 82 页。

② 巩世锋编著：《陇东：说不完的革命故事》，飞天出版传媒集团、甘肃文化出版社 2015 年版，第 189 页。

把地方游击队尽快培养武装起来，使其成为开辟根据地、开展游击战争的骨干力量，实行广泛的人民战争，实行全民皆兵，是南梁革命根据地又一重要军事战略思想。刘志丹在祝捷大会上号召群众起来，只要红军在前面打了胜仗，你们就跟着分地主老财的牛羊和粮食，建立自己的苏维埃。主力红军横扫根据地边缘的敌人据点和土匪、民团，游击队配合边区政府迅速建立基层政权组织，组织发动群众，打土豪、分粮食，掀起轰轰烈烈的土地革命。在照金时，刘志丹把他的特务队（警卫队）交给习仲勋，要习仲勋继续领导扩大游击队，除了保卫根据地，还要给红军补充兵员。刘志丹叮嘱说：“打仗一定要灵活，不要硬打。能消灭敌人就打，打不过就不打。游击队要善于隐蔽，平常是农民，一集合就是游击队，打仗是兵，不打仗是农民，让敌人吃不透。”①

习仲勋也经常给游击队和群众讲游击战术说：“绳子从细处断，打敌人就要打他的薄弱处！”② 习仲勋回忆说：“我按照他的指示去工作，确实有效。我们对根据地周围的民团作了分析，能团结的就团结，能使其中立的就使其中立，只打击顽固的。对一时不明白党的政策的国民党内开明人士、老知识分子，我们首先尊重他们，向他们讲清道理，当他们知道我们是为国为民有大志的人，都点头称赞说，‘上面把你们说成是反贼，我也以为你们是草莽英雄，胡闹哩。你们原来都是治世英才。’后来一些群众中有威信的知识分子参加了革命，群众说：‘共产党本领真大，人们都愿意跟他们走。’这样力量就越来越大。我一生注意听不同意见，听民主人士的意见，注意做好统一战线工作，就是遵从志丹同志的教导和从那时的实际经验中得来的。”③

---

① 习仲勋：《难忘的教诲》，《人民日报》1993 年 10 月 24 日。
② 同桂荣：《我与习仲勋的交往》，中共中央党史研究室编：《习仲勋纪念文集》，中共党史出版社 2013 年版，第 166 页。
③ 习仲勋：《难忘的教诲》，《人民日报》1993 年 10 月 24 日。

陕甘边红军在战略战术上坚持了正确的思想路线。在红军总指挥部的正确领导下，不断总结军事斗争的经验教训，坚持从实际出发，实事求是地决定红军的作战任务，在战略上立足陕甘边革命斗争和形势发展要求，在战术上做到知己知彼，百战不殆，在军事斗争实践中发明创造了夜袭战、闪电战、攻坚战、围歼战、避强击弱、声东击西、围点打援、长途奔袭、集中优势兵力打歼灭战等游击战术，在保存自己的前提下，不断地有效消灭敌人，发展自己，壮大自己。1934 年 11 月，刘志丹命令红军骑兵团和庆阳游击队共 300 余人，连夜急行军长途奔袭，攻陷曲子新城。1935 年 1 月，为了给陕甘边区苏维埃政府筹集经费和军需物资，红军主力骑兵团长途奔袭长武县城，缴获颇丰。相邻的泾川县城守敌闻风弃城而逃。红军闪击长武和奔袭曲子的战斗影响很大，陕甘晋等地的报纸都作了报道。

南梁革命根据地的军事政策集中体现了人民军队的政治本色。红军游击队视人民如父母，对老百姓秋毫无犯，行军打仗遇到再大的困难，也不骚扰百姓，不给群众添任何负担。用了群众的东西付银元，损害了群众的东西折价赔偿。红军游击队对烧杀抢掠、祸害一方的土匪、军阀坚决消灭，对敲诈勒索的反动官府彻底摧毁，对巧取豪夺、欺压百姓的地主豪绅坚决镇压。红军所到之处，土豪劣绅和贪官污吏威风扫地，军阀土匪和反动民团或龟缩老巢，或逃之夭夭。受尽了欺压的劳苦大众扬眉吐气，真正感受到红军来了变了天。他们以朴素的民歌“信天游”表达跟着老刘“闹红”的强烈心愿：

长枪短枪马拐子枪，
我跟上哥哥走南梁。
你骑上骡子我骑上马，
剩下毛驴驮娃娃。[①]

---

① 高文、巩世锋编:《陇东红色歌谣》，甘肃人民出版社 2011 年版，第 64 页。

第五节　文化教育

一、建办军政干部学校

陕甘边区苏维埃政府成立后，风起云涌的土地革命斗争，深刻改变着南梁和陕甘边界的社会，也改变着千百年来南梁和陕甘边区的陋俗恶习及文化教育极端落后的状况。在陕甘边区特委和苏维埃政府的关怀下，根据地培训军政干部、宣传动员民众、启发群众觉悟、开展革命的文化教育以巩固红色政权等工作迅速开展起来。

陕甘边区苏维埃政府颁布了一系列政策法令，主要内容有：

成立军政干部学校（即红校），培养干部；兴办列宁小学，推动农村青少年教育，提高根据地人民的文化水平。颁布禁烟、禁赌、放足等条例。[①]

向根据地人民宣传禁烟、禁赌、放足的优越性。开展破除迷信，移风易俗活动。信任政治上的可靠知识分子，分配适当的工作，并注意培养提高。这些代表根据地先进文化的政策法令一经颁布，就展现出了其强大的群众基础和生命力。

南梁革命根据地军政干部教育培训工作，伴随着根据地创建的

① 刘志丹:《刘志丹文集》，人民出版社 2012 年版，第 37—39 页。

全过程。早在1931年，西北反帝同盟军队委会成立了训练队，先后办了两期干部培训班，之后建立陕甘游击队、红二十六军随营学校。红二十六军南下渭华失败后，随营学校停办。1934年春，红二十六军四十二师在南梁创办了陕甘边区红军干部学校，刘志丹兼任校长，习仲勋任政委，吴岱峰任军事部主任，教员有蔡子伟、龚逢春。校址设在荔园堡一座破庙里，三个多月之后，迁到豹子川的张家岔。

张家岔位于南梁山区豹子川里两条小溪交汇之处。这里山高沟深，荆棘丛生，古木参天，荒无人烟，平时人迹罕至，只有豺狼、狐狸时常出没，百鸟在林间争鸣。陕甘边区军政干部学校迁到张家岔后，山根下有很早以前就遗弃的五孔破窑洞，这便是学员们的栖身之所和校址，他们便把这里叫作“五孔窑”。大家动手挖了一些新窑洞，因陋就简，勤俭办校，用木柴和木棍制门窗，窑内盘起土炕，作为宿舍兼学习讨论的场所，开始了艰苦的学习训练生活。

这所新型的红色学校，开设的政治课程有工农红军、共产党、土地革命、六大决议等；军事课程有制式训练、尖兵活动、班排连进攻、游击战术等；还开设了政权建设、群众工作和文化课程，同时兼搞农副业生产。刘志丹经常从陕甘边区军事委员会驻地寨子湾，翻山穿林来到张家岔，亲自给学员们讲授军事课，还向学员们讲授社会发展史方面的新知识。1934年10月，为了加强地方干部培训，边区政府又将红军干部学校改名为陕甘边军政干部学校，培训对象除了红军排连级干部外，还有各级苏维埃政府选派来的地方干部。

这期间，马文瑞回陕北路过南梁，因当时学校没有教政治课的教官，刘志丹建议马文瑞留下来，担任军政干部学校的政治教员，直到次年3月，中共陕甘边区特委派他去开辟陕甘边东地区才离开干校。陕甘边区苏维埃政府成立后，南梁苏区快速开辟并新成立了县、区、乡苏维埃政府。在工农红军不断发展壮大和苏维埃政权相继建立的新形势下，军政干部学校抓紧培训干部。从1934年春到1935年春，先后办了3期，培训了200多名干部。

具体负责军政干部学校管理办学的是副校长吴岱峰。当年参与创办陕甘边区军政干部学校，并担任学校教员的边区政府文化委员长蔡子伟，曾撰文对学校情况做了生动详细的回忆：“这所干校的规模不算大，但在陕甘红军历史上是一个极为重要的事件，它贵在是我们党自己创办的一所军政学校。干校设在南梁地区的豹子川。这里森林茂密，时常能见到狼和狐狸等野兽，各种鸟类争鸣不已。住房全部是土窑洞，有些是在干校成立后，学员们自己动手挖成的。门窗因陋就简，用木柴和木棍做成，室内盘土炕。当时，召开了成立大会，搞了个很简单的成立大会仪式。红军干部学校的主要负责人是：刘志丹同志任校长，习仲勋同志任政委，吴岱峰同志兼任副校长并主持全校的日常工作，马文瑞同志和我都是教员。教学内容主要是政治、军事、文化和政权建设。训练的主要目标是提高军事素养和游击战争常识等。军事课由刘志丹同志担任……学员主要来自于部队中、下级干部，还有少量地方干部。没有什么正规的教室和教材，给每人发根铅笔和一点麻纸，教员在台子上讲或在黑板上写，学员们记笔记。干校的生活也很简单，主食是黄米，蔬菜很少，但羊肉经常吃，大家叫它‘黄米杠子烂羊肉’，生活很愉快。干校每期学员百余人，我的印象中，大约办了3期。”①

1935年4月下旬，陕甘边区军委又在下寺湾的王家坪建立了军政干部学校，刘景范兼任校长，为红军培训军事干部60多人。1935年7月，陕甘边区军政干部学校迁至陕北延川县永坪镇，发展成为西北红军干部学校，校长吴岱峰，政委张秀山。10月，中

① 蔡子伟：《南梁根据地革命斗争片断回忆》，刘凤阁、任愚公主编：《红二十六军与陕甘边苏区》，兰州大学出版社1995年版，第937—938页。

央红军长征到达陕甘革命根据地，西北红军干部学校又与中央红军干部营（原中央红军干部团）合编为中国工农红军学校。1936 年 2 月，中共中央和中央军委决定，将中国工农红军学校易名为西北红军大学。6 月，中共中央决定，西北红军大学定名为中国抗日红军大学（简称“抗大”），毛泽东兼任中国抗日红军大学教育委员会主席，林彪任校长。后来，抗大几经变迁发展成为今天的国防大学。

陕甘边区红军干部学校和军政干部学校，先后为陕甘边区及陕北地区和红军部队培养了一批军政干部。军政干校的学员毕业后，分配到红军游击队赤卫军和地方革命政权中工作，成为陕甘边区红军和根据地建设中的骨干力量。在长期的革命斗争中，他们为根据地的巩固发展作出了积极贡献，有的成长为卓有才干的党政领导干部和军事指挥员，成为一代革命英才、红色栋梁。

刘志丹、习仲勋等创建的陕甘边区红军干部学校，在中国人民解放军教育培训机构和制度建设发展史上具有重要的地位。

二、兴办列宁小学

在陕甘边根据地创建之前的南梁山区，劳苦大众不仅政治上经济上深受地主阶级的残酷压迫和剥削，他们享受文化教育的权利也被完全剥夺。那时，这里没有一所学校，人人目不识丁，文化之落后，文盲之众多，达到了罕见程度。因此，陕甘边区革命委员会、陕甘边区苏维埃政府对发展南梁山区的文化教育事业，极为重视和关心。刘志丹指示政府重视抓好儿童教育，提出办所列宁学校。习仲勋、蔡子伟等领导不辞辛苦，亲自发动群众办学校，在荔园堡附近的转咀子很快办起了南梁根据地第一所红色学校——列宁小学，由霍建德任校长，张景文担任教师，借用 3 间民房和 3 孔窑洞作为教室和师生宿舍。

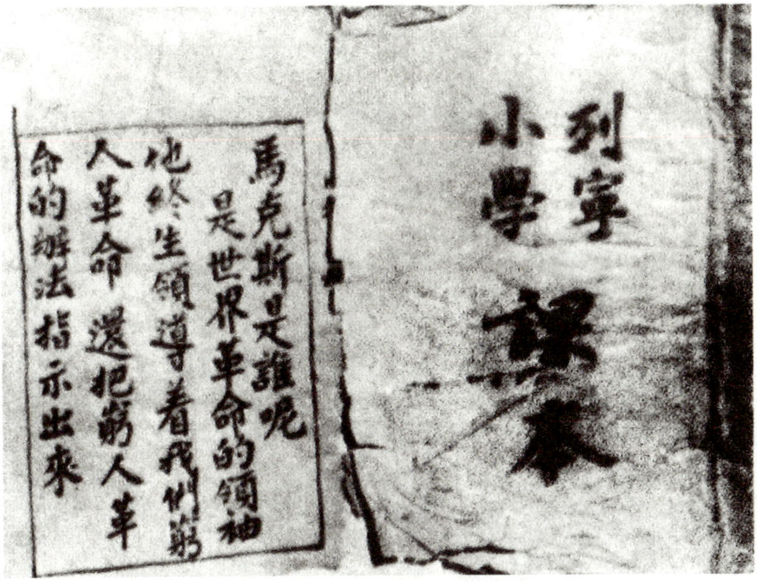

列宁小学课本

张景文，这位从西安千里迢迢投奔南梁根据地的女青年知识分子，为了根据地人民精神文化上的解放，全心全意地投身于南梁的文化教育事业。在教学设备非常简陋的情况下，她和霍建德带领学生，自己动手垒起土台作凳子，架起木板作课桌，用石板作黑板，扫锅黑作墨汁，并在政府的帮助下，克服重重困难建办学校。苏维埃政府文化委员长蔡子伟亲自动手为学生编写课本，有手抄本和油印本，采用顺口溜的语言，通俗易懂，朗朗上口，好学易记。政治课有一首开头的两句是：“马克思、恩格斯，世界革命二导师……”“马克思是谁呢？是世界革命的领袖，他终生领导着我们劳苦人革命，还把穷人革命的办法指示出来。”文化课中写道：“我爸爸是农民，在地里种地。我哥哥比我大，拿刀杀土豪，拿枪打白军！”穷苦百姓看到自己的孩子兴高采烈地走进教室，听到张景文老师领着孩子们高声朗读“拿刀杀豪绅，拿枪打白军”时，相比自己一字不识，不禁热泪滚滚。[1]第一所列宁小学创办后不久，很多村庄也陆续办起列宁小学。边区政府办起穷人自己的学校，这在南梁是破天荒的一件事。

列宁小学学生在上课

为了鼓励穷人孩子读书，孩子上学是全免费的，包括书本和笔、纸等文具都由政府免费发给。每个小学生背着一个红布缝的书包，上边绣着一个五角星，每天早上高高兴兴地去上学。边区穷苦百姓从内心焕发出对党和政府的感激和拥护。南梁中心苏区的创建者张策回忆说："在（南梁）转咀子成立了个小学校，有二三十个孩子上学。这些事那时都是很新鲜的，影响很大。"[2]

列宁小学的学生最多时有六七十名，他们学习刻苦用功，积极向上，成了南梁山区传播新文化和新思想的小功臣，也为后来者树

① 中共庆阳地委、甘肃人民出版社编：《南梁曙光》，甘肃人民出版社 1983 年版，第 230 页。

② 张策：《回忆南梁根据地的创立》，《三存书集》，改革出版社 1996 年版，第 230 页。

立了榜样。这所红色的学校，为革命造就了一代又一代新人。

在转咀子列宁小学的示范和带动下，根据地其他地方的列宁小学也陆续办了起来。边区党政机关迁到洛河川后，在文化教育委员长冯树立的领导下，又在桥镇、阎家沟、王家坪等地兴办了列宁小学，每个学校有学生二三十人，选派了专职教师，编印了列宁小学课本，学生的文具和教师的吃用，全部由政府提供。读书的穷孩子和老百姓都由衷地感谢边区政府。

1935 年，能用左右手同时挥毫的南梁政府妇女委员长张景文，也是列宁小学的创办者和小学生爱戴的老师，不幸在错误肃反中被杀害。

列宁小学一直延续至今，曾培养出中国科学院院士。2000 年，习仲勋、齐心夫妇捐款在列宁学校修建了"景文楼"。

三、普及群众文化与编印红色报刊

南梁地处偏僻，过去这一带没有学校，群众几乎全是文盲。逢年过节，连一个写对联的人都没有，有的人家的春联是买一张红纸，用碗底醮上锅墨水，在红纸上印几个圆圈贴在门框上。边区政府成立后，在大力兴办教育的同时，还广泛开展社会教育，在南梁、刘坪、白马庙、柔远等村子办起了 16 处成人扫盲识字班、冬学和夜校，开展扫除文盲活动。在根据地的乡村、机关、学校和部队，还广泛开展了"列宁文化运动"，建立了"列宁室"（即俱乐部）、"列宁会"（即周末晚会和文娱活动），活动搞得丰富多彩。逢年过节，乡村的秧歌、社火也闹了起来，群众的文化生活开展得丰富热闹，群众的参与热情也空前高涨。1934 年 11 月 7 日，陕甘边区苏维埃政府成立庆祝大会的当晚，在荔园堡清音楼举行文艺演出，边区的干部龚逢春唱京戏，用纸条作胡子，白焕章扭秧歌，李登瀛也是好演员。群众赞叹说，革命队伍里可有能人啦！边区政府党政军领导和群众看得兴致勃勃。逢年过节或边区政府和红军举行重大庆祝活动时，南梁一带的群众经常自发组织起来，载歌载舞，欢庆边区党和红军的重大胜利，并用他们喜闻乐见的特有方式——“信天游”，唱出赞颂党，赞颂边区政府，赞颂刘志丹、习仲勋等群众领袖的心声。

在创建以南梁为中心的陕甘边根据地的艰苦历程中，刘志丹和习仲勋等党政军领导人高瞻远瞩地认识到加强革命理论武装的重要性，高度重视党的政策理论学习宣传，用先进科学的革命理论武装广大干部战士和群众思想。1934 年 2 月，陕甘边区革命委员会成立不久，在南梁四合台村刘志丹对习仲勋讲：“政府工作安排好了，要着手办一张报纸。有了报就等于我们增加了一个师。”①

习仲勋按照刘志丹的要求，确定专人负责筹办报纸，加快实现用报纸广泛宣传中国共产党的主张和方针、政策，团结、教育、激励人民群众的目的。1934 年秋，中共陕甘边区特委在南梁荔园堡创办了党内刊物《布尔什维克的生活》，陕甘边区革命委员会也办了机关报《红色西北》。

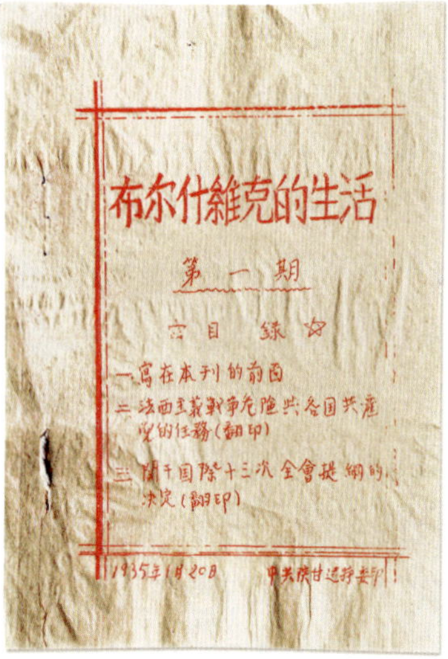
布尔什維克的生活
第一期
目录
一 寫在本刊的前面
二 法西主義戰爭危險與各国共產党的任務（翻印）
三 關于国際十三次全會提綱的决定（翻印）
1935年1月20日
中共陕甘边特委印

中共陕甘边区特委创办的党刊《布尔什维克的生活》

《布尔什维克的生活》《红色西北》都是八开二版、油印、不定期出版的报刊。前者的负责人是特委宣传部长龚逢春；后者的主要负责人是陕甘边区革命委员会文化委员

① 刘宪章：《为什么说新闻工作就是群众工作——释读习仲勋有关新闻工作与群众路线的一篇讲话》，《新闻记者》2013 年第 11 期。

长兼政府秘书长蔡子伟，负责刻写蜡版和油印的是席德仁。在他们辛勤操劳下，报纸的字迹刻写得工整漂亮，版面编排也很精巧，用红、蓝、黑三色油墨套印，美观而庄重。刘志丹、习仲勋、惠子俊等党政军领导干部，对办好报刊十分关心，给予很大支持。他们除经常抽空为报纸撰写稿件外，还派人设法从西安购买了油印机和质地较好的有光纸、蜡纸和油墨，保证了印刷质量，使报刊在艰苦的战争环境里，办得新颖活泼，图文并茂，深受党政工作者、红军指战员和根据地人民群众欢迎。《红色西北》首次出报，边区机关干部拿到后争相传阅，大家高兴地说：“咱们有报纸了！”学校老师还拿着给农民念，农民说：“一张报纸什么都有，真是秀才不出门，便知天下事。”刘志丹看了很高兴，对习仲勋说：“咱们队伍是藏龙卧虎，要发现人才，充分利用他们的特长；另外，报是办给群众看的，要通俗，像和农民交谈一样，这样农民就喜欢了。”[①]

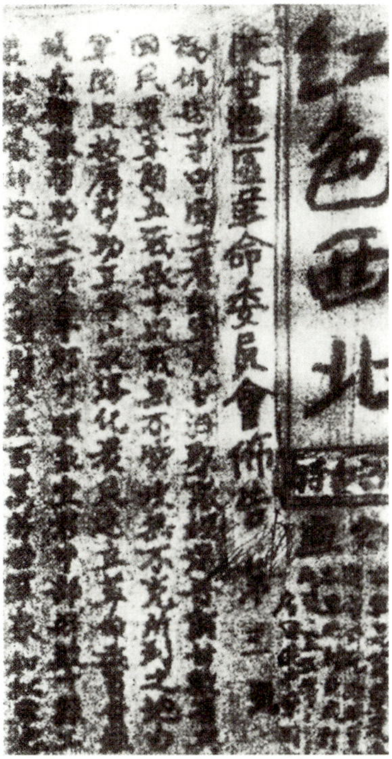
红色西北
陕甘边区革命委员会布告

陕甘边区苏维埃政府创办的报纸《红色西北》

这两个报刊在边区人民群众中，乃至在国民党阵营中产生了极大的影响。国民党的报纸上报道：“在伪苏区内已恢复经济、发展教育、办军政学校。以南梁为中心，有兵工厂、被服厂。出有刊物，刘志丹以其作为理论思想之指导。”[②]

---

① 高文:《南梁史话》，甘肃人民出版社 1984 年版，第 102—103 页。

② 边民:《陕北共匪猖獗的原因及今后围剿之步骤（节录）》，《志丹书库 · 刘志丹卷（下）》，中国文史出版社 2010 年版，第 1242—1243 页。

这两份报刊创办期间，正是以南梁为中心的陕甘边根据地不断巩固发展的鼎盛时期。它热情地宣传陕甘边特委、政府和军委的政策、法令，积极配合根据地的政治、经济、军事和文化建设，刊登了大量红军反“围剿”捷报、土地革命和经济文化建设的成绩，同时还刊登有宣传马列主义理论、介绍中央苏区经验和世界大事等时事要闻等。边区特委和边区政府创办的报刊，像明灯一样指引着根据地的各项建设，像号角一样鼓舞着根据地人民的斗志，对推动根据地建设和武装斗争发挥了很重要的作用。

第六节　统一战线工作

一、统战工作的基本原则和方法

南梁革命根据地为党的统一战线思想发展作出了贡献。南梁根据地的创建和发展，是与开展成功的统一战线工作分不开的。刘志丹是开展统一战线工作的杰出代表。时任陕甘边区苏维埃政府文化委员长的蔡子伟回忆说："陕甘边特委和边区政府非常重视统一战线工作，特别是刘志丹同志对这项工作抓得很精细，确实是我们学习的好榜样。"①

在创建寺村塬和照金根据地时期，陕西省委执行"左"倾路线的领导人，一味指责陕甘边党和红军在革命斗争实践中总结探索的统一战线的成功经验和做法，动辄给红军和游击队领导人戴上"游击主义""梢山主义""土匪路线""右倾机会主义""富农路线"等大帽子，进行排挤打击，严重破坏了已经建立的统一战线，这也成为寺村塬和照金根据地先后丧失的重要原因之一。刘志丹、习仲勋等根据地领导人在创建和发展南梁根据地斗争的实践中，排除"左"倾错误的干扰，善于运用统一战线政策和策略，善于广交朋

① 蔡子伟:《陕甘边根据地政权建设回忆》，中共陕西省委党史研究室、中共甘肃省委党史研究室编:《陕甘边革命根据地》，中共党史出版社 1997 年版，第 630 页。

友，善于巧妙利用国民党军阀、军队及社会各阶层中的矛盾来为革命服务，积极联合和争取比较进步的或危害较小的势力，打击当前最反动的敌人力量。

南梁根据地的统一战线工作，坚持以斗争求团结的原则，对于土匪、民团、哥老会等组织以及同国民党政权有矛盾的地方武装，均采取分化瓦解与争取的政策，广交朋友，促使他们转化为革命的力量或者对革命有帮助的力量，使其成为组建革命武装队伍的重要来源。

习仲勋在领导对敌斗争、建立工农民主革命政权的具体实践中，也深刻认识到统一战线法宝的重要性。他说："为了胜利地进行武装斗争，就必须用最大力量，去争取同盟者，分化和孤立敌人，而避免自己陷于孤立。"①

在根据地党政军领导人的坚定倡导和带头示范下，陕甘边根据地的统一战线工作取得了显著成效，不仅为创建"硕果仅存"的根据地发挥了特殊重要的作用，也为丰富发展中国共产党统一战线理论和实践作出了重要贡献。

二、对哥老会、民团和土匪的统战工作

20世纪30年代初期，陕甘地区的哥老会很盛行，其势力渗透到社会的各行各业和不同阶层，国民党军队和地方民团中都有相当数量的哥老会成员和力量存在。刘志丹等曾多次利用哥老会组织发展党的武装力量。南梁地处偏僻，封建迷信风气十分浓厚，盲目迷信封建宗教组织的人很多，如哥老会、天门会、释教会等。这些组织在根据地很普遍而且势力庞大。中共陕甘边区特委和苏维埃政府

① 习仲勋:《跟着毛泽东走就是胜利》，中共中央党史研究室编:《习仲勋文集（上）》，中共党史出版社2013年版，第228页。

针对这些组织，制定了相应的教育改造和争取政策：

1. 苏区哥老会很多，他们讲义气，对我们有过不少帮助，并与我们有长期的关系，如其中有反革命分子，要发动群众清除，不要直接出面干涉。

2. 对扇子会、红枪会、硬豆、软扇等会道门组织，则采取争取政策，这里各种会道门在苏区相当多，他们虽然迷信，但都带有反抗统治阶级的作用，在这一点上能改造他们。[①]

按照这一政策，边区政府对这些组织和成员普遍采取说服与争取的办法。这个办法取得了他们的拥护和欢迎，因此，这些群众也逐渐地转变为革命的群众。刘志丹也多次讲，哥老会成员大都是农民，他们的口号是“有福同享，有难同当”，其入会的目的多是为了在乱世保家糊口。把这些人团结起来，对革命事业很有利。马锡五是永宁山哥老会的大爷（领头人），教过书，为人正直。刘志丹去找他，向他讲革命道理。马锡五听了，十分敬佩，说：“你是做大事的，我虽比你年长，但你是我的先生。”后来，马锡五参加了革命，跟随刘志丹创建陕甘边根据地，并光荣入党。他勤奋好学，努力工作，后来成长为一位革命家、法律专家，人称“马青天”，曾任陕甘宁边区高等法院院长，是“马锡五审判方式”的缔造者。中华人民共和国成立后任最高人民法院副院长，为党的群众路线和社会主义司法制度的形成与发展作出了贡献。还有保安苍沟的马大爷、东坪冯大爷、小石崖民团团总罗连城等，都是一方有影响的哥老会首领，经过党组织和政府争取改造，都和红军、游击队合作得很好。红军打仗，经过他们的地盘，主动让路，还帮助买枪支，支援给养，保护伤员。苍沟的马海旺是哥老会西壮堂龙头大爷，经过刘志丹的教育引导，他的家成了刘志丹红军经常歇脚和休整的地方，陕甘边哥老会组织对刘志丹都很尊重，对红军也有很大的帮

① 刘志丹：《刘志丹文集》，人民出版社 2012 年版，第 38 页。

助。党中央落脚陕甘根据地后，马海旺在哥老会组织中带头宣传和倡导拥护党的抗日民族统一战线主张，成为陕甘宁边区中华抗日救国会副主任。他积极响应党中央发出的“自己动手，丰衣足食”号召，发展生产，支援前线，被评为边区劳动英雄，光荣地出席了陕甘宁边区政府劳模大会，受到毛泽东等中央领导同志接见。郑德明是南梁堡哥老会的大爷，在刘志丹、习仲勋等同志的关心教育和引导帮助下，他逐步脱离了封建迷信活动，积极主动地为政府工作，先担任南梁赤卫军第一大队大队长，后担任边区政府赤卫军副总指挥，为创建南梁根据地作出了贡献。

陕甘交界地区是陕西、甘肃、宁夏三省“三不管”的地方，是国民党统治比较薄弱的地方，有很多民团、土匪、土霸，搞几杆枪，在这一带割据一座山头，做起“山大王”。刘志丹看清了这个特点，多次给战友们讲把这里作为根据地，开展革命活动。他鼓励同志们说：“土匪、流寇在偏僻的陕甘山区尚能站住脚，我们革命者哪有站不住脚的道理。只要和群众打成一片，一心为穷人谋福利，我们一定就能成功。”①

中共陕甘边区特委和苏维埃政府从陕甘边地区民团、土匪武装多的实际，制定了改造争取民团的政策：

1. 对同情靠近我们的民团则与之建立互相关系，或互不侵犯，如对罗连城、何子新、艾老五等就是这样。

2. 对极端反动的民团则坚决消灭，如赵老五、梁保定等。

3. 对那种不反动也不接近我们的民团，就利用各种方法和机会去影响和争取他们，在实际中教育他们，使之体验到我们的好处，向我们靠拢。②

---

① 刘力贞、张光编：《人民英雄刘志丹》，三秦出版社 1998 年版，第 45 页。

② 《习仲勋 1945 年 7 月 11 日在西北党的历史座谈会上谈陕甘边苏区的创建》，刘凤阁、任愚公主编：《红二十六军与陕甘边苏区》，兰州大学出版社 1995 年版，第 410 页。

实践证明，这些政策都是行之有效的好办法。小石崖民团团总罗连城，就是同情和靠近红军的民团，曾多次支持过刘志丹枪支和钱物。红军游击队成立后，这个民团就成了游击队的联络站和伤兵寄养地。再如，1935年6月，红军攻下李家塌民团寨子，刘志丹亲自审讯被俘虏的反动团总和恶霸，并下令枪毙了反动团总唐海燕。对俘虏的一般团丁，则宣传政策，发给路费，释放回家。

红军游击队对敌作战，之所以常常取得胜利，一个重要因素就是善于利用敌人内部矛盾，善于广交朋友，善于争取团结一切可能团结的力量，争取一些地方势力，哪怕是不稳固的同盟者，如建庄、小石崖等民团，只要暂时保持中立也好，从而使红军得以集中力量打击主要敌人。

匪患对陕甘边区的正常社会秩序有着严重的危害，苏区群众对土匪的烧杀抢掠行为十分痛恨，但许多土匪是为生活逼迫铤而走险的。制定对土匪正确的处理政策，是巩固根据地和各级苏维埃政权的重要措施。为此，陕甘边区特委和苏维埃政府也制定了相应的对待土匪的政策。内容包括：

1. 有政治背景的土匪则坚决彻底地消灭。

2. 为群众所痛恨无法争取的惯匪，也予以彻底消灭。

3. 对穷苦出身的，也做了错事，做了坏事，但可以教育争取的，要采取一切办法争取改造他们，人枪一同收编，变成坚强的革命力量。

此外，对其他的一些土匪，采取一切办法来争取与改造他们，例如对郭宝珊、梁占魁、贾德功等土匪就是采取改造的政策。①

根据这一政策，边区政府和红军游击队对土匪主要是采用争取和改造的办法使他们转向革命。红军曾改造了不少土匪，使他们变成革命战士。凡是不愿意当土匪，又不愿意当红军的，就发给路费

① 刘志丹：《刘志丹文集》，人民出版社2012年版，第37页。

打发他们回家。对于个别顽固不化、犯有血债、群众所痛恨的土匪才用消灭的方法。赵连璧、唐青山、贾生财是活动在合水固城川周围的三股饥民武装，刘志丹认为这三股土匪大多数是穷苦人，占山为王也是为生活所迫，决心改造成革命者。马锡五曾问刘志丹："你搞土匪的队伍，他们纪律不好，怎么能行？"刘志丹说："河里打起坝了，没有鳖走的路啦！[①]土匪军队中有的是基本群众——贫农。"[②]刘志丹坚信党可以改造好这三支队伍成为革命的武装力量。当时，陈珪璋曾以营长头衔诱骗赵连璧的部队，赵连璧斩钉截铁地说："我宁愿给刘志丹当兵，也不跟陈珪璋当营长。"[③]后来赵连璧、贾生财、唐青山等三支武装在刘志丹、马锡五的争取改造下，成为党领导下的革命武装。

黄龙山的土匪"山大王"郭宝珊，经过刘志丹的多次争取工作，毅然带领120多人的起义部队向南梁苏区进发，在华池悦乐与红三团会合，陕甘边区军委将这支120多人的起义部队改编为西北抗日义勇军。经过改造和革命战争考验，这支部队成为陕甘红军主力部队中一支能征善战的英雄部队，为南梁革命根据地的巩固和发展立下卓著功勋。1935年9月18日，红十五军团成立，红二十六军改编为七十八师，西北抗日义勇军被编为二三三团，郭宝珊任团长。

三、对国民党军队和第十七路军的统战工作

为了革命力量的生存壮大和革命事业的发展，刘志丹、习仲勋

---

① 陕北歇后语：涝坝里打墙——没有鳖爬的路了，意指没有别的路了。

② 马锡五：《刘志丹1930—1932年的革命活动》，《刘志丹纪念文集》编委会编：《刘志丹纪念文集》，军事科学出版社2003年版，第316页。

③ 中共庆阳市委、庆阳市人民政府：《刘志丹在庆阳老区的革命活动及其伟大贡献》，《刘志丹纪念文集》编委会编：《刘志丹纪念文集》，军事科学出版社2003年版，第29页。

等边区党政军领导人从血的教训中深刻认识到，党的统战工作对开展革命工作的重要性。刘志丹不仅自己做，还谆谆告诫身边的同志说：“革命是从没有人到有人，再发展成为千千万万大军。这都是靠做人的工作。你的主张好，还要会团结人。这首先要对人谦虚诚恳、推心置腹，不怕人家批评，以至挨骂。更重要的是要说到做到，始终如一，以信取人。我们多团结一个人，敌人就少一个人。这样才能胸怀扩大，不对人家挑三拣四，这不放心那不放心。要能容忍人家，这样就能四海一家，大团结。有了大团结，就能取得大胜利。”①

陕甘边红军建立初期也曾有过打骂、甚至伤害俘虏的情况，使白军官兵产生了仇恨红军的情绪。后来红军严格执行“优待俘虏”的政策，及时禁止打骂俘虏等错误做法，对白军俘虏千方百计地宣传党和红军的政策，进行多方面的教育改造，愿意回家者发给路费，使他们成为党和红军的义务宣传员，宣传他们在苏区的所见所闻。为了指导苏区各级干部、红军战士和游击队员很好地执行党的统一战线政策，陕甘边区特委和边区政府都作出了具体明确的规定。对俘虏的白军士兵，采取教育、争取、改造、使用的政策，一些白军士兵参加了红军部队和游击队，并在斗争中锻炼成长为红军优秀的指战员，因此“红二十六军里的排连长很多都是从白军中来的”②，成为革命的骨干力量。强调优待白军士兵俘虏，是瓦解敌人的有效办法。这个办法庆北苏维埃政府与庆北游击队执行得尤其好，因此影响了大批白军士兵的哗变。

刘志丹、习仲勋还积极做国民党军内中上层人士的统战工作。刘志丹早期曾在马鸿逵的第四路军任政治处长，后被国民党反共

---

① 习仲勋、马文瑞：《善做团结工作的模范》，《人民日报》1998 年 10 月 18 日。

② 习仲勋：《在西北党史座谈会上谈陕甘边苏区的创建》（1945 年 7 月 11 日），刘凤阁、任愚公主编：《红二十六军与陕甘边苏区》，兰州大学出版社 1995 年版，第 411 页。

“清党”驱逐出军。但他在这支部队中交了不少朋友。第四路军一营长韩练成本质好，刘志丹有意培养他做革命人，对他说：“不管在哪里，不管跟着谁都不要忘记做革命人，处处为民众的利益、为国家的利益着想，绝不能做反对革命的事。”①

韩练成此后长期在国民党军队中做事，并升为中将，但他始终记着刘志丹的教诲，利用自己的身份秘密为党送情报，为解放战争中华东几次重大战役的胜利作出了重要贡献。中华人民共和国成立后，他被授予中国人民解放军中将军衔。他生前给看望他的战友满怀深情地说：“刘志丹将军为咱西北培养了大批人才，我是从他那里知道要走革命道路的。”②

刘志丹的老部下共产党员牛化栋长期隐蔽在国民党军中，后任国民党邓宝珊部新编十一旅的团长，后参加领导该旅的武装起义，为解放战争作出了贡献。他常对人说：“我在敌人军队中隐蔽 20 多年，这是刘志丹给我做了思想工作，也是他给我教的工作方法。”③

习仲勋在回忆陕甘边区特委对杨虎城十七路军的统战工作时说：“我们党在十七路军活动的历史一直没有间断过。我在陕甘边工作的时候，同我联系的同志大都是在这个部队，并且通过十七路军搞来了枪支、经费和人员。我们党同十七路军的统战工作比东北军还要早。”④“当时，我们曾经和受蒋介石排挤的杂牌军、西北军的许多部分有联络，有来往。对那些不坚决反对革命运动的地方团队、帮会势力，做争取工作，使他们保持中立。这些都很有成效。但‘左’倾机会主义者，却说这是‘勾结军阀’。连在根据地内分配土地时，对待地主与富农加以区别的政策，也被他们认作是‘富

① 习仲勋、马文瑞:《善做团结工作的模范》,《人民日报》1998 年 10 月 18 日。
② 习仲勋、马文瑞:《善做团结工作的模范》,《人民日报》1998 年 10 月 18 日。
③ 习仲勋、马文瑞:《善做团结工作的模范》,《人民日报》1998 年 10 月 18 日。
④《习仲勋冯文彬谈原十七路军》,《党史通讯》1984 年第 1 期。

农路线'。他们是何等愚蠢，就可想而知了。"①

南梁革命根据地统战工作的成功，是善于吸取总结创建根据地、红军和革命政权创建和发展中的正反两方面经验教训的结果。习仲勋总结陕甘边根据地的统战工作时精辟地说："陕甘边的斗争史，是统一战线的又斗争又联合的历史。"②

四、对少数民族的统战工作

中国工农红军陕甘游击队在正宁县寺村塬创建游击根据地时，十分重视做好当地回族群众的发动组织工作。1933年8月，张仲良和杜宛受中共渭北党组织派遣，来到正宁县寺村塬，在龙咀子、西渠两个村，发展回民党员，成立党支部和龙咀子回族苏维埃政权。同年秋，在党组织指导下，陕甘游击队回民支队正式成立，王世平任队长、王世英任指导员。回民支队成立后被第三路游击总指挥部编为第十六支队（简称回民支队），是陕甘边革命根据地诞生的乃至全国成立最早的一支党领导下的回民革命武装。随后回民游击队配合主力红军和游击队转战在正宁、旬邑、宁县等地，作战勇敢，威震敌胆，屡建战功。后游击队被改编为关中回民支队，在关中特委和新正县委的双重领导下，肩负起开辟和保卫根据地的光荣任务。

1934年4月，进攻苏区的国民党马鸿逵部一个骑兵连，在南邑受到平子游击队和耀县游击队的伏击，打死打伤7人，俘虏16人。这个连的官兵都是回族，游击队便将死者送到龙咀子的清真寺，按照伊斯兰宗教仪式安葬，给伤兵和俘虏每人发给10块银元，

---

① 习仲勋：《跟着毛泽东走就是胜利》，中共中央党史研究室编：《习仲勋文集（上）》，中共党史出版社2013年版，第228页。

② 习仲勋：《历史的回顾（代序）》，中共陕西省委党史研究室、中共甘肃省委党史研究室编：《陕甘边革命根据地》，中共党史出版社1997年版，第2—3页。

由阿訇带领送往马鸿逵部驻地，引起很大反响，几天后，就有一名士兵携枪投奔参加红军游击队。回民游击队不仅作战勇敢，在关键时刻还英勇站出来保护革命力量。1935 年 4 月，陈国栋、张仲良率领的红一团在宁县盘克塬金村庙附近与国民党第三十五师骑兵团遭遇，后卫部队与追敌发生激战，团长陈国栋也在指挥作战中身负重伤。在危难关头，一名红军战士置个人危险于不顾，毅然挺身而出走向敌阵，经敌骑兵团长马培清问明，来人是龙嘴子回民，参加了红军。这位回族红军战士以其勇敢行动和英雄胆识，掩护了红军突围，震慑了敌人。

1935 年 9 月，根据地回族聚居区龙嘴子和杨家台等地发生瘟疫，南区苏维埃政府全力组织防疫和治疗。1937 年秋，习仲勋亲力亲为，帮助龙嘴子和杨家台创办两所伊斯兰小学。同时，还在各村开设夜校、读书班，帮助回族群众扫盲，使回族群众真切地感受到了翻身解放、当家做主、不受地主豪绅欺压的新生活。

五、统战工作的经验

南梁革命根据地统战工作在刘志丹、习仲勋等领导下，认真探索和实践，取得了巨大成就。

首先，南梁根据地的统战工作，是与南梁根据地党政军领导人把党的事业放在第一位，一心为党的崇高品格分不开的。刘志丹在革命斗争中，善于团结同志，对人对事都把党的利益放在第一位。陕西省委代表李艮对他横加指责，但在工作中他不因为李艮整过他而记恨，而是说李艮是学生出身，没有经验，不懂实际，应当在实践中帮助，而不是反目成仇。“他还用李陵、杨修、李岩等历史人物的故事，告诫同志们，说事物往往是很曲折复杂的，自己要有精神准备，要受得起委屈，也不变革命初衷。”[①]

① 习仲勋、马文瑞：《善做团结工作的模范》，《人民日报》1998 年 10 月 18 日。

1934年8月，中央从上海派来一位同志到南梁根据地工作，这位同志由于不了解根据地工作的实际，对根据地的工作横加指责。有的同志对刘志丹说："我们给他吃上喝上，还找碴子，干脆把他赶走算了。"刘志丹及时教育大家说："他受经历的限制，不懂实际，我们要多作解释，对上级来的同志不能鲁莽。"[①] 后来这位同志在实际斗争中，逐步认识到刘志丹、习仲勋等为代表的根据地党政军的工作是正确的，成为根据地正确路线的坚定执行者。

其次，南梁革命根据地统战工作是坚持党的实事求是正确思想路线的结果，是苏区党政军领导人自觉克服"左"右倾机会主义的错误干扰破坏，坚定地走陕甘边革命斗争正确道路的结果。在革命队伍中，部分人被敌人的残酷"围剿"所吓倒，出现了偃旗息鼓，不敢打革命旗帜的右倾倾向。而"左"倾分子的危害更为严重，他们高唱着革命高调，主张"打倒一切"，批评红四团退出不利于打游击战的渭北根据地是"逃跑主义"，批评红军依靠山地乡村开展游击战争是"梢林主义"，批评不全部没收富农的土地，只分他多余的土地是"富农路线"，主张对地主富农不加区别，没收全部土地。批评和土匪、民团搞统一战线是"土匪路线"，诬陷与国民党军队搞统战工作是"同国民党部队有秘密勾结"，继则干脆戴上"白军军官""反革命"的帽子。命令红军、游击队以弱小的力量打阵地战、攻坚战，在平原地区建立根据地等。"左"倾机会主义的倒行逆施和狂妄愚昧，多次造成根据地丧失、红军游击队蒙受巨大损失。刘志丹、习仲勋等主持召开陈家坡会议、包家寨会议，清除"左"右倾路线的干扰和影响，坚持了陕甘边革命根据地统战工作的正确方向，使陕甘边区的革命斗争不断取得新的胜利。

第三，南梁革命根据地统战工作的成功经验，是善于吸收总结创建根据地、红军和革命政权正反两方面经验教训的结果。习仲勋

---

① 刘志丹：《刘志丹文集》，人民出版社2012年版，第75页。

在总结创建南梁革命根据地的经验时说："'梢林主义'是创造根据地的马克思主义。我们把苏区叫作'梢林'，这是从三原、渭北平原碰钉子碰出来的。"[①] 在经历了长期而残酷的反革命"围剿"和来自党内"左"右倾机会主义的干扰破坏，南梁根据地党组织、红军和苏维埃政权及时总结斗争经验，善于运用统一战线的政策和策略，善于广交朋友，坚持真理，修正错误，团结了一切可以团结的革命力量，终于开创并巩固发展了"硕果仅存"的革命根据地。

① 习仲勋：《历史的回顾（代序）》，中共陕西省委党史研究室、中共甘肃省委党史研究室编：《陕甘边革命根据地》，中共党史出版社 1997 年版，第 2—3 页。

第七节　廉政建设

一、制定廉政法规与设立监察机构

为保持南梁政府清正廉洁、执政为民的本色，刘志丹、习仲勋等根据地领导人把边区廉政建设作为党、政府和红军取信于民，赢得革命斗争胜利和广大人民群众拥护支持的关键途径和头等大事。坚持对党政军领导干部、政府工作人员和红军战士、游击队、赤卫军队员进行严守革命纪律、维护群众利益教育，以牢固树立为人民和革命的事业随时准备献身的思想；坚持从日常教育、制度保障、法规约束和领导示范等方方面面严抓严管，创造了边区从政府主席习仲勋到基层各区乡的干部，从党政机关到部队，从主力红军到游击队、赤卫军都严守纪律、廉洁奉公、风清气正、一心为民的崭新局面，受到了人民群众的普遍赞扬和拥护。

南梁政府成立后，把党政军干部廉洁自律当作头等大事。刘志丹、习仲勋等边区党政军领导始终把廉政法规的制定和严格执行，作为战胜敌人、取得革命胜利的重要保证。刘志丹抱定“生而益民，死而谢民”的人生信念，多次向他的战友表达为了救国救民可以献出自己的一切的思想准备。刘志丹、习仲勋不仅从信念上教育鼓舞红军战士的士气，而且还从制度上保证政府工作人员和红军、赤卫军战士严守纪律，遵规守法，廉洁自律。

苏维埃政府和革命军事委员会颁布了《暂行条令十八条》《赤卫军暂行简明军律》等条例法规。这是边区政府借鉴中央苏区廉政建设的丰富经验，为加强边区党和各级政权廉洁自律、廉政勤政建设，建立全心全意为人民服务，为人民真心拥护的革命政权所做的积极探索和成功实践。边区政府还按照刘志丹的提议，专门制定了一条严厉惩治贪污的法规："凡一切党政军干部，如有贪污 10 元以上者枪毙。"这既是对干部的警示教育，也是边区政府制定和实施的法律条文。习仲勋回忆说："现在看起来这处分未免太重，但那时老百姓最恨贪官污吏，盼望有为民理政的'清官'，正因为刘志丹了解群众的心情，才制定严格的法规，以警戒自己的同志。"①

刘志丹、习仲勋等领导带头执行党的纪律。刘志丹是红军队伍的总指挥，但他从不以自己是领导而搞特殊。作为部队首长，他配有一匹马和一个马夫兼炊事员，既没有勤务兵，也没有警卫员。行军作战命令，都是由他自己亲手起草，每晚的口令也是由他自己拟出。遇到伤病员，他的乘马让给他们骑，自己徒步行军。他吃的穿的和全体指战员一样，战斗中缴获敌人的一件破呢子大衣，白天搭在马鞍上当垫的，晚上盖在身上当被子，一双布鞋当枕头。夏天穿一件破单衣，冬天穿一件破棉袄。大家吃什么他吃什么，从不另起炉灶。当地群众送来慰问品，总是先分给先锋连和义勇军，然后按数量分给各部队。刘志丹在长期的革命生涯中，处处表现出百折不回的革命精神，处处表现出先人后己的高尚品德，处处表现出一个共产党人的崇高人格魅力。

陕甘边区苏维埃政府为加强党政机关和部队的廉政建设和作风建设，克服和纠正党政军干部挪用公款、贪污腐化、假公济私、行

---

① 习仲勋：《群众领袖　民族英雄》，《人民日报》1979 年 10 月 16 日。

贿受贿等腐败现象，在边区苏维埃政府成立的同时，下设陕甘边区工农监察委员会。边区政府首任工农监察委员会委员长是工人出身的惠子俊，先后担任中共陕甘边区特委书记、中共西北工委书记，为革命积劳成疾，1944年10月在中共米脂西区书记、中共陕西省委常委任上病逝，时年34岁。

为惩戒贪污腐败行为，边区政府制定颁布了工农监察相关政策，主要内容有：

1. 监督边区政府机关及工作人员正确执行政府颁布的各项政策、法律、法令。

2. 保护工农广大群众利益。

3. 查处和严惩政府工作人员贪污、行贿、浪费等行为。

4. 严抓边区党和政府的廉政建设和作风建设。

5. 党政军干部临阵脱逃者处以死刑，破坏枪支者处以死刑，强奸妇女者处以死刑，贪污公款10元以上者处以死刑。

这些政策的颁布实施，给各级党政军干部划出了法律红线和行为禁区，极大地提高了党政军各级干部的廉政意识和敬畏之心，有效杜绝了边区党政军干部腐败现象发生，形成全苏区党政军机关勤政为民、干部廉洁自律、政府风清气正的良好风气。1935年1月，陕北省工农民主政府成立，下设裁判委员会，管理审判处决反革命和革命阵营中的腐败分子案件。1935年10月，中共中央和中央红军长征到达陕甘革命根据地，成立中华苏维埃共和国中央政府驻西北办事处，下设工农监察局，同时撤销陕甘边区苏维埃政府，成立陕甘省苏维埃政府，下设工农监察部。1936年5月，中共中央撤销陕甘省，成立陕甘宁省苏维埃政府，下设裁判部，1949年10月发展为西北监察委员会，之后发展到现今的纪律检查委员会和监察委员会。可以看出，陕甘边区苏维埃政府以实事求是的精神，研究和实施加强党和政府的廉政建设和作风建设，在今天无论在名称内容和功能作用上，都给予我们以深刻珍贵的历史借鉴和现实启示。

二、领导干部率先垂范

刘志丹既是一位党性原则很强的共产党人，也对自己的父母、亲人怀着深沉的爱。敌人挖了刘志丹家祖坟，他的父亲和妻子、女儿被习仲勋派人接到南梁。同桂荣见到好久没有见面的丈夫，就把国民党军抄家、抢东西、烧房子，挖掘老祖坟，砸开棺材，焚尸扬骨的罪恶行径给刘志丹一一说了，刘志丹强压悲愤对亲人们说："我们要革命，就难免受迫害，株连家庭亲属虽然痛苦，也在意料之中。"①

刘志丹的父亲和妻子被接来后，刘志丹让妻子同桂荣立即到被服厂去做工。并叮咛说："咱们不能给红军增加负担，你要多做活。"同桂荣在被服厂工作积极肯干，不仅学会了做军服，还学会了做军旗和各种符号的旗，成为被服厂的骨干分子。②

1934 年寒冬已经来临，刘志丹和习仲勋到被服厂检查部队和干部冬装赶制进展情况。同桂荣看见习仲勋还没穿上棉衣，就给刘志丹建议说，给习仲勋做一件新棉袄。当天晚上，同桂荣就在煤油灯下连夜赶做了一件新棉袄，但是棉袄做成以后，由于棉花膨胀，穿上不贴身，她又搬来一块青石板压在上面压平整。习仲勋穿上新棉袄后高兴地说，讲究啥哩，能穿就行。1935 年 5 月，国民党马鸿宾第三十五师占领南梁。陕甘边区苏维埃政府主席习仲勋带领党政军机关向洛河川转移。天气已经很热了，习仲勋还穿着被梢林划破的棉袄、棉裤，与大家同甘共苦，共同战斗。

南梁革命根据地从创建开始起，就把建立民选政府、为民主政、为民理政的清廉政府，作为执政为民、取信于民的明确目标，

---

① 同桂荣:《他是个不知有家的人》,《刘志丹纪念文集》编委会编:《刘志丹纪念文集》，军事科学出版社 2003 年版，第 476 页。

② 马文瑞:《群众领袖　革命楷模》,《刘志丹纪念文集》编委会编:《刘志丹纪念文集》，军事科学出版社 2003 年版，第 82 页。

把惩治贪官污吏、树立廉洁政风作为政权建设的头等大事，对党政军人员发生的损害群众利益、破坏党和红军纪律、假公济私等贪污腐败行为，不论是什么干部，一律严厉查处。因此，在边区条件环境极端艰苦困难的情况下，保证了有效杜绝党政军工作人员中发生贪污腐化现象，边区上下从苏维埃政府主席习仲勋到基层各区乡干部，都做到了带头廉洁奉公，艰苦奋斗，一心为民，形成了“只见百姓不见官”的良好社会风气，维护了人民群众的根本利益，受到了广大群众的普遍赞扬和拥护。

通过当时发生的几件事例，也从一个侧面反映出南梁政府廉政建设的实际情况。苏维埃政府在南梁的瓦房院设立了粮台，专事军粮收购、加工、发放事宜，保证前线战士的需要。一次，粮台出现库存亏损，粮台管理人员李银海对亏损负有责任，按照苏维埃政府法令，对李银海以贪污罪处以死刑。习仲勋命令保卫队立即执行。但当地群众认为李银海不该处死，因而挡在粮台门口，坚决不让保卫队抓人。保卫队见状一边鸣枪示警，一边反复说服群众让开。习仲勋看到这么多的群众一致为李银海求情赦免，便觉得其中另有缘由，表示尊重大家意见。经调查了解，原来是粮库管理不严，李银海自行决定救济困难群众，因而导致库存短缺，就严厉批评了他工作上的失误。李银海在以后的工作中汲取了教训，做出了成绩。[①]

1935 年 5 月，红军攻克延长县城，为了保护城市工商业，维护城市小商小贩及群众的利益，红军成立临时没收委员会，刘志丹任命张达志担任没收委员会主任。明确规定只没收官僚地主、土豪劣绅和资本家的财产，而不得侵犯其他任何人的财产。规定只有没收委员会有权布告没收，其他任何单位和个人不得随意没收。没收的财物中，除贵重的钱财、布匹军用外，粮食、衣物等用品一律分

① 《习仲勋传》编委会编:《习仲勋传》(下)，中央文献出版社 2013 年版，第 191—192 页。

给当地劳苦群众。为维护城市秩序，要求部队指战员严格军纪，遵守法规，不得随意上街，不准私入民房。并成立执法队巡逻维护治安。对秋毫无犯者予以表扬，对违法乱纪和行为不轨者严厉惩处。一个小战士打土豪时私自拿了两件妇女的服装，被查出后，在全团大会上批评并开除军籍。这件事在延长县一带久久流传，成为红军严明军纪的一段佳话。

陕甘边区工农监察制度的建立和推行，是陕甘边党政军领导加强党的建设和政权建设，建立人民满意信任的政府，团结和带领广大劳苦大众为夺取民主革命胜利的目标任务，所进行的努力探索和成功尝试，充分彰显了党执政为民的初心和使命，为推动根据地巩固扩大发展，保障红军取得反“围剿”斗争的胜利，发挥了重要的保障作用。

第八节　民政劳资与知识分子工作

南梁政府成立时，政府设有劳动委员会，选举张钦贤任劳动委员会委员长。劳动委员会的主要职责是：组织工农群众开展生产劳动，配合土地委员会开展土地革命斗争，合理分配土地，鼓舞调动边区军民的生产积极性和劳动自主性，减轻根据地群众的生活负担，增加边区政府物资供应和军队供给，为根据地巩固发展奠定群众基础。

南梁政府也颁布了相关劳动政策，主要内容有：

1. 对农民不征粮，不派款，鼓励耕种，发展生产。

2. 经营红军公田，在土地分配中适当留出一部分土地作为"红军公田"，由乡村苏维埃政府经营，部分用于救济红军家属和孤寡残疾人以及过往的游击队零散人员。

3. 把打土豪没收的牛羊适当留出一部分，组织专人集中放养。[1]

在劳资政策上，开始政府要求给贫苦农民和雇农发单衣、棉衣、毛巾等物品，多偏重于雇农方面，而个别雇农因此好吃懒做，以后就规定凡是雇农必须要好好参加劳动，改造二流子和流浪人员使其参加生产。对红军家属和社会上的孤、寡、残废，均由政府和群众设法实行救济。红军家属在社会上受到优待和尊重，分地分好

① 中共甘肃省委党史研究室：《中国共产党甘肃历史》第一卷，中共党史出版社 2009 年版，第 173 页。

地，组织群众帮助耕种和秋收，看戏坐前排，激发了农村青年踊跃参军的积极性。

为了适应南梁革命根据地快速发展形势的需要，陕甘边区特委和苏维埃政府高度重视吸引知识分子加入开创苏区的革命洪流中。刘志丹不仅自己带头尊重和重用有文化的人，还倡导和要求各级干部重视吸引和使用知识分子。当时的文化委员长蔡子伟回忆说："一次志丹派他去西安，一要请一些知识分子，二要买两台油印机。有的同志说'念书人办不成事，还会坏事'，拿杜衡作例证（杜是学生出身，曾任省委书记，开始'左'，后来叛党）。志丹说：'没有知识会犯更大的错误，历史上农民运动总是失败。'那时'左'的同志把留短发的女知识分子叫洋学生，说他们不可靠。志丹批评说：'你看，人无知识就变得愚昧狭隘。'蔡子伟说：'左'倾兴盛时，不少人跟着跑，在当时，志丹不搞'左'，真不容易。"[①]

南梁政府主席习仲勋是一位有远大政治眼光和宽广胸襟的年轻领导人，他尊重知识分子，虚心向他们请教，大胆地使用，放手发挥他们的特长和才智。关于对待知识分子的政策，习仲勋回忆说："我们对政治上清楚的知识分子一概相信，分配给适当的工作培养他们。"[②]

陕甘边区苏维埃政府成立大会筹备工作中，《土地决议案》《财政决议案》《粮食决议案》和其他一些重要文件，就是蔡子伟等知识分子起草拟就的。1934 年冬，马文瑞路过南梁要回到陕北去，经刘志丹和习仲勋再三挽留，做了红军干部学校的政治教员。张景文是南梁少有的女知识分子，习仲勋非常重视发挥她的才干，分配她搞宣传，做发动群众的工作，派她到列宁小学当教员。她性格开朗，群众亲切地叫她"张放心"。后来担任边区政府妇女委员会委员长，为边区的文化教育事业作出了突出贡献。

① 马文瑞：《群众领袖　革命楷模》，中共甘肃省委编：《纪念刘志丹》，中共党史出版社 2014 年版，第 75 页。

② 同桂荣：《他是个不知有家的人》，《刘志丹纪念文集》编委会编：《刘志丹纪念文集》，军事科学出版社 2003 年版，第 476 页。

第九节　肃反与社会教育改造

为了保障革命政权的安全和工作顺利开展，陕甘边根据地革命政权从成立就一直设有肃反委员会。1933 年 4 月，在照金根据地时期，革命委员会就设有肃反委员会。1934 年 2 月，南梁四合台村革命委员会继续设立肃反委员会。陕甘边区苏维埃政府成立后，郝文明任肃反委员长。郝文明是南梁的贫苦农民，也是南梁首批加入党组织的农民先进分子。1935 年 11 月，他在靖边宁条梁一带开展革命活动时，被敌抓捕而英勇牺牲，时年 35 岁。1936 年后，各级政府又将肃反委员会改名为裁判部、司法部和高等法院分庭等，是新民主主义司法建设的最早雏形之一。边区苏维埃政府肃反委员会的主要职责是：肃清边区内的一切反革命分子和叛徒特务，镇压阶级敌人，打击各种破坏革命的犯罪分子和犯罪行为，维护正常的革命秩序和群众生产生活安全，探索建立和完善边区民主审判制度，为巩固和壮大苏维埃政权提供法制和社会治安保障。苏维埃政府也颁布了肃反政策，主要内容有：

1. 对敌探、奸细及确实有证据的反革命分子（如苏区内敌人的坐探）一般采取坚决镇压的办法。

2. 若群众愿出面作保，且不杀亦无损于革命，可保释予以感化。

3. 对犯人分别主犯与从犯。对确有证据的反动豪绅地主采取镇压政策。

4. 对一般地主豪绅只向他们要粮索款，并不杀掉。

5. 处决犯人须经过群众大会通过，不搞秘密杀犯人。[①]

陕甘边区肃反委员会颁布实施的一系列政策法令，为肃清潜藏在根据地中的各类反革命分子，分化瓦解敌特分子，巩固革命政权，保护根据地人民的生命财产安全，支援红军主力多打胜仗，发挥了特殊重要的作用，作出了历史性贡献。

南梁山区偏僻落后，人口多数是从外地迁入的赤贫户，识字的人罕有，受封建腐朽社会的毒害尤其深重。男子留辫子、女子缠脚、买卖包办婚姻甚至抢婚陋习久远而顽固，特别是林区土壤和气候环境适宜种植鸦片（老百姓称“大烟”），地主豪绅和军阀、土匪把责令百姓种植鸦片作为掳取巨额财富的手段，强迫农户种植鸦片。受社会恶习影响，也因此滋生一批吸食鸦片、不务正业、好吃恶做的懒汉二流子，对社会危害尤深。针对南梁中心苏区的社会现状，陕甘边区苏维埃政府成立后，制定颁布了各种社会改造政策，广泛开展消除社会毒瘤、破除陈规陋习、移风易俗活动，使南梁中心苏区的社会风气焕然一新。社会改造政策主要内容有：

1. 颁布并宣传禁烟、禁赌、放足等条例，引导群众移风易俗。

2. 对红军家属、社会上的孤寡残疾，发动群众救济，政府也给想办法。[②]

南梁根据地的社会政策，集中体现了根据地党、政、军对推翻腐朽黑暗的旧社会，解放全国劳苦大众，建立人民当家做主、建立和发展进步的苏维埃社会秩序、维护革命秩序的坚定目标，也是边区政府对社会教育与改造的成功探索，是党在边区局部执政成功的先进理念和正确路线方针的生动例证。

为了改变落后愚昧的社会现状，南梁政府颁布民主改革法规政

① 习仲勋：《在西北党史座谈会上谈陕甘边苏区建设》（1945 年 7 月），刘凤阁、任愚公主编：《红二十六军与陕甘边苏区》，兰州大学出版社 1995 年版，第 411 页。

② 刘志丹：《刘志丹文集》，人民出版社 2012 年版，第 38 页。

策，专门设立了禁烟委员会、禁赌委员会、放脚委员会等机构，颁布了禁烟、禁赌、放脚条例，反对封建买卖婚姻，反对封建迷信活动。并确定专人负责，促使以"劝破除迷信、劝戒赌博、劝戒鸦片烟，劝禁买卖婚姻，劝妇女放脚，劝男子剪辫子"为内容的"六劝"活动在苏区普遍兴起。

南梁政府设立妇女委员会，倡导男女平等。动员妇女走出家门，参加生产和社会活动，动员男青年参加红军游击队。组织妇女掩护、收容政府干部和革命军人受伤人员，为红军和政府传递情报；为前线部队赶制军衣、军鞋、军旗，洗衣服、碾米磨面，支援红军前线打胜仗。妇女委员长张景文教妇女唱革命歌曲：

婆姨女子脚放开，
长头发剪成短毛盖。
男当红军女宣传，
革命的势力大无边！①

妇女委员会还带领广大妇女参与打土豪、分田地斗争，用新思想、新文化教育引导民众从封建没落的沉重枷锁和精神桎梏中解放出来，从根本上荡涤了旧社会的污泥浊水，极大地激发了边区妇女参加革命、拥护革命、支持革命的觉悟和热情。根据地妇女们精神焕发、昂扬向上，处处洋溢着追求光明、快乐进步的高涨革命热情。

边区政府当时还没有设立正式的人民法院，但是对于违法及民事纠纷问题等一切案件的处理，都是经过边区各级政府，并按照一定的组织程序进行的。在案件的审理与判决过程中，处处以革命的大局和苏区的巩固、发展为宗旨，并广泛听取群众的意见和呼声，

① 巩世锋主编:《陇东革命根据地》，中共党史出版社 2011 年版，第 92 页。

维护贫苦农民和当事者的合法权益。[①] 因此，群众有了什么不顺心的事和产生了矛盾纠纷都要找政府，政府都能处理得让群众心情舒畅、心满意足。这些措施使根据地人民安居乐业、喜气洋洋，打心眼里拥护党，拥护边区政府。

① 张文华:《陕甘边根据地革命斗争回忆》，中共陕西省委党史研究室、中共甘肃省委党史研究室编:《陕甘边革命根据地》，中共党史出版社 1997 年版，第 652 页。

第十节　南梁政府“十大政策”实施的历史意义

“十大政策”颁布实施，是南梁革命根据地党政军领导人的集体智慧，也是陕甘边革命斗争历史经验的结晶。南梁政府“十大政策”的颁布实施，有力地推动了根据地的建设和巩固发展，是陕甘边区苏维埃政府局部成功执政的最好见证。

首先，“十大政策”的颁布实施，是南梁根据地党政军领导人自觉执行党的实事求是思想路线的产物。陕甘边根据地党政军领导人坚持把马克思主义与陕甘边革命斗争的具体实践相结合，是执行党的实事求是思想路线的坚定分子和行动楷模。无论是确定以南梁为中心建立革命根据地，还是制定实施深得民心的“十大政策”，都充分体现了坚持实事求是，自觉克服“左”右倾机会主义的干扰破坏，走符合陕甘边区实际的革命武装斗争、创建根据地、建设红色政权的正确道路。陕甘边根据地的土地革命斗争、经济建设、军事建设、统一战线、社会改造等方针策略的制定实施，都彰显出坚持实事求是的思想路线，因而保证了根据地能够战胜国民党的军事“进剿”、经济封锁和各种颠覆破坏活动，根据地不断巩固扩大和发展。

其次，“十大政策”的颁布实施，是陕甘边根据地党政军领导人按照中国共产党奋斗目标，在局部执政中探索建立人民当家做主的新型新民主主义国家的成功样板。陕甘边根据地党政军领导人按照中华苏维埃共和国中央政府施政纲领和"工农武装割据""农村包围城市""武装夺取政权"的中国革命正确道路，在远离党中央和中国革命重心，甚至一度和上级党组织完全失去联系的情况下，独立自主研究解决根据地发展的重大问题，按照他们对中国革命目标的理解和革命政权建设的设想，制定并颁布实施了具有远大目光、科学内容、崇高追求和深厚民意为基础的一系列方针政策、法律法规。因此，在政治、经济、军事、文化和社会建设方方面面都取得了不仅让人民满意，甚至连敌人也都不得不佩服的巨大成就，实现了党在陕甘边根据地成功的局部执政，使南梁成了老百姓向往的好地方。这些成功的实践和经验，为党中央把陕甘宁边区建设成为全国模范的抗日民主根据地和新中国的雏形，发挥了基础作用，其历史功绩是不可磨灭的。正如谢觉哉代表中央所撰写的刘志丹碑文中，对以刘志丹为核心的陕甘边党政军作了十分中肯的评价："志丹同志远离中央，能从革命实践中体会马列主义精髓，使马列主义之普遍真理具体实践于西北。在建军、建党、建政及领导革命战争中，其方针策略，无不立场坚定，实事求是，坚持党之正确路线，与'左'右倾机会主义路线进行不调和的斗争……"[①]

第三，"十大政策"的颁布实施，是南梁政府始终坚持人民至上，以人民为中心的执政理念的成果。"十大政策"的制定实施，都把人民的要求、人民的希望和人民的利益，作为制定政策法令的根本依据，充分体现出南梁政府执政为民的理念。土改斗争中分川地不分山地，土地和青苗一起分，就是按南梁地区农业生产的实际和农民群众的要求制定的。比如土改中出现了右倾偏差，群众有意见，政府立即纠正偏差；群众不愿意看到苏维埃政府的干部出现像

---

① 谢觉哉：《烈士刘志丹同志革命事略（碑文）》，《刘志丹纪念文集》编委会编：《刘志丹纪念文集》，军事科学出版社 2003 年版，第 695 页。

国民党政府无官不贪的情况，南梁政府制定了严厉的惩治腐败的法律法规，以警戒自己的干部队伍；穷人的孩子上不了学，政府就千方百计兴办小学；为了帮助群众发展生产，兴办合作社，扶持发展合作经济，增加农民收入；群众没有市场互通有无，政府就兴办集市、发行货币，主动邀请和让利吸引白区的商人来南梁做生意；为了不增加群众的负担，政府和红军兴办小牧场、小农场，养猪养羊，自己解决政府机关和红军部队给养；制定了“禁烟”“禁女子缠脚”等“六禁”条例，群众不接受，马上改为“六劝”等等。在南梁政府不遗余力的努力下，边区经济凋敝、文化落后、民不聊生的状况得到了明显改善，南梁的人口快速增长，都充分体现了政府和南梁苏区党政军领导人坚持人民至上、执政为民、为人民谋幸福的初衷。

第四，“十大政策”的制定和实施，是南梁根据地党政军领导集体智慧的结晶和执政为民的集中反映。刘志丹、谢子长、习仲勋等党政军领导人都是群众领袖和爱民模范。他们共同把“我们为的是打倒帝国主义，打倒军阀统治，让我们国家独立、强盛，让穷苦百姓当家过上好日子”作为革命的目的和人生的追求。因此，在南梁，制定颁布“十大政策”，剪除匪患，保护群众，发展经济，改善民生，兴办教育，改造社会，无不深刻地回应群众的诉求，充分地反映群众的愿望，刘志丹、习仲勋等党政军领导人也深受群众的拥护和欢迎，他们共同努力为保护人民，为人民谋幸福而舍生忘死奋斗。他们是群众领袖，他们为民的情怀和精神受到毛泽东同志的高度评价。他们这个英雄群体共同谱写了陕甘边根据地党的群众路线的光辉篇章，谱写了光辉的南梁精神。南梁的老百姓用朴实的“信天游”满怀深情地唱道：

石榴树上开红花，
边区就是咱的家。

谁敢动她一星土，
豁出性命保卫她！[①]

第五，“十大政策”的制定和实施，是“娃娃主席”习仲勋政治才华的充分展示，为习仲勋以后的革命生涯积累了宝贵经验。习仲勋 13 岁加入共青团组织，15 岁加入共产党，经历了发动学潮斗争、领导武装兵变和创建照金根据地等长期革命的生死考验和艰苦历练，在多个重要岗位上合格肩负起领导工作，有着丰富的对敌斗争经验和出色的组织领导能力。刘志丹第一次见到习仲勋，称赞他“年龄不大，本事不小”。王世泰在长武事件后第一次与他接触，即由衷地敬佩其才华和见识。1934 年 2 月，在南梁四合台村再次选举成立陕甘边区革命委员会，在酝酿革命委员会主席人选时，刘志丹提名习仲勋担任，得到大家的一致赞同。11 月，在南梁召开陕甘边区苏维埃政府成立大会，刘志丹对与会人员讲：“搞政权建设和做地方工作，我不如仲勋。”带头提议选举习仲勋担任苏维埃政府主席，并在庆祝成立大会上，把苏维埃的红色大印颁给习仲勋，以表示对他的信任和支持。

陕甘边区革命委员会在南梁成立后，刘志丹的主要精力在领导军事斗争和游击战争上，政府工作全权交给习仲勋管理，只是在宏观上大局上看到的、想到的及时给以提醒和交待。习仲勋事无巨细，亲力亲为，深入做调查研究，广泛听取群众意见，为了工作每天奔波几十里路，还耐心接待群众来访，帮助群众解决各种各样的困难，边区到处都有他忙碌的身影。

“十大政策”的制定和实施，更是“娃娃主席”的群众领袖风范和高超理政能力的集中展示。他后来由环县县委书记，一步步走

① 王德修：《论陕甘宁边区的革命民歌及其它》，《西北第二民族学院学报》1995 年第 4 期。

上了党和国家领导人的岗位，但他没有忘记在南梁革命根据地形成的经验和本色，始终牢记刘志丹等革命先烈的嘱托和遗志，为党的事业发展献力护航。从南梁到南粤，从西北到华北，清晰地记录下这位革命家、政治家的光辉足迹。

第五章

陕甘边、陕北联合反“围剿”与陕甘革命根据地的形成

国民党军对陕甘边、陕北革命根据地的第一次“围剿”被相继粉碎后，根据地得到进一步巩固和发展。此时，蒋介石一面调集重兵对长征途中的中央红军进行围追堵截，一面加紧准备对陕甘边和陕北两块根据地的第二次大规模军事“围剿”。国民党西北军阀更是对根据地土地革命运动蓬勃发展的局势芒刺在背，如坐针毡，一边推行保甲制，实行“并村”行动，在村镇建筑联防碉堡，严加防守；一边开始部署“围剿”陕甘边和陕北革命根据地的红军。

1935年2月周家崄会议的召开，实现了党对陕甘边、陕北两块根据地的统一领导。此后，中共西北工委和西北革命军事委员会领导根据地人民积极全面进行第二次反“围剿”斗争，歼灭大量国民党正规军和反动地方武装，使陕甘边和陕北根据地连成一片，土地革命战争后期全国“硕果仅存”的陕甘革命根据地由此形成。

第一节　陕甘革命根据地第二次反“围剿”斗争

一、南梁中心苏区的反“围剿”斗争

1935 年初，蒋介石在继续部署围追堵截长征中的中央红军的同时，开始把对革命根据地“围剿”的重点转到陕甘革命根据地。进入春季，蒋介石调动陕、甘、宁、豫、晋 5 省军阀，集 6 个师约 30 个团计 4 万余兵力，照搬对中央苏区第五次“围剿”的办法，采取分割“清剿”、逐区“蚕食”的方式，对陕甘革命根据地发动第二次“围剿”。陕甘根据地随即展开第二次反“围剿”斗争。

1935 年 2 月初，国民党军第三十五师马鸿宾部向以南梁为中心的陕甘边苏区发起进攻。敌军由宁夏出发，兵分两路：一路经中卫、环县、曲子进抵悦乐；一路经固原、西峰、庆阳进驻六寸塬。2 月 21 日，敌占领庆阳、新堡、悦乐、元城、柔远城等地。敌人采取“堡垒”战术，在到达悦乐后，一面强迫群众移民并村，建立“战略村”，企图割断游击队和群众的联系；一面选择有利地形，构筑工事，修筑碉堡，仅在新堡、悦乐、五蛟、柔远、白豹等地就修筑碉堡 30 余座。

不仅如此，南梁中心苏区还成为敌人“围剿”的重点区域。敌人在政治上实施《剿共临时施政纲要》，提出“三分军事，七分政治”的口号，实行保甲制度，设立地方保安队，加强特务活动，实行“一户通共，十户杀绝”的连坐法；经济上，在根据地周围大量构筑碉堡，加紧封锁，禁止一切工业品运入；军事上，采取“稳扎稳打，步步为营，分割包围，各个击破”的战术。

面对严峻形势，红军主力转入外线作战，南梁中心苏区由习仲勋和赤卫军总指挥朱志清、副总指挥梅生贵率领第二路游击区各游击队、赤卫军，抗击马鸿宾部第三十五师。习仲勋按照中共西北工委“暂时撤出南梁”的指示，组织群众坚壁清野，积极做好游击队迎击敌人和党政军机关撤离南梁的部署工作。

1935 年 2 月下旬，敌三十五师一〇三、一〇四旅进占至南梁中心苏区的庆北悦乐元城、柔远城壕等地，整个庆北苏区开始笼罩在一片白色恐怖之中。敌人入村进户即牵牛拉驴、逮鸡杀羊，村村遭受洗劫，家家难脱抢掠。接着，敌人开始并村、搜山，搞无人区，切断与外界的联系，然后逐村挨户搜捕红军游击队和干部。外逃藏匿的地主恶霸、土豪劣绅和敌军勾结在一起，疯狂报复，组织了“铲共义勇军”，恢复了保甲制，从群众手里夺回土地，赶走牛羊，讨索欠债。对当过村干部和革命分子的更是凶残百倍，吊打拷问，烧毁房屋，毁坏农具，甚至把百姓使用的碾子、碌碡都推下山沟。

悦乐与南梁之间，隔着一道老爷岭。老爷岭沟壑纵横，森林茂密，地势险要，是南梁政府在西面的天然屏障。习仲勋和陕甘边区赤卫军副总指挥兼参谋长梅生贵共同商量，决定利用老爷岭的优越地理位置，采用疑兵之计，迷惑打击敌人，在老爷岭的山头搭起了许多毛毡帐篷，在密林中升起了许多红旗。白天，游击队高举红旗到处游击，夜晚，漫山遍野点燃篝火，并派出小股部队不断袭扰敌军，造成主力红军在老爷岭一带据险抵抗的假象，国民党军不知虚实，在老爷岭以西地区滞留一个多月，给红二十六军四十二师第三团、西北抗日义勇军和骑兵团向东挺进迎战陕北苏区敌人，组织南梁中心苏区群众坚壁清野，安全转移创造了有利条件。

红军游击队汲取第一次反“围剿”的经验教训，为使群众不受或少受敌人蹂躏，游击队、赤卫军和群众一起连夜行动，组织转移。大家手提肩扛，牲口驮运，凡是能带走的东西，全部带走；牛羊牲口全部赶走；粮食就埋在地下，决不给敌人留下一粒粮食。能走远路的群众转移到陕北苏区；不便长途跋涉的老弱妇幼和部分群众赶上牛羊牲口，进入南梁地区二将川的原始森林里。为了保护群众的利益，基层干部和游击队、赤卫军不怕苦、不嫌累，昼夜机智地与敌人周旋。经过半个多月的紧张行动，群众全部安全转移。

在敌军大举进犯的情况下，红四十二师主力积极展开游击行动，打击进犯之敌。红三团、抗日义勇军转战城壕川，重创敌先头部队；骑兵团奔袭五蛟，消灭敌骑兵 50 多人。接着，红三团、抗日义勇军与骑兵团分进合击，于 4 月 3 日向进占六寸塬的敌一〇五旅冶成章部一个营发起猛烈攻击。此战虽打击了敌人，红军也遭受严重损失，红三团团长王世泰、骑兵团团长赵国卿负伤。在游击队和赤卫军的有力配合下，红二团抓住有利战机，在田家崾岘消灭敌一个连，打死打伤敌人 100 多人，缴获不少武器弹药，打击了敌人的嚣张气焰，为群众安全转移赢得时间。

4 月 13 日，敌三十五师闻知红军主力已经转战陕北的消息，立即向南梁中心苏区推进，相继占领二将川、荔园堡，并向着陕甘边区苏维埃政府驻地寨子湾逼近。习仲勋在安排好根据地群众安全转移和指挥游击队袭扰敌人后，与刘景范等带领陕甘边特委、政府、军委机关工作人员和政治保卫大队、庆阳游击队及赤卫军百余人，迅速撤离寨子湾，进入豹子川向陕甘边东区洛河川方向转移。4 月 14 日，国民党军占领荔园堡、寨子湾，看到的是一片空寂，恼羞成怒，烧毁房屋，毁坏窑洞，捕杀干部，活埋群众，使南梁堡、小河沟、平定川、豹子川一带的所有村庄变成废墟。还严刑拷打被迫走出山林的群众，追问红军、游击队和政府工作人员的去向，拉去壮丁 200 余人。并贴出告示：抓到习仲勋“赏白洋 2000 块，马两匹”，抓到贾生秀，“赏白洋 1000 块，马一匹”。

4 月 15 日，500 余敌人骑兵尾随追来，形势极为严峻。习仲勋、刘景范、郭锡山、宋飞等指挥政治保卫大队与游击队、赤卫军与追击之敌连续激战，且战且退。16 日，习仲勋率领的后方机关工作人员和赤卫军在豹子川与白沙川交汇处的张岔岭（今属华池县）遭马家军和由合水方面来的 100 多人的便衣队的包围。赤卫军副总指挥梅生贵奉命率队阻击敌人，掩护陕甘边区苏维埃政府机关人员转移。他率领赤卫军用大刀、长矛和土枪土炮打退敌人多次进攻，为习仲勋带领机关工作人员安全转移到白沙川赢得了时间。但白沙川又遭敌三面包围，形势更加险恶。在危难时刻，梅生贵沉着指挥赤卫军抗击强敌的猛烈进攻。激战中，赤卫军队员伤亡惨重，最后只剩下梅生贵一个人，他利用路旁的山岩石作掩体，只身打退了敌人 4 次冲锋，阻击敌人不得前进，与敌相持半个小时，保护党政军机关和干部安全转移。最后身负重伤，落入魔掌。这位南梁人民的优秀儿子，宁死不屈，英勇就义，为保卫红色政权献出了年仅 33 岁的宝贵生命。

习仲勋及政府工作人员在保安县的瓦子川、大东沟隐蔽数日，被敌探知，马家军又集中数十倍的兵力包抄过来。在十分危急的情况下，习仲勋果断决定分散突围。国民党军将政府机关转移人员追袭 10 余华里，又将包括习仲勋在内的数十人政府工作人员包围起来。边区政府保卫大队第三中队长王殿斌和习仲勋的警卫员宋子功掩护习仲勋等突围。王殿斌回忆说：“我与习仲勋的警卫员且战且退，到后半夜，行至瓦子川，才摆脱了敌人的追击。但不见了习仲勋同志，找了很长时间，才在一个梢沟里找到了他。我们集合了 40 余人，在瓦子川住了 7 天，后到大东沟住了 3 天，被马家军发现追杀，我们又被打散，习仲勋同志骑马脱险，后又集合了一些人，才到阎家湾驻下来。"[①]

习仲勋也回忆起这次惊险的突围，他陷入马家军骑兵的包围中，随手牵过一匹大白马骑上率部突围，白马目标很大，敌骑兵紧追不舍，疯狂地叫嚣着活捉共产党的大官。为了摆脱敌人的追击，他使劲不停用荆条抽打马的屁股，大白马在崎岖的山道上狂奔，习仲勋浑身被梢林刮得伤痕累累，双脚被马镫磨出了血洞，跑了十多里地才甩脱了敌人，与刘志丹的主力红军会合到一起时，他才发现胯下的战马被自己身上的血和马屁股被荆条抽打出的血痕染成了红色。刘志丹闻说脱险经历，感慨地说："真是一匹英勇救主的白龙马呀！"[②]

这次南梁突围斗争的经历，给习仲勋留下终生难忘的记忆，战斗的残酷情景常常在他的梦中出现，战马的奔跑声和激烈的枪声常常将他从酣睡中惊醒。对于在南梁突围战中掩护过自己的王殿斌，习仲勋心里充满感激之情。新中国成立后，习仲勋先后五次邀请王殿斌到北京，每次都要王殿斌住上一段时间。王殿斌去世后，习仲勋让秘书第一时间发来唁电。2000 年，齐心和儿子远平、女儿桥桥去南梁时，专程到林镇黄渠村看望了王殿斌的亲属，给王殿斌唯一的女儿王玉萍留下 600 元现金。习仲勋一生不忘与他同生死、共患难的战友，展示了老一辈无产阶级革命家真挚的情怀和伟大的人格魅力。[③]

---

① 《王殿斌 1959 年 4 月 28 日谈苏区的创建》，刘凤阁、任愚公主编：《红二十六军与陕甘边苏区》，兰州大学出版社 1995 年版，第 422 页。
② 习远平：《发扬陕甘精神　建设美好家园》，《甘肃日报》2014 年 9 月 29 日。
③ 张新民：《走访南梁，缅怀习老》，《平凉日报》2013 年 10 月 14 日。

二、陕甘边区苏维埃政府转移下寺湾

习仲勋率后方机关人员转移到洛河川甘泉县阎家湾不久，边区政府就在胡皮头村召开了有游击队、赤卫军和苏区群众 2000 多人参加的大会。会议由安塞县苏维埃政府主席王聚德主持，习仲勋在会上讲话，动员游击队、赤卫军和根据地人民团结起来，共同迎击敌人，夺取第二次反“围剿”斗争的胜利。并宣布陕甘边区苏维埃政府正式进驻洛河川。安塞县苏维埃政府东进高桥川，原属安塞县苏维埃政府管辖的桥扶峪区、下寺湾区、王家坪区转为边区政府直辖一、二、三区；建立赤卫军总指挥部，总指挥刘金声，统一赤卫军的领导。各区设赤卫军大队一个，有二三百人。

1935 年 6 月上旬，陕甘边区党政机关迁至距甘泉县城 70 余里的洛河川下寺湾一带，特委驻王家湾，政府驻阎家湾，军委驻屈沟坪，边区政府经济委员会驻桥扶峪。从此，这里就成了中共陕甘边区特委和陕甘边区苏维埃政府的驻地，成为陕甘边革命根据新的政治中心。6 月 7 日，刘志丹率领红军主力部队来到下寺湾，与习仲勋领导的陕甘边区党政军机关会合。鉴于苏维埃政府保卫大队在张岔岭突围战斗中损失严重，刘志丹抽调部分人员和武器补充了保卫大队。陕甘边区苏维埃政府进驻下寺湾后，下寺湾中心苏区的一切工作还都没有理顺，习仲勋夜以继日地投入工作。由于工作需要，他还兼任代理陕甘边区特委书记。他首先根据新的形势发展需要，领导设立了陕甘边南区和东区委员会，又根据变化对陕甘边区苏维埃政府组成人员进行了调整和补充：①

陕甘边区苏维埃政府主席：习仲勋
陕甘边区苏维埃政府副主席：贾生秀

① 《陕西省志》编辑委员会编:《陕西省志·政务志》，陕西人民出版社 1997 年版，第 20 页。

土地委员会委员长：李生华
财政委员会委员长：杨玉亭
文化委员会委员长：冯锡玉
肃反委员会委员长：郝文明
劳动委员会委员长：牛永清
粮食委员会委员长：马锡五
妇女委员会委员长：张景文
南区革命委员会主席：黄子文（后张邦英、秦善秀）
东区革命委员会主席：马文瑞

此刻，身兼陕甘边区特委和边区苏维埃政府主要领导职务的习仲勋，在整个陕甘边根据地反“围剿”斗争中，肩负着繁重的任务，他和刘志丹等领导根据地军民与敌人展开了殊死的较量。

主力红军北上陕北后，习仲勋在极端恶劣的斗争环境中，领导陕甘边根据地军民坚持斗争，发动群众行动起来，家家户户磨面，碾小米，做豆腐，准备蔬菜，杀猪宰羊。男女老少人背、驴驮，川流不息地把军粮、羊肉、鸡蛋、蔬菜送到红军部队。干部、赤卫军、游击队员还分头给红军带路，侦察敌情，广大人民群众严格保守军事秘密，严密封锁消息，造成了有利于我不利于敌的良好条件。战斗中，赤卫军、游击队和人民群众踊跃参战，救护伤员，送水送饭，打扫战场，不惜大批人力、物力，甚至生命，全力支援反“围剿”战斗。当时，南梁地区的游击队、赤卫军战士，除跟随主力红军转战陕北迂回外线外，大部转入秘密活动，侦察敌情，积极打击袭扰敌人，使敌人一夜数惊，疲于奔命。奉命坚持陕甘边苏区斗争的红二十六军第四十二师骑兵团、红一团、红二团纵横驰骋，牵制和打击敌军三个师的兵力，占敌军投入整个“围剿”总兵力的60%以上，有力地袭扰牵制了西线、南线、西南线三个方面敌军的“围剿”行动。

下寺湾陕甘边区苏维埃政府旧址

习仲勋在下寺湾，不仅思考着整个陕甘边区的军事政治经济斗争，还时刻关心着南梁根据地群众的安危。1935 年 1 月，敌人“围剿”庆北苏区，习仲勋命王英带领庆北保卫队坚持斗争，后转移到保安休整。当王英带着庆北保卫队胜利回归陕甘边区苏维埃政府驻地阎家湾时，习仲勋叫总务人员杀猪宰羊，慰劳来自庆北的全体指战员。后来，习仲勋又安排王英开辟中（部）宜（君）苏区，让杨占鳌带领庆北保卫队返回庆北，恢复苏区。[①]

习仲勋还领导着南梁中心苏区的对敌斗争。第二次反“围剿”开始后，庆阳游击队大部编入红四十二师第三团，随主力北上陕北作战，剩余人员在元城进行整编。整编后，庆阳游击队很快发展到 100 余人。4 月中旬，庆阳游击队突破敌三十五师马鸿宾部的包围

① 王英:《在庆北开辟新苏区的斗争》，刘凤阁、任愚公主编:《红二十六军与陕甘边苏区》，兰州大学出版社 1995 年版，第 972、978—979 页。

后，在麻地台又一次进行整编，成立庆北游击队，下辖2个大队、7个分队。庆北游击队奉习仲勋命令，立即在保安、吴起、定边、靖边一带开展游击活动。8月，李培福联络失散的老游击队员李树林、田生弟等12人为骨干，在二将川一带重新组织起庆华游击队，发展到60余人。庆华游击队在南梁地区打击敌人，发动群众，恢复红色政权。

此时，红二十五军长征来到陇东泾川一带，敌三十五师前去阻击，南梁中心区一带敌人大部撤离，习仲勋加紧南梁根据地的恢复工作，先后恢复温台区、柔远区、城壕区、白豹区的红色政权。9月，恢复建立庆北办事处；9月下旬，华池战区在南梁恢复设立。南梁根据地人民拆碉堡、平战壕，重建家园，各区、乡、村的红色政权逐步恢复和建立，南梁又回到人民的手中。

三、红二十七军、西北工委及西北军委的成立

1934年7月阎家洼子会议后，谢子长率领红四十二师主力第三团及陕北游击队，在陕北根据地进行反“围剿”斗争。近一个月时间里，相继取得景武家塌、张家圪台、河口镇和董家寺等战斗胜利，粉碎了国民党对陕北根据地的“围剿”，创造了陕北游击战争的有利形势。1935年1月30日，中国工农红军第二十七军在安定县白庙岔宣布成立。下辖八十四师，师长杨琪，政委张达志，参谋长朱子休。红二十七军八十四师的成立，标志着陕北革命从广泛的游击战争进入创建正规红军的新阶段。与陕甘边的红二十六军相互策应，联合作战，使陕北（包括神府）和陕甘边革命根据地牢固地屹立于西北高原。

八十四师成立后的第二天，在安定县南岗岔歼灭国民党军高桂滋部一个连，并击溃由清涧县老君殿镇（今属子洲县）开来的援兵。接着，陕北红军乘胜东进，连战连捷，使陕北游击区扩展到延

长、延安和宜川一带，并把清涧、安塞、安定、靖边四个县的红色区域连成一片。

1935 年 1 月下旬，刘志丹来到陕北根据地中心区赤源县（今子长县）的水晶沟灯盏湾，探望在此地养伤的谢子长。两人就陕甘边和陕北两块根据地的统一领导和两支红军的统一指挥共同作战等问题交换了意见，并取得共识。

面对敌众我寡、敌强我弱、大军压境的危急情况，中共陕甘边区特委和中共陕北特委于 1935 年 2 月 5 日，在赤源县周家崄召开联席会议。刘志丹和之前率部在陕北活动的高岗会合后，一同参加了周家崄会议。

周家崄联席会议决定成立中国共产党西北工作委员会和西北革命军事委员会，选举惠子俊为工委书记，习仲勋等任工委委员。同时决定成立西北革命军事委员会，刘志丹为军委主席（一说谢子长），高岗为副主席。西北军委统一指挥两个根据地红军和游击队的反“围剿”作战。会上，确定了第二次反“围剿”斗争的基本方针。周家崄会议在西北革命斗争史上具有重要影响。这次会议统一了两块根据地党和军队的领导，确定了反“围剿”的战略方针，将陕甘地区的革命斗争推向了新的发展阶段。

中共西北工委成立后，中共陕北特委撤销，原陕北特委领导的各县县委改由西北工委直接领导；陕甘边区特委保留，原陕甘边区特委所属的各县县委仍由其领导。

5 月 3 日，为统一军事指挥，在安定县玉家湾成立“中国工农红军西北革命军事委员会前敌总指挥部”，刘志丹任总指挥，高岗任政委，白坚任政治部主任，统一指挥红二十六军和红二十七军的作战行动。

在反“围剿”部署刚刚下达，反“围剿”斗争即将展开的关键时刻，2 月 21 日，时年 39 岁的谢子长因伤情恶化，不幸逝世。谢子长是陕甘红军和陕甘革命根据地的创始人之一，在西北党和人民群众中享有崇高的威望，有“谢青天”之称。谢子长的逝世是党和西北人民的重大损失。

中共西北工委和西北军委对第二次反“围剿”进行部署，决定首先集中红军主力兵团，重点打击人地两生、官骄兵狂，又与陕北军阀井岳秀互有戒备且对苏区构成严重威胁的国民党第八十四师高桂滋部，之后向南向西发展，使陕甘边和陕北根据地连成一片；红四十二师第三团和西北抗日义勇军北上陕北作战；第一团在耀县一带开展游击战争，牵制敌六十一师；第二团对马鸿宾部实施阻击，向甘肃环县、陕北三边发展；骑兵团相机东进陕西宜川，积极向韩（城）、合（阳）地区游击；留在当地的游击队坚持内线武装斗争。为保证反“围剿”斗争的胜利，刘志丹还为西北军事委员会起草了粉碎敌人第二次“围剿”的动员令，要求红军、游击队、赤卫队以及少先队都必须实行严格的军事化管理，服从命令，听从指挥，反对散漫习气和无组织无纪律状态。

第二节　陕甘革命根据地的形成

一、第二次反“围剿”斗争的胜利

陕甘边根据地与陕北根据地最初是相辅相成、相互依赖、相互支持的关系。1935 年 2 月周家崄会议后，两大根据地在反“围剿”胜利后连成一片，形成陕甘革命根据地。

第二次反“围剿”动员令发布后，陕甘边和陕北革命根据地的红军统一调度、密切配合，为彻底打破国民党军的“围剿”奠定了基础。西北革命军事委员会集中红二十六军一部和红二十七军主力在陕北作战，首先打击深入陕北苏区中心的国民党军第八十四师，尔后向南向西两个方向发展，以求打破敌人“围剿”，保证两苏区联系通道的畅通。

习仲勋等领导陕甘边区红二十六军四十二师第一团、第二团、骑兵团及各路地方红军游击队坚持在以南梁为中心的广大根据地牵制、袭扰和打击南线、西线、西南线“进剿”敌军主力，使北上陕北的红军有效打击敌人，陕北战场捷报频传。

3 月，红二十六军第四十二师第三团和西北抗日义勇军离开南梁，挥师陕北。4 月 15 日，到达安定县李家岔黄家峁一带，受到陕北苏区人民的热烈欢迎。所到之处群众敲锣打鼓，夹道欢迎，杀猪宰羊，犒劳红军、赤卫军，少先队站岗放哨，做向导，传递情报；妇女缝补衣服，做鞋袜，看护伤病员。陕北人民的拥军热情使红二十六军指战员深受感动，纷纷表示要勇敢作战，消灭更多的敌军，报答陕北人民。

红二十六军四十二师第三团和西北抗日义勇军及陕北游击队第三纵队，经靖边进军横山。4 月 22 日，在横山寺儿畔歼敌八十六师井岳秀部一个精锐连，大大鼓舞了陕北苏区军民反"围剿"斗争的士气。5 月 1 日，红二十六军第四十二师第三团、西北抗日义勇军与红二十七军第八十四师在安定县白庙岔胜利会师，组成西北红军主力兵团。会师时，红二十六军第四十二师第三团和西北抗日义勇军兵力近 1000 人，红二十七军第八十四师第一、二、三团共有兵力 1250 余人，两部共有长短枪 1500 余支，轻机枪 4 挺。红二十六军第四十二师、红二十七军第八十四师根据前敌总指挥部部署，迅速投入第二次反"围剿"作战。

4 月下旬，敌八十四师和八十六师各部向陕北苏区实施向心挤压。4 月 30 日，敌八十四师一个营进驻清涧县与安定县之间的杨家园，修筑碉堡，建立据点。西北军委前敌总指挥部和刘志丹决定乘其立足未稳，歼灭敌人。5 月 7 日拂晓，西北红军主力兵团向杨家园据点的敌军发起攻击，在吴家寨歼敌 500 余人。同日，敌八十四师一个营护送 400 余驮军用物资及军官家属，由绥德经清涧前往安定县瓦窑堡，在杨家园附近的马家坪进入陕北游击队、武工队及万余名赤卫军的包围圈中。9 日，刘志丹率西北红军主力兵团赶到，发起围歼战。经两个小时的激战，全歼敌军。

吴家寨战斗和马家坪战斗的连续胜利，打开了陕北反"围剿"斗争的新局面。这两次战斗，共计歼敌八十四师两个营又一个连，俘敌近千人，缴获步枪千余支，轻重机枪 56 挺，迫击炮两门，给敌以沉重的打击，使其收缩据点。5 月 10 日，安定县城和延川永坪镇的守军在西北红军主力兵团强大威力的震慑下，弃城而逃。红军乘胜前进，解放安定县城。随之，在安定县王家湾召开了庆祝大会，刘志丹在大会上讲话，动员敌军被俘人员参加红军。当天，中共西北工委在安定县玉家湾举行会议，决定西北红军主力兵团向南出击，在运动中歼灭敌人，并要求在5月底打通陕甘边和陕北两个根据地的连接通道，使两块根据地连成一片。

会后，主力红军直击延长守敌高桂滋部骑兵连，5月30日延长县解放，生俘国民党县长和骑兵连长，毙俘伤敌骑兵、民团兵和矿警队400余人，缴获长短枪400余支，轻机枪5挺，战马100余匹，无线电台一部。当日，延川守敌闻风弃城而逃，延川县获得解放。6月17日，夺取安塞县城。28日，主力红军向靖边城的井岳秀部一个营及县警队、民团军发起总攻，经过五六个小时的激战，大获全胜，生俘国民党县长、民团总指挥等，解放了靖边县城。保安县守敌眼见大势已去，星夜逃窜。30日，保安县城回到人民手中。

在西北红军主力兵团接连取得胜利的同时，红二十六军四十二师其余部队在西线、南线频繁出击，连续获胜。4月下旬，红四十二师第二团在杨青川伏击国民党军骑兵连获胜。5月中旬，第二团又先后歼灭吴起宁塞川五谷城镇国民党军，击溃吴起民团，并摧毁张廷芝设在安塞韩家坬的修械所。红四十二师骑兵团于5月中旬在屯石崾岘歼灭宜川县民团后，参加了攻占延长县城的战斗。随后，骑兵团挥师南下，歼灭郃阳（今合阳）县甘井民团，并在韩城县发动群众打土豪、筹款万余元。7月上旬，红四十二师第一团和骑兵团在鄜县羊泉会合后，南下经隆坊塬，消灭杨相之民团。随后，在鄜县、洛川、宜君、中部一带，开辟游击区，并一度截断咸榆公路宜君至洛川一线，给敌人运输补给造成极大困难和威胁。7月中旬，红四十二师第一团和骑兵团再次南下白水、澄城、韩城一带，开展游击活动，给敌人以重创，并筹集了一部分军需款项和财物。之后，骑兵团返回下寺湾，红一团返回照金。

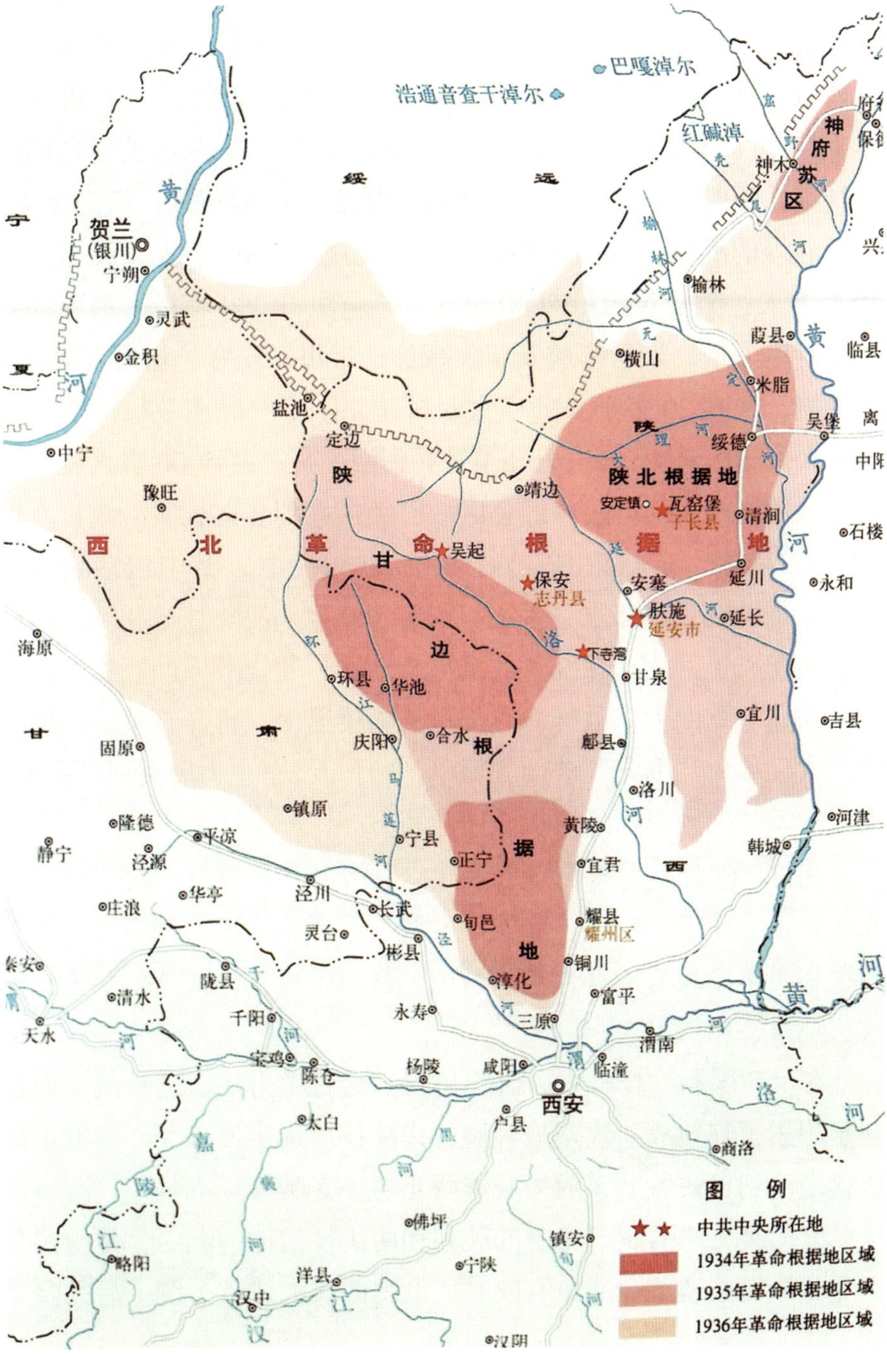

陕甘革命根据地形势示意图

陕甘根据地的第二次反“围剿”，刘志丹表现出卓越的军事指挥才能。他善于审时度势，捕捉战机，出其不意，攻其不备，采取诱敌、疲敌，声东击西、围点打援、化装奇袭等战术。从 1935 年 1 月 31 日安定南沟岔战斗开始，到同年 8 月 21 日绥德定仙墕战斗结束，历时 8 个月，陕甘红军以少胜多，连战获胜，所向披靡，取得辉煌的战绩。期间，共消灭敌人正规军 5000 多人、民团武装 3000 多人，缴获长短枪 8000 余支、轻重机枪 300 余挺，消灭敌人大批有生力量，先后解放安定、延长、延川、安塞、靖边、保安 6 座县城，并在 20 多个县的广大农村建立了工农民主政权。游击区也扩大到 30 多个县，主力红军发展到两个师，共 5000 多人，地方游击队发展到 4000 人。“红色区域已经扩大到北迄长城沿线，南抵‘北山’南缘，东临黄河，西接环江的 30 个县，其中包括陕西省 25 县，甘肃省陇东 5 县。”① 人口约有 100 万，使陕甘边和陕北两块根据地连成了一片。在红军的沉重打击下，北线敌人彻底失败，南线敌人亦龟缩回去，敌马鸿宾部也从南梁退出。蒋介石精心部署的第二次反革命“围剿”被彻底粉碎。9 月，红军主力胜利回到南梁，第二次反“围剿”斗争取得全面胜利。

此时，陕甘革命根据地已经建立县级苏维埃政权的有华池、庆北、新正、新宁、永红、赤安、安塞、淳耀、赤水、甘洛等；建立县级临时革命政权的有合水、靖边、富西、富甘、肤甘、肤施、中宜、红泉、赤川等。

在反“围剿”作战中，红军不仅学会打游击战、运动战，而且初步积累了阵地战、攻坚战经验，作战技术逐步提高，红军的正规化建设得到较快发展，成为威震西北的一支雄师。

第二次反“围剿”斗争的胜利和两块根据地的统一，是中国共产党领导的土地革命战争在陕甘所取得的伟大成就。统一后的陕甘

① 张宏志:《西北革命根据地史》，陕西人民出版社 2000 年版，第 276 页。

革命根据地，是土地革命战争后期全国硕果仅存的一块最完整、最巩固的红色根据地。

二、陕甘革命根据地的党政组织

在土地革命战争时期，革命起义在全国发生了数百多次。革命武装起义的直接结果是建立了大小五十多块革命根据地。在西北地区，先后有渭北、陕甘边、陕北、陕南、鄂豫陕和陕甘等六块根据地。其中，陕甘革命根据地由陕甘边和陕北革命根据地合二为一。陕甘革命根据地是陕甘宁边区的根和源，在整个中国革命根据地中有着重要的地位和作用。

第二次反"围剿"斗争胜利后，在中共西北工委、陕甘边区特委、陕甘边区苏维埃政府和陕北省苏维埃政府的领导下，陕甘革命根据地所属县级以上党的组织和苏维埃政权相继建立。

1. 县级以上党组织的成立。1935 年 2 月，中共西北工委成立，归中共中央驻北方代表孔原领导，下辖中共陕甘边区特委和神府工委。中共陕甘边区特委书记由李生华担任，蔡子伟任秘书长兼组织部长，龚逢春任宣传部长，刘景范任军委书记。陕甘边区特委下辖南区党委，张邦英、唐洪澄先后任书记，杜宛、唐洪澄先后任组织部长，郭炳坤任宣传部长，陈国栋任军事部长；马文瑞为边区特委驻陕甘边东地区特派员。1935 年 5 月，中共神府工委成立，下辖 4 个县委和 1 个安塞工委。1935 年 6 月陕甘边东区革命委员会建立，马文瑞任主席。从 1935 年 2 月西北工委成立至 1935 年 9 月陕甘晋省委成立，陕甘革命根据地所属地方党组织 30 个，县级工委 4 个，县级委员会 25 个，主要有红泉、肤甘、淳耀、肤施、宜川（赤川）、府谷、佳县、米东、吴堡、绥德、清涧、赤源、秀延、延川（赤光）、延安、神木东、神木西、神木北、子长、延水、延长、米西、新正、东靖边（靖边）等县委及华池战区委员会。

2. 县级以上苏维埃政权的建立。1935年2月中共西北工委成立后，陕甘革命根据地的政权组织未有格局性的变化，陕甘边苏区县、区、乡、村的苏维埃政权仍由陕甘边区苏维埃政府领导，陕北苏区县、区、乡、村的苏维埃政权仍由陕北省苏维埃政府领导。此时陕甘革命根据地设有陕甘边南区、陕甘边东区和40多个县级苏维埃政权，其中府谷、安定、米西、延长、红泉、宜川、定边、西靖边、东靖边、肤施、延安、淳耀等县级苏维埃政权是1935年2月至9月期间建立的。1935年10月陕甘边南区苏维埃政府建立，秦善秀任主席。

红色政权如雨后春笋，蓬勃生长。据统计，从1935年2月西北工委成立至1935年11月中华苏维埃共和国中央政府西北办事处成立，陕甘革命根据地所属县级苏维埃政府、革命委员会和办事处已达40个，其中县革命委员会18个，县苏维埃政府18个，还有华池战区苏维埃政府、瓦窑堡市苏维埃政府和荏掌办事处等机构。

陕甘革命根据地所属各级地方党组织和政权组织建立后，在中共西北工委、陕甘边区特委和陕甘边区苏维埃政府、陕北省苏维埃政府的领导下，全面开展政治、军事、经济、文化教育和社会改造等各方面工作。在军事建设上，广泛发动组织群众组建革命武装，开展游击战争和扩红运动，动员广大群众参加红军和游击队，推翻封建地主统治，消灭地方军阀和反动恶霸势力，积极配合主力红军反“围剿”斗争。在经济建设上，打破敌人的经济封锁，发动群众努力生产，多打粮食，并鼓励小商贩摆摊设铺，进行商品交易，满足人民群众日常所需。各级苏维埃政府还组织贫农会、赤卫军，为缺乏劳动力的红军游击队和干部家属实行义务代耕制度，解除红军战士、游击队员和干部的后顾之忧。在文化教育方面，广泛开办列宁小学、冬学、夜校和识字班等各种学校，开展扫除文盲教育，吸收劳苦群众子女上学；实行婚姻自由，提倡男女平等，发布禁烟、禁赌、禁买卖婚姻、禁女子缠脚、禁封建迷信等一系列政策法令；广泛书写标语，教唱革命歌曲，散发传单，开展文艺汇演，活跃了根据地军民的文化生活，坚定了广大人民群众团结对敌的信心和勇气，为保卫和发展陕甘革命根据地作出了重要贡献。

第三节 陕甘革命根据地开始第三次反“围剿”

第二次反“围剿”的硝烟尚未散尽，蒋介石又调集东北军、中央军和陕、甘、宁、晋、绥五省军阀共15万余人，兵分五路，向陕甘革命根据地发动空前规模的第三次军事“围剿”，妄图在中央红军长征到达之前，消灭陕甘红军和陕甘革命根据地。1935年11月，为统一指挥这次“围剿”，在西安成立“西北剿共总司令部”，蒋介石自任总司令。敌军的“围剿”兵力部署是：在东线，阎锡山的晋军主力沿黄河一线从陕甘革命根据地东线进攻；在西线，除原来的陕、甘、宁三省军阀部队外，又投入东北军八个师的兵力，沿环县、庆阳、合水至鄜县、长武一线向根据地推进；在北线，敌八十六师和八十四师在清涧、绥德、米脂、横山、神府等地驻防；在南线，东北军第六十七军等部沿洛川一线向根据地大举进攻。蒋介石在这次“围剿”中采取的作战方针是以东北军为进攻主力，以根据地南线为主攻方向，运用南进北堵、东西夹击的战术，企图聚歼西北红军主力兵团于陕甘地区，一举摧毁陕甘革命根据地。

7月21日，西北军委前敌总指挥部率领红军主力兵团到达安定杨家园，刘志丹召集团以上干部召开反“围剿”军事会议，研究反“围剿”的战略战术原则及军事部署。会议决定，集中红军主力，乘敌之隙，各个击破，积小胜为大胜，粉碎敌人的“围剿”。在蒋介石的“围剿”部署尚未完成以前，首先打击深入东线一带根据地的晋军先头部队，挫败晋军西渡黄河的企图，然后挥师南下，趁敌立足未稳之际，寻机歼灭深入根据地南线一带的东北军六十七军一部，粉碎敌人的“围剿”。

为了配合西北红军主力兵团的作战行动，习仲勋领导红军部队和地方游击队，在洛河以南和咸榆大道东西两侧坚持斗争，开展游击战争，牵制和迟滞南线敌军的行动。同时负责发动陕甘边各路游击队、赤卫军，广泛开展游击战争，牵制西线敌军的行动。与此同时，习仲勋还全力以赴加强根据地政权建设。在王家坪建立军事学校，设立集市，兴办列宁小学和红军医院、军械所，把苏区建设管理得井井有条，成为主力红军前线对敌作战的坚强后盾，为陕甘革命根据地夺取反“围剿”斗争的胜利奠定了坚实的群众基础。

按照既定作战方针，西北红军主力兵团和游击队、根据地群众迅速展开反“围剿”斗争。西北红军主力兵团乘敌人整个“围剿”部署尚未完成之机，先发制敌，迎头痛击西渡黄河的晋军先头部队。8 月 11 日，刘志丹率领红军主力突然挥师吴堡，向慕家塬晋军据点发动进攻，经过苦战，歼灭慕家塬据点敌军及增援部队，歼敌 600 余人。敌军误以为西北红军主力兵团要北上神府，在黄河两岸增兵加强防御。根据敌情特点，刘志丹用声东击西战术，声言北上打通葭（县）、吴（堡）、神（木）、府（谷）苏区的联系，造成敌军部署上的失误，西北红军主力兵团则秘密南下，寻机再战。

8 月中旬，西北红军主力兵团在延家畔打垮敌军一个营后，转至绥德东南部的新庄一带。这时，阎锡山的晋军孙楚、李生达率 2500 余人，由宋家川渡过黄河，到达吴堡寻找红军主力决战。当敌“进剿”部队到达定仙墕时，刘志丹和前敌总指挥部决定，乘敌立足未稳之机，采取“围点打援”战术，消灭敌人。8 月 21 日，西北红军主力兵团在定仙墕歼晋军李生达部 2000 余名，缴获长短枪 1980 余支，轻机枪 69 挺，“八二”迫击炮 2 门，骡马 80 余匹及其他军用物资一批，首开西北红军战史上一战歼灭敌一个整团又一个旅直属队、一个营的辉煌战例。定仙墕战斗打垮了东线之敌的攻势，东线战场形势得到扭转，使西北红军主力兵团可以集中兵力对付南线敌军。

8 月下旬，西北红军主力兵团迅速向南运动，准备寻机歼灭南线之国民党东北军。8 月 25 日，红军抵达延川县文安驿一带。这时，中央驻北方代表派驻西北代表团书记朱理治等人来到文安驿。8 月 27 日，在文安驿召开前敌总指挥部会议。会议执行“左”倾方针，提出绝不让敌人蹂躏苏区一寸土地的口号，要求红军全线出击。在红军的作战形式上，要求红军运用基本的运动战的策略，配合着阵地战。在红军的行动方向上，要求争取神府和吴、绥、川南苏区打成一片，巩固宜川一带的苏区向韩（城）发展。要以洛川为中心，积极向定边、陇东发展，以马栏为中心，向同官、富平、泾阳发展。要主力红军配合地方暴动，消灭苏区内敌人的支撑点，攻打延安、清涧和瓦窑堡敌军的中心据点。[①]

文安驿会议之后，前敌总指挥部被迫进行攻击瓦窑堡的准备。西北红军主力兵团沿永坪川、青坪川两路向瓦窑堡城郊外围运动。同时，刘志丹命令红二十六军第三团到南线侦察敌情，了解东北军的作战规律和装备情况，以保证红军主力南下作战的胜利。8 月 30 日，红二十六军第三团在团长黄罗斌、政委马佩勋的率领下，南下鄜县地区。9 月 10 日，红三团与鄜县游击队、甘泉游击队密切配合，诱出驻中部龙坊镇的敌东北军一一〇师两个营，并采用伏击战术，歼敌一个营，俘敌 200 余人。此时，从俘虏口中得知东北军进驻延安后，准备发动大规模进攻的重要情报，红三团上报前敌总指挥部，刘志丹命令红三团转移至洛河川的下寺湾一带集结待命，习仲勋动员群众，加紧为红军准备粮食和必要的物资。

这时，西北红军主力兵团进抵瓦窑堡郊外集结。在勘察敌人城

① 张秀山:《我的八十五年——从西北到东北》，中共党史出版社 2007 年版，第 82 页。

防工事后，刘志丹认为在敌人坚固的防御体系下，依红军现有的装备和兵力，硬打强攻必遭失败。经过研究，刘志丹决定放弃强攻瓦窑堡，另寻战机，歼灭敌人。

此后，刘志丹又对清涧县城守敌的布防情况进行调查，发现清涧县城的敌人兵力多，防御工事强，地形险要，更不能硬攻。刘志丹于是决定奔袭北线的横山县城，准备乘敌不备，歼灭敌人。如果得手后，石湾镇守敌二五八旅高双城部可能不战自退，根据地能进一步巩固，还可以牵制敌八十六师对神府苏区的行动，有利于集中力量打击南线的东北军。

9 月 11 日，西北红军主力兵团各部向横山县城发动偷袭行动，但横山守敌加强了戒备，攻城未克。此战还是达到了打击北线敌人，巩固苏区的战略目的。敌八十六师为了加强横山地区的防御，被迫撤回“围剿”神府苏区的部分兵力，减轻了红军独立三团和神府各游击队的压力，使神府苏区的危急局面得到扭转。

第六章

红军长征落脚点与八路军奔赴抗日前线出发点

在中华民族危机日益严重的形势下，国民党统治集团以“攘外必先安内”为由，从1930年冬到1934年，先后对中央革命根据地发动了五次“围剿”，企图消灭共产党及其领导的红军。1934年10月，由于受“左”倾错误的影响，中央根据地第五次反“围剿”斗争终遭失败，红军被迫踏上漫漫长征路。1935年10月，背负民族振兴重任，坚持北上抗日总方针的党中央率中央红军历时一年长征，胜利到达陕甘革命根据地。中国工农红军长征的胜利，是人类历史上的奇迹，是中国共产党领导人民军队用生命和鲜血谱写的英雄史诗。

党中央和南方各路红军艰苦长征之际，正是陕甘革命根据地巩固形成之时。陕甘革命根据地的形成是一个影响了中国共产党历史进程的旷世之举，在南方各革命根据地丢失后，西北这块土地革命战争后期全国“硕果仅存”的红色区域像红星一样照耀着中国。正是中国共产党率领长征红军历经腥风血雨，落脚在陕甘大地，才使得灾难深重的中华民族在阴云密布中看到希望的曙光，并在之后的岁月中扭转了国家的命运。党中央和红军长征到达陕甘革命根据地后，逐步将陕甘革命根据地扩大为陕甘宁革命根据地，使之成为中国共产党领导中国革命的大本营。抗日战争全面爆发后，红军主力改编为八路军，从陕甘宁根据地出发，开赴抗日前线。1945年4月，毛泽东在《中国共产党第七次全国代表大会的工作方针》中高度评价陕甘革命根据地：“陕北是两点，一个是落脚点，一个是出发点。”[①]

① 《中国共产党第七次全国代表大会的工作方针》（1945 年 4 月 21 日），中共中央文献研究室编：《毛泽东文集》第三卷，人民出版社 1996 年版，第 297 页。

第一节　红二十五军长征到达陕甘革命根据地

一、配合中央红军北上到达陕甘革命根据地

1934 年 11 月，遵照中央和中央军委指示，红二十五军以“中国工农红军北上抗日第二先遣队”名义实行战略转移。11 月 16 日，红二十五军 2980 余人由河南省罗山县何家冲出发西进，踏上长征的征途。途中，红二十五军冲破国民党军 30 多个团的围追堵截进入陕南，发动群众，开展武装斗争，数次粉碎敌人的重兵“围剿”，创建了鄂豫陕革命根据地。

1935 年 7 月，红二十五军北出终南山，直抵西安近郊。“六月十三①，红军出山。”陕西长安县一带流传的民谣就是印证。徐海东回忆说：“占领引驾回②后，看到了从敌人缴获来的《大公报》，始知我一、四方面军已在川西北会合……当时我们估计：我一、四方面军一定会合北上。”③

7 月 15 日，中共鄂豫皖省委原交通员石健民通过敌人重重关

① 指 1935 年农历六月十三。
② 秦岭山脉中段终南山外的一个镇子。
③ 徐海东：《回忆红军第二十五军的长征》，中国工农红军第二十五军战史编审委员会：《中国工农红军第二十五军战史资料选编》，解放军出版社 1991 年版，第 352 页。

卡，从上海经西安来到红二十五军军部，带来了中共中央数月前发出的几份文件，以及中央红军与红四方面军已在川西会师并准备北上的消息。于是中共鄂豫陕省委连夜在陕西长安县沣峪口召开紧急会议。会议根据中央文件精神，通观国内形势及鄂豫陕革命根据地斗争实践，认为“敌军在川甘边界阻击红军北上，我军西出甘肃破坏敌军后方，配合主力红军的行动，是当前最主要的任务”[①]。决定“红二十五军立即西征北上，与红二十六军配合，首先争取陕甘根据地的巩固，牵制和消灭敌人，迎接党中央和红一、四方面军北进”[②]。会议响亮提出“我们这3000多人就是全牺牲了，也要牵制住敌人，让红一、红四方面军顺利北进”的口号。后来的历史证明：“鄂豫陕省委在与党中央失去联系的情况下，通观全局，独立自主作出这一战略决策。完全符合全国革命形势发展的需要，符合党中央、毛泽东同志率领主力红军北上的战略意图。”[③]

7月16日，根据沣峪口会议决策，红二十五军主力从沣峪口出发继续长征。在一个多月的时间里，红二十五军西出秦岭，北过渭河，翻越六盘山，截断西兰公路达18天，矛头直指驻陕甘的国民党军队。先后攻占两当、秦安、隆德三座县城，多次打退国民党军的围追堵截，打乱国民党军的部署，对中央红军的北上行动起到了战略配合作用。8月21日，红二十五军在平凉泾川县徒涉汭河时，遇到国民党第三十五师一部1000余人的突袭。红二十五军全歼该敌，但政委吴焕先在战斗中英勇牺牲。为继续牵制和迷惑敌人，红二十五军回旋于甘肃灵台、崇信、华亭及陕西陇县等地。这时蒋介石调动驻兰州、清水、武山、甘谷、陕西凤翔等地的国民党

---

① 程子华：《程子华回忆录》，中央文献出版社2005年版，第68页。

② 《习仲勋在陕甘宁边区》编委会编：《习仲勋在陕甘宁边区》，中国文史出版社2009年版，第200页。

③ 韩先楚、刘震：《配合中央红军北上，先期到达陕北》，中国工农红军第二十五军战史编审委员会：《中国工农红军第二十五军战史资料选编》，解放军出版社1991年版，第373页。

军队对红二十五军实施新的“剿灭”计划。面对严峻形势，鄂豫陕省委当即在平凉崇信县金龙庙召开会议，决定在没有联系上中央红军的情况下，红二十五军立即奔赴陕甘革命根据地，与陕甘红军会合。

8 月 30 日，红二十五军 3000 余名指战员在军长程子华、副军长徐海东率领下，经平凉草峰原张寨村，涉过杨涧河到达庆阳镇原县新城、平泉一带。9 月 2 日，红二十五军两路部队进入庆阳县（今庆城县）。一路进入西峰镇（今西峰区）绕城区向庆阳县赤城、合水县板桥一带前进；一路经庆阳县驿马关前往合水板桥。红二十五军经过西峰城区时，击退敌追骑。3 日，红二十五军两路在赤城原畔汇合，在此摆脱尾追而来的国民党三十五师马培清骑兵团后，东渡马莲河，到达合水县板桥镇宿营。4 日凌晨，军部及后卫二二五团在板桥集结，遭遇国民党三十五师骑兵团突然袭击。敌人自恃人多势众，且骑兵长于机动，发起猖狂进攻。红军指战员面对强敌英勇抗击，经过几番冲杀，终于突围。板桥战斗歼敌 300 多人，红军也有损伤，这是红二十五军长征在陇东经历的一场最为惨烈的战斗。

9 月 5 日，红二十五军兵分两路沿庆（阳）延（安）公路两侧的山岭经合水县老城镇等地向东北挺进。部队沿陕甘边界山道向北进入子午岭山区白区和苏区的交界地。因国民党在这里实行并村政策，强制群众搬离迁走，导致这一带荒无人烟。红二十五军沿子午岭森林一路翻山越岭，苦于无处筹粮，致使全军断粮长达两天，指挥员忍痛杀掉乘马，供战士充饥。正当此时，部队遇到两名贩羊的老百姓，经过商量用银元买下四五百只羊，为饥肠辘辘的红军解了燃眉之急。

9 月 7 日，部队到达南梁根据地的华池县豹子川进行休整。鄂豫陕省委在豹子川的王街子村（今属华池县林镇乡）召开扩大会议，决定由程子华代理鄂豫陕省委书记并兼任红二十五军政委，徐海东任军长，戴季英任参谋长，郭述申任政治部主任。当红二十五军全体指战员得知将要与他们日夜盼望的陕甘红军会师，人人兴高采烈，个个欣喜万分，他们认真学习，严格操练，着手与陕甘红军会师的各项准备工作。

红二十五军长征向陕甘革命根据地进发之际，正是刘志丹、习仲勋等领导陕甘红军和陕甘根据地人民紧张进行反“围剿”斗争的时候。习仲勋等为迎接红二十五军做了大量准备工作，尤其是粮食和物资方面的准备。据当时任甘洛县第一区赤卫军大队长的李世俊回忆：“1935 年 7 月初，陕甘边区苏维埃政府在甘洛县下寺湾（今属甘泉县）的河滩上，召开了有数千人参加的庆祝大会。红二十六军的部分部队，陕甘边区苏维埃政府机关干部及政治保卫队，甘洛县各区赤卫队，及延安、富县几个邻近区的赤卫队代表，都参加了这次大会。在庆祝大会上，陕甘边区苏维埃政府主席习仲勋同志首先讲话，他说，我们根据地的形势发展很快、很好。最近，我们的一支兄弟部队要到陕甘苏区来，我们要积极做好迎接他们的一切准备工作。接着，是陕甘边区苏维埃政府粮食委员长马锡五同志讲话。马锡五在讲了形势问题后，重点讲了粮食工作。他说：‘现在我们根据地军民要十分重视粮食问题。习仲勋同志讲了，我们的兄弟部队要来。这样，粮食就更显得重要。常言道，兵马未动，粮草先行。兄弟部队到，我们就需要比现在还多的粮食。但是，我们现在还不能向农民要更多的粮食，咋办呢？我的意见，今后打下地主、土豪劣绅的粮食，都要节约使用，要保管好这些粮食，防止霉烂，使兄弟部队来我们这里后有足够的粮食供应。我们的部队越来越多，我们粮食的主要来源还只是打土豪、打地主，所以，大家要十分注意节约粮食；同时，还要争取多种、多打粮食，迎接兄弟部队的到来。’马锡五同志讲完后，我们甘洛县第一区区委书记王英同志也在会上讲了话，表示要响应苏维埃政府的号召，种好庄稼，多打粮食，迎接兄弟部队的到来。当时，我们还不知道是哪个兄弟部队要来。过了不久，到这年 8 月，红二十五军果然在徐海东、程子华同志的带领下，转战陕南、陇东来到陕北苏区，有好多部队还在我们甘洛县一区的永宁山附近宿了营。”①

红二十五军于 9 月 8 日离开华池豹子川，9 日进入陕甘根据地赤安县（即保安县，今志丹县）永宁山。期间，红二十五军长征到达南梁一带的消息在根据地群众中广泛传播开来。因此，红二十五军行军到达陕甘苏区边缘地带时，陕甘边区的党政军领导人就已通过递步哨渠道获知了这一消息。陕甘边区苏维埃政府主席习仲勋、陕甘边区军事委员会主席刘景范和中共陕甘边区特委书记王生玉，就迎接红二十五军一事，当即召开党政军干部会议，作出三项决定：一是立即将此消息传送到中共西北工委；二是由习仲勋和刘景范代表根据地党政军领导去永宁山迎接红二十五军；三是动员苏区的干部和广大人民群众热烈欢迎与慰劳红二十五军将士。会后，习仲勋、刘景范与边区政府秘书长张文华带着保卫分队和交通员去永宁山迎接红二十五军。中共西北工委得知消息后，立即部署迎接工作。同时，告知刘志丹领导的陕甘红军主力马上开赴延川县永坪镇，准备与红二十五军会师。

此时的西北军委主席刘志丹正在反“围剿”前线指挥红二十六军、红二十七军和各路游击队奋力抗击国民党军队的进攻，先后取得了绥德老君殿、吴堡慕家园子、定仙墕（今属绥德县）战斗的胜利。接到西北工委的会师通知后，刘志丹立即起草了《欢迎红二十五军的指令》，召开军委会议，部署欢迎红二十五军的工作。部队在刘志丹领导下，准备南下延川永坪镇迎接红二十五军的到来。

9 月 9 日，习仲勋在保安县永宁山见到徐海东，向他详细介绍了陕甘革命根据地的情况。9 月 11 日，中共西北工委组织部发出

① 李世俊:《回忆马锡五同志》,《陇原星火：革命回忆录》，甘肃人民出版社 1981 年版，第 146—147 页。

《为欢迎红二十五军北上给各级党部的紧急通知》，要求："抓住这千载一刻的机会，动员全体党员及全苏区的每个劳苦群众，欢迎红二十五军与陕甘红军的汇合，庆祝红二十五军北上的伟大胜利……猛烈的扩大红军，以冲破摆在我们面前的三次'围剿'。"[①] 同时《通知》要求各级党组织立刻动员起来，举行各种形式的欢迎会与庆祝会，散发传单，张贴标语，欢迎红二十五军，并发动群众自动地捐助食品与鞋袜，派代表慰问劳苦远征的红二十五军。

红二十五军的到来，使陕甘根据地军民欢欣鼓舞，陕甘边区苏维埃政府在永宁山区组织了近千人的军民联欢会，习仲勋主持大会，并致欢迎词。会后，还演出眉户剧，款待红二十五军的将士。徐海东看后连声称赞道："好戏！好戏！"[②] 由于习仲勋等陕甘边区领导人充分发动群众，所以红二十五军所到之处，根据地人民像迎接亲人一样，自发磨面碾米、背柴担水、安排食宿。当时担任甘洛县一区区主席的李世俊回忆："为了迎接红二十五军的到来，仅我们一区就送了十多头猪、一百多只羊等许多慰劳品。"[③]

陕甘根据地人民对红二十五军的无私援助，使其得到休整，重整旗鼓。几天后，红二十五军从永宁山出发，前往陕甘根据地所属延川县永坪镇。

二、永坪会师与红十五军团成立

9月15日，中共鄂豫陕省委率领红二十五军经下寺湾（今属甘泉县）、高桥（今属安塞县）、安塞、蟠龙（今属延安市）等地，

① 中共陕西省委党史研究室编：《西北革命根据地》，中共党史出版社1998年版，第86—87页。
② 习仲勋：《群众领袖　民族英雄》，《人民日报》1979年10月16日。
③ 李世俊：《回忆马锡五同志》，《陇原星火：革命回忆录》，甘肃人民出版社1981年版，第147页。

抵达中共西北工委、西北军委所在地永坪镇，受到陕甘根据地党政军机关和干部群众的热烈欢迎。这天，附近的红军和群众从四面八方涌到永坪镇，十多里长道路两旁的树干，甚至连山沟和大路两旁的岩石上都贴满欢迎红二十五军的标语。街道上设四道大彩门，许多群众把开水、水果及家里好吃的摆到街道边，慰问红军，使得历经磨难的红二十五军将士非常感动。

9月16日，刘志丹率领陕甘红军主力来到永坪镇，与红二十五军胜利会师。徐海东在回忆他与刘志丹见面时写道："人们都亲切地称呼他'老刘'，我们见到他，真是高兴万分。"①

在红二十五军到达陕甘根据地之前，中央北方代表孔原（党的六届五中全会候补中央委员）于1935年3月派遣原河北省委副书记兼组织部长朱理治前往陕甘根据地（7月5日到达永坪镇）；同年6月，中共上海临时中央局派遣曾任闽浙赣军区政治委员和红十军团师政委的聂洪钧到陕甘根据地工作（9月1日到达永坪镇）。9月16日，根据中共中央北方局指示，先期到达陕甘根据地的朱理治、聂洪钧与中共鄂豫陕省委代书记程子华组成中共中央北方局派驻西北代表团，朱理治任书记。9月17日，中共中央北方局派驻西北代表团在永坪镇主持召开有中共西北工委和西北军委、鄂豫陕省委及红二十五军、红二十六军、红二十七军主要领导人等30余人参加的联席会议。会议决定撤销中共西北工委和中共鄂豫陕省委，成立中共陕甘晋省委，书记朱理治，副书记郭洪涛。会议决定改组中共西北军委，改组后的西北军委主席为聂洪钧。会议还决定将红二十五军、红二十六军、红二十七军合编为红十五军团。

9月18日，是九一八事变四周年纪念日。这一天红二十五军与陕甘红军胜利会师及中国工农红军第十五军团成立大会在永坪镇

① 徐海东：《会师陕北》，中共中央党史研究室编：《红军长征纪实——红二十五军卷》2，中共党史出版社2016年版，第565页。

隆重举行。刘华清回忆说:“周围几十里的赤卫军和群众纷纷赶来参加，会场上横挂‘欢迎红二十五军’的标语。”[①]

整个会场红旗招展，刀枪林立，口号震天，群情激昂，洋溢着两支红军亲如手足的战斗友谊和陕甘人民对子弟兵的炽热情感。主席台两旁贴着巨幅标语：

两军亲密团结，携手作战！
迎接党中央，迎接中央红军！

刘志丹、徐海东等分别代表陕甘红军、红二十五军讲话。刘志丹还宣读了他起草的《欢迎红二十五军的指令》。

1935年9月18日，红二十五军团成立大会广大指战员合影

红十五军团成立后，徐海东任军团长，程子华任政委，刘志丹任副军团长兼参谋长，高岗任政治部主任。红十五军团下辖3个

① 中共陕西省委党史研究室编:《西北革命根据地》，中共党史出版社1998年版，第360页。

师，红二十五军编为第七十五师（师长张绍东、政委赵凌波），红二十六军编为第七十八师（师长杨森、政委张明先），红二十七军编为第八十一师（师长贺晋年、政委张达志）。全军团共7000余人。红十五军团的成立，在陕甘根据地形成了一个强大的主力兵团，为粉碎国民党当局对陕甘根据地的第三次军事“围剿”和巩固、扩大陕甘革命根据地奠定了重要基础。

永坪会师，标志着红二十五军长征的胜利结束。红二十五军在与中共中央失去联系的情况下，积极主动行动，在长征中牵制了国民党部队对红一、四方面军的围追堵截；先期到达陕甘革命根据地，有力地配合了中央红军的北上行动，为迎接党中央和中央红军进入陕甘根据地，创造了有利的条件。1937 年 2 月，毛泽东对《大公报》记者范长江说：“徐海东部之由陕南经陇东入陕北，乃偶然作成中央红军之向导。” ①

红二十五军与陕甘红军的会师，壮大了红军的力量和声威，奏响了中国工农红军各路长征部队在陕甘地区会师的序曲。

三、劳山战役与榆林桥战役

在甘泉县进行的劳山战役和在鄜县进行的榆林桥战役，是红十五军团献给党中央、毛主席的见面礼，是粉碎国民党对陕甘革命根据地第三次“围剿”进行的重要战役之一。这为党中央把全国革命大本营放在陕甘根据地创造了条件。

1935 年秋，蒋介石发现红二十五军西进甘肃的动向后，决定将东北军主力调入陕甘地区，进行军事“围剿”。10 月 2 日，国民政府发出命令，成立西北“剿总”，蒋介石亲任总司令，张学良兼

① 宋维国、阎世德：《晨报记者走完红二十五军长征路》，《兰州晨报》2005 年 8 月 20 日。

任副总司令，代行总司令职权，统一指挥陕、甘、宁、晋、绥五省军队及东北军在内的十多万军队，“围剿”陕甘苏区，妄图在中央红军到达之前彻底摧毁“硕果仅存”的陕甘革命根据地。11月1日，西北“剿总”在西安成立。在红二十五军抵达延川县永坪镇之前，东北军第六十七军等部已进入陕北，东北军第五十七军开始由甘肃合水一带向根据地进犯。驻守陕北的国民党井岳秀第八十六师、高桂滋第八十四师也蠢蠢欲动，企图与东北军夹击红军。

从国民党兵力部署来看，国民党东北军第六十七军兵力比较分散；从地理环境来看，甘泉至延安之间的劳山地区群山连绵、树木茂密。据此，红十五军团分析讨论敌情后，决定运用围城打援的战法，以一部兵力包围甘泉县城，切断驻延安国民党军之补给线，迫其回援甘泉，红军主力进至大小劳山地区设伏，伺机歼灭由延安回援之东北军六十七军一部。

关于劳山战役徐海东回忆说：“如果把东北军的主力搞垮一两个师，就会使陕北战局发生重大变化。”“因此我们决定：围攻甘泉，调动延安的敌人，拦路打它的埋伏。”[①]

在陕甘有“活地图”之誉的刘志丹提出将设伏的地点定在劳山。劳山是延安至甘泉的必经之路，公路两旁高山耸立，地势险要，山上森林茂密，便于设伏。军团采纳刘志丹的建议，决定在延安至甘泉中部的劳山设伏歼敌。

28日，红十五军团第八十一师第二四三团和地方武装包围了甘泉县城。29日拂晓，军团主力进入伏击地域，隐蔽待机。10月1日晨，国民党东北军六十七军第一一〇师从延安出发南下增援甘泉，行至四十里铺时，留一个团在该地守备，师部率两个团直奔甘泉。14时许，当该部进入伏击地时，红十五军团一个团突然发

① 中共陕西省委党史研究室编:《西北革命根据地》，中共党史出版社1998年版，第351页。

起攻击，另一个团从侧后出击，断其退路；其他主力从两侧发起攻击，将其分割在大劳山西南的小劳山村和榆树沟口。经过5个多小时激战，援助甘泉的东北军第一一〇师被全歼，师参谋长范驭州、团长杨德新被击毙，师长何立中负伤逃到甘泉，后因伤重于10月7日毙命。此役毙敌1000余人，俘团长裴焕彩以下3700余人，缴获长短枪3000余支。

劳山战役是红十五军团成立后打的第一个大胜仗，10月初，在习仲勋主持下，陕甘边区党政军机关在史家河滩召开劳山战役祝捷大会，刘志丹、习仲勋等同志都讲了话。劳山战役的胜利对国民党军震动很大，驻守瓦窑堡的国民党军第八十四师一部星夜逃往绥德，安定县宣告解放。劳山战役的胜利，极大地鼓舞了陕甘根据地军民粉碎国民党军事“围剿”的斗志。

劳山战役使东北军损兵折将，为此，国民党西北“剿总”总司令蒋介石于10月8日由四川飞抵西安，部署陕甘“剿匪”事宜，急令杨虎城部及井岳秀、高桂滋各师协同在陕甘地区聚歼徐海东、刘志丹部，使其不能与正在北上的“毛、周靠拢”。蒋介石还于10月11日、13日分别从西安飞往河南洛阳、又从洛阳飞往山西太原，将在陕甘前线参加“剿共”的第八十六师师长井岳秀、第八十四师师长高桂滋召至太原，与阎锡山共同策划加强对陕甘根据地的“围剿”。

红十五军团主动寻机打击敌人，并继续以红八十一师第二四三团围攻甘泉。10月20日，东北军六十七军第一〇七师第六一九团团长高福源率部进驻鄜县以北约20里的榆林桥，企图解甘泉之围。红十五军团决定乘敌立足未稳将其消灭。10月25日拂晓，榆林桥战役打响。经激烈战斗，共歼国民党东北军六十七军第一〇七师4个营，第六一九团团长高福源（曾任张学良警卫营营长）及以下官兵1800余人被俘，缴获长短枪1300余支。

劳山、榆林桥两次战役，共歼灭国民党东北军第六十七军一个师部、三个整团和一个整营，使甘泉城守敌陷于被包围之中，也使洛川、甘泉、肤施的国民党军处于首尾不能相顾的状态，驻瓦窑堡的高桂滋部和井岳秀部不战而逃，红军乘势解放瓦窑堡，陕甘晋省委和西北军委移驻瓦窑堡[①]。

劳山、榆林桥战役的胜利，巩固和扩大了陕甘根据地，补充改善了红军武器装备，为迎接中央红军的到来创造了新的有利条件。红十五军团政治部宣传部长黄镇写的《红二十五军十五个月斗争歌》中，关于劳山、榆林桥两次战役这样唱：十月里来天气冷，何立中劳山丧了命，无敌的红军百战百胜，榆林桥再消灭四个整营。[②]

劳山、榆林桥战役后，国民党南线东北军不甘心失败，由第五十七军军长董英斌率6个师从南线分两路向陕甘根据地而来；东边一个师沿洛川、鄜县一线北上，西面五个师从甘肃庆阳、合水一带沿葫芦河东进，意图在鄜县地区夹击红军。陕甘根据地第三次反“围剿”斗争仍然面临严峻形势。

四、错误肃反的发生

红十五军团初战大胜，振奋了红军将士的士气。从缴获的国民党军文件中获知，中央红军已行进到甘肃南部的通渭、静宁地区，有向陕甘边行动的迹象。刘志丹等当即建议部队西出环县、庆阳一带，准备迎接中央红军到来，并将这一建议报告陕甘晋省委。然而，指战员们还没来得及品尝胜利的喜悦，“左”倾教条主义错误的执行者就在陕甘革命根据地搞起肃反。刘志丹的建议也未能实行。

---

① 1935年10月2日，瓦窑堡解放，中央驻北方代表派驻西北代表团、中共陕甘晋省委、西北军委于10月3日由延川县永坪镇移驻瓦窑堡。

② 中共中央党史研究室编:《红军长征纪实丛书——红二十五军卷》3，中共党史出版社2016年版，第1173页。

1935年7月15日至21日，朱理治在永坪镇主持召开中共西北工委扩大会议。会上传达了由中央代表和河北省委共同签署的长篇指示信和军事指令。指示信中称：“陕甘党内有右倾取消主义而且他们的阴谋已经暴露”，“右倾取消主义是为日本帝国主义国民党服务的”，“右倾取消主义实质是日本帝国主义国民党反动派统治在党内的应声虫和同盟军”，因此“要反对国民党的走狗并与之进行斗争”。军事指令上提出“全面出击”，提出“苏区的政策是查田”等等。[①]他们对陕甘边根据地的历史和现实不作正确的估计和分析，指责刘志丹和习仲勋等根据地负责人“右倾”，把两块根据地取得的第二次反“围剿”胜利说成是“在敌人进攻面前悲观失望，在战略上退却逃跑以及单纯的坚壁清野政策，阻碍革命战争的开展，没有充分开展敌人后方的游击战争，完全忽视地方暴动之配合”[②]。会议精神也传达到陕甘边区特委，在“左”倾教条主义错误指导下的一场所谓“反右倾取消主义”的斗争，很快在根据地开展起来。

陕西蓝田九间房事件中张汉民被错误杀害，成为诱发陕甘革命根据地错误肃反的一个重要因素。在红二十五军进入陕甘革命根据地之前，曾于1935年4月9日在陕西蓝田九间房（今属陕西省柞水县）与陕西警备第三旅遭遇，该旅旅长张汉民为中共秘密党员，受陕西省委领导，对陕甘苏区多有帮助，因此对红二十五军只尾随，不追击。但红二十五军不知情，遂与之发生激战。警三旅第七、第九两个团被击溃，多人被俘，其中有张汉民及在该旅工作的20多名共产党员。张汉民说明了自己的真实身份和与中革军委、西安党组织、刘志丹红二十六军之间的联系，但不被相信。郭述申回忆：“在陕南作战时消灭了杨虎城的警备二旅[③]，旅长张汉民被

---

① 《习仲勋传》编委会编：《习仲勋传》（上卷），中央文献出版社2008年版，第199页。

② 中共陕西省委党史研究室：《中国共产党陕西历史》第一卷，陕西出版集团、陕西人民出版社2009年版，第223页。

③ 实际是警备三旅。

俘。张是我党的秘密党员，陕西省委曾通知二十五军，张也派人给二十五军送过情报。但是，二十五军认为张是反动法西斯，他送情报是个阴谋，就把张杀了。俘虏的张部士兵中，还有一批党员，让他们站出来报告，结果也都杀掉了。汪锋同志去联系，也当反革命给抓起来了。”“处理张汉民以后，就认为陕西的党不可靠，有许多右派、取消派，也就是反革命。是抱着不信任的态度进的陕北。”①

而先期到达陕甘根据地的朱理治、聂洪钧，在来前均接受上级“肃清陕甘右倾机会主义”的指示，到陕甘根据地后又偏听偏信，错误地认为陕甘边、陕北党政军领导有严重问题。永坪联席会后，朱理治、聂洪钧、程子华、徐海东、郭洪涛、戴季英六人举行会议，会上红二十五军领导人介绍了九间房事件，还谈及张汉民同刘志丹和红二十六军有联系。朱理治在1945年7月10日西北历史座谈会上说，在永坪座谈中听了红二十五军领导人介绍的这些情况后，“我们六个人都觉得陕甘边右派问题很严重”。于是朱理治等人依据中共北方代表、上海临时中央局的指示和张汉民所说与陕甘苏区的联系以及对陕甘边苏区和红二十六军领导人的一些偏见，并参考鄂豫皖苏区张国焘等人创造的所谓肃反经验，在会上商定：立即开始肃反。②

1935年9月22日印发的《陕甘晋新省委一个半月工作计划》明确把肃反列为一项重要工作：颁布赤色戒严条例。动员政府、贫农团、工会与党及团，动员广大群众，严格执行阶级路线，进行肃反工作。并建立政治保卫局的工作系统，加紧肃反工作。③ 随即，戴季英接任了陕甘晋省委政治保卫局局长。9月底，在永坪召开的

---

① 中共陕西省委党史研究室编：《西北革命根据地》，中共党史出版社1998年版，第450页。

② 《朱理治同志在历史座谈会上的发言》（1945年7月10日），吴殿尧、宋霖：《朱理治传》，中共党史出版社2007年版，第115页。

③ 中共陕西省委党史研究室编：《西北革命根据地》，中共党史出版社1998年版，第90页。

会议上，朱理治指定后方肃反由郭洪涛领导，前方肃反由聂洪钧领导。

陕甘革命根据地的肃反，是王明“左”倾教条主义恶性膨胀的产物，它迅速把陕甘革命推入极端危险的境地。

一方面，导致大批领导干部被捕被杀。朱理治回忆说：“肃反整个的过程是逼、供、信，主观主义达到了极点。”[①] 从而造成乱供乱抓，株连无辜。从 1935 年 10 月 1 日起，肃反执行者开始进行大逮捕。是日，逮捕原陕甘边区苏维埃政府秘书长张文华、陕甘边南区革命委员会主席黄子文、陕甘边区特委秘书长蔡子伟、陕甘边区苏维埃政府经济委员会秘书李西萍、张慕陶派往陕北联络黄子文的交通员江旭等。肃反执行者在拘捕后方工作的西北军委和原陕甘边根据地的重要干部后，接着将肃反扩大到前线。从 10 月 1 日至 8 日，刘志丹、高岗、习仲勋、杨森、张秀山、杨琪、张策、刘景范、马文瑞、郭宝珊、黄罗斌等 60 多名领导干部先后被逮捕。习仲勋回忆道：“他们不作调查研究，不了解陕甘革命历史，不了解敌情、我情，全凭主观臆断，强调对外是一切斗争，否认联合；对内凡是不同意他们错误观点的就残酷斗争，无情打击。指责我们纠正一些违犯纪律的土匪行为是‘镇压群众’。他们无中生有，无限上纲，先说我们是‘右倾’，继而说我们‘右倾取消主义’，更进而说我们是‘右派’，诬陷我是‘右派前线委员会书记’，诬蔑刘志丹同志‘和杨虎城有勾结’，是‘白军军官’。当时，蒋介石正在对陕甘边区进行第三次‘围剿’。于是出现了这样一种怪现象：红军在前方打仗，抵抗蒋介石的进攻，不断取得胜利，‘左’倾机会主义路线的执行者却在后方先夺权后抓人，把刘志丹同志等一大批干部扣押起来，红二十六军营以上的主要干部，陕甘边县以上的主要干

① 中共陕西省委党史研究室编：《西北革命根据地》，中共党史出版社 1998 年版，第 433 页。

部，几乎无一幸免。”①

另一方面，严重削弱根据地根基。由于陕甘根据地及陕甘红军领导人或被捕，或被调离重要工作岗位，陕甘根据地党内、军内、根据地内处于恐怖状态，人人自危，军心动摇，民心不稳，以至发生“反水”叛乱事件。而国民党当局对陕甘根据地的“围剿”则日甚一日。习仲勋回忆说：“白匪军乘机大举进攻，边区日益缩小，引起了群众的极大疑虑；地主、富农乘机挑拨煽动，反攻倒算，以致保安、安塞、定边、靖边等几个县都‘反水’了。根据地陷入严重的危机。”②

受错误肃反的影响，还激起了1935年腊月陕甘根据地内部爆发颠覆苏维埃政权的反革命暴乱——“赤安事变”，新上任的三边特委书记谢唯俊和赤安县部分革命干部被枪杀，一些县、区、乡政府受到严重破坏。“神府苏区几乎全部被敌人占领，1000多名地方干部和红军、游击队员仅保存下200余人。”③ 错误肃反造成干部身份混淆，致使肃反结束后平定“三边事变”等叛乱工作难度加大。例如原陕甘边区军委主席刘景范在肃反中曾被捕，当他受命领导平叛“三边事变”时，在经过很多危险和曲折找到赤安县委后，却被视为“是从监狱里逃出来的”而被缴枪和限制自由。直到刘景范给周恩来写信并得到回信确认他的身份后④，才能开展工作。肃反还造成陕甘边根据地群众工作十分困难。陕甘边东地区群众因领导人马文瑞等被捕，纷纷向国民党地区“跑反”，宜川南塬靠近国民党区域的群众就跑了700多户。肃反结束后，中共陕甘省委宣布马文瑞等被释放，但陕甘东地区群众对新去的干部不相信，“思想情绪仍

① 习仲勋:《红日照亮了陕甘高原》,《人民日报》1978年12月20日。

② 习仲勋:《红日照亮了陕甘高原》,《人民日报》1978年12月20日。

③ 李东朗:《中共中央化解西北苏区肃反危机述论》，中共甘肃省委编:《陕甘边革命根据地的特点和历史地位学术论文集（上）》，中共党史出版社2014年版，第225页。

④ 李东朗:《中共中央化解西北苏区肃反危机述论》，中共甘肃省委编:《陕甘边革命根据地的特点和历史地位学术论文集（上）》，中共党史出版社2014年版，第226页。

然很不稳定，陕甘省委工作很不好搞”[①]。为此，陕甘省委书记朱理治向中央汇报，提议要马文瑞到东地区去安民。为此周恩来语重心长地对马文瑞说：“文瑞同志，你辛苦一趟吧！你去了，见了群众随便拉一拉话，让群众看一看，你这个马主席还平平安安，人家也就放心了。”[②]马文瑞向周副主席表示：“一定努力完成好任务！”

总之，在国民党10万大军压境，陕甘根据地第三次反“围剿”斗争关键时刻，根据地内部错误肃反愈演愈烈，使陕甘根据地面临被颠覆的极端危险境地。但在肃反中也充分展示了陕甘根据地党和红军领导人忠诚于党、坚守信念、顾全大局的精神品格。1935年10月初，“左”倾错误的执行者决定抓捕刘志丹、高岗等人。刘志丹因公去瓦窑堡，路上遇见戴季英派出给程子华送信的通信兵，通信兵认识刘志丹，就直接把信交给刘志丹，信上写的是抓捕刘志丹、高岗的命令。刘志丹把信交还通信兵，要他继续把信送到目的地。自己则连夜赶往瓦窑堡，想了解此事发生的原委并准备向上级说明情况，以避免事态扩大。6日凌晨，刘志丹抵达瓦窑堡西北军委驻地，但不等刘志丹辩解，就被肃反指示者羁押转移了。接着，戴季英的西北保卫局又通知习仲勋到王家坪开会。这时，刘志丹被抓的消息已在陕甘根据地机关内部引起很大震动，刘景范关切地劝习仲勋暂时离开躲一躲，以后再向党组织说明。但习仲勋说：“把我杀了，我也不能走，这些同志都是以我的名义叫回来的，我怎么能走呢？”[③]他叮嘱周围的人不论将来发生什么事都要以大局为重，不能轻举妄动。他把身上仅有的一支手枪、两块银元和一支钢笔交给时任中共陕甘边区特委委员兼陕甘边区苏维埃政府西区办事处主任的张策，启程前往王家坪。随后，习仲勋、张策相继被捕。

---

① 马文瑞：《马文瑞回忆录》，陕西人民出版社1998年版，第92页。
② 马文瑞：《马文瑞回忆录》，陕西人民出版社1998年版，第92页。
③ 习仲勋谈话记录（1986年4月7日），《习仲勋传》编委会编：《习仲勋传》（上卷），中央文献出版社2008年版，第204页。

"左"倾错误的执行者对抓捕的同志刑讯极其残酷。习仲勋回忆道:"我被扣押了。起初关在王家坪，后来押到瓦窑堡，和刘志丹同志一起被关在一个旧当铺里。'左'倾机会主义路线的执行者搞法西斯审讯方式，天气很冷，不给我们被子盖，晚上睡觉绑着手脚，绳子上都长满了虱子；一天只放两次风，有人拿着鞭子、大刀，看谁不顺眼就用鞭子抽，用刀背砍，在莫须有的罪名下，许多人被迫害致死。"①

张秀山面对给鼻孔里灌辣子面、吊起来拷打严刑逼供酷刑，悲愤地说:"我死没问题，二十六军创建不容易，它是许多同志的头颅换来的，你们可怜可怜二十六军，这里面的干部全是好的。"②

错误的肃反，造成陕甘根据地的严重危机。中共中央到达陕甘根据地后，立即把被捕的刘志丹、高岗等释放出来，及时纠正了这个严重错误，从而使陕甘根据地转危为安。③

① 习仲勋:《红日照亮了陕甘高原》,《人民日报》1978 年 12 月 20 日。
② 《习仲勋传》编委会编:《习仲勋传》(上卷)，中央文献出版社 2008 年版，第 207 页。
③ 中共中央党史研究室:《中国共产党历史》第一卷(上册)，中共党史出版社 2011 年版，第 394 页。

第二节 党中央率中央红军长征落脚陕甘革命根据地

一、中央红军长征七易落脚点

中央红军1934年10月从江西瑞金、于都出发战略转移时的打算是到湘西与红二、六军团会合。之后长征路线和目的地根据军事形势和作战情况而不断变化。但在战略转移中，始终想创造一块能够使红军生存和发展的新的根据地。为此，长征途中党中央和红军依据瞬息万变的敌情进行艰苦的探索和不懈的努力，曾八次召开政治局扩大会议，七易落脚点，经历了围绕利于生存、北上抗日及影响全国革命的阶段性目标变化过程，党中央和中央红军最终一步步走向陕甘革命根据地。

（一）根据战争环境调整选择利于红军生存的落脚点

长征伊始，首要问题便是生存。为了保存革命力量，红军围绕生存寻找和创建落脚点。长征之初，中央红军首次选择的落脚点是计划从南线突破敌人封锁线后，北上湘西，与坚持在湘西的红二、六军团会合。但在实行战略转移和突围时，国民党当局察觉红军动向后便先期在赣南、湘粤边、湘东南、湘桂边构筑四道封锁线，集结重兵进行堵截和尾追，致使红军于12月初冲出国民党军的封锁线后，已由出发时的8.6万人锐减至3万余人。于是毛泽东建议中央放弃与红二、六军团会合的计划，改向敌人力量薄弱的黔北遵义地区建立根据地。虽然当时“左”倾教条主义的中央领导不顾敌情变化，坚持要到已是敌军重兵布防的口袋阵湘西去，但军委最终接受毛泽东的主张，挥师攻取敌薄弱环节贵州。

1935年1月，中共中央在遵义召开政治局扩大会议，撤换了“靠铅笔指挥的战略家”[①]，推选毛泽东为政治局常委，并委托张闻天起草《中央关于反对敌人五次“围剿”的总结的决议》。会后不久，政治局常委决定，由张闻天代替博古负总责，并成立由周恩来、毛泽东、王稼祥组成的三人小组负责全军军事行动。遵义会议确立了毛泽东在中共中央和红军的领导地位，这次会议在极端危急的历史关头，挽救了党和红军，挽救了中国革命，成为党的历史上一个生死攸关的转折点。

之后，为摆脱国民党军的围追堵截，红军在云贵川边境展开大规模的运动战。期间第三次修改战略计划，再次把目光放到了北面，意欲北渡长江，进军川西北，进而赤化全川。蒋介石很快洞悉中央红军的意图，迅即调集其中央军和川、滇军利用长江天险阻拦红军。因战局突变，党中央第四次修改落脚点的计划。2月26日，中共中央和中央军委发布的《告全体红色战士书》指出：“决计停止向川北发展，而最后决定在云贵川三省中创立根据地。”[②]扎西会议后的一个多月，毛泽东指挥中央红军在云贵川取得四渡赤水等一系列运动战胜利后，于5月初渡过金沙江，终于跳出敌人的合围圈。5月12日，中央政治局在四川会理举行扩大会议，决定红军继续北上。之后红军强渡大渡河，飞夺泸定桥，翻越夹金山，6月

① 中共中央文献研究室编：《陈云文集》第一卷，中央文献出版社2005年版，第9页。

② 《中央政治局关于在川黔边建立新根据地的决议》，解放军政治学院党史教研室编：《中共党史参考资料》第7册，第174页。

中旬在川西懋功地区与红四方面军胜利会合。

(二) 根据全国抗战形势调整选择利于红军北上抗日的落脚点

九一八事变爆发后，基于民族危机加深与全国抗日民族运动高涨，中国共产党表明了坚定不移的抗日立场。红军长征始终坚持北上抗日的方针。因此，长征中党中央在选择落脚点问题上不仅考虑生存，更要利于北上抗日，也就是说落脚点的选择必须考虑到区域空间因素。两军懋功会师后，党中央审时度势第五次改变落脚点计划，从 1935 年 6 月 26 日的两河口会议到 8 月 4 日至 6 日召开的沙窝会议，中央一再重申北上的方针。中共中央政治局发布《关于一、四方面军会合后的战略方针》的决定，指出："我们的战略方针是集中主力向北进攻，在运动战中大量消灭敌人，首先取得甘肃南部，以创造川陕甘苏区根据地，使中国苏维埃运动放在更巩固更广大的基础上，以争取中国西北各省以致全中国的胜利。"①

然而这个设想也未能实现，因为红军的战略一方面要受敌情变化的制约；另一方面又受到张国焘错误的掣肘。自中央红军与红四方面军会师后，张国焘拥兵自重，野心膨胀，一方面不同意中央北上方针；另一方面向中央伸手要权。为加强协同作战，在过草地前，两个方面军混合改编为左右两路军。红一军团为左路军，红十五军团等部为右路军。但张国焘坚持南下，拖延、干扰北上，甚至发展到分裂红军。毛泽东等中央领导人认识到张国焘有分裂和危害中央的企图，决定率红一、三军和中央军委纵队前往甘南俄界。1960 年 10 月，毛泽东与埃德加·斯诺谈话时说，这是他"一生中最黑暗的时刻"，"当时党面临着分裂，甚至有可能发生前途未卜的

① 《中共中央政治局决定——关于一、四方面军会合后的战略方针》，中央档案馆编：《红军长征档案史料选编》，学习出版社 1996 年版，第 241 页。

内战”。[①]

（三）根据革命形势变化调整选择利于中央能够影响全国的落脚点

张国焘坚持分裂红军，致使北上的中央红军只有七千人，在川陕甘大范围内建立根据地已不可能。党中央在选择落脚点问题上第六次改变计划，选择到中苏边界地区去，背靠苏联，求得发展。9月12日，中共中央在甘南俄界召开中央政治局扩大会议，毛泽东就长征落脚点问题讲道：“目前应经过游击战争打到苏联边界去，这个方针是目前的基本方针……我们可以首先在苏联边界创造一个根据地，来向东发展。不然就永久打游击战争，我们不应把自己变成瓮中之鳖，中央要到能够指挥全国革命的地区去。”[②]

同时毛泽东还强调指出：中央坚持过去的方针，继续向北的基本方针。会议决定以游击战争的方式，经甘东北、陕北，设法打通与共产国际的联系，在靠近中苏边境地区创造一块根据地。会议还决定将中央红军一、三军和中央军委纵队编为中国工农红军陕甘支队。

俄界会议后，中共中央率领红一、三军和军委纵队继续北上，于1935年9月18日至20日陆续到达甘肃岷县以南的哈达铺（今属宕昌县）。时先行到达的红一军直属侦察连在活捉的国民党一个少校副官处及邮政代办所，缴获收集了《大公报》《中央日报》《晋阳日报》等多种报纸，发现报纸上刊登有徐海东率红军和陕北刘志丹的红军会合的消息，并且有“匪区”略图。

这真是久旱逢甘霖，来得太及时。聂荣臻立即命令警卫员把报纸送交毛泽东。在后来的回忆录中聂荣臻记下了这一历史镜头，毛

---

① 刘统：《北上：党中央与张国焘斗争始末》，生活·读书·新知三联书店2016年版，第3页。

② 毛泽东：《目前的行动方针》（一九三五年九月十二日在政治局会议上的报告），《党史研究》1986年第3期。

泽东看后高兴地说："好了！好了！我们快到陕北根据地了。"

既有红军，又有根据地，这对于转战南北，历经千难万险，一直在苦苦寻找落脚点的党中央来说，犹如喜从天降。

9月22日上午，党中央在"义和昌"药店毛泽东住处召开了领导人会议，决定改变俄界会议在靠近苏联地区建立革命根据地的方针，又一次提出新的战略方针，决定到陕甘根据地去。先后七易落脚点的中央红军终于有了一个明确的方向。当天下午在哈达铺的一座关帝庙里召开团以上干部会议，毛泽东、彭德怀、张闻天和林彪讲话，动员大家北上陕甘根据地。在会上毛泽东代表党中央作了关于形势和任务的政治报告。毛泽东说："感谢国民党的报纸为我们提供了比较详细的陕甘红军消息，那里不但有刘志丹的红军，还有徐海东的红军，还有根据地！我们要抗日，首先要到陕北去！"①

毛泽东号召全体指战员："胜利前进吧，到陕北只有七八百里了，那里就是我们的目的地，就是我们的抗日前进阵地！"②

哈达铺团以上干部会议后，部队正式改编为中国工农红军陕甘支队。9月23日，陕甘支队挥师北上；9月27日，到达位于通渭县西南的榜罗镇。在榜罗镇一所小学校里找到许多报纸和杂志，中央领导同志进一步了解了陕甘革命根据地的情况和全国形势。当日晚，中共中央在榜罗镇召开政治局常委会议。会议根据新了解到的情况，认为哈达铺决策向陕甘革命根据地进军是正确的。政治局一致同意：

"改变俄界会议关于接近苏联建立根据地的决定，确定将中共中央和红军的落脚点放在陕北，保卫和扩大苏区，以陕北苏区来领导全国革命。"③

榜罗镇会议正式决定红军落脚陕甘革命根据地，这一决策的实施保存了红军的基干力量，使中共中央和红军主力转移到了抗日战

---

① 杨成武:《杨成武回忆录》上册，解放军出版社1987年版，第275页。
② 杨成武:《忆长征》，解放军文艺出版社1982年版，第227—228页。
③ 张培森主编:《张闻天年谱》上卷，中共党史出版社2000年版，第225页。

争的前沿阵地，实现了北上抗日的总方针，使得中国革命有了新的大本营，为中国革命找到了一个新的战略转移的落脚点和革命的出发点，为北上抗日找到了可靠的根据地。后来的中央政治局铁边城会议和直罗镇会议都再次确认了这一重要决策。

二、陕甘革命根据地迎接党中央和中央红军的行动

中央红军开始长征后，党中央与上海局的电台联系就已中断，国民党则极力封锁隔绝党中央的信息。因此，在各地党组织也被敌人严重破坏的情况下，党中央无法通过正常的组织渠道了解陕甘红军和陕甘边革命根据地的具体情况。而陕甘边根据地在红军长征之前就与上级党组织和中央失去联系，所以为了联系上级党组织，迎接党中央和长征红军，陕甘根据地党和红军采取了许多积极有效行动。

（一）主动派人到西安、上海等地联系上级党组织

陕甘边根据地党和红军领导人一边巩固扩大根据地，一边不断地用各种方式联系上级党组织并给中共中央传送根据地的信息。早在 1933 年 7 月，陕甘边区的上级党组织陕西省委遭敌破坏后，陕甘边区与中央失去联系，刘志丹、习仲勋等党政军领导曾多次派人去西安、上海试图与上级党组织和中央取得联系。据陕甘边根据地的重要创建者之一张策回忆，他们曾派一位叫王锦全的陕西府谷籍青年战士，前往上海寻找党中央。“解放后我与金海旺同志一起工作时，曾听他谈到那时有个陕北同志找党中央，但因当时上海的情况十分紧张，白色恐怖极为严重，这个同志就在上海拉人力车维持生活。”①

---

① 张策：《创建陕甘边区革命根据地的回忆》，刘凤阁、任愚公主编：《红二十六军与陕甘边苏区》，兰州大学出版社 1995 年版，第 915 页。

因各方面因素限制，陕甘边区党和红军寻找上级党组织和中央的努力没有实质结果。

（二）扩大战绩，通过舆论报道传递信息

与上级党组织虽然一时无法取得联系，但陕甘红军积极扩大活动范围，造成强大舆论声势，间接为中央和上级党组织传递信息。1934年11月中旬，刘志丹率领红军奔袭甘肃曲子新城，1935年1月，红二十六军骑兵团长途奔袭陕西长武县城等行动，《大公报》等报纸都作过报道。而1935年以后，各地报纸对陕甘边红军行动的大量报道，这些丰富的信息资源为长征途中的中共中央和中央红军了解情况提供了可能性。党中央在哈达铺获得陕甘根据地的信息，也正是通过报纸的相关报道，从而使中央改变了在俄界会议上确定的以游击战争方式打到苏联边界去的决策，转而去陕甘。

（三）派出多路人员广泛打听寻找中央红军

据曾任陕甘边区苏维埃政府秘书长的张文华回忆说："我们收到甘泉、延安、鄜县教育局和高等学校转来上海中央局发出的'八一宣言'材料，知道了中央红军北上抗日。"①

但由于信息不通，刘志丹、习仲勋等对中央红军北上抗日的长征路线无法知晓，所以他们多方想办法，通过地下党及统战关系积极收集中央的最新消息。

从参加过长征的肖锋、陈昌奉等人长征日记的记载可以看出，刘志丹、习仲勋等当时还多路派出人员，进入敌占区广泛打听寻找中央红军。《肖锋长征日记》记载："10月11日……现在我们已经靠着陕北地界了。朱主任收到陕北红军独立师欢迎中央红军北上抗

① 张文华：《1983年11月谈陕甘边区党政军机关东迁》，刘凤阁、任愚公主编：《红二十六军与陕甘边苏区》，兰州大学出版社1995年版，第481页。

日通电。”[①]

1935年10月15日左右，刘志丹派出的人员终于在环县一带迎接到党中央和中央红军。毛泽东的警卫员陈昌奉在《跟随毛主席长征》一书中写道：“我们从甘肃环县出发，走了几十里路，刚登上一座光秃秃的小山，便遇上了刘志丹同志派来给主席送信的人。主席看过信，站在山顶上，向正在休息的部队大声喊道：‘同志们，我们就要到达陕北苏区了！我们的红二十五军和红二十六军派人来接我们了！’主席的话还没讲完，山坡上立刻欢腾起来。同志们高兴地笑着、跳着、相互搂抱着、欢呼着，有些同志甚至激动得大哭起来。”[②]

（四）积极开展红军途经地区的群众工作

1935年7月下旬至8月初，中共陕甘边区特委代理书记、边区苏维埃政府主席习仲勋主持召开中共陕甘边区特委扩大会议。这次会议在研究陕甘边区工作的同时，还研究了迎接党中央和中央红军的工作，8月5日通过的《中共陕甘边区特委关于目前形势和党的任务的决议案》，正确判断长征红军会向甘肃发展，为策应中央红军与红四方面军北上，必须争取陇东的发展，而宁县、正宁、庆阳、合水、环县等县是争取陇东的必要阵地。

按照《中共陕甘边区特委关于目前形势和党的任务的决议案》精神，为迎接党中央和中央红军，陕甘边区特委和苏维埃政府积极开展甘肃敌占区的群众工作，广泛发动群众，宣传革命思想和陕甘根据地红军胜利的消息。《杨尚昆回忆录》中记载他们在哈达铺看到了陕甘红军的宣传材料。朱开铨的回忆说：“我们在通渭城时，

---

① 《肖锋长征日记》（节选）（1935年10月2—19日），中共甘肃省委党史研究室编：《铁流汇陇原》，甘肃人民出版社2006年版，第452页。

② 陈昌奉等：《跟随毛主席长征》，解放军出版社2009年版，第93页。

还亲眼看见以刘志丹的名义发出的布告。”①

由此可见，为迎接党中央和中央红军，刘志丹、习仲勋等陕甘根据地党和红军领导人派人将陕甘红军的宣传材料散发到甘肃中南部一带，从而为中央红军在甘肃长征准备了良好的群众基础。当中央红军来到甘肃后，当地群众立即开门迎接，并热情地为红军腾出房屋，置办粮草。

三、党中央率陕甘支队长征到达陕甘革命根据地吴起镇

榜罗镇会议正式决定红军落脚陕甘革命根据地后，陕甘支队于1935年9月29日攻占通渭县城。当晚，在县城文庙举行文娱晚会和大会餐。毛泽东非常兴奋，吟诵了自翻过终年积雪的岷山后就酝酿心中的诗篇《七律·长征》②。从整个诗的意境看，正是明确了落脚点，有了喜从天降的欢愉，以及胜利在望的信心，毛泽东在回首艰难的长征历程时，才吟出了“万水千山只等闲”“三军过后尽开颜”这样的豪迈诗篇。随后陕甘支队政治部印发《会合红二十五、二十六军在陕北创立根据地讨论大纲》和《陕甘苏区略图》。10月2日，陕甘支队从通渭出发后，经会宁的侯川、陇西川和静宁的界石铺、单家集（今属宁夏西吉）等地，于10月7日，以“不到长城非好汉”的英雄气概，登上长征途中最后一座高峰六盘山，善于在马背上吟诗的毛泽东，站在六盘山的高峰上，触景言志，借山抒怀，写出光辉诗篇《清平乐·六盘山》。翻越六盘山后，陕甘支队由宁夏固原踏上挺进陇东的征途。

陇东是陕甘革命根据地的根基和核心区域之一，红军进入陇东

---

① 朱开铨：《六十六年之革命生涯》，江西人民出版社1993年版，第125—126页。
② 据《党史资料征集通讯》1986年第10期刘英的《长征琐忆（节录）》载：“第二天到通渭县城，开干部会，毛主席诗兴大发，讲话时即席吟诵了后来十分出名的《七律·长征》诗篇。”但公开发表时，作者将定稿时间定为1935年10月。

就是到达了陕甘根据地的第一站。

10 月 9 日，陕甘支队抵达镇原县武沟乡孟庄村。红军张贴标语，向群众宣传革命道理。不少百姓主动给红军提供情报，有的还参加了红军。当红军离开孟庄时，尚吉祥等村民牵来毛驴，为红军驮送粮食和武器，直到环县洪德才返回。

10 月 10 日，红军主力到达三岔镇，当晚在三岔镇宿营。11 日，红军主力分左右两路继续北上，12 日晚在贾驿突袭国民党三十五师王福德部千余名宿营骑兵，缴获战马 100 多匹。13 日 19 时到达环县虎家湾一带。

10 月 14 日下午，红军到达环县玄城沟口，靠近环县的河连湾和洪德城。当晚，部队在河连湾、洪德城宿营。自古以来这里是庆阳、环县通往宁夏的必经之路，从汉代起这里就一直有重兵镇守。民谚说："提起洪德城，天下都有名；一人把住关，万将难通行。"国民党的三十五师当时就驻守在河连湾、洪德城一带，筑有坚固的碉堡土楼，据险扼守，妄图拦击红军。红军兵分两路，神速合击，经过 3 小时激战击溃了驻守在河连湾、洪德一带的顽敌，歼敌近百人，打通了北上道路。"关于陕甘支队通过洪德城的情况，毛泽东于 1935 年 10 月 22 日在吴起召开的中共中央政治局会议上说：洪德城是最危险的一关。我们过渭水后，敌人知道了底细，即急风暴雨般地追击。我们通过洪德城后，敌人二点半即到，如不早通过，要受阻碍。"[①]

10 月 15 日，陕甘支队一纵队从河连湾、洪德出发，沿环江东川北上，至晚到达耿湾宿营。二、三纵队经环县齐家塬、许家塬，夜宿素有"鸡鸣三省"之称的环县兴隆山。兴隆山又称东老爷山，山上庙宇系晚清时期的道教寺院。当晚除叶剑英、邓发、张经武等

① 中共中央文献研究室编：《毛泽东年谱（1893—1949）》上卷，中央文献出版社 2013 年版，第 479 页。

领导同志在神龛下过夜，司令部及电台工作人员的办公室设于祖师殿内，其余战士为不打扰寺院，全部露宿寺外，红军尊重宗教不擅入寺院的行为在当地群众中被传为佳话。

10 月 16 日，陕甘支队出环县境进入陕北。一纵队到达陕北定边县木瓜城附近，二、三纵队经华池县的乔川、艾蒿掌、铁角城，进入陕北定边县白马崾岘一带。中央红军长征在庆阳境内行军 8 天，行程 260 多公里。

1935 年 10 月 19 日，中共中央率领陕甘支队到达陕甘根据地赤安县第六区苏维埃政府所在地吴起镇。[①] 根据地的人民群众用鸡毛信将这一特大喜讯迅速传遍整个陕甘苏区。陕甘晋省委派人前去迎接中央和中央红军，陕甘边区苏维埃政府及乡苏维埃政府和党组织的负责人也赶到吴起，他们向中央领导人介绍了陕甘根据地的情况和周围的敌情，并迅速动员 700 多名游击队员、赤卫队和老百姓，赶着几百头牲口给中央红军送粮 4 万多斤，乱石头区（今吴仓堡镇）送粮近 3 万斤，赤安县六区送粮 2.8 万斤，猪 50 头、羊 270 余只。赤安游击支队把没收恶霸地主的 300 多只羊送给中央红军，定边县苏维埃政府送土布 3 大卷、红洋布和黑市布 3 匹。苏区政府还没收吴起镇恶霸地主的几千斤羊毛、羊绒，组织上百名毡匠为中央红军赶制了一批毡衣、毛袜子和毛手套。苏区人民的支持，保证了中央红军的物资供应。赤安县游击队一支队还在甘肃环县的洪德城、河连湾及定边的铁角城、新寨等地找到并安置、养护了 220 多名红军伤病员。

在中共中央、中央红军到达吴起镇后，国民党东北军骑兵第一

① 吴起镇时属甘肃庆阳县辖。1934 年 11 月，陕甘边区苏维埃政府在庆阳吴堡川设立赤安县，吴起镇为赤安县苏维埃政府第六区。1937 年 10 月赤安县撤销，吴起区划归华池县。1942 年 7 月，陕甘宁边区政府设置吴旗县，隶属三边分区。1949 年边区政府撤销吴旗县制，吴起镇归华池县管辖。1950 年恢复吴旗县；2005 年更名为吴起县。

军第六师（师长白凤翔）三个骑兵团、何柱国所部第三师（师长郭希鹏）两个骑兵团，马鸿宾部三十五师马培清骑兵团也尾追红军而来，企图趁红军立足未稳消灭红军。10 月 19 日，毛泽东连夜召开团以上干部会议，对敌情进行分析，研究“切尾巴”的具体作战方案。毛泽东说，我们后面的敌人是条讨厌的“尾巴”，“打退追敌，不要把敌人带进根据地。”[①] 按照毛泽东的指示，彭德怀部署和指挥了这场“切尾巴”战斗，共消灭马培清部一个骑兵团，击溃国民党东北军第三师、第六师两个骑兵团，俘虏敌人 700 余人，缴获一批武器弹药和马匹。

10 月 22 日，中共中央在吴起镇召开中央政治局扩大会议。张闻天、毛泽东、王稼祥、周恩来、秦邦宪、邓发、李富春、聂荣臻、刘少奇、叶剑英、凯丰、贾拓夫、彭德怀等出席会议。会议正式宣告中央红军两万五千里长征胜利结束。长征的胜利，是中国共产党和中国革命从挫折走向胜利的伟大转折点。毛泽东主持会议并在会上作《关于目前的行动的方针》的政治报告并作结论。与会同志就毛泽东的报告进行了认真讨论。会议决定了如下事项：

1. 粉碎敌人“围剿”，保卫与扩大苏区。

2. 拥护榜罗镇会议决定，使陕甘根据地成为领导全国的中心。

3. 打通国际路线，取得苏联援助。

4. 加强与西北红军联系。

毛泽东在会上作了总结，指出，党中央和中央红军已经完结一年长途行军，将开始新的有后方的运动战。吴起镇会议明确提出以陕甘苏区来领导全国革命，自此陕甘革命根据地成为红军万里长征的落脚点和夺取全国革命胜利的出发点。

---

① 中共中央文献研究室编：《毛泽东年谱（1893—1949）》（修订本）上卷，中央文献出版社 2013 年版，第 480 页。

四、党中央纠正陕甘苏区错误肃反

1935年10月中共中央长征到达陕甘时，一方面国民党军重兵“围剿”；另一方面“左”倾教条主义的执行者，在陕甘根据地实行错误肃反，逮捕了刘志丹等领导干部，造成了陕甘根据地的严重危机。

“千里雷声万里闪，中央来了晴了天。”当中共中央到达吴起后，毛泽东等中央领导人听取了赤安县游击队第一支队队长张明科、陕甘边区工农红军第二路游击队政治委员龚逢春等关于陕甘肃反和刘志丹等被关押及其造成的严重危机等情况汇报。党中央随即派随中央红军长征到陕北的贾拓夫、中央组织部部长李维汉等携带电台，作为先遣队去了解情况。李维汉、贾拓夫等在甘泉下寺湾遇到郭洪涛，得知刘志丹等主要干部确已被拘捕。

李维汉回忆说：“我们当即电告党中央毛泽东等同志。”[①]

问题严重，形势危急，不容迟疑。接贾拓夫和李维汉的电报后，党中央立即下令：“停止逮捕，停止审查，停止杀人，一切听候中央解决！”[②]

11月2日，中共中央抵达陕甘边区苏维埃政府所在地甘泉县下寺湾。11月3日，在张闻天主持下，中共中央政治局在下寺湾召开常委扩大会议，会议决定：成立中华苏维埃共和国临时中央政府西北办事处、中国工农红军西北革命军事委员会、西北中央局，撤销中共陕甘晋省委，成立陕甘省委、陕北省委。对下一步工作，会议决定中央领导人分为两路行动。一路由张闻天、博古、邓发等率领中央机关北上进驻陕甘根据地机关驻地瓦窑堡，一路由毛泽东、周恩来、彭德怀率中央红军主力南下与红十五军团会合，进行粉碎国民党军第三次“围剿”的作战。

---

① 李维汉：《回忆与研究》上册，中共党史出版社1986年版，第371页。

② 李维汉：《回忆与研究》上册，中共党史出版社1986年版，第371页。

会议在听取了中共陕甘晋省委副书记郭洪涛、西北军委主席聂洪钧关于肃反问题的汇报后，毛泽东、张闻天一致表示：肃反搞错了，要纠正。[①] 并决定由张闻天负责处理纠正错误肃反的具体事宜。

为了解决错误肃反造成的巨大危机，中共中央作出工作部署：

一是派王首道、贾拓夫、刘向三等先行前往关押刘志丹等被捕者的瓦窑堡，调查陕甘肃反事件。制止错误肃反，控制事态，避免恶化，等候中央处理。毛泽东就肃反问题语重心长地说："杀头不像割韭菜那样，韭菜割了还可以长起来，人头落地就长不拢了。如果我们杀错了人，杀了革命同志，那就是犯罪行为。大家要记住这一点。要慎重处理。"[②]

二是在张闻天主持下，组成五人党务委员会，审查错误肃反，成员有董必武（中共中央党务委员会书记）、王首道（中央政治保卫局副局长）、张云逸（中革军委副参谋长兼红一方面军副参谋长）、李维汉（中央组织部部长）、郭洪涛（中共陕甘晋省委副书记），董必武任主任，具体由秦邦宪（博古）负责指导。

11 月 10 日[③]，中央机关到达瓦窑堡。张闻天直接领导了对陕甘肃反的实际调查、分析定性和实际解决等工作。立即接管陕甘晋省委保卫局，任命王首道为局长。五人党务委员会经过前后 20 天的调查审理，认为"左"倾错误的执行者在拿出的许多案件里列举的刘志丹等人的"罪状"都是不能成立的。"所谓刘志丹执行'富农路线'，是指他在土改中对地主不搞肉体消灭，给富农以生活出路；所谓'梢山主义'，是指他坚持农村割据，开展游击战争，不攻打大城市；所谓'投降主义'，是指他在统战工作中团结国民党中的爱国人士，等等。"[④] 显然，这些"罪状"，只能证明刘志丹等同志坚

① 张培森主编:《张闻天年谱》上卷，中共党史出版社 2000 年版，第 272 页。

② 闫启英主编:《习仲勋画册》，学习出版社 2013 年版，第 100 页。

③ 另一说是 11 月 7 日。

④ 《中央同意冯文彬、宋时轮同志关于西北红军历史问题座谈会的报告》，中共中央党史资料征集委员会:《党史资料征集通讯》，1986 年第 1 期。

持了正确路线。

“经过再三审查，证明所谓‘口供’中，除极少数是坏人故意捏造事实，蓄谋破坏外，其余都是逼、供、信所造成的结果。”①

随即释放被冤屈的刘志丹、习仲勋、高岗等同志，接着释放了所有被关押的同志，及时纠正了这个严重错误，从而使陕甘根据地转危为安。毛泽东、周恩来、彭德怀在部署直罗镇战役的紧张时刻，也关注此事，于11月18日在富县张村驿专门致电张闻天、博古，请他们详加考虑陕甘肃反中的问题，毛泽东指出：“错捕有一批人，定系事实。”②提出要纠正肃反的错误。

11月26日，中共中央作出关于《西北中央局审查“肃反”工作的决定》，指出中共陕甘晋省委个别领导人“在‘肃反’斗争中犯了小资产阶级的‘极左主义’和‘疯狂病’的严重错误”，“以致在某些地方党内与部队内造成了严重的恶果，客观上帮助了反革命派”。③

11月30日，中共中央在瓦窑堡召开党的活动分子会议，为刘志丹、习仲勋等平反。出席会议的有张闻天、博古、邓发、张浩（林育英）、朱理治、聂洪钧和党务委员会组成人员董必武、李维汉、王首道、张云逸、郭洪涛等。刘志丹、高岗、杨琪、杨森等被释放的干部也出席会议。张闻天主持会议，并在会上指出：“中央召开这次会议，是为了解决西北错误肃反问题，过去对刘志丹等同志的处理是一个冤案，应该纠正。”④会议宣布《西北中央局审查“肃反”工作的决定》，给刘志丹、习仲勋、张秀山等人平反；还宣布了党中央对戴季英、聂洪钧的处分决定。刘志丹代表被释放的同

① 王首道：《王首道回忆录》，解放军出版社1988年版，第169—170页。

② 中共中央文献研究室编：《毛泽东年谱（1893—1949）》上卷，人民出版社、中央文献出版社1993年版，第488页。

③ 中共陕西省委党史研究室编：《西北革命根据地》，中共党史出版社1998年版，第9页。

④ 魏德平：《张闻天主持解决“陕北肃反”研究》，《党史研究与教学》2013年第3期。

志讲话："感谢党中央和毛主席对这个问题处理得好"，强调"要团结起来，在党中央领导下努力工作，为完成我们的伟大事业而奋斗"。①

直罗镇战役结束后，西北革命军事委员会副主席周恩来于11月27日率军委机关部分人员离开前线，12月8日回到瓦窑堡。同一天，毛泽东、彭德怀、刘志丹联名发表了《告陕甘苏区工农劳苦群众书》，号召陕甘苏区人民："勇敢地参加红军，到前方去，用一切力量来保护我们的土地和自由，保卫我们的苏维埃政权。"②

12月13日，毛泽东回到瓦窑堡。随后，毛泽东和周恩来接见了刘志丹，询问了他的健康状况。毛泽东对刘志丹说："你和陕北的同志受委屈了。"刘志丹表示："中央来了，今后的事情都好办了。"③

1936年1月8日，张闻天、博古、李维汉一起到瓦窑堡的齐家湾，向刘志丹传达了中共中央、西北军委的任命令，任命刘志丹为新编红二十八军军长。刘志丹恢复工作后，一些曾被错误关押过的人，感到怨气难消，要求中央审查处理。刘志丹对他们说："中央要管的事情很多，我们把现在的事管好，中央迟早会处理的。"④

一些打抱不平的人去问刘志丹时，刘志丹回答说："事情已经过去了，中央挽救了我们，我们要做好事来回答，过去的已经过去了，不要谈了。"⑤

党中央和毛泽东及时制止了"左"倾错误的执行者在陕甘革命根据地制造的错误肃反，保护了刘志丹、习仲勋等一大批党的好

---

① 宋任穷：《刘志丹在红二十八军》，《刘志丹纪念文集》编委会编：《刘志丹纪念文集》，军事科学出版社2003年版，第419页。

② 中共陕西省委党史研究室编：《西北革命根据地》，中共党史出版社1998年版，第13页。

③ 习仲勋：《群众领袖　民族英雄》，《人民日报》1979年10月16日。

④ 何载：《红旗漫卷西北高原——缅怀习仲勋在西北》，中共党史出版社2013年版，第69页。

⑤ 何载：《红旗漫卷西北高原——缅怀习仲勋在西北》，中共党史出版社2013年版，第69页。

干部。习仲勋后来说："毛主席挽救了陕北的党，挽救了陕北革命，出现了团结战斗的新局面。"①

党中央的及时到来，纠正了发生在陕甘根据地的错误肃反，消除了根据地和陕甘红军内部严重隐患，为巩固和扩大陕甘革命根据地奠定了政治和组织基础，从而使长征红军有了巩固的落脚点。

但由于历史条件的限制，尤其是延安整风前，整个党内对"左"倾错误的深层根源还没有深刻认识的情况下，对陕甘错误肃反的纠正还有局限性，特别是当时对原陕甘边党政军一些干部工作的分配仍存在着不公平和不适当的问题。直到 1942 年 4 月，中央决定对陕甘肃反问题重新审查。同年 10 月 19 日至 1943 年 1 月 14 日，历时 88 天的西北局高级干部会议在延安召开。会议主要任务是学习中央文件，为党中央开展的延安整风运动做好思想准备。会议期间，参会人员认真回顾和研讨了西北地区党史尤其是根据地创建历史，对错误肃反的原因进行了剖析，更深刻地认识到"左"倾错误路线对党的危害性。1942 年 12 月 12 日，中共中央作出《中央关于一九三五年陕北（包括陕甘边及陕北）肃反问题重新审查的决定》，《决定》对 1935 年作出的《西北中央局审查"肃反"工作的决定》进行了修正，除保留对戴季英、聂洪钧的处分外，认为"朱理治郭洪涛二同志在这次错误肃反中应该负最重要的责任"。《决定》高度评价了刘志丹等人在错误肃反期间所表现出的崇高党性，认为刘志丹、高岗等同志一贯的把握了应有的布尔什维克的立场和态度，这是值得我们党同志学习和效法的。

1983 年，关于陕甘根据地肃反又起争论。中共中央指定李维汉、王首道、冯文彬、荣高棠、何载组成五人小组，会同原陕北、陕甘边有代表性的负责干部刘景范、张秀山、张策、张邦英和郭洪涛、贺晋年、崔田民、李铁轮召开座谈会，形成了题为《五人小组

① 习仲勋：《群众领袖　民族英雄》，《人民日报》1979 年 10 月 16 日。

对于解决西北历史争论问题的分析和方针》的报告。中共中央于1983年6月28日印发了这个报告。中共中央在印发报告的通知中指出:“对于在1935年错误肃反中被错杀的人,还未昭雪的,应一律由中央组织部或民政部予以平反昭雪。”[①] 至此,陕甘根据地肃反的问题得到彻底纠正。

① 吴殿尧、宋霖:《朱理治传》,中共党史出版社2007年版,第434页。

第三节　陕甘革命根据地第三次反“围剿”斗争的胜利

一、陕甘支队与红十五军团会师

红十五军团组建后，徐海东、刘志丹率领指战员在“打胜仗迎接中央红军”的口号鼓舞下，相继取得了劳山、榆林桥大捷，又继续向张村驿守敌发起进攻，决心以辉煌的胜利和党中央、中央红军见面。

10 月 30 日，陕甘支队在毛泽东和彭德怀率领下，离开吴起镇向甘泉下寺湾前进。出发前的 10 月 29 日，陕甘支队发表《告红二十五、二十六军全体指战员书》。

1935 年 11 月 2 日，陕甘支队到达甘泉下寺湾；3 日，召开政治局会议。会议决定成立西北革命军事委员会，主席毛泽东、副主席周恩来、彭德怀。当天西北革命军事委员会发布命令：恢复中国工农红军第一方面军番号，司令员彭德怀，政治委员毛泽东，参谋长叶剑英，政治部主任王稼祥。红一方面军下辖第一军团（即陕甘支队）和第十五军团，第一军团军团长林彪，政治委员聂荣臻；第十五军团军团长徐海东，政治委员程子华。会议决定毛泽东、周恩来、彭德怀率中央红军主力南下与红十五军团会合，进行粉碎国民党军第三次“围剿”的作战。

11 月 4 日，毛泽东、周恩来、彭德怀率中央红军主力离开下寺湾，沿洛河川南行。5 日，到达红十五军团驻地道佐铺，见到了红十五军团领导人程子华、徐海东，红一军团和红十五军团会师的当天，天空下着大雪，毛泽东向会合后的中央红军和红十五军团部分指战员发表了著名的雪地讲话，对中央红军的长征进行了初步总结。他挥手宣告：

“长征是宣言书，长征是宣传队，长征是播种机。长征是以我们胜利，敌人的失败结果而告结束。”

他说：“我们每人开动两只脚，走了两万五千里。这是从来未有过的真正的长征。我们红军的人数比以前是少了一些，但是留下来的是中国革命的精华，都是经过严峻锻炼与考验的。留下来的同志不仅要以一当十，而且要以一当百、当千。”①

11 月 7 日，新成立的西北军委宣布，陕甘支队与红十五军团合编为红一方面军。恢复红一军团建制，陕甘支队番号不再使用。红一方面军共约 1.1 万余人。为加强红十五军团的领导，中央先后派周士第、王首道、陈奇涵、冯文彬、张纯清、宋时轮、黄镇、唐天际、杨奇清、周碧泉、伍修权、毕士悌等一批军政干部到红十五军团工作。红十五军团领导人徐海东等还决定从每个连队抽出三挺机枪及部分枪支弹药，经济部、卫生部抽出部分衣物、医药用品送给中央红军，并特意指示军团供给部从仅有的 7000 元经费中拿出 5000 元，送给党中央。当时的中央供给部长叶季壮高兴地连声说：“这真是雪里送炭啊！”毛泽东则称赞徐海东是对中国革命有大功的人，是工人阶级的一面旗帜。②

---

① 中共中央文献研究室编:《毛泽东年谱》上卷，中央文献出版社 2002 年版，第 485 页。

② 中共中央党史研究室第一研究部编:《红军长征史》，中共党史出版社 2006 年版，第 275 页。

二、直罗镇战役

中共中央率领中央红军胜利到达陕甘根据地，国民党正在加紧对陕甘根据地第三次军事“围剿”。为此，中共中央先后在吴起、下寺湾召开政治局会议，研究制定党和红军在新形势下的行动方针和任务。其中会议的一个着重点就是讨论制定粉碎国民党对陕甘根据地第三次“围剿”的策略部署。

1935 年 10 月 22 日，中共中央政治局吴起会议上毛泽东在《关于目前的行动的方针》政治报告的结论中指出：“现在全国革命的总指挥部到达这里，成为反革命进攻的中心。”[①]

10 月 27 日，中共中央在吴起镇再次召开政治局常委会议，讨论如何打破国民党军队对陕甘根据地发动的“围剿”。毛泽东指出，争取在冬天来临前粉碎敌人对根据地的“围剿”。会上常委进行分工：毛泽东负责军事工作，博古负责苏维埃工作，周恩来负责中央组织局和后方军事工作。[②]

10 月 28 日，蒋介石命令国民党“西北剿总”调集兵力，重新部署“围剿”陕甘根据地。命令东北军董英斌第五十七军一〇九师、一一一师、一〇六师、一〇八师为西路，由甘肃的庆阳、合水一带经太白镇沿葫芦河向鄜县推进；王以哲第六十七军一一七师为东路，沿洛川前推，经羊泉镇沿葫芦河西进，企图围歼红军于陕甘地区的洛河以西、葫芦河以北地区。

为粉碎国民党军两路进攻，陕甘支队南下与红十五军团会合途中，毛泽东同彭德怀于 11 月 4 日致电林彪、聂荣臻、叶剑英、彭雪枫、李富春并转周恩来，通报董英斌第五十七军向直罗镇前进

---

① 中共中央文献研究室编：《毛泽东年谱》上卷，中央文献出版社 2005 年版，第 482 页。

② 中共中央文献研究室编：《毛泽东年谱（1893—1949）》上卷，人民出版社、中央文献出版社 1993 年版，第 483 页。

的动向，要求各纵队为消灭该敌继续南进。5日，毛泽东、周恩来、彭德怀在甘泉下寺湾召开军团以上干部会议，研究制定直罗镇战役计划。“决定集中红军兵力，向南作战，首先在直罗镇一带歼灭东进之敌一部，尔后转移兵力，各个歼敌，以彻底粉碎敌人‘围剿’。”[①]

直罗镇位于鄜县西南，距鄜县城约120华里，三面环山，一条从西到东的大道穿镇而过。镇子东头，有一座古老小寨，里面房屋虽然已塌，但石头砌成的寨墙基本完好。镇子北面是一条小河。河川南北两侧是高山，山顶多灌木，山坡多乔木森林，便于屯兵隐蔽。这样的地理条件，对红军作战十分有利。

为保证直罗镇战役的胜利，毛泽东和彭德怀亲临直罗镇观察地形。决定以红十五军团主力隐蔽埋伏在直罗镇的南山，并以部分兵力隐蔽在直罗镇与黑水之间的张家湾南山，当敌进入包围圈后，即截断敌人的前后联系；以红一军团主力隐蔽埋伏在直罗镇北山，并以部分兵力隐蔽在张家湾北山，准备抗击敌军增援部队，追击溃逃之敌，红一方面军指挥所设在直罗镇北山的宝塔一带。按照部署，红一军团和红十五军团主力立即在直罗镇一带隐蔽集结，红军情绪高涨，以逸待劳，决心打好会师后的第一仗。

11月20日下午，国民党东北军第一〇九师牛元峰部在六架飞机掩护下，开进直罗镇，落入红军的“口袋阵”之中。当天傍晚，毛泽东一声令下，红一军团从北向南，红十五军团从南向北，向敌人展开包围行动，拂晓前红军将国民党一〇九师紧紧合围在直罗镇。天刚亮两路红军就像两只铁拳，砸向敌军，顿时冲锋号响起，红军奋勇冲入敌人的阵地，步枪声、机枪声、手榴弹声，汇合成轰轰隆隆的巨大声响震动着大地。敌人遭此突然打击，晕头转向，指

---

① 中共陕西省委党史研究室:《中国共产党陕西历史》第一卷，陕西出版集团、陕西人民出版社2009年版，第221页。

挥失灵，建制混乱，被紧紧夹在两山之间的川道里，失去抵抗力。经过不到两个小时的激战，国民党军大部被歼，师长牛元峰与残部500余人退守镇东南的寨子山，企图固守待援。23日，毛泽东致电彭德怀、周恩来，要求红军以一部兵力继续围歼残敌，主力转为打援。当日，红军又在张家湾地区歼灭援敌一〇六师的一个团。当日晚，一〇九师残部在突围中被红军全歼，师长牛元峰战败自杀。

直罗镇战役，歼灭国民党东北军一个师又一个团，俘敌5300余人，毙伤敌1000多人，缴枪3500余支，轻机枪176挺，子弹22万多发，迫击炮8门，无线电台两部。受此惨重打击，国民党一〇六师残部和五十七军的另外两个师，不得不退回甘肃合水县。东路国民党军之一一七师也不得不退出鄜县。直罗镇战役的胜利，彻底粉碎了国民党军队对陕甘根据地的第三次“围剿”，沉重打击了气焰嚣张的国民党军队，迫使进攻陕甘苏区的东北军全线后撤，蒋介石不得不再次重新调整战略部署。这就为红军积蓄战斗力量，巩固和扩大陕甘革命根据地赢得了宝贵时间。

12月6日，毛泽东一行离开鄜县东村，13日到达瓦窑堡，与先期到达的张闻天、秦邦宪等会合。12月27日，毛泽东在瓦窑堡党的活动分子会议上作《论反对日本帝国主义的策略》的报告。报告指出：“直罗镇一仗，中央红军同西北红军兄弟般的团结，粉碎了卖国贼蒋介石向着陕甘边区的‘围剿’，给党中央把全国革命大本营放在西北的任务，举行了一个奠基礼。”①

直罗镇战役不但消除了外患，而且巩固和发展了陕甘革命根据地，提高了根据地的历史地位，使其成为全国革命的大本营。

---

① 《论反对日本帝国主义的策略》（1935年12月27日），《毛泽东选集》第一卷，人民出版社1991年版，第150页。

第四节　巩固与发展陕甘革命根据地

一、“在发展中求巩固”的战略方针

1935 年是一个多事之秋，中国社会处在大动荡时期。一方面，民族危机空前严重，日本侵略者制造“华北事变”，控制了华北大部分地区。国难深重，中华民族处在危难之中。另一方面，国民党“攘外必先安内”的政策，使国人对国家的前途感到十分渺茫，面对这样一个严酷的形势，中国的一切阶级和政治派别都在思考“中国应该怎么办”的问题。

中国共产党人以中华民族的复兴为己任。中共中央机关刚到瓦窑堡就发表了《为日本帝国主义并吞华北及蒋介石出卖华北出卖中国宣言》，提出中国共产党愿同一切抗日反蒋的中国人民与武装队伍联合起来，反对日本帝国主义。为了汇集各方面的抗日力量，组成抗日民族统一战线，在中日民族矛盾急剧上升，国内阶级关系发生深刻变化和抗日救亡运动不断高涨的新形势下，中共中央于 1935 年 12 月在瓦窑堡召开政治局扩大会议。会议讨论了全国的政治形势和党的策略路线及军事战略等问题，通过了《中央关于目前政治形势与党的任务决议》，确定党的策略路线是：团结与组织全国一切革命力量去反对当前的主要敌人——日本帝国主义。两天

后，毛泽东在党的活动分子会议上作了《论反对日本帝国主义的策略》报告，指出要勇敢地抛弃关门主义，建立广泛的抗日民族统一战线，组织千千万万的民众，调动浩浩荡荡的革命军来打倒日本帝国主义和国民党反动派。

瓦窑堡会议是党中央到达陕甘根据地后召开的重要会议。会议确定了建立抗日民族统一战线的策略路线，克服了“左”倾关门主义错误，使党牢牢掌握了政治上的主动权。

当时，“硕果仅存”的陕甘革命根据地为经历了九死一生的长征红军提供了落脚点，使中国革命的火种得以在这里保存、发展。然而，初到陕甘的中共中央领导人很快发现这块唯一的根据地在地理、军事、经济等方面仍然面临严峻形势。面对国民党军队的“围剿”，以及日寇魔爪由东北伸向华北，党中央、毛泽东深刻地意识到，要建立一个更为广泛的抗日民族统一战线，实现全国抗日，就需要一个更为广阔的舞台。

那么，如何来拓展这个舞台？红军和根据地的出路何在？是先巩固现有地盘，然后求得发展呢，还是先发展后巩固呢？巩固如何巩固，发展向哪发展？问题非常现实地摆在党和军队领导人面前。当时饱尝丧失根据地之苦的红军将领中意见不统一，有的主张往西，向宁夏求得发展；有的主张往北，向内蒙古发展，求得北靠苏联；也有人主张要先往南，抵住东北军、西北军的进攻，封住国民党军队通向陕北的通道，巩固陕甘根据地。而毛泽东面对当时风云变幻、极为复杂的形势，深刻分析了急剧变化的社会矛盾、阶级关系，以及华北、西北各地政治、经济、军事等方面的利弊因素，明确提出根据地要得到巩固和发展，必须采取“在发展中求巩固”的战略方针。毛泽东认为要更好地巩固陕甘革命根据地，绝不能死守。要出奇制胜地利用各种有利的条件来扩大根据地。毛泽东认为，蒋介石正调集重兵四面包围，妄图将我们消灭在这里。因此，我们要寻找一个出路。那么，出路在哪里呢？向西，东北军和马鸿逵的部队在阻拦我们。向北，是沙漠地带。向南，有胡宗南的部队把守。这样算来，我们只有一条路，这就是过黄河去东征。这样，我们就能更高地举起抗日救国的大旗，打通抗日的通道，全国人民也将会积极响应和支持。①

二、东征战役

1936年1月19日，毛泽东签发西北军委《关于东征抗日及讨伐卖国贼阎锡山的命令》，2月19日，红军总部在延长县组成“中国人民红军抗日先锋军”，随即毛泽东亲自指挥东征战役。此时，阎锡山大为恐慌，急忙抽调入陕的晋军返回河东，同时电令中阳、石楼守军固守待援。

3月31日，被任命为北路军总指挥的刘志丹，奉命率在神府地区活动的红二十八军渡过黄河参加东征。在神府县境内准备东渡黄河时，受到群众的热烈欢迎。当地老百姓听说刘志丹来了，扶老携幼来到驻地，要“看老刘”。一位失明老婆婆也要去看刘志丹。有人说：“你能看见个啥呢？”她说：“看不见，我还不能摸吗？”刘志丹主动走到老人家面前，拉着她的手，亲切地说：“大娘，我就是刘志丹。”老人家把刘志丹从头摸到脚，激动地流着热泪说：“好哇！好哇！你真是咱们老百姓的救命恩人啊！”

东征中，刘志丹率领红二十八军打垮了黄河两岸阻挡红军东征抗日的几十个营团的国民党军队，声威大振。

4月14日，刘志丹在山西前线指挥攻打中阳县三交镇时不幸中弹阵亡，年仅34岁。当刘志丹牺牲的噩耗传出后，陕甘高原为之震动。红军战士、战马都穿白戴孝，中阳县一时白布为之一空。习仲勋得知这一消息时，已随西征部队到达甘肃省环县。这一突如

---

① 黄少群：《从井冈山到延安：毛泽东的奋斗史》，中国发展出版社2015年版，第623页。

其来的噩耗使他陷入极大的悲痛之中。他们的临别话语和一起战斗的画面一下子浮现在眼前。他为人民和军队失去这位在人民群众中享有崇高威望的领袖和指挥员而万分哀痛，以至于成为后来几十年间无尽的思念。习仲勋撰文写道：“我们敬爱的刘志丹为国为民流尽了最后一滴血。那时我在陇东环县工作，噩耗传来，万分悲痛，许多同志都哭出了声。同志们告诉我，志丹同志牺牲时衣袋里仅留下半截铅笔、两个烟头。他的简朴作风感人至深。他没有给后代留下遗产，却留下了最宝贵的精神财富。”①

刘志丹是陕甘边和陕甘革命根据地的主要创始人之一，是陕甘红军的缔造者。他对党和人民忠心耿耿，具有很强的组织领导才能和高超的军事指挥才能。在异常险恶的对敌斗争环境中，尤其在“左”倾错误的排挤、打击以至迫害下，他始终坚持真理，实事求是，光明磊落，顾全大局，矢志不渝地维护和捍卫了党和革命的利益，深得陕甘根据地党、红军和人民群众的拥护和爱戴。正如出征前刘志丹特别郑重地对夫人同桂荣所言：“我这次上前线，是再次去为我的信念而奋斗，又一次表白我对国家、对人民、对党的忠诚，为救国救民我可以贡献出一切。”②

4 月 23 日，刘志丹遗体运回瓦窑堡。4 月 24 日，中共中央在瓦窑堡南门外为刘志丹举行隆重的追悼大会。刘志丹牺牲的同年，美国新闻记者埃德加·斯诺来到陕北，了解了刘志丹的事迹后，在其《红星照耀中国》中记述道：“刘志丹是个现代侠盗罗宾汉，对有钱人怀有山区人民的一贯仇恨。在穷人中间，他的名字带来了希望，可是在地主和老财中间，他成了惩奸除恶的天鞭。”③

---

① 习仲勋：《群众领袖　民族英雄》，《人民日报》1979 年 10 月 16 日。
② 同桂荣：《离别时分》，《刘志丹纪念文集》编委会编：《刘志丹纪念文集》，军事科学出版社 2003 年版，第 483 页。
③ 埃德加·斯诺：《红星在西北》，《刘志丹纪念文集》编委会编：《刘志丹纪念文集》，军事科学出版社 2003 年版，第 795 页。

刘志丹的牺牲是陕甘革命斗争事业的巨大损失。为了纪念这位陕甘革命根据地的主要创始人，中共中央于1936年6月决定将刘志丹家乡保安县改名为志丹县。1943年5月，中共中央和陕甘宁边区人民为刘志丹举行隆重的公葬典礼，在延安的中央领导都题词盛赞其高尚品德和丰功伟绩，其中毛泽东为其题词："群众领袖，民族英雄"；周恩来称赞他："上下五千年，英雄万万千，人民的英雄，要数刘志丹"；朱德称他是"红军模范"。1996年，刘志丹被中共中央军事委员会确定为中国人民解放军36位军事家之一。2009年9月，他又被评为100位为中华人民共和国成立作出突出贡献的英雄模范之一。

东征取得了伟大胜利。红军入晋之后，一路攻关夺隘，势如破竹，在前后75天中，转战30多个县，击溃阎锡山30多个团的兵力，歼敌1.3万余人，俘敌官兵4000余人，缴获大量的枪支弹药以及医药和其他物资，扩大红军8000多人，筹款30多万元。东征的辉煌战果，不仅是军事上取得胜利，更为重要的是，宣传了共产党的抗日主张，将革命的火种播撒在三晋大地。

东征的胜利，极大地鼓舞了全国人民的抗日斗志。在红军即将打通抗日通道的时候，蒋介石、阎锡山调重兵阻挡红军前进。根据形势变化，中共中央贯彻抗日民族统一战线的策略方针，为避免国内军事力量的自我削弱，当机立断，指挥东征红军于1936年4月底西渡黄河回到陕甘革命根据地。

三、巩固关中特区

习仲勋获得解救平反后，遵照中共中央的指示，进入中央党校学习，并担任中央党校训练班第三班的班主任。在中央党校期间，习仲勋如饥似渴地学习马列著作和党的政策理论，政治理论水平和分析问题的能力得到不断提高。

1935年12月27日，习仲勋参加了中共中央在瓦窑堡召开的党的活动分子会议。毛泽东在会上作了《论反对日本帝国主义的策略》的报告，指出："目前形势的基本特点，就是日本帝国主义要变中国为它的殖民地这种情形，就给中国一切阶级和一切政治派别提出了'怎么办'的问题。"因此，党的基本策略任务，"就是建立广泛的民族统一战线，组织千千万万的民众，调动浩浩荡荡的革命军，是今天的革命向反革命进攻的需要。"①

这次会议给习仲勋留下深刻的印象。他回忆说："我凝神谛听毛主席的报告，觉得他讲的完全合乎实际，路线完全正确。我感到迷雾顿散，信心倍增。这是我第一次听到毛主席的讲话，心里高兴极了。"②

习仲勋也正是在这次会议上，首次见到另一位使他"无时无刻不萦绕在脑海之中"的历史伟人周恩来。在日后的革命历程中，他经常受到周恩来的关心、教诲和伟大人格的熏陶。习仲勋在《永远难忘的怀念》一文中，曾深情回忆初见周恩来的情景："中央红军到陕北不久，我参加在瓦窑堡举行的一个会议，听毛泽东同志的报告。远远望见一个人，穿着一身红军的黑布棉军服，胸前飘着长长的胡子，两道浓黑的剑眉下面是炯炯两眼，那智慧的光芒好像可以洞察一切，令人肃然起敬。他就是周恩来同志。那时，他担任中央军委副主席，和毛泽东同志一起，领导红军胜利到达陕北。在陕甘宁一带有不少关于周恩来同志神话般的传说。我很早就知道他的一些革命事迹，内心十分仰慕。这次因为是听报告，没有机会和他接触。"③

瓦窑堡会议结束后，习仲勋受中共中央派遣，去关中特区工作。

---

① 《论反对日本帝国主义的策略》(1935年12月27日)，《毛泽东选集》第一卷，人民出版社1991年版，第142—155页。

② 习仲勋:《红日照亮了陕甘高原》,《人民日报》1978年12月20日。

③ 习仲勋:《永远难忘的怀念》,《人民日报》1979年4月8日。

关中特区是党中央初到陕甘革命根据地时决定设立的一个行政区。其时，中央撤销了陕甘晋省委，又以下寺湾为界把陕甘根据地以南划分为陕甘省，以北划为陕北省，并设立了三边、神府、关中三个特区。其中关中特区行政区划即原陕甘边根据地南区区域，下辖淳耀、赤水、永红、新正、新宁五县。关中特区位于子午岭西麓桥山山脉南端，西兰、咸榆公路之间。关中特区人口居住集中，经济、文化教育基础较好。这里是陕甘革命根据地的南端，连接茫茫八百里秦川，距离国民党统治中心西安仅 50 余公里，所以关中特区当时被誉为陕甘宁边区的“南大门”。

鉴于关中特区的重要位置以及习仲勋在陕甘边根据地所做出的突出成就和特殊经历，中共中央任命习仲勋为关中特区苏维埃政府副主席兼党团书记。面对党的重托和自己肩负的重大责任，习仲勋立即奔赴关中特区。

途中，习仲勋与准备率部东征的红二十八军军长刘志丹在从安定回瓦窑堡的路上不期而遇。刘志丹紧紧握住习仲勋的手，语重心长地嘱咐：“仲勋，向受过整的同志都说说，过去了的事，就不要放在心上，这不是哪个人的问题，是路线问题。要相信党中央、毛主席会解决好。要听从中央分配，到各自岗位上去积极工作。后方工作同样重要，我们有巩固的后方，前方才能打胜仗。你要带头做好地方工作。”①

在刘志丹影响下，习仲勋和许多受害同志不去计较个人恩怨，勤恳为党工作，为陕甘红军和中央红军亲密团结做出了表率。

习仲勋一到关中特区，就和关中特区其他领导人一起，着手发展壮大党的组织。不久，新正县由原来的 3 个区委发展为 6 个区委、28 个乡党支部；新宁县原来两个区委发展为 5 个区委、15 个乡党支部；赤水、淳耀两县的党组织发展到 10 个区委、33 个乡党

① 习仲勋：《群众领袖　民族英雄》，《人民日报》1979 年 10 月 16 日。

支部，拥有党员 500 多名。

在组建地方武装方面，将新宁、新正、赤水三县独立营依次改编为关中独立第一、第二、第三营。成立关中特区司令部，统一领导红一团和关中独立第一、第二、第三营。仅宁县就组建第一支队，新宁第十八支队、第十九支队、第十支队、第二十一支队等武装，地方武装的发展使得关中特区各县革命政权更加巩固。

习仲勋和关中工委还领导关中人民开展了艰苦卓绝的反“围剿”斗争。采取反抗敌人拉夫拉差，破坏敌人的保甲组织，对敌人实行坚壁清野等各种形式打击敌人，使敌人耳目闭塞、孤立无援。还积极组织群众为游击队和党员干部运送粮秣，传送情报，掩护和救护伤病员，反“围剿”斗争取得成就。

1936 年 5 月，中共中央决定红军进行西征，以巩固和发展根据地，扩大红军，争取西北抗日力量的联合。习仲勋奉中革军委命令，离开关中特区随军参加西征战役。

四、西征战役与陕甘宁革命根据地的形成

1936 年 5 月，中国共产党坚持“停止内战，一致抗日”的主张，提出“逼蒋抗日”的方针，同时致书国民党中央，呼吁“集中国力，一致对外”，并提议国共各派代表谈判，以实现两党合作抗日。但是，中国共产党的主张，并未被国民党政府接受。蒋介石仍然坚持“攘外必先安内”的政策，国民党军队侵占了陕甘根据地的吴堡、佳县、绥德、清涧、延川等地，使红色根据地面临严重危机。

为巩固陕甘革命根据地，打破国民党军的进攻和迎接红二、四方面军北上，5 月 18 日，西北革命军事委员会发布西征命令，任命彭德怀为司令员兼政委，由 17000 余人组成西方野战军，分左、中、右三路向甘肃、宁夏边境一带进军。

习仲勋接到上级随军西征的命令后，踏上随军西进的漫漫征途。5 月 28 日随集结于吴起镇的西方野战军左路军红一军团向甘肃省东部的曲子、环县开进。5 月 30 日，习仲勋随部队到达甘肃省东部的元城地区待机。部队执行毛泽东占领曲子及其南北一线、“以不与东北军正式作战为原则，对马鸿宾则坚决打击之”[①] 的指示。6 月初，第一师进至曲子以北，对木钵方向警戒；第二师向冶成章及其所率之特务连发动进攻。经短时间激战和政治攻势后迫使冶成章等 150 余人投降。左路军留第四师控制曲子、阜城，第一、二师乘胜北上，于 4 日攻占环县。5 日进驻环县以北的洪德城。

曲子被西方野战军解放后，中共曲环工委即告成立，习仲勋任书记。习仲勋虽在曲子停留短暂，但他对这人生旅程中的短暂一瞬记忆颇深：“六月，随西征野战军到曲子镇，先担任曲环工委书记，后改任环县县委书记。陕甘宁省委书记为李富春。”“打开曲子，把马鸿逵部最能打仗的骑兵旅旅长野骡子（冶成章）活捉了。冶成章是个大个子，带伤以后，给予优待，从河连湾用乐队迎送，由老百姓用担架抬回宁夏。他此后便脱离了马家军，对党在回民军队中统一战线工作起到了一定积极作用。”[②]

习仲勋在半个世纪以后的回忆，与党中央当时处理这一问题的情况是一致的。冶成章被抓次日，毛泽东、周恩来、杨尚昆即电示左权、聂荣臻、邓小平等：“要特别优待冶成章旅长，治好伤后，送后方一行，谈后即送其回宁夏。俘获官兵可分配送走二三十人，要有回民，给以优待。其余大多数训练数天，妥送吴起镇，交萧劲光派队送后方，沿途布置欢迎。”[③]

---

① 《毛泽东致彭德怀电》（1936 年 5 月 26 日 23 时），军事科学院编：《毛泽东军事年谱》，广西人民出版社 1994 年版，第 131 页。

② 《习仲勋传》编委会编：《习仲勋传》上卷，中央文献出版社 2008 年版，第 232 页。

③ 中共中央文献研究室编：《毛泽东年谱（1893—1949）》上卷，人民出版社、中央文献出版社 1993 年版，第 547 页。

西方野战军在解放环县后继续挥师西进。习仲勋即由曲子镇赶赴洪德城，任中共环县县委书记。

5月19日和20日，西方野战军在彭德怀的指挥下，接连取胜，相继占领陕甘宁三省边界的大片地区，并进行创建苏区的初步工作，陕甘宁根据地初具规模。截至1936年7月初，经过两个月的西征作战，红军取得辉煌战绩。据《红色中华》报道：消灭马鸿宾部3个团，缴获长枪1500余支，俘敌2000余人，战马500余匹，活捉旅长1人，缴无线电机2架；扩大红军800余人；筹款4.5万元；扩大新区纵横700余里，解放了定边、花马池、环县、曲子镇、宁条梁、豫旺、同心城、七里营等地。7月间，西方野战军又相继打退了国民党军队的多次反扑和袭扰，开辟并扩大了根据地，使新老根据地连成一片，发展形成了东西长达500公里，南北宽300余公里，辖县城30余座的陕甘宁革命根据地，基本上达到了中央“以发展求巩固”的战略目标。同时，新组建两个骑兵团，扩充红军队伍，为迎接二、四方面军北上，实现三大主力会师创造了条件。

7月27日，毛泽东与周恩来致电西方野战军及各军团首长，指出：“两个月以来，西方野战军以其坚决机动的指挥与英勇牺牲的战斗，完成了在西方创建根据地的任务。”①

8月，彭德怀根据军委指示精神，决定西方野战军各部在原驻地以战备姿态进行军事、政治训练，并准备南下迎接红二、红四方面军北上，实现三大红军主力会师。至此，西征战役胜利结束。

五、陕甘宁省的成立及新区域的开辟

1936年5月，中共中央为配合红军西征，统一领导和管理将

① 《毛泽东军事文集》第一卷，军事科学出版社、中央文献出版社1993年版，第560页。

来开辟的大片新解放区，对陕甘宁革命根据地的行政区划作了重新调整，撤销陕甘省，设立陕甘宁省。中共陕甘宁省委书记李富春，省苏维埃政府主席马锡五。陕甘宁省委“管辖保安、三边、庆北、华池各县，并向西发展，省一级设吴起镇。原陕甘所管其他各县及关中韩城两特委，统改归陕北管辖”[①]。陕甘宁省委和省苏维埃政府成立时，机关驻地初设吴起刘家渠。随着西征战局的胜利发展，陕甘宁省委和省苏维埃政府于 6 月份迁至环县河连湾。

河连湾陕甘宁省委省政府旧址

陕甘宁省的主要任务是开辟和巩固新的西方根据地。这项工作是在毛泽东和中共中央的亲自指导下进行的。红军东征后，国民党

① 《中央给理治劲光并转省委电成立陕甘宁省委及干部任命》（1936 年 5 月 17 日），中共江西省委党史研究室编：《朱开铨专集》，中共党史出版社 2015 年版，第 225 页。

蒋介石依然调集重兵对陕甘根据地发动新的“进剿”，“其首要目标是夺取以中共中央所在地瓦窑堡为中心的陕甘根据地的东北地区”[①]。1936年春夏，毛泽东根据国内政治形势和当时战场形势的变化，指挥红军从东征转向西征，从向东发展革命根据地转而向西建立新的根据地。5月28日，中共中央召开政治局会议，会上毛泽东明确提出了新的西方根据地的战略设想。他说，我们在6、7、8月要以洪德城为中心创建新的根据地。中共中央接受了毛泽东的意见[②]。之所以选择以洪德城作为新的根据地的中心，是因为洪德城所属的陇东，位于陕、甘、宁三省的枢纽地带，向西、向北可进攻宁夏腹地，南面和东面与陕甘根据地紧密相连，是实现中央关于夺取宁夏、打通苏联战略方针的关键环节，战略地位非常重要。

随着西征战役的推进，陕甘宁省的管辖范围依次扩大到包括曲子、环县、华池、固北、赤安、豫旺、豫海、定边、安边、盐池等十多个县级党政组织。毛泽东对于开辟以庆阳洪德为中心的西方根据地高度关注，于6月6日致电彭德怀，指出：“庆阳、洪德城线及其东西地区是西方根据地的重心，是镇原以北人口经济条件较好地带，应以一军团一个师及军团政治部一半及陕甘宁红军主力全力担负，亦限7月半完成初步赤化。”[③]

为建立以洪德为中心的新的根据地，西征战役推进中，创建新苏区的工作随即展开。6月10日，接组织通知，曲环工委书记习仲勋赶赴洪德任环县县委书记。期间，他带领地方干部积极从事建党建政工作，发动群众，开展根据地建设。到6月中旬，以洪德为

① 《陕甘边根据地研究》编委会编：《陕甘边根据地研究》，中共党史出版社2011年版，第406页。

② 中共中央文献研究室编：《毛泽东年谱（1893—1949）》上卷，人民出版社、中央文献出版社1993年版，第545页。

③ 中共甘肃省委党史研究室：《中国共产党甘肃历史》第一卷，中共党史出版社2009年版，第252页。

中心的新的根据地创建取得预期的战略结果。而此时，按照蒋介石命令，国民党东北军第六十七军、中央军第十三军等向瓦窑堡进攻，致使瓦窑堡危在旦夕。“中共中央、毛泽东考虑到瓦窑堡迟早必失，为争取主动，同时避免与东北军发生直接战斗，于 15 日决定中央及军委各机关撤离瓦窑堡，准备移至洪德城、河连湾一带[①]。”但就在中央机关西撤的 6 月底 7 月初，东北军骑兵军军长何柱国乘张学良去南京参加国民党五届二中全会之机，指挥东北军大举进攻红军，对洪德城一带构成极大威胁，因此中央机关转移到陕甘根据地腹地保安。中央机关虽然没有转移到庆阳环县洪德城、河连湾一带，但正是党中央以洪德为中心创建新的根据地的决策部署，为三大主力会师后在这一区域进行山城堡战役奠定了基础。

习仲勋在环县工作仅三个月，便迅速打开局面。他深入到南湫乡一带向农民群众宣传党的抗日救国政策，揭露国民党反动当局积极反共、消极抗日的罪行，发动农民团结组织起来，废除保甲制度，建立新政权，没收地主恶霸土地财产，分给劳苦大众。

环县处于甘肃和宁夏两省交界地带，社情复杂。当时有土匪、哥老会等几十股数百人的反动势力与国民党地方武装相勾结，时常骚扰破坏新生政权。面对错综复杂的斗争形势，习仲勋积极组织领导群众开展武装斗争，他要求加强县委军事部、县政府保卫局的力量，设了警卫队；组建起环县、洪德、胡家洞子三个区游击队，发展队员 40 多人，配备长短枪 30 余支。多数乡、村还成立起自卫军、赤卫队，从而有效地遏制和打击了反动势力，保卫了新政权。

与此同时，习仲勋还发扬南梁时期的革命传统，保持艰苦朴素的共产党人本色，在生活细节上从严要求自己，同普通群众同吃同

---

① 李红喜:《建立以洪德为中心的新的根据地——毛泽东关于西征战役的战略选择》,《陕甘边根据地研究》编委会编:《陕甘边根据地研究》，中共党史出版社 2011 年版，第 409 页。

住，打成一片，绝不搞特殊。一位农民群众看他衣衫单薄，常常连饭也吃不上，整日为革命工作奔波劳累，就将自己的一件皮大衣送给习仲勋，叫他白天穿晚上盖。习仲勋说什么也不要，这个农民坚持不肯拿回去，非要习仲勋穿上，习仲勋只得勉强留用了两次，后来又退给那个农民。习仲勋爱吃荞面、爱喝小米粥，但他在每个农民家里，都与群众打成一片，群众吃什么，他就吃什么，绝不挑食。农民们感动地说："你这个当官的和我们老百姓一样啊！"①

8月中旬的一天，习仲勋去河连湾向省委汇报工作。中共陕甘宁省委书记李富春同他谈话说，中央决定他回保安县（今志丹县，时党中央已由瓦窑堡移驻保安）另行分配工作。随后，习仲勋被任命为关中特委书记。

习仲勋在陇东新苏区所从事的大量艰苦细致的工作，巩固了新苏区，保卫了陕甘宁苏区的西大门，为后来山城堡战役的支前工作奠定了良好的群众基础，对于促进抗日民族统一战线的形成作出了重要贡献。

9月，习仲勋离开环县时，洪德一带的农民群众知道了消息，纷纷前来送行。有的赶着毛驴，有的拿点好吃的。农民群众送了一程又一程，才依依不舍地道别。

西征战役胜利后，为迎接红二、红四方面军长征到达陇东，陕甘宁省委和省政府立即开始各项物资准备工作，先后动员群众筹集粮食33000石，确保了主力红军的后勤供应和新苏区发展的快速推进，为实现红一、红二、红四方面军三军大会师奠定了物质基础。山城堡战役后，陕甘宁省委、省苏维埃政府迁到华池元城子，西安事变后迁到曲子镇。1937年9月，根据抗战需要成立陕甘宁边区政府，陕甘宁省委、省苏维埃政府随之撤销。陕甘宁省至此完成其历史使命。

---

① 许应科:《习仲勋在洪德》,《陇东报》2008年3月30日。

六、红军三大主力大会师与山城堡战役的胜利

1936年的陕甘高原气象一新。在党中央、毛泽东领导下，新的局面不断被打开。尤其是经过东征和西征，为迎接二、四方面军的到来创造了条件。

根据党中央战略部署，1936年7月，在川西北会师的红二、四方面军分左、中、右三路开始向甘肃挺进。8月进入甘肃南部。为了胜利实现三大主力的会师，党中央和红一方面军做了大量的工作，广泛地宣传三大主力会师的意义，积极准备所需物资。在组织上，中央决定以毛泽东、彭德怀、王稼祥、朱德、张国焘、陈昌浩六人组成军委主席团，共同指挥三个方面军。9月30日，红四方面军分为六个纵队，向北挺进。10月8日，先头部队抵达会宁的清江驿和静宁的界石铺一带，与红一军团第一师胜利会师。10月9日，徐向前率领红四方面军指挥部到达会宁城。翌日，朱德、张国焘抵达会宁。随后，由贺龙、任弼时率领的红二方面军到达会宁东北的将台堡和兴隆镇，与红一方面军胜利会师。至此，红一、二、四方面军三大主力胜利实现大会师，整个中国工农红军的伟大长征宣告结束。

中国工农红军长征的胜利，是人类历史上的奇迹。两年间各路红军辗转十四省，突破几十万国民党军队的围追堵截，行程数万里，最终在甘肃会师并稳固落脚陕甘革命根据地，谱写了党领导人民军队走向胜利的英雄史诗。红军长征的胜利，表明中国共产党及其所领导的中国工农红军具有战胜任何困难的顽强生命力，是一支不可战胜的力量。长征中红军所表现出来的坚定的共产主义理想，革命必胜的信念，艰苦奋斗的精神和一往无前、不怕牺牲的英雄气概，构成了伟大的长征精神，成为激励中华民族勇往直前的强大动力。

红军三大主力的会师，使蒋介石大为惊慌。他急忙调集五个军

的兵力分四路向红军主力展开追击。在严重敌情面前，红军不得不放弃西征以来开辟的同心、豫旺等部分新区，逐次东撤向陕甘宁老根据地转移。

为击破敌人，时在保安的毛泽东统揽全局，及时召开会议，部署破敌之策，将作战地点选在环县山城堡。根据党中央、毛主席的指示，会师后的红军总部采取诱敌深入的策略，对国民党主力胡宗南第一军予以歼灭性的打击，对毛炳文、王均部采取牵制的办法，对东北军王以哲积极进行统一战线的方针，分而治之。

11 月 14 日，胡宗南部兵分三路向豫旺县城方向展开进攻。由于胡宗南部的急进，为红军的歼灭战创造了良好条件，党中央指挥红军在山城堡捕捉战机。按照中革军委部署，红四方面军第四军、第三十一军进至萌城、甜水堡地区待机；红一方面军第一军团、第十五军团、第八十一师进至豫旺地区待机；红二方面军全部移至环县西部休整。11 月 17 日，胡宗南部分左中右三路向惠安、萌城、甜水堡、山城堡扑来。在敌中路第一师第二旅到达萌城以西地区时，被红四方面军第四军、三十一军击溃，伤亡团长以下官兵 600 余人，并击落敌机一架。胡宗南部并没停止追击红军，在占领惠安堡后，以两个师向定边、盐池一线推进，当日敌先头部队到达山城堡地区。

山城堡位于环县以北洪德城和甜水堡中间地带，海拔 1600 多米。距甜水堡约六七十里，地形复杂，川塬相交，沟壑纵横，土寨众多。这里北控羌胡，南辖关陕，历来为兵家要塞。明成化年间戍边名将马文升为了防止落荒而逃的元朝后裔瓦剌部卷土重来，在这里构筑一座城堡，名叫“山城堡”，以此梁为依托，构成了一个防御屏障。

11 月 18 日，毛泽东、张国焘、彭德怀、任弼时、朱德、周恩来、贺龙联合签发《关于粉碎蒋介石进攻的决战动员令》。

为确保山城堡决战取得胜利，军委副主席周恩来于 18 日亲临环县河连湾前敌指挥部，代表党中央热情欢迎和慰问红二、四方面军，并同彭德怀一起指挥山城堡战斗。19日，前敌总指挥部在山城堡召开作战会议，进行兵力部署，前敌总指挥部设在山城堡东南之吕家湾。当日，红军各部迅速到达指定地域，就地构筑工事，封锁消息。当地群众遵照中央军委指示，实行坚壁清野，封闭水源，埋藏粮食，军民共同奋战，布下天罗地网，准备给敌第七十八师以歼灭性的打击。

山城堡战役纪念碑

11月21日下午2时许，红军对山城堡之敌形成包围态势，即实施打击。敌人遭到突然袭击，惊恐万状。经一昼夜激战，至22日上午战役结束。此战全歼胡宗南部第七十八师第二三二旅全部及二三四旅一个团，缴获大量武器弹药。与此同时，红二十八军也在大水坑一线击溃进攻盐池的胡宗南部队。山城堡战役以红军的大获全胜而结束。连同何家堡战斗、萌城甜水堡战斗和红二十八军在大水坑、红井子一线作战在内，红军在山城堡地区歼灭敌军万余人，给国民党胡宗南部以沉重打击。

陕甘宁省委、省政府和根据地人民对红军的大力支援，是红军取得山城堡战役胜利的重要因素。红军会师后开始向陕甘根据地靠拢时，根据地军民就开始行动起来，加紧开展支前工作。中共陕甘宁省委、省苏维埃政府召开专门会议，布置支前工作。派出干部到曲子、环县、华池等县、乡、区发动群众，为红军主力部队运送粮食、蔬菜、麦草和门板，组建兵站和医院。为完成筹粮和运输任务，陕甘宁省委在环县地区成立“动员委员会”，并制定粮食保管、运输及供给制度，以减少浪费。红军进入山城堡后，当地群众腾出窑洞，让出水窖、灶具为红军安排食宿，仅甜水堡附近群众送慰问粮 20 多石、羊 100 余只、银元 300 块。11 月 21 日，山城堡战役开始后，曲子、环县群众组成浩大的担架队、运输队，源源不断地将弹药、粮食、物资运往前线。战斗结束后，当地群众又配合红军打扫战场，抢救护理伤病员，为山城堡战役的胜利做了重要的后勤保障工作。

1936 年 11 月 23 日，红军第一、第二、第四方面军在山城堡的一个旧庙里集会，庆祝山城堡决战伟大胜利。朱德、彭德怀、刘伯承、聂荣臻、左权、贺龙、任弼时、关向应、萧克、王震、徐海东、程子华、杨尚昆等领导参加大会。大会由杨尚昆主持，朱德、彭德怀、贺龙作了热情洋溢的讲话。朱德在讲话中说：“三大红军西北大会师，到山城堡战斗结束了长征。长征以我们胜利敌人失败而告终。我们要在陕甘苏区站稳脚跟，迎接全国抗日救亡运动的新高潮。”①

山城堡战斗的胜利，不仅巩固了陕甘宁革命根据地，更重要的是促进了抗日民族统一战线的形成，使国民党的一些爱国将领和爱国人士认识到内战不能再继续下去了，掉转枪口，一致抗日才是唯一正确的道路。在山城堡战役后不久就爆发了震惊中外的西安事变，爱国将领张学良、杨虎城对蒋介石实行兵谏，促成了国共两党

① 巩世锋主编：《陇东革命根据地》，中共党史出版社 2011 年版，第 167 页。

的重新合作和抗日民族统一战线的形成，伟大的抗日战争随之进一步展开。

山城堡战役，是红军万里长征中的最后一仗，也是第二次国内革命战争的最后一战，作为历史伟大转折中的一场战斗，它在中国革命史上有其重大的作用，被载入中国革命斗争的光辉史册，永远启迪和激励后人。

第五节　抗日民族统一战线的建立

一、西北地区联合抗日局面的形成

党中央和红军落脚陕甘根据地后，地处陕甘宁晋绥等省区交汇处的落脚点虽然处于敌人的包围之中，但由于承担进攻任务的主要是东北军、西北军、晋军及陕甘宁绥等省区的地方军阀队伍，敌人内部矛盾重重，对红军的态度也各不相同，这就为党开展统一战线工作提供了有利条件。根据中国共产党建立广泛的抗日民族统一战线的总方针，首先为实现西北联合抗日，促使张学良、杨虎城两将军联共抗日，党做了大量积极细致的工作。

为了促成抗日民族统一战线在西北的实现，党大力开展统战工作。考虑到做好东北军的统战工作，既可巩固扩大陕甘根据地和发展壮大红军，又可为国共高层接触创造条件，与张学良进行了接触。1935 年 12 月，中共中央在瓦窑堡政治局扩大会议上，成立东北军工作委员会，以周恩来为书记、叶剑英为副书记，李克农等协助。通过在榆林桥战役中被红军俘虏、思想转变的东北军六一九团团长高福源的牵线搭桥，张学良表示愿意与中共方面的全权代表就共同抗日问题进行商谈。中共中央遂即派李克农为红军代表去洛川同张学良、王以哲谈判。3 月 4 日，张学良飞抵洛川，与李克农就双方联合抗日问题交换意见。根据张学良的要求，4月9日，周恩来从东征前线赶到东北军驻地肤施（即延安），代表中共中央同张学良进行秘密会谈。张学良接受中国共产党关于停止内战、联合抗日的政治主张，并提出争取蒋介石抗日的意见，即“逼蒋抗日”的方针。双方还商定了红军与东北军互不侵犯、互派代表等事项。根据周恩来同张学良会谈的结果，中共中央派刘鼎作为中共驻东北军代表，在西安进行工作。6月20日，中共中央制定《关于东北军工作的指导原则》，指出：争取东北军走向抗日是我们的基本方针。6月底，刘鼎致电中共中央，说张学良对抗日民族统一战线有了进一步的认识。中央觉得“东北军工作有新的进步”①。7月初，毛泽东同周恩来、张闻天在安塞听取刘鼎关于东北军情况的汇报后，认为“那边的工作大有希望”②。

中国共产党在争取张学良抗日的同时，进一步加强对杨虎城的工作。以杨虎城为总指挥的国民革命军第十七路军（即西北军）是一支受到过中国共产党影响的队伍，早在大革命时期就同共产党有过联系。中共中央到达陕甘根据地后，即通过中共党员南汉宸和参与革命工作的申伯纯与杨虎城建立联系，提出双方合作的六条意见。12月5日，中央派原红二十六军代理政委汪锋前往西安，带去毛泽东、彭德怀给杨虎城的亲笔信，提出以西北大联合推动全国联合抗战的主张，双方达成在共同抗日原则下互不侵犯等四项协定。

从1936年上半年开始，红军就同东北军、第十七路军之间，实际上停止敌对状态。同年10月初，毛泽东等又派叶剑英到西安张学良部作为中共常驻代表，进一步开展对东北军、西北军和整个西北地区的统一战线工作。红军和东北军、西北军的关系进一步

① 张培森主编：《张闻天年谱》上卷，中共党史出版社2000年版，第337页。
② 中共中央文献研究室编：《毛泽东年谱（1893—1949）》上卷，人民出版社、中央文献出版社1993年版，第556页。

改善，步调更趋一致。在西北已经初步形成红军和东北军、西北军“三位一体”的新局面。这是党的抗日民族统一战线策略在西北地区首先取得的胜利。

为了实现西北联合抗日，中共中央还特别注意开展对其他地方实力派的统战工作，包括对山西的阎锡山，新疆的盛世才，驻守陕北的国民党军第八十四师师长高桂滋，第八十六师师长高双成，甘肃省政府主席、东北军第五十一军军长于学忠以及宁夏当局马鸿逵、马鸿宾等进行统战工作。同时，为争取回族人民抗日，中华苏维埃共和国中央政府发表了《对回族人民的宣言》。中共中央发出《中央关于争取哥老会的指示》，中华苏维埃共和国中央政府也发表《对哥老会宣言》，呼吁哥老会与红军共赴国难。

西北抗日民族统一战线这一区域性的大联合具有重大历史意义。从中国革命前途来说，最重要的一点是扭转了落脚点的不利战略态势，使党中央和红军能够相对稳定地立足陕甘，为中国革命发展保存了力量。从中华民族命运来说，在中华民族面对亡国灭种威胁的危难关头，西北抗日民族统一战线作为全国抗日民族统一战线的重要组成部分，其形成对促进国共两党在全国范围内转向合作抗战，形成全国范围的共同抗日局面发挥了重要作用。

二、西安事变与第二次国共合作的实现

西安事变是中国抗日战争史上的“分水岭”，它促成了第二次国共合作，由此拉开了中国从长期内战到全民族抗击日本侵略的序幕。

西北地区联合抗日局面形成后，张学良、杨虎城多次向蒋介石建议“停止内战、联共抗日”。

在 1936 年 10 月红军三大主力会师时，蒋介石于 10 月 22 日亲赴西安，逼令爱国将领张学良、杨虎城率部“剿共”，声称在消灭

红军之前，不言抗日之事。11月间，绥远抗战爆发，张学良上书蒋介石，要求率部支援绥远抗日，遭到蒋介石严词拒绝。

12月1日，毛泽东同朱德等19位红军将领联名致信蒋介石，希望化敌为友，但蒋介石坚持“攘外必先安内”的方针。12月4日，蒋介石亲自率领陈诚等十几名军政要员再赴西安，数十架新式战斗机和轰炸机集结于西安机场，几十万大军逼近潼关。蒋介石踌躇满志，声称：“八年剿共之功，将于半月（至多一月）之内，可竟全功。”①

12月6日，蒋介石召见张学良、杨虎城向他们发出最后通牒，立即将东北军、西北军全部开到陕甘前线作战，否则就将东北军、西北军分调福建、安徽。这既同张、杨联共抗日的决心相矛盾，也危及两部生存。张、杨反复苦谏无效后，遂于12月12日，在西安华清池发动“兵谏”，扣留蒋介石以及正在西安的国民党高级将领陈诚、卫立煌等10多人。这就是震惊中外的“西安事变”。

西安事变的爆发犹如平地一声惊雷。中共中央立即召开政治局会议，讨论西安事变发生后的政治形势及应采取的方针，决定通电全国，表明中国共产党支持张、杨抗日主张及和平解决事变的立场，建议召开由各方面代表参加的和平会议，商讨解决事变问题和抗日救国大计。为制止亲日派发动内战，红军主力南下集中到三原、泾阳等县，准备配合东北军、西北军行动。

应张学良、杨虎城邀请，中共中央于12月17日派周恩来率中共代表团前往西安，共商和平解决“西安事变”大计。在中共中央的主导下，西安事变最终以蒋介石接受“停止‘剿共’，联合抗日”的主张而得以和平解决。中国共产党从民族大义出发，促成了西安事变的和平解决，使十年内战的局面基本结束。

1937年初，国民党召开五届三中全会，虽然还坚持“根绝赤

① 刘云久：《第二次国共合作》，黑龙江人民出版社1981年版，第21页。

祸”，但是政策由“武力剿共”变成“和平剿共”。这标志着国民党接受了合作抗日的政策。七七事变后，中共中央于7月8日向全国发出通电，号召实现全民族抗战。8月22日至25日，国共双方相继发出命令，红军改编为国民革命军第八路军，两党开始在军事上进行合作。9月6日，根据国共两党关于国共合作的协议，中共中央将陕甘宁根据地改名为陕甘宁边区，辖陕西、甘肃、宁夏3省23县。9月22日，国民党中央通讯社公开发表《中国共产党为公布国共合作宣言》，次日，蒋介石在庐山发表《对中国共产党宣言的谈话》，申明国共合作，团结御侮的重要性，承认中共的合法地位，至此，第二次国共合作正式形成。

抗日民族统一战线的形成，使全国人民和一切爱国人士，看到了挽救民族危亡的希望，看到了中国共产党在领导民族解放运动中的巨大作用，众望所归地把中国共产党当成领导抗日救国运动的中流砥柱。中国人民经过浴血抗战，取得抗日战争的伟大胜利，创造了人类战争史上的奇迹，而抗日民族统一战线正是中国人民抗日战争取得胜利的法宝。

第六节　八路军开赴抗日前线的出发点

一、红军各部驻防陇东、关中

西安事变后，为支援东北军和十七路军，有效应对何应钦“讨伐军”的进攻，中共中央决定红军主力取直径南下，迅速出至西峰镇地区，靠近东北军，“或增援西安打何应钦，或增援固原打胡宗南”。据此，彭德怀、任弼时立即向红军各部发布命令，部署红军主力分为三个梯队，“均以七天为限到达指定地点（西峰、庆阳附近）集结待命”。红三十二军、红二十八军等组成追击军，钳制胡宗南部，掩护红军主力南下。12 月 20 日，彭德怀、任弼时率红军主力兵分两路，兼程南下。12 月 26 日，红军主力进驻陇东、关中地区时，“西安事变”已和平解决，敌东路集团军由潼关东撤，红军即在陇东休整待命。蒋介石获释后，背信弃义，扣押张学良将军，指使其部队对西安进行军事压迫，以东线 10 个师、西南和西北线 15 个师，向西安合围。据此，1937 年 1 月 4 日，彭德怀、任弼时率部继续分兵南下关中地区、陇东地区以及陕南地区，准备支援东北军、十七路军作战。由于红军和东北军、十七路军作了应对进攻的准备，加之周恩来为首的中共代表团卓有成效的努力，以及国内外舆论压力，西安事变终于和平解决。

西安事变和平解决后，红军接替了东北军在延安等地的防务。1937 年 1 月 13 日，中共中央、中央军委由保安迁至延安凤凰山麓。从此，延安成为指引全国人民革命方向的灯塔，成为举世闻名的革命圣地。

1937 年 2 月初，进至关中淳化、耀县和渭北三原一线的红一军团返回正宁、宁县以及陕西旬邑一带驻防，军团司令部驻正宁宫河镇（时属宁县），政治部驻王录村，政治部主任邓小平住农户王度家。进至商县地区的红十五军团也返回陇东，进驻庆阳和西峰之间的驿马关一带，军团部驻驿马关。红一方面军主力部队在陇东、关中驻防期间，开展了大量的扩红、补给、筹粮、整训等一系列战备工作。时西峰镇为国民党第三行政督察专员公署所在地，由甘肃地方军阀鲁大昌驻守，红十五军团的驻防分布，对西峰构成包围态势。

红军南下和回防陇东、关中期间，大力宣传党的抗日民族统一战线政策，帮助地方开展工作，受到人民群众的支持和欢迎。红一军团政治部主任邓小平驻防陇东、关中期间，向群众广泛宣传党的抗日民族统一战线政策，启发群众的抗日觉悟。红一军团政治部在宁县南义井（今南义乡）召开军民大会，邓小平在会上发表演讲，宣传党的团结抗日的主张。邓小平还在南义井听取新宁县委组织部长王秉祥、统战部长李积成的汇报，对党的各项工作进行检查，促进了陇东地区抗日救亡运动的开展。

为避免国共双方发生军事冲突，保证苏区政权在统一战线中的独立自主地位，红一军团回防后还派出第一师政委邓华和第二师代表王子宜等协助新正、新宁两县与国民党地方当局开展划分界线的谈判。关中各县积极响应，主动与国民党地方当局沟通联系，开展划界谈判工作，划定各自辖区界限。划界后，新正、新宁、赤水、淳耀等各县“均属八路军的后方，军民协作，相安无事，前线之军心赖以维持，后方之团结赖以树立”。[①] 这项工作促进了国共合作局面的形成和发展，为红军主力出师华北敌后抗战，建立了巩固的战略后方基地。

党的组织建设也扩展到庆阳、合水、镇原、宁县、正宁一带。各部队先后在上述地区建立和发展党的组织，扩大党的影响。至1937年上半年，驻防陇东的红军各部先后建立中共合水、庆阳、驿马关、镇原、宁县等五个县委和西峰、固原两个工委，为打开陇东统战区工作局面奠定了基础。

陇东人民在红军南下和回防期间，给予部队以大力支持。根据地有数千名青年农民报名参军，壮大了红军队伍。宁县中村农民高振兴把正在上学的两个儿子送到部队当兵，受到红二师政委肖华的表扬。红一军团途经早胜镇时，许多居民沿街摆设茶水、饭食，热情慰劳，并筹集粮食近20万公斤。当地抗日救国会还宣传和组织群众，为部队捐献大量粮草和军鞋。凡是捐粮的群众，部队都打给收条。民主人士、原国民党正宁县商务会会长张振襄自愿捐献抗日军粮25石。1937年2月28日，邓小平与时任国民党正宁县县长的朱门共同向长乐珍庄村穆平辉先生借粮26石，并留下借据。借条中承诺“将来按时价由本军政府负责归还”。借条上署有邓小平及国民党正宁县县长朱门的签名。1994年12月，甘肃省财政厅支付当年借粮款共计80680.6元。这件事不仅维护了共产党人和人民军队的声誉，而且在当地群众中引起了强烈反响，人民政府信守合约在当地被传为佳话。

中央红军教导师迁到庆阳城不久，陕甘宁省委将开辟新区的工作重点转移到庆阳、合水、镇原、宁县一带的东北军防区内。陕甘宁省委白区工作部部长蔡畅率领的陕甘宁省委工作团来到庆

① 《朱德彭德怀等通电全国反对枪口对内进攻陕甘宁边区》（1939年12月25日），西北五省区编纂领导小组编:《陕甘宁边区抗日民主根据地》（文献卷·上），中共党史资料出版社1990年版，第300—301页。

阳城。教导师和工作团相互配合，宣传党的抗日主张，发动群众参加抗日救亡运动，建立党的地方组织，开展反霸斗争。1937年初，在庆阳建立“庆阳县各族各界群众抗日救国联合会”“庆阳民众抗日运动指导委员会”（对内称中共庆阳县工作委员会），蔡畅任主任（工委书记），各区乡贫民委员会、抗敌后援会和工青群众组织相继建立，陇东各地的群众性抗日救亡运动空前高涨起来。同时还办起民教馆、文艺宣传队，使群众受到教育，提高了觉悟。特别是提倡男女平等，组织妇女放脚，走出家庭进学校、进识字班学文化，追求婚姻自主，参加社会活动，一扫沉闷落后的社会风气，收效尤为明显。赵兰香①、樊慧兰②等女校学生，从这时候开始接受共产主义思想，并成为庆阳城最早走上革命道路的女青年。

1937年2月27日，中央军委为了接应救援孤悬河西且遭到国民党马步青、马步芳10万军队“围剿”的红西路军，组建由刘伯承任司令员的“援西军”，援西军由陕西淳化、三原地区出发，于3月中旬到达镇原、固原一线。这时，闻知红西路军已失败。中央军委即指示援西军就地驻防，一面收容和营救西路军失散返回以及被俘人员，一面加紧进行思想政治教育和军事训练，补充物资，开展地方工作。

援西军驻防镇原期间，尽最大努力救援收容西路军战士。一方面在县城及平泉、中原、新城设立秘密接待站；一方面由政治部派出大批人员分散活动在泾川、平凉、固原和西兰公路沿线，设法收容失散的西路军人员。在援西军帮助下，西路军许多失散人员经由镇原回到延安。如红西路军总指挥徐向前、第九

① 赵兰香，甘肃庆城人，1923年生。1939年参加革命，任庆阳县女子小学教员。1941年与三八五旅副旅长耿飚结婚。中华人民共和国成立后，历任外交部驻外使馆秘书、中联部秘书、中央军委办公厅秘书等职。

② 樊惠兰，甘肃庆城人，1925年生，后改名波涛。1937年到延安边区师范学习。1941年与三八五旅七七〇团团长张才千结婚。中华人民共和国成立后，历任湖北军区卫生科司药长、解放军总参办公厅秘书、武汉军区管理局副政委等职。

军参谋长李聚奎和陈明义、肖永银等一批指战员都得到援西军的接应。

援西军规模最大的一次救援活动是1937年5月的平凉救援。当时，国民党军队九十八师派一个营将关押在兰州的1300多名被俘西路军战士分军官队（130多人）和士兵队（1200人）押往西安。援西军侦得详情后，准备在平凉至四十里铺相机营救。援西军派出人员装扮成卖茶水的、卖“锅盔”馍的、赶脚的，分布在平凉至四十里铺沿线，把联络信号夹在“锅盔”馍里，与被押的军官队党组织取得联系，被俘人员约定在四十里铺分散逃奔镇原。当晚恰遇风雨交加，军官队和士兵队人员在援西军联络人员带领下，有400多名官兵逃出四十里铺回到镇原。援西军前后共救援和收容西路军官兵1000余人。对于归来的西路军人员，援西军组织看望和慰问活动，刘伯承、张浩、宋任穷等首长亲自接见。

援西军在镇原等地还做了大量地方工作。在县内8镇建立党组织，协助成立中共镇原县委。镇原县民众也积极为抗日救国捐献物资。红四军在屯字镇整训5个月，当地民众向部队捐献小麦2000多石，糜子1000多石，还有草、料、骡、马等。阎孟村的孟耀祖把家里的碉堡让出来给部队做军部，又将周围40亩耕地让出来供部队做操练场，还捐献小麦500多石。红军开赴抗日前线时，陈再道代表四军给孟耀祖赠匾两面，一面书写“爱国可亲”，一面书写“民族先锋”。白把村的段乾元，是骨科医生，陈再道和耿飚住在他家，对他的教育影响很大，他积极为红军伤病员诊病治疗，并捐献小麦50石。红军开赴抗日前线时，陈再道给段乾元赠“民族先锋”匾一面。这些行动表现出红军和庆阳人民的鱼水之情。

为加强对抗日救亡运动的领导，中共中央决定在陇东根据地和统战区分别设立党政领导机构。1937年秋，中共陕甘宁省委、省苏维埃政府撤销后，庆环分区党委和专员公署设在曲子镇，领导华池、环县、曲子等老区县的工作。此后，又从红军教导师抽调袁国平、段德彰等一批干部，在庆阳县建立中共陇东特委，领导陇东统战区庆阳、合水、镇原、驿马关四个县委和西峰、固原两个工委的工作。在这期间，由王维舟、耿飙等率领的八路军一二九师三八五旅也进驻陇东，肩负起留守陇东的重任。为广泛宣传共产党和八路军的抗日主张，扩大抗日民族统一战线，中共陇东特委创办《救亡日报》，后改为《救亡报》，庆阳各界民众抗日救国会创办《庆阳人民》，八路军三八五旅创办《民众先锋》，并在国民党统治区的行政中心西峰镇，设立八路军办事处。1938 年 5 月，陇东特委与庆环分区党委合并，中共庆环分委统战部即以“陕甘宁边区政府驻庆阳办事处”的名义，仍在庆阳县城继续领导着西峰、合水、镇原等地的抗日救亡运动。

二、红军改编为八路军开赴抗日前线

1937 年 7 月 7 日，卢沟桥事变发生。7 月 8 日，中共中央发表《中国共产党为日军进攻卢沟桥通电》，号召全国同胞和军队筑成民族统一战线的坚固长城抵抗日本侵略者。7 月 13 日，延安召开抗日急救动员大会，毛泽东在会上号召：“每个共产党员和抗日的革命者，准备随时出动到抗日前线。”7 月 14 日，毛泽东发布《关于红军开赴抗日前线的命令》，命令红军做好政治思想准备，加强军事训练，准备立即开赴前线，消灭日本帝国主义侵略者。7 月 15 日，中共中央向国民党送交《中国共产党为公布国共合作宣言》，提出团结抗日、实行民主、改善民生等三项主张，并重申 2 月提出的四项诺言。7 月 17 日，中共中央又派周恩来等去庐山，督促国民党实行抗战。最终，蒋介石在庐山发表演说：“战端一开，那就地无分南北，人无分老幼，无论何人，皆有守土抗战之责任，皆有抱定牺牲一切之决心。”这段语录，当时写遍中国的大街小巷。

从 1937 年 2 月起，国共双方先后在西安、杭州、庐山、南京等地就红军改编等重大问题进行多次谈判。至 8 月，国民政府军事委员会宣布，在陕甘宁边区的红军主力部队改编为国民革命军第八路军，辖第一一五、第一二〇、第一二九师。每师辖两个旅，每旅辖两个团，每师编制定额为 1.5 万人，列入第二战区战斗序列。

八路军一一五师奔赴抗日前线

8 月上旬，红一军团、红十五军团奉命从正宁、宁县和驿马关出发，开往陕西三原，编入国民革命军第八路军一一五师，奔赴抗日前线作战。部队奉命从陇东出发的当天，群众携老扶幼，敲锣打鼓为出征将士送行。

与此同时，红军教导师、援西军奉中革军委命令，分别从陇东出发，开往渭北的三原，其中三十二军、二十八军编入国民革命军第八路军一二〇师，四军、三军编入国民革命军第八路军一二九师。

八路军一二〇师奔赴抗日前线

为确保中共中央所在地陕甘宁边区的安全，中共中央军委于8月25日决定，从八路军3个师各抽调一部，共9000余人，留守陕甘宁边区，在延安成立直属中共中央军委的八路军后方留守处，统一指挥陕甘宁边区留守部队，主任萧劲光，下辖东、西两个地区留守处。为统一指挥陕甘宁边区的地方部队、保安队及自卫军，1937年8月15日，陕甘宁省军事部改编为陕甘宁边区保安司令部，司令员高岗。司令部下辖关中、庆环、神府、三边4个军分区。11月，留守陕甘宁边区的部队再次整编，除三八五旅旅部及其第七七〇团保留原建制外，其余独立营统一改编为警备团。

8月22日至25日，中共中央政治局在洛川举行扩大会议，通过了《关于目前形势与党的任务的决定》，制定全面抗战路线，提出《抗日救国十大纲领》，指出只有“全面的全民族的抗战，才能使抗战得到最后的胜利”。8 月 25 日，中革军委主席毛泽东，副主席朱德、周恩来发布关于红军改编为国民革命军第八路军的命令。宣布将前敌总指挥部改为第八路军总指挥部，朱德为总指挥，彭德怀为副总指挥，叶剑英为参谋长，左权为副参谋长。改编后的八路军共 4.2 万多人。同日，八路军总指挥部发表就职通电，表示“敝军请缨杀敌，义无反顾”，“效命疆场、誓驱日寇、收复失地，为中国之独立自由幸福而奋斗到底”。

八路军一二九师奔赴抗日前线

改编誓师之后，八路军三个师主力，于 8 月份分别从渭北的泾阳、三原、富平出发，日夜兼程，直趋山西晋、察、冀三省交界地区。从此，八路军三个师主力全部进入抗日战场，在全民族抗战中开辟了华北敌后抗日根据地，撑起了中国反法西斯战争的半壁江山，使中国共产党领导下的武装力量实现了由国内革命战争向抗日民族解放战争的伟大历史转变。

三、中国共产党领导中国革命的大本营

全民族抗战爆发后，根据同国民党谈判达成的协议，9月，中国共产党将陕甘宁根据地正式更名为陕甘宁边区，并成立边区政府。10月12日，国民政府行政院第333次行政会议讨论陕甘宁边区的问题，确认：陕甘宁边区为行政院的一个直属行政区。陕甘宁边区辖陕西、甘肃、宁夏3省23县，人口150万，可耕地900多万亩。

陕甘宁边区首府延安，是中共中央、中革军委所在地，又是中国共产党领导全国人民进行抗战的大本营，也是八路军、新四军和其他人民抗日武装的战略总后方。

边区是全国唯一光明的地方，也是唯一抗日的坚强堡垒。①

抗战开始后，毛泽东说："陕、甘是我们的唯一可靠后方。②"

中共中央在延安运筹帷幄，以正确的路线政策和高超的斗争谋略，不但为赢得抗日战争的胜利发挥了中流砥柱作用，而且依托陕甘宁边区指导全国的斗争，使陕甘宁边区成为中国共产党领导中国革命的大本营。

中国共产党依托陕甘宁根据地实现了国共第二次合作，由此为起点，抗日武装力量大发展，东出黄河之后仅仅用了三年，到1940年，八路军完全实现了在华北广大地区的战略展开。

除原有的陕甘宁边区外又相继建立了晋察冀（包括北岳、平西、平北、冀中、冀东等区）、晋绥（包括晋西北、大青山等区）、山东（包括冀鲁边、鲁西、湖西、鲁中、鲁南清河、胶东、滨海等区）等根据地。

---

① 《陕甘宁边区政府为征收九万石救国公粮致各专员县长指示信》（1940年11月3日），朱鸿召主编：《红色档案——延安时期文献档案汇编》（《陕甘宁边区政府文件选编》第2卷），陕西人民出版社2014年版，第486页。

② 中共中央文献研究室编：《毛泽东年谱》中卷，人民出版社、中央文献出版社1993年版，第10页。

而这些抗战中由共产党领导的根据地同陕甘宁边区有着必然的历史联系。从这个意义上讲，陕甘革命根据地在长征胜利后，成为中国革命战争在战略态势上的一个转折点。

陕甘宁边区是党领导中国革命战争由战略防御变为战略进攻的历史性转折的大本营，中国共产党是抵抗日本侵略者的中流砥柱。在其领导下，经过 8 年全民族抗战，全国革命力量空前壮大。党员队伍由 3 万左右发展为 120 万；人民军队由当初各路红军及陕甘红军四五万人发展到 120 万人，民兵发展到 220 多万；抗日民主根据地由陕甘 1 个发展到遍布全国 21 个，总面积达到 100 万平方公里，人口近 1 亿。

总之，以南梁根据地为基础的陕甘革命根据地继而发展为陕甘宁边区，中共中央在这里扎根 13 年，这是红星照耀着中国的 13 年。中华人民共和国从红船走来、从井冈山走来、从中央苏区走来、也从陕甘革命根据地和陕甘宁边区走来。南梁革命根据地为中华民族解放事业作出的贡献将永垂青史。

第七章

南梁革命根据地的历史地位和伟大的南梁精神

南梁革命根据地在中国革命史上具有不可替代的重要地位，是中国革命的福地。2009年6月，时任中共中央政治局常委、中央书记处书记、国家副主席习近平视察甘肃时，瞻仰南梁革命英雄纪念碑，参观南梁革命纪念馆，看望老区人民，并指出："南梁为红军长征提供了落脚点，为红军北上抗日提供了出发点，这片热土孕育了革命，为中国革命做出了历史性的贡献。"[①]在陕甘边革命斗争和南梁革命根据地形成过程中，孕育诞生了伟大的南梁精神。南梁精神是南梁革命根据地发展壮大的根本原因所在，在中国革命和我们党的精神谱系中具有重要地位，是党的思想理论的源头活水之一，对党的发展、对中国革命的贡献是历史性的、开创性的、决定性的。可以说，是包括南梁精神在内的中国共产党人的精神挺起了中国革命的脊梁。

① 徐爱龙、白德斌:《和风惠陇原，深情寄厚土——习近平视察甘肃纪行》,《甘肃日报》2009年6月16日。

第一节　南梁革命根据地的历史地位

一、土地革命战争后期“硕果仅存”的革命根据地

随着武装割据思想和军事理论的成熟，南梁革命根据地在武装斗争中一步步发展壮大，在此基础上形成的陕甘革命根据地，东临黄河，西接庆环，北起长城，南至淳耀，游击区扩大到陕北、陇东、关中一带的30多个县，人口逾100万，面积达6万多平方公里。[①] 发展到陕甘宁根据地时，共设有陕北、陕甘、陕甘宁三个苏维埃省治，神府、关中、陕北东区3个苏维埃区治，辖神木、府谷、佳芦、榆林、佳北、绥德、清涧、延川、延水、延长、红宜、红泉、淳水、永红、新正、新宁、靖边、新城、横山、安定、子长、安塞、志丹、延安、甘洛、肤施、鄜县、定边、安边、赤安、华池、合水、赤庆、环县、曲子、固北、定环、盐池、豫旺、豫海等多个县级苏维埃政府。在全国其他革命根据地丢失后，这里成为土地革命战争后期留下的唯一的完整的革命根据地。

① 《习仲勋在陕甘宁边区》编委会编:《习仲勋在陕甘宁边区》，中国文史出版社2014年版，第162页。

（一）以南梁革命根据地为基础形成的陕甘革命根据地成为中国革命的战略支点

1927年大革命失败后，根据党的八七会议精神，中国共产党人先后在北方各地如陕西和河北、河南、山西、山东等地都发动了武装起义，而以南梁为基础发展形成的陕甘革命根据地，成为党在北方取得土地革命成功的唯一区域。

在陕甘地区，以刘志丹、谢子长、习仲勋等为代表的中国共产党人，在大革命失败不久就发动了清涧起义、渭华起义、旬邑起义、两当兵变等70多次兵运和武装斗争，愈挫愈勇，百战不殆。1930年，汲取多次武装起义失败的经验教训，在甘肃省合水县太白镇成功发动太白起义，建立南梁游击队，高举起了土地革命和武装斗争的旗帜，走上了武装割据的道路，并成功创建红二十六军，建立了以南梁为中心的陕甘边革命根据地，发展成更广区域的陕甘根据地，标志着红军和苏维埃运动在中国北方地区的成功，在中国革命发展史上和武装斗争的大格局中，成为一个不可或缺的战略支点和重要环节。

（二）为马克思主义中国化的成功实践探索了新路子

在南梁革命根据地创建过程中，有关井冈山革命斗争的一些党内文件也传到了南梁，刘志丹、谢子长、习仲勋等人学习借鉴井冈山的经验，走井冈山的道路，更加注重在实践经验的基础上探索创新，在汲取寺村塬根据地、照金根据地的经验和教训的基础上，最终将西北革命的大本营放在南梁。

南梁地处子午岭中段，地形复杂，沟壑纵横，梢林遍布，是开展游击战争和创建根据地的理想地方，刘志丹、谢子长、习仲勋等人统观大势，利用这一带的独特条件和多种有利因素，实事求是开展革命斗争，将马克思主义原理用于创建革命根据地的具体实践当中，自觉抵制来自“左”倾和右倾错误的干扰，制定和实施符合革命斗争发展需要的方针政策，创造性地走出了一条顺应中国革命规律、符合陕甘边实际的革命路子，开创了西北革命斗争的新局面，推动了西北地区革命斗争和革命形势的蓬勃发展。

（三）丰富和发展了党的武装斗争思想理论

南梁革命根据地在开展武装斗争和军事建设中有许多创新。一方面，选择“红白灰”的三色建军方式创建陕甘红军。“红色”，即发动组织工农群众，建立党独立领导的队伍；“白色”，即派共产党人到白军中开展兵运工作，时机成熟时发动起义；“灰色”，即争取、教育和改造绿林武装。之所以采取多种方式建军，是根据这一地区政治因素复杂、绿林武装众多的实际情况作出的决定。建军方式的正确选择，使得建立和武装队伍的发展有了更大的空间，在比较短的时间内，创建起多支游击队伍，并逐步发展为具有正式番号的红军队伍。

另一方面，选择“狡兔三窟”的多区域发展战略创建根据地。即以南梁为中心，陕北、关中多区域发展的军事战略，形成了以南梁为中心，以关中和陕北为两翼的战略区，在彼此依托、相互策应中灵活机动地消灭敌人、打开局面，取得了多次反“围剿”斗争的重大胜利，为根据地的发展提供了坚强的军事保障。毛泽东在抗战时期，将这种“狡兔三窟”的策略以围棋术语“做眼”为形象比喻，推广到创建敌后抗日根据地的斗争当中。

在南梁建军的过程中，按照古田会议提出的党对军队绝对领导的精神，坚持和实践了“支部建在连上”的军队建设模式。从南梁游击队起始，到陕甘游击队、西北反帝同盟军、红二十六军、红二十七军，陕甘红军的成长历程，充分体现出党对革命武装和军事斗争的坚强领导。部队的党组织，也从最初的一个党支部发展到连、营、团、师都有党组织，并建立了师党委，统一领导部队各级党组织。在此基础上，建立了陕甘边军委，后来又成立了西北军委，统一领导陕甘边、陕北两块根据地的武装斗争。

二、党中央和各路长征红军的落脚点

土地革命战争后期，由于国内外形势的变化和中央根据地第五次反“围剿”的失败，党中央和中央红军被迫实行战略大转移。党中央和中央红军长征途中，曾先后六次选择落脚点，但由于军事斗争形势的变化，都未能实现。当转战到甘肃哈达铺时，从报纸上了解到陕甘有一个大的苏区和相当规模的红军，后来又了解到红二十五军长征已到陕甘根据地和刘志丹的红军会合。党中央决定把长征的落脚点最终放在陕甘根据地。

这一贡献是历史性的、决定性的，是需要大书特书的。红二十六军和红二十七军的发展壮大和陕甘革命根据地的形成，是在民族危亡、中国革命处于危机的关键时刻，使党中央和各路红军在重大挫折中有了落脚点，有了转危为安的机会，党中央果断作出落脚陕甘根据地的决定。

三、中国革命走向成功的出发点

党中央和中央红军落脚陕甘根据地后，红一方面军经过东征和西征，南梁革命根据地最终发展为陕甘宁革命根据地。到抗日战争爆发时，陕甘宁边区总面积为12万多平方公里，人口150万，管辖23个县。

（一）这里是中国共产党调整政治路线、走向复兴的出发点

1935年初冬，中央红军到达陕甘革命根据地之时，正值中华民族危机空前严重的时刻。日本帝国主义胁迫国民党政府签订丧权

辱国的“塘沽协定”“何梅协定”，发动所谓“华北自治运动”，企图将河北、山东、山西、察哈尔、绥远五省和北平、天津、青岛三个特别市脱离中国政府管辖，由其直接控制，激起了全中国人民的愤怒，推动抗日救亡运动走向高涨。北平爆发的一二九学生爱国运动迅即席卷全国大中城市。

1935 年 12 月，中共中央召开瓦窑堡会议，讨论全国政治形势和党的策略路线，研究巩固和扩大根据地的军事战略。会议决议指出：“在目前民族危机空前严重的形势下，一部分民族资产阶级，许多的乡村富农，与小地主，以至一部分军阀，对于目前开始的新的民族运动，是有采取同情、中立、以至有参加的可能性。民族革命战线扩大了。”党的任务“是在不但团结一切可能的反日的基本力量，而且要团结一切可能的反日的同盟者，是在使全国人民有力出力，有钱出钱，有枪出枪，有知识出知识，不使一个爱国的中国人，不参加到反日的战线上去。这就是党的最广泛的民族统一战线的总路线”。决议还提出，将中华苏维埃工农共和国改为苏维埃人民共和国，与一切抗日的力量共同组成国防政府与抗日联军。会议决议指出：“把苏维埃人民共和国变成全民族的国家，把红军变成全民族的武装队伍，把党变成伟大的群众党，把土地革命与民族革命结合起来”[①] 会后，毛泽东在党的活动分子会议上作报告，系统地阐述了抗日民族统一战线的策略。

瓦窑堡会议能够胜利召开，与南梁革命根据地的存在和在其基础上发展壮大的陕甘革命根据地的巩固壮大有直接的关系。会议的召开，表明党已经开始纠正长征前一段时期内“左”倾冒险主义、关门主义的指导思想，适时提出的抗日民族统一战线，使党在新的历史时期将要到来时，掌握了主动权，标志着我们党走向成熟。

---

① 中央档案馆编：《中共中央文件选集》第 10 册，中共中央党校出版社 1989 年版，第 620 页。

（二）这里是中国共产党实行促蒋抗日、实现第二次国共合作的出发点

瓦窑堡会议后，中共中央积极开展建立抗日民族统一战线工作。1936 年 4 月上旬，周恩来前往延安同张学良举行会谈。张学良完全同意中共提出的停止内战一致抗日的主张，赞成组织国防政府与抗日联军，表示愿意促使蒋介石改变错误政策，走上抗日道路。在此期间，中共中央同杨虎城的渠道也已打通，达成了合作的初步协议。这样，党同东北军、十七路军的关系取得了突破性进展，党的统一战线工作进入了新阶段。

在全国抗日救国的要求愈益高涨的形势下，张学良、杨虎城开始在西北地区实行联共抗日，并在多次劝谏蒋介石停止内战、共同抗日未果的情况下，于 1936 年 12 月 12 日被迫发动西安事变。

中共中央接到张学良来电后，表示愿意促进西安事变和平解决，派出周恩来等人为代表赴西安，与张学良、杨虎城共商和平解决西安事变的事宜。周恩来与张学良、杨虎城在同前来西安的宋子文、宋美龄会谈达成和平解决的六项条件后，会见了蒋介石本人，当面说明共产党抗日救国的政策。蒋介石表示同意六项条件，停止“剿共”，联合抗日。此后，张学良虽然被扣南京，国民党军进逼西安，东北军内部动荡，但经过各方努力，特别是中共中央代表团的大量工作，西安事变最终和平解决。这样，十年内战的局面基本结束，共同抗日的目标初步实现。

（三）这里是八路军三大主力开赴抗日前线的出发点

西安事变后，周恩来等人同国民党代表以至蒋介石本人，先后在西安、杭州、南京等地进行了长达七个月的谈判，中国共产党提出的抗日民族统一战线策略方针开始得到广泛赞同，终于推动实现第二次国共合作，形成了全民族共赴国难的局面。根据国共两党达成的协议，红军改编为八路军、新四军，根据地政府改称陕甘宁边

区政府。

1937 年七七事变刚一发生，7 月 15 日，《中共中央为公布国共合作宣言》送达国民党政府。宣言表示：为求得与国民党的精诚团结，巩固全国的和平统一，实行抗日的民族革命战争，中国共产党愿为彻底实现孙中山的三民主义而奋斗；停止推翻国民党政权和没收地主土地的政策；取消苏维埃政府，改称特区政府；取消红军名义及番号，改编为国民革命军。①

南梁所在的庆阳老区是各路红军奔赴抗日前线的集结地。在南京国民党政府军事委员会宣布将红军编入国民革命军第八路军序列之前，党中央就已给驻防在陇东一带的红军各部下达命令，做好奔赴抗日前线的准备，并要求此前在安边一带清匪的红三十军尽快赶到庆阳，等候改编的命令，并以陕甘宁边区为战略依托，部署人民军队迅速实施战略展开。

8 月 25 日，中共中央革命军事委员会主席毛泽东、副主席朱德、周恩来发布《中央革命军事委员会关于红军改编为国民革命军第八路军的命令》，红军各部队迅速从庆阳、陕北、关中等地出发，在陕西三原、泾阳集结，正式宣布红军改编为八路军。其中，驻防陇东的红一、十五军团和由四方面军的 4 军、31 军等组成的援西军是主力红军。八路军 115 师由红一、十五军团和陕南红 74 师组成。129 师由红四方面军的 4 军、31 军和陕北红 29 军、30 军、独立第 1 团至第 4 团等组成。120 师由红二方面军、27、28 军等部组成。9 月 6 日，八路军总部在泾阳县云阳镇大操场举行出师抗日誓师大会，朱德率领全体指战员宣读《八路军出师抗日誓词》，各部队随后东渡黄河，奔赴华北抗日前线，国共两党团结抗战的形势初步形成。

陕甘宁边区成为领导中国革命的大本营，建立起了中国共产党领导全国抗日运动的总指挥部，标志着中国革命和抗日战争进入了一个新阶段。

---

① 《周恩来选集》编委会编:《周恩来选集》上卷，人民出版社 1984 年版，第 195 页。

第二节　南梁革命根据地创造的宝贵经验

一、以群众为天，创造性地开展群众工作

南梁革命根据地之所以能够成为硕果仅存的陕甘革命根据地的重要组成部分，之所以成为党中央、各路红军的落脚点和抗日战争的出发点，是因为革命先辈在血与火的斗争实践中，实事求是地践行毛泽东“工农武装割据”思想，探索形成了弥足珍贵的建军思想、执政理论和领导方法。其中，以群众为天，创造性地开展群众工作是一条最具特色的经验。

在以南梁为中心的陕甘边革命根据地创建过程中，刘志丹、谢子长、习仲勋等领导人，始终以人民群众的利益为最高标准，充分相信群众、依靠群众，始终保持同人民群众的血肉联系。群众把刘志丹、谢子长、习仲勋等当成自家的亲人，亲切地称呼他们为“老刘”“老谢”“仲勋”等。著名记者范长江 1935 年曾到庆阳一带采访，他的报道中有这样生动的内容:“民众心中，只知有苏维埃、瑞金、莫斯科、列宁、斯大林等，而不知有西安、兰州、北平、南京等名词。某县长在合水以东召集民众训话，数次申传，到者寥寥。而苏维埃召集开会，则二十四小时之内，可以立刻齐集数百里之民众。”刘志丹也说，“我相信，只要红军和老百姓一条心，再强

大的敌人也不会吃掉我们，他们来多少我们就消灭多少”。[①] 习仲勋后来也曾说过：“我们和群众休戚相关，生死相依，由于血肉相连，受到广大农民的拥护。”[②]

陕甘革命根据地创建中，革命先辈始终保持着同人民群众的血肉联系，“把屁股端端地坐在群众一边”，群众基础十分牢靠。出色的群众工作是根据地的生存发展的根源所在，也为我们党完善群众路线作出了特殊贡献。可以说，延安时期党的群众路线的最终形成，与陕甘根据地群众工作探索有直接的关系。

二、“又斗争又联合”，根据需要开展统一战线工作

创造性地探索并开展统一战线工作，是陕甘革命根据地得以创建的重要原因。针对陕甘一带地方民团、土匪、哥老会、红枪会等鱼龙混杂、勾心斗角的复杂状况，刘志丹、谢子长、习仲勋等领导人采取阶级分析、区别情况、灵活对待的方针，在地方武装、民团、土匪和哥老会等各界中，积极开展统战工作，尽可能团结一切可以团结的力量，最大限度地壮大自己、孤立敌人，探索出一套适合陕甘地区实际的统一战线政策和策略。刘志丹说：“干革命需要建立统一战线，敌人越少越好，朋友越多越好。我们增加一分力量，敌人就减少一分力量。”[③] 习仲勋曾做过总结：“当时，我们曾经对那些受国民党中央排挤的杂牌军即西北军的许多部分，对那些不坚决反对革命运动的地方团队和帮会势力，做争取工作，使他们守中立。这些工作是有成效的。”[④] 这种善于灵活利用各种力量的做法，

① 李赤然：《领导陕北苏区第二次反“围剿”战斗》，中共陕西省委党史研究室、中共延安地委党史研究室编：《刘志丹》，陕西人民出版社 1993 年版，第 368 页。

② 习仲勋：《群众领袖　民族英雄》，《人民日报》1979 年 10 月 16 日。

③ 蔡子伟：《南梁根据地革命斗争片段回忆》，刘凤阁、任愚公主编：《红二十六军与陕甘边苏区》，兰州大学出版社 1995 年版，第 939 页。

④ 习仲勋：《跟着毛泽东走就是胜利》，《人民日报》1951 年 7 月 4 日。

使统一战线在革命根据地创建过程中发挥了关键的作用。

这些经验和探索，为党的统一战线理论发展作出了积极贡献，党的统一战线理论在延安时期走向成熟，就包含了南梁革命根据地创造的统一战线的贡献和积累的成功经验。

三、制定“十大政策”，探索党局部执政的新路径

在政权建设上，陕甘边苏区实行民主选举制度，通过召开工农兵代表大会进行选举，即使不识字的农民，也可以通过“投豆子”等方式参加选举，选举的广泛性充分代表了人民的利益，选举方式也代表了中国共产党人的局部执政更加民主化、科学化。经过选举，陕甘边区苏维埃政府所辖的各县及陕甘边南区、东区的各个县级苏维埃政权相继诞生，区、乡、村级苏维埃政权陆续建立，使党在陕甘边实现局部执政有了系统的组织保障。民主选举制度坚持并延续到陕甘宁边区时期，对陕甘宁边区政府制定《陕甘宁边区选举条例》等一系列法规文件，作出了有益探索。

陕甘边区苏维埃政府成立后，制定的“十大政策”，特色鲜明，实事求是，适应性强。比如，土地政策的相关内容，规定非常具体和实用，深受根据地人民的欢迎。尤其是对愿意参加劳动的地主、富农也留有活路，这是对以往党的土地政策的一个很大突破，与南方一些根据地在“肉体上消灭地主”形成鲜明对比。应该说，在日本人已开始侵华战争之时，阶级矛盾和民族矛盾是必须要有所区分的，陕甘边的党政领导人已较早认识到这一点是难能可贵的。

党中央刚刚到达陕甘一个多月，就看到了陕甘边根据地土地政策的合理性。为此，1935 年 12 月 6 日，作出了《中央关于改变富农策略的决定》，对富农政策做了调整。到了抗战时期，党对土地政策包括对地主政策都做了很大调整，实行“减租减息”的土地政策，改变了过去“将地主赶上山去吃草”的做法。这些土地政策调

整中，都可以看到陕甘边根据地土地政策的影子。

除土地政策外，商贸和金融政策成为苏区经济建设繁荣的助推杠杆；粮食政策的实施，改善了根据地军民的生产生活条件；军事政策的实施，使苏区掀起“扩红”运动，红色武装力量得到源源不断的补充和扩大，红军的战斗力得到了新的提高；社会政策的实施，使苏区广大人民群众的精神状态和根据地的社会面貌发生了很大变化，呈现出积极向上、生机勃勃的景象；对知识分子的政策，团结吸引了大批知识分子，在根据地的各项事业的建设和发展中发挥了重要作用；俘虏政策从思想上瓦解了敌军，削弱了敌军的战斗力，感召敌军官兵投奔红军，壮大了边区的革命力量；文化教育政策的制定，有效促进了边区文化教育事业发展，初步改变了边区文化教育落后的面貌，提高了根据地党政干部和人民群众的思想觉悟和文化素质。

“十大政策”的实施，使陕甘边革命根据地出现了空前繁荣的局面，南梁成为陕甘边苏区的政治经济文化中心。党在陕甘边苏区局部执政的成功实践，为后来党在陕甘宁边区的各项政策的制定和实施提供了有益借鉴。在中共中央直接领导下，陕甘宁边区以边区参议会为最高权力机关，边区政府为行政机关，边区高等法院为司法机关，建立了抗日民主政体，全面开始了新民主主义社会的建设。陕甘宁边区被誉为未来新中国的雏形。

四、不“左”不右，确定符合实际的思想路线

陕甘边的武装斗争是在不断克服“左”的错误和右的倾向的过程中发展的，特别是鉴于“左”倾冒险主义对陕甘边革命根据地造成的几次失败的惨痛教训，使得刘志丹、谢子长、习仲勋等人更加坚定走井冈山道路不动摇，在学习井冈山斗争经验的基础上，勇于开拓创新，不断巩固和发展根据地。

寺村塬根据地的丧失，就是“左”倾死守蛮干错误思想导致的结果，因此在之后的创建根据地过程中，刘志丹等领导人更加注重根据实际来制定战略战术，制定正确的思想指导方针。比如，由于杜衡的错误决策，致使红二团南下失败，武装斗争暂时受挫，个别人出现右倾悲观思想，甚至提出分散埋枪隐蔽的主张，习仲勋及时主持召开陈家坡会议，分析形势、树立信心，努力消除悲观低落情绪对大局的影响，最终统一了思想和领导，使得陕甘边革命斗争的红旗不倒。1956 年 3 月 6 日，毛泽东曾说：“过去革命经过多少年，到延安之后才找到既不是陈独秀的右倾，也不是后来的‘左’倾，而是不‘左’不右之倾，那是花了很大代价才找到的。”① 陕甘边领导人花了很大代价才找到了这条不“左”不右的正确路线，也是坚持和践行实事求是思想路线的生动实践。

五、党政军民同甘共苦，形成革命的最大合力

南梁地区自然环境严酷，经济条件落后，加之国民党反动派长期的军事“围剿”和经济封锁，根据地创建、巩固过程异常艰辛。在这种环境中，刘志丹、谢子长、习仲勋等领导人更加注重培育各级干部和红军战士艰苦奋斗、联系群众的优良作风。陕甘边区苏维埃政府成立后，工作人员一律实行供给制，干部战士一律平等，从吃饭、穿衣到公文草拟所需笔墨纸张等用品，均由财经委员会按每人的最低需要发给，干部没有特权思想和特殊化表现。

在日常生活中，刘志丹和红军战士一样，吃野菜，住窑洞草棚，穿千补百衲的衣服，脚蹬草鞋。在《刘志丹打麻鞋》这首陇东民歌里，就表现了刘志丹与红军官兵同甘共苦、亲如兄弟的动人场

① 中共中央文献研究室编：《毛泽东年谱（1949—1976）》第五卷，中央文献出版社 2013 年版，第 543 页。

面："……夜住麻地台，士兵没鞋穿，刘志丹坐灯下呀，连夜打麻鞋。麻鞋打成了，老刘忙做饭，士兵睡醒来呀，热饭摆面前。官兵同甘苦，好比亲弟兄，失败不灰心呀，齐心杀敌人。"[①]南梁根据地的武装斗争之所以取得胜利，靠的就是官兵一致、同甘共苦的艰苦奋斗精神。根据地党和红军领导人艰苦朴素、一心为民、无私奉献的作风，成为团结军民战胜困难，夺取革命胜利的强大精神力量。南梁根据地艰苦奋斗的优良作风，也为党的三大作风在延安时期的形成作出了贡献。

① 高文：《南梁史话》，甘肃人民出版社1984年版，第40页。

第三节　南梁革命根据地的历史贡献

一、为党培养锻造了一大批革命骨干

南梁革命根据地对我们党的发展和中国革命的贡献是多方面的，是历史性的。正如毛泽东 1945 年 2 月在中共中央党校作报告时所讲："陕甘宁边区的作用非常大。我说她是中国革命的一个枢纽，中国革命的起承转合点。"[①] 同年 4 月，在中共七大预备会议上，毛泽东再次强调："没有陕北那就不得下地。"[②]

刘志丹、谢子长、习仲勋等领导人，在关系党和国家前途命运的关键时刻和重大问题上，始终立场坚定，旗帜鲜明，始终恪守党性原则，始终把自己作为党的人，把党的利益放在第一位。为党的事业和中国革命呕心沥血，奉献一生。他们先后领导的清涧起义、渭华起义、靖远起义、两当兵变等大小 70 多次武装暴动和兵变屡遭失败，在革命形势陷于低潮中，他们个人也多次身处险境。但是，他们的革命意志从不曾动摇，无论遭受多么巨大的牺牲和挫折，特别是面对"肃反"中枪毙、活埋的严峻考

① 中共中央文献研究室编:《毛泽东文集》第三卷，人民出版社 1996 年版，第 265 页。
② 中共中央文献研究室编:《毛泽东文集》第三卷，人民出版社 1996 年版，第 297 页。

验，他们始终忠诚于党，前仆后继、义无反顾，坚定不移、矢志不渝。

在刘志丹、谢子长、习仲勋等人的引领和培养下，陕甘革命根据地涌现出了一批革命的骨干力量和栋梁之才。党的七大召开时，共有代表 755 人，而在陕甘根据地工作、战斗过的代表就达 85 人，占代表总人数的 11.3%。这个比例足以证明了南梁革命根据地打下的干部基础有多重要。

南梁革命根据地不仅涌现出了一批无产阶级革命家、党政军高级领导干部，而且还培育出一大批非常优秀的普通干部。据不完全统计，仅南梁革命根据地创办的军政干部学校就先后培养出排以上干部 200 余人。军政干部学校后发展成陕甘宁晋红军军政学校，培养的干部数量更多。党中央到达陕甘根据地后，于 1936 年将该校扩建为抗日红军大学，成为中国人民抗日军政大学和国防大学的前身，为中国革命事业培养和造就了一大批军事、政治领导干部以及各类专业人才。

二、实现了中国革命重心由南方转移到北方

土地革命战争的前期和中期，中国革命的重心是在南方。中国共产党先后建立的较大的根据地有赣南、闽西、湘鄂西、鄂豫皖、闽浙赣、湘鄂赣、湘赣、川陕、陕甘、左右江、东江和琼崖等十多块，除了在南梁革命根据地基础上发展而成的陕甘革命根据地地处西北以外，其他根据地从地域上看，大多都在南方。这些根据地的发展壮大，游击战争的迅猛发展，使得国民党政府惶恐不安，开始对各个革命根据地发动一次又一次大规模的“围剿”，再加之党内的“左”倾错误，以至于导致南方各根据地在土地革命战争后期最终陆续丧失，被迫进行战略大转移。

九一八事变后，中国已处在政治大变动的前夜，以抗日救亡为

主题的新的革命高潮正在中国北方日益兴起。对中国革命事业来讲，领导中心也需要随着形势的发展从南方转向北方，而以南梁革命根据地为基础形成的陕甘根据地的存在与发展，使革命事业重心的北移由可能变成了现实。

党中央到达陕甘革命根据地以后，面对民族危机的加重，不失时机地制定出抗日民族统一战线新策略，组成抗日民族统一战线，共御外敌，从此中国革命有了稳定的后方基地，中国革命的局面为之一新。

三、为中国革命构建新的战略布局奠定了基础

由南梁革命根据地形成和发展的陕甘革命根据地所处的位置，向东可以奔赴抗日前线，向西可以与苏联取得联系，得到苏联对中国抗战的支持，是符合实施党中央领导抗日战争的基本条件的。以陕甘根据地为依托，党中央作出了三军大会师的决策部署，红军三大主力在甘肃会宁地区的会师，为革命队伍整合力量，实现新的发展壮大奠定了基础。以陕甘根据地为依托，红军实施东征、西征战役，为巩固根据地，推动抗日局势的发展发挥了重要作用。

以陕甘根据地为依托，在汲取陕甘根据地创造的丰富的统战工作经验基础上，大力开展新形势下的统战工作，使得西北的抗日民族统一战线局面率先形成，为推动实现全国性的国共合作，动员全民族抗战创造了先决条件。

正是在这种大背景下，陕甘革命根据地被推到了中国革命历史舞台的最前沿，为中国革命的重心北移，并构建新的战略布局创造了条件。

后来毛泽东在谈到红军长征胜利的重大意义时说：“如果不到陕北，那怎么能到华北地区、华东地区、华中地区、东北地区呢？

怎么能在抗日战争时期搞那么多根据地呢？”①

历史也证明，革命重心转移到陕甘革命根据地后，革命力量获得了新的更大发展环境和空间，其在中国革命史上的重要而特殊的作用显而易见。

① 中共中央文献研究室编:《建国以来毛泽东文稿》第13册，中央文献出版社1998年版，第243—244页。

第四节　伟大的南梁精神

一、南梁精神的提出与形成

南梁精神是土地革命战争时期马克思主义中国化在西北地区成功实践的结晶，是刘志丹、谢子长、习仲勋等人在创建革命根据地的斗争实践中形成的党性修养、斗争精神、革命意志和宝贵品格。南梁精神是我们党革命精神的源头活水之一，在我们党的精神谱系中具有根和源的重要地位。习近平同志曾经指出，南梁精神是“我们党在长期奋斗历程中形成的优良传统和革命精神，是一笔宝贵的精神财富和丰厚的政治资源”。[①]

（一）南梁精神的提出

南梁精神，最早见于陕甘边革命根据地的革命元勋们在为南梁革命纪念馆的题词中。1984年，曾任陕甘边区苏维埃政府主席习仲勋为南梁所在地的华池县题词：“发扬南梁精神，再展华池宏图。”1985年，曾任陕甘边特委书记张秀山为南梁革命纪念馆题词：“创建南梁革命根据地的英雄业绩和革命精神永放光芒！先烈们永

① 徐京跃：《习近平在甘肃强调：弘扬党的优良传统和革命精神》，新华社兰州2009年6月11日电。

垂不朽。”1985年，曾任陕甘边区苏维埃政府秘书长蔡子伟题词：“南梁革命精神与桥山共存与日月同辉。”1985年，曾任陕甘边区苏维埃政府军委主席刘景范题词：“学习先烈的艰苦奋斗英勇牺牲精神，发展陕甘革命根据地的经济与文化。”1985年，曾任陕甘边东区党委书记兼苏维埃政府主席，原第六、七届全国政协副主席马文瑞题词：“发扬南梁革命传统，争取更大光荣。”1985年，曾任中共关中特委党委书记兼司令部司令员、原第六届全国政协副主席汪锋题词：“继承革命英烈精神，积极建设有中国特色的社会主义。”

2000年，习仲勋夫人齐心同志专程来到南梁看望老区人民，并为列宁小学捐资兴建了一幢教学楼，取名景文楼，习仲勋亲笔题写了楼名。曾在南梁革命根据地健康成长的刘志丹的女儿刘力贞对南梁梦牵魂绕，在弥留之际向去看望她的甘肃同志表达出想再去南梁看望乡亲们的愿望。谢子长的儿子谢绍明等革命老前辈的子女，也不忘父辈的嘱托，多次赴南梁感悟岁月留痕。2009年，时任中共中央政治局常委、中央书记处书记、国家副主席的习近平在视察甘肃时指出：“大力传承南梁精神，使其发扬光大。”这些愿望和重要指示，也成为党务工作者、史学工作者加强南梁革命根据地史研究的助力。

（二）南梁精神的形成

南梁精神是在马克思主义与以南梁为中心的陕甘边革命根据地创建和发展的伟大实践中逐渐形成的，其形成过程可以分为孕育、萌芽、雏形、发展、成熟五个阶段。

第一阶段为孕育阶段，主要标志是受陕甘地域文化蕴含精神的影响，以及马克思主义在陕甘地区的传播和中共陕甘早期组织的创建。陕甘是华夏文明的重要发祥地之一，比如炎黄文化的凝聚精神、周文化的礼让精神、秦文化的统一精神、汉文化的开拓精神、唐文化的开放包容精神[①]以及明末陕北农民起义中的反抗精神等，对南梁精神的孕育和形成产生了深远的影响。马克思主义在陕甘地区的传播以及中共陕甘早期组织的创建，为南梁精神的孕育奠定了基础。刘志丹、谢子长、习仲勋等共产党人在南梁进行的早期革命活动孕育了南梁精神。南梁精神中折射出的共产党人的精神品质，不但是对陕甘地域文化中精神实质的传承延续与升华，更是中华民族精神的集中体现。

第二阶段为萌芽阶段，其标志是大革命失败后，以刘志丹、谢子长、习仲勋为代表的共产党人为坚持革命，在陕甘地区先后策划发动了大小 70 多次武装起义。尽管这些武装起义都遭到失败，但面对着一次次失败挫折和敌人疯狂追剿捕杀，他们始终不改革命初衷，丝毫没有动摇退缩，他们在斗争中表现出了共产党人矢志不渝的坚定信念。刘志丹曾说："干革命不能怕失败，失败了再干嘛。"[②]谢子长说："失败是成功之母，一次不成再来一次，最后胜利总是我们的。"[③]

第三阶段为雏形阶段，其显著标志是寺村塬革命根据地的建立。在这个阶段中，刘志丹、谢子长、习仲勋为代表的共产党人，坚持从陕甘边革命斗争的实际出发，创造性地提出和实施了红、白、灰"三色"建军原则，创建了党领导下的革命武装，在开展游击战争中探索创建了寺村塬革命根据地。南梁精神开始初具雏形。

第四阶段是发展阶段，以照金革命根据地的建立为其标志。以刘志丹、谢子长、习仲勋为代表的共产党人，在革命斗争实践中把毛泽东工农武装割据思想与在陕甘地区创建革命根据地的实际结合

① 秦开凤：《陕西地域文化与中华文化复兴研究》，《西安财经学院学报》2013 年 9 月第 5 期。

② 习仲勋：《群众领袖　民族英雄》，《人民日报》1979 年 10 月 16 日。

③ 李振民、张守宪、梁星亮、董建中：《谢子长传略》，《西北大学学报》1980 年第 4 期。

起来，总结了建立寺村塬根据地失败的经验教训，在坚持开展武装斗争和土地革命斗争的基础上创建了照金革命根据地。南梁精神进入到发展阶段。

第五阶段是成熟阶段，其标志为陕甘边区苏维埃政府的建立和“十大政策”的制定与实施。以刘志丹、谢子长、习仲勋为代表的共产党人在这一时期，不断克服“左”倾教条主义、冒险主义等错误干扰和影响，创造性地提出和实施了具有南梁特色的“狡兔三窟”“梢林主义”等创建根据地的思想，建立了以南梁为中心的陕甘边革命根据地，成立了陕甘边区苏维埃政府，制定和实施了以“十大政策”为主要内容的一系列政策法令，促进了南梁革命根据地的发展壮大，走出了一条具有南梁特色的革命根据地创建道路。这一阶段南梁精神得到成熟和升华。

二、南梁精神的丰富内涵

南梁精神博大精深，是若干起义、兵运斗争和根据地建设凝聚而成的红色基因、精神养分和宝贵财富，有着丰富的内涵。

（一）面向群众、忠诚为民的奋斗精神

南梁政府和陕甘红军的根本宗旨是一心为民、执政为民，始终把坚持领导人民群众建立工农苏维埃民主政权、争取和维护人民群众的根本利益作为奋斗目标。在根据地的创建和发展中，刘志丹、谢子长、习仲勋等领导人始终坚持和人民群众打成一片，与人民群众建立了血肉联系而融为一体，以对人民群众的无限忠诚和无私服务，赢得了广大人民群众的衷心拥护和坚决支持。他们坚定不移地走群众路线，选举群众代表参与政府工作，参加政权建设和社会事务管理，真正维护了人民群众的利益和权益。他们作为陕甘红军和南梁苏维埃政府的主要创始人，从来不以部队首长和政府主席

自居，始终把自己看成为红军部队和苏维埃政府中的普通一员，群众和战士们也视他们如亲人。毛泽东到达陕甘根据地后，非常赞赏南梁面向群众而开展的工作，他说："我们刚到陕北，仅了解一些情况。但我看到人民群众的政治觉悟很高，懂得许多革命道理。陕北红军的战斗力很强，苏维埃政权能够巩固地坚持下来，我相信创造这块根据地的同志们是党的好干部。"① 他称刘志丹是"群众领袖，民族英雄"，称谢子长是"民族英雄""虽死犹生"，称习仲勋是"从群众中走出来的群众领袖"。

"人民就是江山，江山就是人民。"南梁根据地党和红军、苏维埃政府一心为民的英勇奋斗和执政为民的无私奉献，赢得了人民群众的衷心拥护和坚决支持。人民群众不仅积极投身于革命斗争，倾力支持红军和苏维埃政权，而且不惜用鲜血与生命保卫党和红军、红色政权和革命成果。1934 年 5 月，在华池南梁阎家洼子，为保守红军和苏维埃的秘密，42 名苏维埃干部和群众被国民党反动派残酷杀害，其中 6 人被铡刀铡死，其余人员全部被活埋。他们在生死关头宁死不屈、顽强斗争、可歌可泣的悲壮事迹，是党和南梁革命根据地人民群众血浓于水、血肉联系的真实写照。

（二）坚守信念、百折不挠的进取精神

在创建南梁革命根据地的斗争中，刘志丹、谢子长、习仲勋等领导人屡经挫折和失败，并且多次遭到"左"倾错误执行者排挤打击，降职撤职，甚至在错误肃反中被逮捕关押，但他们丝毫没有动摇对革命的理想操守，以坚定的信念不惧失败挫折，以百折不挠的精神愈战愈勇。在红二十六军南下失败的困境中，刘志丹坚定地鼓舞红军指战员说："月亮都有时圆时缺呀！革命在一时一地的失败，算得了什么？失败了再干呀！""天不能老是阴雨，总有个放晴的

① 王首道：《中央为刘志丹平反》，《刘志丹纪念文集》编委会编：《刘志丹纪念文集》，军事科学出版社 2003 年版，第 407 页。

时候”[1] 朱德在延安纪念刘志丹时满怀深情地说：“刘志丹从大革命起直到为党牺牲，均在各种不同的环境下，以不同方式组织革命军队，虽屡经失败，但他百折不回，至死不变，垮了再来，再垮再来，这种精神和毅力是建军的基本条件。”[2] 谢子长、习仲勋等领导人和南梁苏区广大军民也经受住了考验。谢子长一家先后有17人投身于革命，9人为革命献出了生命，但他坚定地说：“共产党是杀不完的！”在错误肃反中，“习仲勋在关押期间，有人偷偷向他暗示，可以帮助他逃跑。习仲勋只回答了四个字：为党尽忠！”[3] 表现出革命英雄主义气概和对党的事业的无比忠诚。

正是因为理想信念坚定，革命先辈才会在复杂的局势面前，方向明确，形成正确的判断，作出正确的决策；正是因为理想信念坚定，革命先辈才始终以党和祖国利益为重，从人民利益出发，正确处理个人利益和党的利益的关系；正是因为理想信念坚定，革命先辈才会面对困难、挫折甚至冤屈从未灰心丧气，革命斗志愈见旺盛。

（三）立党为公、顾全大局的奉献精神

在艰苦的革命斗争中，刘志丹、谢子长、习仲勋等领导人不仅具有高度的党性原则，而且具有顾全大局的团结精神。他们胸怀博大，忍辱负重，严于律己，襟怀坦荡，尽一切努力维护部队的团结，维护了党和红军的团结，使南梁革命根据地得以创建和发展。为支援陕北建立革命根据地和开展反“围剿”斗争，南梁革命根据地在十分艰难的情况下抽调部分武器、经费以及派出红二十六军主力部队，支援陕北。在1935年错误肃反中，当刘志丹得知逮捕自

---

① 李振民、张守宪、梁星亮、董建中：《谢子长传略》，《西北大学学报》1980年第4期。
② 中共陕西省委党史研究室、中共延安地委党史研究室编：《刘志丹》，陕西人民出版社1993年版，第119页。
③ 崔晓民等：《习仲勋的故事》，陕西人民出版社2009年版，第33页。

己的密令，为避免党和红军内部的分裂，他不顾个人安危，毅然前往瓦窑堡说明情况，被关押后面对被枪毙、活埋的危险，他告诫狱中的同志说“我们死也不能说假话，黑云总遮不住太阳”。[①] 习仲勋在错误肃反中本来是有机会躲过此难，但他拒绝走，为保护同志选择留下来，表现出一个共产党员对党忠诚、顾全大局的政治本色。

在错误肃反中，刘志丹被党中央营救获释后，他仍然以高度的党性原则顾全革命大局，从容面对不公正的待遇，告诫那些蒙受冤屈的同志说：“中央来了，今后一切事情都好办了。”[②] 劝大家把过去的事情不要放在心上，要相信党中央和毛主席会解决好的。周恩来评价说：“刘志丹同志对党忠贞不二，很谦虚，最守纪律。他是一个真正具有共产主义品质的党员。”[③] 正是靠这种品格，南梁革命根据地才具有强大的凝聚力、向心力和战斗力，才经受住了种种严峻考验，并一步一步发展壮大。

（四）求实开拓、敢为人先的首创精神

南梁革命根据地是在中国革命处于低潮时期开始创建和发展的。刘志丹、谢子长、习仲勋等领导人，坚持把党的革命理论同创建南梁革命根据地的斗争实践结合起来，按照客观条件制定政策，独立处理革命重大问题，在建立革命武装、创建根据地、开展游击战争、实行统一战线、加强党的建设等各个方面都有创新性的发展，敢于走前人没有走过的路，敢于做别人没有做过的事。在建立根据地上，刘志丹明确提出：“要到敌人统治最薄弱的地区建立根据地。根据地要建立几处，使革命武装有回旋的余地。”[④] 习仲勋认为：“‘梢林主义’是创建农村革命根据地的马克思主义。我们把苏

---

① 习仲勋：《群众领袖　民族英雄》，《人民日报》1979 年 10 月 16 日。
② 习仲勋：《群众领袖　民族英雄》，《人民日报》1979 年 10 月 16 日。
③ 习仲勋：《群众领袖　民族英雄》，《人民日报》1979 年 10 月 16 日。
④ 马锡五：《1930—1932 年的革命活动》，中共陕西省委党史研究室、中共延安地委党史研究室编：《刘志丹》，陕西人民出版社 1993 年版，第 325 页。

区称作为‘梢林’，这是碰钉子碰出来的。”[①] 为此，他们确定了开辟三路游击区，创建以南梁为中心的陕甘边革命根据地“狡兔三窟”的发展战略，并使根据地一步步走向繁荣发展，成功地探索出了红军发展和革命根据地创建的“陕甘模式”。

习仲勋曾深刻地指出：南梁革命根据地建立和形成的历史，创建和发展的规律，就是坚持开展武装斗争，其最根本的原因“就是以马列主义、毛泽东思想为指导，坚持走井冈山的道路”。[②]“当时，绝大多数同志是团结在刘志丹领导的正确路线下，进行了英勇的胜利的斗争。”[③] 以刘志丹、谢子长、习仲勋为代表的正确领导，实质上是坚持党的实事求是路线的正确领导。

“这个人能实事求是，是一个活的马克思主义者。”[④] 这是毛泽东对习仲勋的评价。南梁革命根据地之所以从无到有、从小到大、从弱到强，与刘志丹、谢子长、习仲勋等领导人坚持学习马克思主义，运用马克思主义，结合当地实际发展马克思主义的求真、求实、求是的崇高品质是分不开的。

以上四个方面，是一个有机整体，相互联系，相辅相成，内在统一，缺一不可。如果没有南梁精神的指引和支撑，就没有陕甘革命根据地的创建和发展，也就没有“硕果仅存”。

三、南梁精神的实践价值和现实启示

南梁精神不仅属于历史，更属于现在、属于未来。南梁精神是党的宝贵精神财富，是指引我们推进党的伟大事业不断前进的

---

① 习仲勋:《历史的回顾（代序）》，中共陕西省委党史研究室、中共甘肃省委党史研究室编:《陕甘边革命根据地》，中共党史出版社 1999 年版，第 3 页。

② 《习仲勋传》编委会编:《习仲勋传》上卷，中央文献出版社 2008 年版，第 218 页。

③ 《习仲勋文选》编委会编:《习仲勋文选》，中央文献出版社 1995 年版，第 166 页。

④ 刘婉婷、刘金:《习仲勋：让毛泽东五次盛赞的人》，《党史纵横》2010 年第 10 期。

思想武器。传承和弘扬好南梁精神，对于决胜全面建成小康社会、实现中华民族伟大复兴的中国梦，具有重要借鉴意义和现实启示。

（一）在中国革命实践和中国革命精神中，占有承转启合的历史地位

1. 为党长期执政提供了有益借鉴。南梁苏维埃政府，先后管辖数十个县级苏维埃工农民主政权，在局部执政中，对政权建设、经济建设、改善民生等各个方面都进行了有益而成功的探索，形成以“十大政策”为主要内容的一整套适应南梁革命根据地建设和发展的、深受广大根据地军民欢迎的政策体系。在政权建设上，建立了相对完善的政权组织架构，并坚持实行工农兵代表大会制度，充分保障工农群众实行民主的权益，形成了执政为民、勤政为民、清正廉洁的新政风。在经济建设中，采取一系列发展繁荣苏区经济的创造性举措，实行土地改革、发展生产、开设集市、保护商贩、搞活流通、鼓励根据地内外开展贸易往来，设立政府银行，发行苏区货币，方便了群众的经济生活，打破了国民党的经济封锁，极大地促进了根据地经济发展和繁荣，提高了根据地人民群众的生活水平。这些创举是党在局部执政中的生动实践，为党在陕甘宁边区时期执政乃至全国执政提供了成功的范例。

2. 为全面加强党的建设积累了宝贵经验。在创建和巩固南梁革命根据地时期，刘志丹、谢子长、习仲勋等领导人始终把党的建设放在一切工作的首位，在党的思想、组织、作风建设等方面，进行了全方位的探索与实践。在思想建设方面，刘志丹、谢子长、习仲勋等领导人，创造性地执行毛泽东“工农武装割据”的思想，坚持把广泛发动群众、建立红色武装、开展武装斗争和土地革命、建立红色政权和根据地建设等工作紧密结合起来，由此而逐步形成了包括政权建设、经济建设、军事建设、文化社会建设、统一战线工作和党的建设等较为完整的体系。在作风建设方面，根据地的各项建

设事业都体现了革命为民、执政为民的理念，从根本上保障人民群众当家做主的权利，刘志丹、谢子长、习仲勋等领导人和各级干部带头廉洁奉公、艰苦奋斗、一心为民，根据地形成“只见公仆不见官”的良好和谐社会风气。

这些革命理论和斗争实践的形成和汇合，不仅促进了南梁革命根据地的巩固和发展，也为延安时期党的理论创新发展提供了丰富营养。

3. 为推进反腐败斗争和廉政建设提供了鲜活样板。南梁苏维埃政府把一切权力置于阳光之下，用制度管事管人，制定颁布了《暂行条例十八条》《赤卫军暂行简明军纪》等勤政廉洁的条例法规，为苏维埃政府廉政建设提供保障。南梁政府颁布的“党政军干部贪污公款十元以上者处以死刑”法令，使得苏区干部中没有发生贪污案件，这是其他根据地苏维埃政府没有的。据时任南梁苏维埃政府土地委员长李生华的夫人高淑蓉回忆，南梁政府不允许工作人员将一张纸带回家，他们不仅是这样遵守的，而且成为终生的习惯。

4. 为践行和发展党的群众路线树立了光辉典范。刘志丹、谢子长、习仲勋等领导人，坚持“血浓于水”式的群众工作方法，始终维护了边区人民群众的根本利益，为完善和发展党的群众路线奠定了基础。他们在艰苦的生活中同普通干部战士同甘苦、共患难，同住一样的窝棚、吃野菜、穿草鞋。苏维埃政府对人民群众的利益秋毫无犯，为人民清廉理政、勤俭节约，深受根据地人民的欢迎和拥护。比如在陕甘边区苏维埃政府召开成立大会时，据习仲勋回忆：“要举行阅兵式，大家张罗着要修个阅兵台，还要有彩门。志丹说：‘前面的戏楼就行，把地平一下，四周贴上标语就行了。’结果只花了一点钱。群众来得多又敲锣打鼓，十分热闹。”[①]

① 习仲勋:《难忘的教诲》,《人民日报》1993年10月24日。

南梁之所以能够成为中国革命的大本营，历经风浪而不倒，千锤百炼更坚强，最根本的重要因素就在于把群众利益放在第一位，一切为了群众，一切依靠群众，一切让群众说了算。

5. 为践行社会主义核心价值观提供了精神养分。南梁精神与社会主义核心价值观有着深厚的内在关联。首先，两者在指导思想上都是以马克思主义为指导。社会主义核心价值观从三个层面强调人民对价值观的认同性，以实事求是的思想路线针对不同阶层的群体通过课堂教育、引导宣传、活动渗透、示范带动、文化熏陶等路径进行培育，而确保路径可行的前提是坚持以马克思主义为指导，用马克思主义凝心聚力。南梁精神内容的第一条就是“坚定正确的政治路线”，即坚持正确的马克思列宁主义。

其次，两者在理想信念上是契合的，具有同源、同根、同向的关系。社会主义核心价值观强调中国特色社会主义共同理想，始终沿着富强、民主、文明、和谐的社会主义的方向前进，强调个人爱国、敬业、诚信、友善的集体观念，深层蕴含着为人民服务的理念，引导人民以崇高事业理想努力实现中国梦。南梁精神强调在中国共产党的领导下，引导广大人民和党员沿着新民主主义和社会主义道路前行，艰苦创业，排除万难，一心为人民，以人民的利益出发为己任，打倒日本帝国主义，推翻蒋家王朝建立人民的新中国。两者目标都是为实现中华民族伟大复兴而努力奋斗。

第三，两者在价值追求上是统一的、一致的。“富强、民主、文明、和谐”，是南梁苏维埃政权的最高追求，也是社会主义核心价值观倡导的国家层面的奋斗目标，是凝聚国家发展共识的思想驱动力。列宁小学课本中的《工农三字经》就有这样的表述：“人类中、永无争、大同现、享安宁，此等事、非现成、全靠的、工农兵，努力干、齐起劲、工友们、成工会，减时间、增工银、农友们、立农会，打土豪、把田分、士兵们、团结起，托起枪、到红军、工农兵、携手行，革命事、功业成、享极乐、歌太平。”[①] 可以说，南梁精神是社会主义核心价值观体系的精神源头之一，践行社会主义核心价值观是弘扬南梁精神的有效载体和应有之义。只有把南梁精神的弘扬传承与各类精神文明创建活动结合起来，南梁精神才能传得更开、传得更久、传得更远。

6. 为有效开展统一战线工作作出了积极探索。南梁革命根据地领导人，把原则性和灵活性结合起来，创造性地开展统一战线工作，丰富和发展了党的统一战线理论和实践。比如，用“三色”建军理论，创建和壮大了革命武装；坚持又斗争又联合的策略，发展壮大了革命根据地，一方面同国民党反动派进行正面斗争；另一方面又同白区商人开展贸易，发展活跃苏区经贸，正确执行党的民族宗教政策，尊重民族宗教习惯，建立回民游击支队，开展为争取少数民族解放的革命斗争。这些做法，为发展党的统一战线、完善党的统战思想作出了突出贡献。1934 年 4 月，红军游击队在正宁南邑伏击了进攻苏区的马鸿逵部 1 个骑兵连，因为这个连的官兵都是回族，游击队从统战工作角度出发，将战斗中打死的国民党兵士送到龙嘴子清真寺，按照伊斯兰宗教仪式进行安葬，俘虏每人发给 10 块银元后释放。这一举动影响很大，随后就有国民党军的士兵携枪投奔了红军游击队。

7. 为实现中华民族伟大复兴的中国梦注入了精神动力。土地革命战争时期，南梁革命根据地广泛流传着《要把中国全闹红》这样一首民谣：“刘志丹，真英雄，几个人发展成两个军。两个军，钢铁兵，刘志丹是两军总首领。总首领，会用兵，两支铁军分头攻，一头攻到西安府，一头攻到兰州城，要把中国全闹红。”[②] 这样的志

---

① 张桂山、吕律主编：《庆阳老区红色诗歌》上，中共党史出版社 2015 年版，第 28 页。

② 张桂山、吕律主编：《庆阳老区红色诗歌》下，中共党史出版社 2015 年版，第 41 页。

向，生动体现了南梁苏维埃政府的奋斗目标。南梁精神，是革命先辈在长期艰难困苦的斗争环境中，把马克思主义与中国实践相结合，把理想、信念、作风、纪律等方面的优良传统凝聚在一起的精神财富。她既是南梁革命根据地时期为实现“要把中国全闹红”奋斗目标的强大精神支柱和力量源泉，也是新时代为实现中华民族伟大复兴所注入的精神动力。可以说，南梁是中国梦起步的地方之一。

（二）推进中国特色社会主义伟大实践的永恒动力和精神旗帜

南梁精神形成已经80多年了。80多年雨和风，风展红旗到如今，中国特色社会主义已经进入新时代。在新的征程上，南梁精神仍然具有强大的生命力，我们要赓续南梁精神，让其在新时代永放光芒。

1. 必须始终为人民做事，坚持以人民为中心的发展思想。一心一意为老百姓闹革命、谋利益，是南梁革命根据地成功的根源所在。习近平总书记指出：“说到底还是为人民服务这句话。我们党是为人民服务的。中央的考虑，是要为人民做事。”[①] 传承弘扬南梁精神，就要把党的群众路线贯彻到治国理政全部活动之中，始终坚持以人民为中心的发展理念，把人民对美好生活的向往作为奋斗目标，依靠人民创造历史伟业。要坚定不移贯彻落实新发展理念，提高经济发展质量和效益，全力打赢打好脱贫攻坚战，着力解决发展不平衡不充分的问题，努力实现更高质量、更有效率、更加公平、更可持续的发展。要坚持和完善我国社会主义基本经济制度和分配制度，促进收入分配更合理、更有序，使发展成果更多更公平惠及全体人民。要坚持在发展中保障和改善民生，在发展中补齐民生短板、促进社会公平正义，在幼有所育、学有所教、劳有所得、病有

---

① 陈晋：《始终把人民放在心中最高位置》，《人民日报》2013年9月13日。

所医、老有所养、住有所居、弱有所扶上不断取得新进展，保证全体人民在共建共享发展中有更多获得感，不断促进人的全面发展、全体人民共同富裕。要尊重人民首创精神，自觉拜人民为师，向能者求教，向智者问策，从群众中汲取无穷的智慧和力量。

2. 必须坚守理想信念，不忘初心，坚持党的事业和人民利益高于一切。面对任何艰难险阻，不忘革命初心，坚守共产党人的理想信念，是南梁革命根据地得以创建和发展壮大的灵魂。习近平总书记指出："党性是党员干部立身、立业、立言、立德的基石，必须在严格的党内生活锻炼中不断增强。"① 传承弘扬南梁精神，关键是要把坚定理想信念作为每个党员安身立命的根本，始终保持对马克思主义的坚定信仰、对共产主义和中国特色社会主义的坚定信念，始终做到政治信仰不变、政治立场不移、政治方向不偏。要提高政治站位，牢固树立政治意识、大局意识、核心意识、看齐意识，切实增强道路自信、理论自信、制度自信、文化自信，坚决维护习近平总书记党中央的核心、全党的核心地位，坚决维护以习近平同志为核心的党中央权威和集中统一领导，坚决贯彻习近平新时代中国特色社会主义思想。要加强党性修养，补足精神之"钙"，夯实行动之基，在大是大非面前旗帜鲜明，在风险考验面前气定神闲，在利益诱惑面前不为所动，始终把牢世界观、人生观、价值观这个"总开关"。要把理想信念转化为推动事业前进的强大动力，始终牢记"社会主义是干出来的"，埋头苦干、真抓实干，努力创造经得起实践、人民、历史检验的新业绩。

3. 必须强化大局意识，自觉在大局下开展工作。特别顾全大局，不计一时一地一人之得失，是南梁革命根据地创建和发展的关键。习近平总书记指出："必须牢固树立高度自觉的大局意识，自

① 《习近平总书记系列讲话精神学习读本》课题组编：《习近平总书记系列讲话精神学习读本》，中共中央党校出版社 2013 年版，第 179 页。

觉从大局看问题，把工作放到大局中去思考、定位、摆布。”[①] 传承弘扬南梁精神，就要善于着眼大局，从全局高度和用长远眼光观察形势、分析问题，正确把握党和国家事业发展的大局大势，不因形势复杂而迷失方向，不因局部利益而计较得失，做到自觉在大局下行动。要坚决维护大局，自觉增强政治警觉性和政治鉴别力，在重大政治原则问题上站稳立场，明辨是非，坚持党的领导不动摇，始终保持政治定力，做政治上的明白人。要主动服务大局，坚决把思想和行动统一到中央对形势的分析判断和总体部署上来，遵循事物发展规律，把握事物发展方向，审时度势，多谋善断。要做到识大体、顾大局，坚决防止急功近利、竭泽而渔的短期行为，发扬“钉钉子”精神，坚持一张好的蓝图绘到底，以功成不必在我的态度，兢兢业业、排除万难，一步步把美好蓝图变为现实。

4. 必须开拓创新，坚持把改革开放进行到底。开拓创新，不唯上、不唯书，不教条执行马列主义，是南梁革命根据地创建和发展的根本保障。习近平总书记指出：“坚持实事求是，就能兴党兴国；违背实事求是，就会误党误国。”[②] 传承弘扬南梁精神，要学习老一辈革命家坚持实事求是、敢于和善于开拓创新的政治勇气，把实事求是、开拓创新作为一种常态和必备武器，努力克服前进道路上的艰难险阻，勇于推进理论创新，始终用发展着的马克思主义指导新的实践。要始终坚持中国特色社会主义的正确方向，敢破敢立、敢闯敢试敢担当，敢于涉险滩敢啃硬骨头，既勇于冲破思想观念的障碍，又勇于突破利益固化的藩篱。要尊重实践、尊重创造，鼓励大胆探索和勇于进取，创造各种有利条件，为各行业各方面的劳动者、企业家、创新人才、各级干部创造发挥作用的舞台和环境，聚合起一往无前的磅礴力量，义无反顾地把中国特色社会主义伟大事

---

① 《办公厅工作要做到“五个坚持”——习近平同志在同中央办公厅各单位班子成员和干部职工代表座谈时的讲话》，《秘书工作》2014 年第 6 期。

② 任理轩：《牢牢把握实事求是这一兴党兴国之魂》，《人民日报》2013 年 12 月 28 日。

业不断推向前进。

历史的硝烟已经散去，唯有精神是一个民族、一个地方赖以生存发展的灵魂。中国特色社会主义伟大事业呼唤着中国共产党革命精神的传承与创新。我们要讲好南梁故事，把南梁精神蕴含的红色基因、精神养分融入血脉，赋予时代价值，用伟大的南梁精神指引我们不断取得新的更大的胜利。

附　录

南梁革命根据地大事记

（1927—1937年）

1927年

2月 中共陕甘区委成立，耿炳光任书记。

9月26日至27日 中共陕西省委第一次扩大会议召开。会议传达了八七会议精神，通过了政治形势和工作方针、农民斗争等9项决议案。

10月12日 唐澍、谢子长等发动了清涧起义，打响了西北地区反对国民党反动派的第一枪。

1928年

1月 谢子长带领清涧起义余部到达南梁豹子川一带，播下了革命火种。

5月 唐澍、刘志丹等领导发动渭华起义。

秋季 中共陕西省委派刘志丹回陕北参加中共陕北特委工作。

1929年

3月1日 中共陕西临时省委成立。23日，临时省委第二次全体会议决定杜衡任书记。

4、5月间 中共陕北特委在榆林红石峡召开扩大会议，提出了白色（兵运工作）、灰色（改造土匪）、红色（建立革命武装）“三色”建军思想，决定刘志丹任特委军委书记，并主持特委工作。

6月22日 中共中央通过《陕西问题决议案》。按照《决议案》精神，中共陕西省委把瓦解敌人、组织革命兵变作为中心任务之一。

1930年

1月 刘志丹在南梁一带进行革命活动。

4月15日 中共陕西临时省委致信中共陕北特委，指出党在陕北的中心策略是组织政治罢工，组织地方暴动，扩大红军，发动游击战争。

7月1日至8日 中共陕西临时省委第五次扩大会议召开，通过了政治、农运、兵运等7项决议案。决定改临时省委为正式省委，杜衡任书记。

夏 谢子长、刘志丹在陇东民团军总司令谭世麟部搞兵运，分别以直辖三团团长和该团六营营长身份，率部进入庆阳和吴起交界处的三道川。

秋 谢子长、刘志丹率部队驻三道川，遭土匪张廷芝袭击，兵运失败，史称“三道川事件”。

10月1日 刘志丹带领中共组织掌握的保安县民团，以“陇东民团军骑兵第六营”的名义，在合水成功发动太白起义，随后建立了南梁游击队。

10月初 中共陕北特委在绥德召开第三次扩大会议，决定成立中共陕北总暴动行动委员会，谢子长任总指挥，刘志丹任副总指挥。

10月17日 中共中央北方局通知，中共陕西省委划归北方局领导。

1931年

1月 南梁游击队在保安、安塞一带活动，遭到陕北军阀井岳秀部高双城旅袭击，后转移到瓦子川。

2月下旬 刘志丹率部到合水县固城川麻峪村进行整编。

4月 按照中共陕西省委指示，刘志丹率部编入国民党苏雨生部任补充团团长，在该团建立中共支部，驻防旬邑职田。

6月 刘志丹被苏雨生扣押下狱彬县，后经党组织和南汉宸、杜斌丞营救获释。

春夏之交 晋西游击队在山西省孝义县成立。

7月 刘志丹去平凉陈珪璋部从事兵运活动，任陈部十一旅旅长，率部驻防宁县。

8月 陈珪璋第十三旅旅长高广仁设计收缴了刘志丹、刘宝堂的枪支，制造了“早胜事件”。刘志丹的兵运活动暂告失败。

9月3日 拓克宽、阎红彦率领晋西游击队进入陕北，开展游击活动。

9月11日 晋西游击队收编了师储杰、杨琪、杨鼎三支保运武装，改编为陕北游击支队，阎红彦任支队长。

9月 刘志丹在太白镇附近的倒水湾，集合整编赵连壁、杨培盛、贾生财的三支武装，恢复南梁游击队，刘志丹任总指挥。

10月 陕北游击支队和南梁游击队在南梁林锦庙会师。

11月 中共陕西省委派谢子长到庆阳新堡，传达省委指示，整编游击队。

1932年

1月初 西北反帝同盟军在正宁县柴桥子村成立，总指挥谢子长，副总指挥刘志丹，参谋长杨重远。

2月6日　西北反帝同盟军在正宁县三嘉塬发生缴枪事件。

2月12日　西北反帝同盟军在正宁县三嘉塬改编为中国工农红军陕甘游击队，谢子长任总指挥，李杰夫任政委，杨重远任参谋长。

2月15日　陕甘游击队在旬邑县职田镇阳坡头设伏，歼灭国民党第十七路军警卫团和民团300余人。

3月6日至7日　中共陕西省委相继作出《关于红军陕甘游击队决议》《关于游击队新胜利与冲破敌人"围剿"的主要策略决议》，要求游击队向陕西三原、富平、耀县以至西路去游击，建立新苏区。

3月20日　陕甘游击队进至正宁寺村塬，将群众武装改编为赤卫军，成立了赤卫军总指挥部。

3月下旬　陕甘游击队在正宁县寺村塬召开群众大会，成立陕甘边区革命委员会，李杰夫任主席。

4月2日　习仲勋、刘林圃等领导发动两当起义，起义部队改编为中国工农红军陕甘游击队第五支队。

4月13日　陕甘游击队奔袭旬邑县城，这是陕甘游击队成立以来攻占的第一个县城。

4月18日　杜衡来到陕甘游击队驻地，撤销了游击队总指挥部和谢子长总指挥职务，将陕甘游击队分编为第三、五两个支队。

4月20日　中央作出《关于陕甘边游击队的工作及创造陕甘边新苏区的决议》，决定成立中国工农红军第二十六军。

5月5日　谢子长、焦维炽等领导国民党驻靖远甘肃警备第三旅部起义，改编为中国工农红军陕甘游击队第四支队。

5月10日　中共陕西省委决定恢复陕甘游击队总指挥部，任命刘志丹为总指挥，李杰夫为政治委员。

6月1日　中共陕西省委作出《关于创建陕甘边新苏区与游击队工作的决议》。

6月底　陕甘游击队在宁县麻子掌、梁掌堡召开会议，推选阎红彦任总指挥。

7月9日 高鹏飞、杨林等领导合水县西华池国民党新编第十一旅特务营两个连成功举行起义，起义部队改编为陕甘游击队第三大队。

7月23日 陕西省委代表李艮到陕甘游击队，担任政委。

8月25日 中共陕西省委通过了《关于帝国主义国民党第四次“围剿”，创造陕甘边新苏区及红二十六军决议案》，决定成立中共陕甘边区特委。

8月30日 谢子长再任陕甘游击队总指挥，刘志丹任副总指挥。

9月中旬 陕甘游击队进入南梁、二将川一带活动。

9月22日 渭北革命委员会在三原武字区成立，主席黄子文。

秋 陕甘游击队派习仲勋等到耀县照金芋园一带发动群众，开辟地方工作。

10月25日 中共陕西省委作出《关于组织革命兵变，开展甘肃陇东游击战争的决议》。

10月下旬 在中共陇东军特委领导下，西安绥靖公署甘肃行署干部补习队在平凉蒿店举行兵变，宣布成立陕甘游击队第七支队。

10月 中共陕北特委指示西北先锋队改编为中国工农红军陕甘游击队第九支队。

12月24日 陕甘游击队在宜君县转角镇正式改编为中国工农红军第二十六军第二团。杜衡任红二十六军政委兼第二团政委，王世泰任团长。

1933年

1月 红二团随营学校成立，校长李杰夫，政委汪锋。

1月中旬 红二团协助地方党组织先后建立了旬邑、照金、香山、宜君、芋园等5支游击队。

3月8日 中共陕甘边区特委在耀县照金成立，金理科任特委书记，习仲勋任特委军委书记。

3月上旬 杜衡回中共陕西省委工作，由汪锋代理红二十六军第二团政委。

3月中旬 陕甘边区游击队总指挥部成立，李妙斋任总指挥，习仲勋任政委。

4月5日 中共陕甘边区特委在照金召开陕甘边区工农兵代表大会，重建陕甘边区革命委员会。周冬至任主席，习仲勋任副主席兼党团书记。

4月下旬 国民党陕西当局调集4个团及旬邑、淳化、耀县、三原、同官、宜君等6县民团，兵分4路进攻照金苏区，红二团转战旬邑、宁县、宜君等地。

6月17日 红二十六军党委和中共陕甘边区特委、革命委员会在照金北梁召开联席会议，杜衡凭借职权强制会议通过了南下渭华的错误决定。

7月中旬 红二团在陕西蓝田张家坪村遭国民党军袭击，战斗失利，刘志丹、汪锋、王世泰带领部分战士突围进入秦岭坚持斗争。

7月21日 王泰吉率部起义，改编为西北民众抗日义勇军。

7月24日 根据中共陕西省委决定，渭北游击队在三原武字区正式改编为红二十六军第四团。黄子祥任团长，杨森任政委。

7月28日 红二十六军政委杜衡、中共陕西省委书记袁岳栋在西安被捕叛变，中共陕西省委遭到严重破坏。

8月14日 中共陕甘边区特委在照金陈家坡召开会议，决定成立陕甘边区红军临时总指挥部，王泰吉任总指挥，高岗任政委，确定了开展游击战争的战略方针。

8月 国民党陕西当局调集6个团兵力对三原武字区、心字区进行“围剿”。红四团被迫撤出武字区，北上照金，渭北根据地失守。

9月下旬 陕甘边区红军临时总指挥部率红四团、耀县三支队、抗日义勇军及陕北红军游击队第一支队转入外线作战。

10月4日 刘志丹、王世泰等历尽艰险辗转回到照金。刘志丹被任命为陕甘边区红军临时总指挥部参谋长。

10月16日 国民党第十七路军孙友仁团及民团数千人，向照金根据地发动大规模进攻，照金根据地陷落。

10月18日 陕甘边区红军临时总指挥部率红军攻克合水县城，歼敌100余人。

10月28日 红军在华池县毛家沟门击溃国民党警一旅赵文治团800余人的进攻，俘虏100余人。

11月3日至5日 中共陕甘边区特委和陕甘边区红军临时总指挥部在合水县包家寨召开联席会议，决定恢复中国工农红军第二十六军，成立红四十二师，以南梁为中心开辟陕甘边革命根据地，建立陕北、南梁、关中三个游击区。

11月8日 红二十六军第四十二师在合水莲花寺成立。王泰吉任师长，高岗任政委，刘志丹任参谋长。

是月 刘志丹率部返回南梁创建革命根据地，红四十二师派习仲勋、吴岱锋、张策等开展地方工作。

12月底 谢子长被中共中央驻北方代表任命为北方代表驻西北军事特派员，决定由他返回陕北领导武装斗争。

1934年

1月初 红四十二师师长王泰吉去豫陕边做兵运工作，在西安遇害，刘志丹接任师长。

1月 陕甘边区工农游击队第二路指挥部在南梁成立，杨琪任总指挥，高岗任政委。

2月25日 中共红四十二师党委在南梁小河沟再次选举成立陕甘边区革命委员会，习仲勋当选主席。

2月 陕甘边区工农游击队第三路指挥部成立，总指挥张明吾，政委黄子文。

2月 国民党陕甘当局调集8个团的兵力对陕甘边革命根据地发动第一次大规模“围剿”。

4月2日 红四十二师取得西华池大捷，毙俘敌500余人。

5月10日 甘军警备第二旅杨子恒部仇良民团和谭世麟部1000余人，乘红军主力转入外线作战之机，窜入南梁革命根据地烧杀抢掠，制造了阎家洼子惨案。

5月28日 红四十二师党委在南梁寨子湾召开会议，决定恢复中共陕甘边区特委，张秀山任书记；成立陕甘边区军事委员会，刘志丹任军委主席，杨森任红四十二师师长，高岗任政委。

6月 庆北办事处成立，主任边金山。

7月28日 中共陕甘边区特委、陕北特委在南梁阎家洼子召开联席会议，决定派红四十二师第三团北上，协助陕北游击队粉碎国民党军对陕北根据地的第一次“围剿”，任命谢子长为红四十二师政治委员。

7月 中共陕甘边区特委作出《关于目前政治形势与陕甘边区党的任务的决议》。

8月 张秀山调任红四十二师党委书记，惠子俊接任中共陕甘边区特委书记。

8月26日 谢子长在清涧河口战斗中负伤。

是月 陕甘边南区党委和革命委员会在黄陵县小石崖成立，张邦英任党委书记，黄子文任主席。

秋季 在南梁转嘴子创办列宁小学，霍建德任校长。

10月20日 郭宝珊率部于庆阳新堡起义，后在荔园堡改编为西北抗日义勇军，郭宝珊任司令员，任浪花任政治委员。

11月1日至6日 陕甘边区工农兵代表大会在南梁荔园堡召开，习仲勋当选为主席，刘志丹当选为陕甘边区革命军事委员会主席，朱志清当选为陕甘边区赤卫军总指挥部总指挥。

11月7日 陕甘边区苏维埃政府成立大会在荔园堡召开，并举行了阅兵式。

11月上旬 陕甘边红军军政干部学校在南梁荔园堡成立，刘志丹兼任校长，习仲勋兼任政委。

11月 陕甘边区苏维埃政府保卫大队成立，大队长郭锡山，副大队长宋飞。

1935年

1月中旬 刘志丹率红二团北上陕北，在安定县水晶沟灯盏湾看望正在养伤的谢子长。二人就建立陕甘边、陕北党和红军的统一领导等问题交换意见，达成共识。

1月22日 红四十二师骑兵团袭击长武县城。

1月30日 中国工农红军第二十七军在安定县白庙岔成立，杨琪任师长，张达志任政委。

2月5日 中共陕甘边区特委和陕北特委在赤源县周家崄召开联席会议，决定成立中共西北工委和西北军委，统一领导陕甘边、陕北两块根据地和红二十六、二十七军。

2月 蒋介石调集重兵，对陕甘边、陕北革命根据地发动第二次“围剿”。中共西北工委决定成立前敌总指挥部，刘志丹任总指挥，高岗任政委，领导反“围剿”斗争。

2月18日 刘志丹发布《粉碎敌人第二次“围剿”的动员令》。

2月21日 谢子长伤势恶化，在安定县灯盏湾逝世。

5月1日 红四十二师第三团、西北抗日义勇军与红八十四师主力会师于赤源县白庙岔村，组成西北红军主力兵团。

5月3日 中国工农红军西北革命军事委员会前敌总指挥部在安定玉

家湾成立，刘志丹兼任总指挥，高岗兼任政委。

5月10日 安定县城解放，是西北红军主力兵团解放的第一座县城。

5月30日 红军主力兵团攻克延长县城。

6月1日 延川县城解放。

6月28日 陕甘红军解放安塞，占领靖边县城。

6月30日 保安县城解放。至此，陕甘边、陕北根据地基本连成一片。国民党对陕甘革命根据地的第二次“围剿”被粉碎。

7月3日 中共西北工作委员会、西北革命军事委员会和陕北省苏维埃政府等领导机关进驻延川永坪镇。

7月 中共西北工委在永坪镇召开执委扩大会议。

7月 南区党委和革命委员会移驻正宁南邑。

7月 蒋介石调集10多万兵力，开始对陕甘根据地第三次大规模“围剿”。

8月21日 陕甘红军主力在吴堡县定仙墕歼灭晋军1个团，首次取得消灭国民党军1个整团和旅部的胜利。

9月9日 红二十五军长征到达陕甘根据地保安县永宁山，受到根据地军民热烈欢迎。

9月16日 红二十五军与陕甘红军在延川县永坪镇会师。

9月17日 中共中央驻北方代表派驻西北代表团在永坪镇主持召开中共西北工委和鄂豫陕省委联席会议，决定撤销西北工委和鄂豫陕省委，成立中共陕甘晋省委。

9月18日 红二十六军、红二十七军在永坪镇召开庆祝两军会师和红十五军团成立大会。

9月27日 中共中央在榜罗镇召开政治局常委会议，决定落脚陕甘革命根据地。

10月1日 红十五军团取得劳山战役胜利，击毙国民党东北军第一一〇师师长何立中，俘敌3700余人。

是月 陕甘根据地错误肃反开始。

10月12日 红十五军团取得榆林桥战役胜利，歼东北军一〇七师4个营，俘虏国民党团长高福源。

10月19日 中共中央率陕甘支队长征到达陕甘根据地吴起镇。

10月22日 中共中央政治局在吴起镇召开扩大会议，毛泽东作了《关于目前的行动的方针》报告，指出“我们的任务是保卫和扩大陕甘苏区，以陕甘苏区领导全国大革命”。

10月23日 毛泽东派王首道、贾拓夫等代表党中央，奔赴瓦窑堡接管西北保卫局，制止肃反错误。

10月29日 陕甘支队发表《告红二十五、二十六军全体指战员书》。

11月2日 中共中央率中国工农红军陕甘支队到达甘泉县下寺湾。

11月3日 中华苏维埃共和国临时中央政府决定成立中国工农红军西北革命军事委员会，毛泽东为主席。同时，西北革命军事委员会决定，恢复红一方面军番号，红十五军团编入红一方面军序列。

11月7日 刘志丹出狱。后受到毛泽东、周恩来的接见。

11月10日 中共中央领导机关进驻瓦窑堡。

11月21日至24日 红一方面军取得直罗镇战役的胜利。

11月 中共中央决定成立中华苏维埃共和国临时中央政府驻西北办事处，博古任主任。成立中央军委驻西北办事处，周恩来兼任主任，刘志丹任副主任。撤销陕甘晋省委、陕甘边区、陕甘边南区党政机构，成立陕甘省、陕北省、关中特区、神府特区、三边特区。

12月8日 毛泽东、彭德怀、刘志丹联合发表《告陕甘苏区工农劳苦群众们书》。

12月30日 中共中央决定成立红二十八军，刘志丹任军长，宋任穷任政委。

1936年

1月 关中特委、关中特区苏维埃政府成立，贾拓夫任特委书记，秦善秀任特区苏维埃政府主席。

2月17日 中华苏维埃人民共和国中央政府、中国工农红军军事委员会联合发表《东征宣言》。中国人民抗日先锋军开始东征。

3月31日 刘志丹率红二十八军渡河东征。

是月 中国工农红军第三十军成立，军长阎红彦，政委蔡树藩。

3月11日至15日 陕北省第二次代表大会在瓦窑堡召开，选举马明方为主席，霍维德为副主席。

4月14日 刘志丹在山西中阳县三交镇前线牺牲。

5月5日 毛泽东率中国人民抗日先锋军回师陕北。同日，西北革命军事委员会发表《停战议和一致抗日通电》。

5月14日至15日 毛泽东在延川县大相寺村召开红一方面军团以上干部会议，总结东征，部署西征。

5月18日 西北革命军事委员会发布《西征战役计划》，组建中国人民西方野战军，司令员兼政委彭德怀，参谋长叶剑英，政治部主任刘晓。

5月底 习仲勋随红军西方野战军西征。

同月 陕甘省委撤销，所辖甘洛、肤施、韩城、澄城、鄜县、宜川6县转隶属于陕北省委。

5月 中共陕甘宁省委、陕甘宁省苏维埃政府正式成立。李富春任省委书记，马锡五任政府主席。6月，机关驻地迁至环县河连湾。

6月1日至5日 红一军团相继取得了曲子、阜城、环县、洪德战斗的胜利。

6月上旬 中共曲环工委和中共环县县委先后成立，习仲勋先后任曲环工委和环县县委书记。

6月 关中特区划归陕北省。

是月 中共中央决定将保安县改名为志丹县。

7月底 西征胜利结束。西方野战军开辟了纵横400多里的新根据地，陕甘革命根据地扩大为陕甘宁革命根据地。

夏 中共陕甘工委（也称洛河川工委）设立，主要开展对东北军的统战工作，兼搞地方党政工作。

9月 习仲勋第二次南下关中，任关中特委书记。

10月 中国工农红军三大主力在会宁地区会师。

11月22日 三大主力红军取得了环县山城堡战役的胜利。

1937年

1月13日 毛泽东和中共中央机关进驻延安城。

2月27日 中央军委组建援西军，刘伯承任司令员。

3月 中共中央和中华苏维埃共和国中央政府决定，改陕甘宁革命根据地为陕甘宁特区。

4月 中共中央决定撤销陕甘省委、陕甘省苏维埃政府，其所辖各级组织，分别划归陕西省委和陕北省委领导。

5月15日 中国共产党陕甘宁边区第一次代表大会在延安召开，选举产生了中共陕甘宁边区委员会。

8月22日 国民政府发布命令，将红军改编为国民革命军第八路军，朱德任总指挥，彭德怀任副总指挥。

8月25日 中共中央军委发出红军改编为八路军命令，下辖一一五师、一二〇师、一二九师和总部直属部队。

9月6日 陕甘宁边区政府宣告正式成立。

主要参考文献

一、文献、专著

《毛泽东选集》第一、二、三、四卷，人民出版社1991年版。

《毛泽东军事文选》（内部本），战士出版社1981年版。

《习仲勋文选》，中央文献出版社1995年版。

《刘志丹纪念文集》编委会编：《刘志丹纪念文集》，军事科学出版社2003年版。

中共陕西省党史资料征集研究委员会编：《谢子长纪念文集》，陕西人民出版社2005年版。

《习仲勋传》编委会编：《习仲勋传》（上卷），中央文献出版社2008年版。

杨成武：《忆长征》，解放军文艺出版社1982年版。

张才千：《留守陇东》，甘肃人民出版社1984年版。

徐向前：《徐向前回忆录》，解放军出版社2007年版。

张秀山：《我的八十五年——从西北到东北》，中共党史出版社2007年版。

朱开铨：《六十六年之革命生涯》，江西人民出版社1993年版。

《习仲勋画册》编委会编：《习仲勋画册》，海天出版社2006年版。

中共中央文献研究室编：《毛泽东年谱（1893—1949）》修订本，中央文献出版社2013年版。

中共中央党史研究室编：《习仲勋文集》，中共党史出版社2013

年版。

中共中央党史研究室编：《习仲勋纪念文集》，中共党史出版社2013年版。

中共中央党史研究室编：《习仲勋画册》，中共党史出版社2013年版。

中共延安市委、延安市人民政府主编：《习仲勋在延安》，中央编译出版社2013年版。

中共中央文献研究室编：《毛泽东文集》，人民出版社1993年版。

逄先知主编：《毛泽东年谱》，中央文献出版社2005年版。

《毛泽东书信选集》，解放军出版社1984年版。

张培森主编：《张闻天年谱》，中共党史出版社1997年版。

中共中央文献编辑委员会：《周恩来选集》上卷，人民出版社1980年版。

中共中央书记处编：《六大以来——党内秘密文件》（上、下），人民出版社1981年版。

中央统战部、中央档案馆编：《中共中央抗日民族统一战线文件选编》（上、中、下），档案出版社1986年版。

中共陕西省委党校党史教研室、陕西省社会科学院党史研究室编：《新民主主义革命时期陕西大事记述》，陕西人民出版社1980年版。

中央档案馆编：《中共中央文件选集》（1—11册），中共中央党校出版社1983、1989—1991年版。

中共陕西省委党史研究室编：《五四运动和马克思主义的早期传播在陕西》（陕西党史资料丛书之十六），陕西人民出版社1990年版。

中共陕西省委党史研究室编：《中共陕西组织初建及早期活动》（陕西党史资料丛书之三十八），陕内资图批字（98）128号。

中共陕西省委党史研究室编：《土地革命战争时期的中共陕西省委》（陕西党史资料丛书十八），陕西人民出版社1991年版。

中共陕西省委党史研究室、中共榆林地委党史研究室编：《陕北革命根据地》，中共党史出版社1995年版。

中共陕西省委党史研究室、中共甘肃省委党史研究室编：《陕甘边革命根据地》，中共党史出版社1997年版。

中共陕西省委党史研究室编：《西北革命根据地》，中共党史出版社1998年版。

中共中央党史研究室第一研究部编：《共产国际、联共（布）与中国革命文献资料选辑（1926—1927）》（上卷），北京图书馆出版社1998年版。

中共甘肃省委党史研究室：《中国共产党甘肃历史》第一卷，中共党史出版社2009年版。

中共陕西省委党史研究室：《中国共产党陕西历史》第一卷，陕西出版集团、陕西人民出版社2009年版。

甘肃省社会科学研究院历史研究室编：《甘肃党史资料》（油印稿），1980年版。

中央档案馆、陕西省档案馆编：《陕西革命历史文件汇集》1925—1936，内部资料，1992年版。

中共庆阳市委党史工作办公室：《中国共产党庆阳历史》第一卷，中共党史出版社2012年版。

中共华池县委党史工作办公室：《中国共产党华池县历史》第一卷，中共党史出版社2016年版。

中共甘肃省委编：《纪念刘志丹》，中共党史出版社2014年版。

中共甘肃省委编：《纪念谢子长》，中共党史出版社2014年版。

中共庆阳地委组织部等：《中国共产党甘肃省庆阳地区组织史资料》，1990年内部版。

中共庆阳地委党史征集办公室：《中国共产党领导的陕甘边区（陇东部分）》，内部资料，1986年版。

中共陕西省委党史研究室编：《西北革命根据地史》，陕西人民出版社2015年版。

《陕西省志》编辑委员会编：《陕西省志·政务志》，陕西人民出版社1997年版。

《淳化县军事志》编纂委员会编：《淳化县军事志》，内部印刷。

《毛泽东军事文集》第一卷，军事科学出版社、中央文献出版社1993年版。

巩世锋编：《陇东革命根据地》，中共党史出版社2011年版。

中共咸阳市委党史研究室：《峥嵘岁月——习仲勋在关中分区》，中央文献出版社2013年版。

高文：《南梁春晓》，甘肃文化出版社2014年版。

张隼：《陕甘宁根据地实录》，解放军出版社2016年版。

夏蒙、王小强：《习仲勋画传》，人民出版社2014年版。

中共中央党史研究室编：《中国共产党历史》第一卷，中共党史出版社2002年版。

中国人民解放军军事科学院军事历史研究部编：《中国人民解放军史》，军事科学出版社1987年版。

中国人民抗日战争史学会、中国人民抗日战争纪念馆编：《抗战时期的陕甘宁边区》，北京出版社1995年版。

中共咸阳市委党史研究室编：《中国共产党咸阳历史》第一卷，陕西人民出版社2006年版。

雷云峰：《陕甘宁边区史》上篇，西安地图出版社1993年版。

康民、秦生：《西北五四运动与大革命史》，中共党史出版社2007年版。

秦生：《西北红军长征史》，中共党史出版社2007年版。

陈永恭、秦生：《西北革命根据地创建史》，中共党史出版社2007年版。

王晋林、秦生：《陕甘宁革命根据地史》，中共党史出版社2007年版。

秦生：《西北解放战争史》，中共党史出版社2007年版。

王晋林、秦生：《甘肃新民主主义革命研究》，甘肃人民出版社2004年版。

曲涛、李仲立：《陇东老区红军史》，兰州大学出版社1996年版。

李仲立、曲涛：《陇东老区政权史》，兰州大学出版社1994年版。

中共陕西省委党史研究室编：《陕西靖国军》，陕西人民出版社1987年版。

任学岭：《陕甘革命根据地史》，人民出版社2013年版。

郭文奎主编：《庆阳史话》，甘肃人民出版社2004年版。

黄正林、潘正东：《庆阳通史》，商务印书馆2011年版。

高文、巩世锋编：《陇东红色歌谣》，甘肃人民出版社2011年版。

刘凤阁、任愚公编：《红二十六军与陕甘边苏区（上、下）》，兰州大学出版社1995年版。

中共陕西省委党史研究室、中共延安地委党史研究室编：《刘志丹》，陕西人民出版社1993年版。

张锋：《民族英雄谢子长》，中国文史出版社2005年版。

中共甘肃省委编：《习仲勋与甘肃》，甘肃人民出版社2013年版。

刘秉政：《陕甘边区苏维埃政府简史》，中共党史出版社2014年版。

《习仲勋革命生涯》编辑组编：《习仲勋革命生涯》，中共党史出版社、中国文史出版社2002年版。

何载：《红旗漫卷西北高原——缅怀习仲勋在西北》，中共党史出版社2013年版。

祁玉江总编：《志丹书库·刘志丹卷（上、下）》，中国文史出版社2010年版。

马文瑞：《马文瑞回忆录》，陕西人民出版社1998年版。

陆军第三十九集团军编：《中国工农红军第二十六军战史》，白山出版社1994年版。

中共庆阳地委、甘肃人民出版社编：《南梁曙光》，甘肃人民出版社1983年版。

高文：《南梁史话》，甘肃人民出版社1984年版。

巩世锋：《陇东：说不完的革命故事》，飞天出版传媒集团、甘肃文化出版社2015年版。

刘力贞、张光编：《人民英雄刘志丹》，三秦出版社1998年版。

中共甘肃省委党史研究室编：《我与陕甘宁边区——李培福回忆录》，中共党史出版社2017年版。

张宏志：《西北革命根据地》，陕西人民出版社2000年版。

《习仲勋在陕甘宁边区》编委会编：《习仲勋在陕甘宁边区》，中国文史出版社2009年版。

中国工农红军第二十五军战史编审委员会：《中国工农红军第二十五军战史资料选编》，解放军出版社1991年版。

甘肃人民出版社编辑：《陇原星火》，甘肃人民出版社1981年版。

中共中央党史研究室编：《红军长征纪实——红二十五军卷二、卷三》，中共党史出版社2016年版。

吴殿尧、宋霖：《朱理治传》，中共党史出版社2007年版。

中共甘肃省委编：《陕甘边革命根据地的特点和历史地位学术论文集（上、下）》，中共党史出版社2014年版。

解放军政治学院党史教研室编：《中共党史参考资料》第7册。

中央档案馆编：《红军长征档案史料选编》，学习出版社1996年版。

陈昌奉等：《跟随毛主席长征》，解放军出版社2009年版。

李维汉：《回忆与研究》上册，中共党史出版社1986年版。

闫启英主编：《习仲勋画册》，学习出版社2013年版。

王首道：《王首道回忆录》，解放军出版社1988年版。

中共中央党史研究室第一研究部：《红军长征史》，中共党史出版社2006年版。

黄少群：《从井冈山到延安：毛泽东的奋斗史》，中国发展出版社

2015年版。

《陕甘边根据地研究》编委会编：《陕甘边根据地研究》，中共党史出版社2011年版。

十七路军中央党史资料征编领导小组编：《丹心素裹》第1辑，中国文史出版社1987年版。

刘云久：《第二次国共合作》，黑龙江人民出版社1981年版。

西北五省区编纂领导小组编：《陕甘宁边区抗日民主根据地》（文献卷·上），中共党史资料出版社1990年版。

朱鸿召主编：《红色档案——延安时期文献档案汇编》（《陕甘宁边区政府文件选编》第2卷），陕西人民出版社2014年版。

中国人民革命军事博物馆编：《中国人民革命战争地图选》，地图出版社1981年版。

中共中央文献研究室编：《建国以来毛泽东文稿》第十三册，中央文献出版社1998年版。

崔晓民等：《习仲勋的故事》，陕西人民出版社2009年版。

张桂山、吕律主编：《庆阳老区红色诗歌（上、下）》，中共党史出版社2015年版。

《习近平总书记系列讲话精神学习读本》课题组编：《习近平总书记系列讲话精神学习读本》，中共中央党校出版社2013年版。

宋金寿、李忠全编：《陕甘宁边区政权建设史》，陕西人民出版社1990年版。

吴志渊：《西北根据地的历史地位》，湖南人民出版社1991年版。

房成祥、黄兆安编：《陕甘宁边区革命史》，陕西师范大学出版社1991年版。

何友良：《中国苏维埃区域社会变动史》，当代中国出版社1996年版。

舒龙、凌步机主编：《中华苏维埃共和国史》，江苏人民出版社1999年版。

余伯流、凌步机：《中央苏区史》，江西人民出版社2001年版。

郭林、李建社、李来存主编：《刘志丹与西北革命根据地》，陕西人民出版社2003年版。

朱根生：《西北红军的创建与发展》，军事科学出版社2004年版。

《王世泰回忆录》，中央文献出版社2002年版。

《郭洪涛回忆录》，中共党史出版社2004年版。

［美］埃德加·斯诺：《西行漫记》，董乐山译，东方出版社2005年版。

中共甘肃省委党史资料征集研究委员会编：《甘肃党史资料》第三辑，甘肃人民出版社1986年版。

甘肃省社会科学院历史所编：《陕甘宁革命根据地史料选辑》第三辑，甘肃人民出版社1983年版。

中共甘肃省委党史研究室编：《巍巍子午岭——王秉祥回忆录》，中共党史出版社2018年版。

梁星亮、姚文琦编：《建国以来刘志丹纪念文集》，陕西人民出版社2008年版。

庆阳地区志编纂委员会编：《庆阳地区志》，兰州大学出版社1998年版。

黄陵县地方志编纂委员会编：《黄陵县志》，西安地图出版社1995年版。

富县军事志编纂委员会编：《富县军事志》，三秦出版社2008年版。

志丹县志编纂委员会编：《志丹县志》，陕西人民出版社1996年版。

志丹县军事志编纂委员会编：《志丹县军事志》，三秦出版社2009年版。

安塞县地方志编纂委员会编：《安塞县志》，陕西人民出版社1993年版。

宜川县地方志编纂委员会编：《宜川县志》，陕西人民出版社2005年版。

延安市地方志编纂委员会编：《延安地区志》，西安出版社2000年版。

中共铜川市委、中共陕西省委党史研究室编：《照金革命史》，中央文献出版社2013年版。

唐志宏、谭继和主编：《中华苏维埃共和国史稿》，成都出版社1993年版。

中共陕西省党史研究室，中共子长县委、县政府编：《谢子长纪念文集》，陕西人民出版社2005年版。

刘力贞、张光编：《纪念刘志丹》，三秦出版社1998年版。

中国人民解放军军事科学院军事历史研究部编：《中国人民解放军战史》，军事科学出版社1987年版。

中央档案馆编：《陕甘宁边区民主根据地》（文献卷·上、下），中共党史资料出版社1990年版。

陕西省档案馆编：《陕甘宁边区政府大事记》，档案出版社1991年版。

中共庆阳地委党史资料征集办公室编：《陕甘宁边区时期陇东民主政权建设》，甘肃人民出版社1990年版。

二、论文

何毅亭：《陕甘边根据地的历史地位》，《陕甘边革命根据地的特点和历史地位学术研讨会文集》（上），中共党史出版社2014年版。

石仲泉：《西北红星照耀着中国》，《陕甘边革命根据地的特点和历史地位学术研讨会文集》（上），中共党史出版社2014年版。

欧阳坚：《让南梁精神的红色基因代代相传》，《陕甘边革命根据地的特点和历史地位学术研讨会文集》（上），中共党史出版社

2014年版。

欧阳坚：《从南湖驶来 在南梁兴起——与“红船精神”一脉相承的南梁精神》，《光明日报》2018年5月9日。

欧阳坚：《南梁精神与群众领袖的人格魅力》，《学习时报》2018年9月12日。

欧阳坚：《南梁精神的创新品质》，《人文甘肃》第3辑，甘肃教育出版社2019年版。

金一南、严大鹏：《不朽的丰碑——论陕甘边革命根据地的历史地位与作用》，《陕甘边革命根据地的特点和历史地位学术研讨会文集》（上），中共党史出版社2014年版。

李捷：《陕甘边革命根据地的革命精神及其当代价值》，《陕甘边革命根据地的特点和历史地位学术研讨会文集》（上），中共党史出版社2014年版。

欧阳淞：《“两点一存”的独特历史地位及其历史条件》，《陕甘边革命根据地的特点和历史地位学术研讨会文集》（上），中共党史出版社2014年版。

张达志：《回忆粉碎敌人对陕北苏区的第二、第三次反革命“围剿”》，《人文杂志》1981年第1期。

吴黎平：《毛泽东同志挽救了中央红军、也挽救了陕北革命根据地》，《人文杂志》1981年第1期。

王志厚等：《西北红军由弱到强的转折点（记刘志丹同志指挥的吴家寨子、马家坪战斗）》，《复印报刊资料中国现代史》1982年第15期。

崔田民：《陕北革命根据地的发展和粉碎国民党的一、二、三次“围剿”》，《中共党史资料》1982年第4期。

张宏志：《陕北根据地概述》，《地名知识》1985年第2期。

张锋：《南梁政府的创建及几个问题的调查》，《甘肃理论学刊》1985年第1期。

潘富盈：《试论西北革命根据地的形成及其历史地位》，《西北师大学报》（社会科学版）1985年第1期。

郑子文：《南梁革命根据地创建纪实》，《甘肃社会科学》1985年第1期。

王自成：《陕北陕甘边根据地红军活动史料选》，《历史档案》1985年第4期。

房成祥、徐波：《陕甘边红军、陕北红军、陕甘红军名称辨析》，《求索》1986年第2期。

张军孝：《西北革命根据地的建立及其发展》，《地方革命史研究》1986年第1期。

金希明：《陕甘边苏区列宁小学的体育活动》，《体育文化导刊》1987年第6期。

雷云峰：《渭华起义的特点和历史作用》，《人文杂志》1988年第6期。

段复汉：《渭华起义的历史意义和经验教训》，《理论导刊》1987年第6期。

叶顷：《西北革命根据地创建的特点》，《甘肃社会科学》1989年第6期。

何素光：《红二十六军成立地点考证》，《安庆师范学院学报》（社会科学版）1990年第3期。

潘富盈：《继承和发扬陕甘边根据地艰苦创业的革命传统》，《社科纵横》1991年第3期。

刘凤阁：《陕甘边红二十六军探源》，《庆阳师专学报》（社会科学版）1991年第1期。

谢全堂：《红军长征再创陕北革命根据地的历史必然性》，《青海社会科学》1996年第1期。

李彬：《西北红军在长征胜利中的历史地位》，《理论导刊》1996年第11期。

贺恩印：《西北革命根据地成为长征落脚点试析》，《信阳师范学院学报》（哲学社会科学版）1997年第1期。

李哲：《我党巩固发展西北革命根据地的战略选择与宁夏战役计划的制定》，《宁夏史志研究》1998年第2期。

李建国：《论“左”倾思想对西北革命根据地的危害及其与西北革命党人的分歧》，《甘肃理论学刊》1999年第6期。

张鸿才：《陕甘宁革命根据地历史述略》，《西北第二民族学院学报》（哲学社会科学版）2001年第1期。

朱根生：《西北红军发展的历史经验及历史地位》，《军事历史》2002年第1期。

宋新勇：《在开创陕甘边根据地的日子里——刘志丹与曹力如的革命情谊》，《四川党史》2003年第4期。

陆茂清：《斯诺潜赴陕北根据地经过》，《金秋》2004年第10期。

文安生：《从陕北革命根据地走来的郭洪涛》，《炎黄春秋》2005年第2期。

周霜梅：《浅析土地革命战争时期西北根据地得以仅存的原因》，《党史文苑》2005年第10期。

朱道学：《西北的一片红色热土：南梁革命根据地》，《档案》2006年第3期。

黄琳：《国际友人与陕北革命根据地新闻纪录片》，《电影评介》2006年第21期。

黄会奇：《陕甘边红二十六军的成立》，《西安文理学院学报》（社会科学版）2007年第1期。

李文：《西北革命根据地的新闻事业》，《兰州商学院学报》2007年第3期。

杨奎松：《中央红军是怎样立足陕北根据地的》，《报刊荟萃》2007年第4期。

黄会奇：《寺村塬“陕甘边区政府”的成立》，《陇东学院学报》（社会科学版）2007年第4期。

后 记

真实记录、复原南梁革命根据地的历史，不断加强、深化对“南梁精神”的研究，既是革命先辈的心愿，更是当代人的使命和责任。

甘肃省委、省政府、省政协高度重视《南梁革命根据地史》的研究编著工作。省委书记、省人大常委会主任林铎 5 次听取汇报，3 次作出批示，2 次审阅书稿，提出明确工作要求。省委副书记、省长唐仁健就研究、传承、弘扬工作专门作出批示。省政协主席欧阳坚亲自主持研究编写工作，先后主持召开 8 次专题座谈会、1 次学术研讨会，确定大纲主题、脉络主线和重大内容材料取舍，8 次审阅书稿，并进行全书统稿。

全书八易其稿，并广泛征求了意见。第一章至第六章由张桂山、赵晓红、刘秉政、刘崇刚执笔；第七章由杨维军执笔。甘肃省委党史研究室原副主任李荣珍、甘肃省委党校教授王晋林对全书进行了审改。

陕甘宁三省区政协、党史部门和相关高校、党校专家学者给予了大力支持和帮助。一些在南梁战斗和生活过的革命先辈家属、老同志和李忠杰、高永中、夏蒙等专家学者，对本书提出了宝贵的修改意见。甘肃省政协研究室、甘肃省政协理论研究会、庆阳市政协相关同志作了大量的史料收集、协调和文字校对等工作。

尽管我们倾注了心血，本书也对南梁革命根据地的研究做了一些开创性的探索，但仍只属于阶段性的，所以，存在不足、不全在所难免，敬请各位读者批评指正。

编委会

2019 年 6 月